EX-AGENTE ABRE
A CAIXA-PRETA DA ABIN
(Agência Brasileira de Inteligência)

Todos os direitos desta edição reservados à
Escrituras Editora e Distribuidora de Livros Ltda.
Rua Maestro Callia, 123
Vila Mariana – São Paulo, SP – 04012-100
Tel.: (11) 5904-4499 – Fax: (11) 5904-4495
escrituras@escrituras.com.br
www.escrituras.com.br

Diretor editorial: Raimundo Gadelha
Coordenação editorial: Mariana Cardoso
Assistente editorial: Gabriel Antonio Urquiri
Revisão: Carolina Ferraz
Capa, projeto gráfico e diagramação: Join Bureau
Impressão: Arvato Bertelsmann

Dados Internacionais de Catalogação na Publicação (CIP)
(Câmara Brasileira do Livro, SP, Brasil)

Soares, André

Ex-agente abre a caixa-preta da ABIN (Agência Brasileira de Inteligência) / André Soares; em depoimento a ClaudioTognolli. – 1. ed. – São Paulo: Escrituras Editora, 2015.

Bibliografia.
ISBN 978-85-7531-643-6

1. Agência Brasileira de Inteligência (ABIN) – História 2. Depoimentos 3. Serviço secreto – Brasil 4. Serviço de inteligência – Brasil 5. Segurança nacional – Brasil 6. Serviço Nacional de Informação – Brasil – História 7. Soares, André I.Tognolli, Claudio. II. Título.

15-03463   CDD-327.1281

Índices para catálogo sistemático:

1. ABIN: Agência Brasileira de Inteligência:
Brasil: Depoimentos   327.1281

Impresso no Brasil
Printed in Brazil

Tenente-coronel ANDRÉ SOARES
Em depoimento a Claudio Tognolli

EX-AGENTE ABRE
A CAIXA-PRETA DA ABIN
(Agência Brasileira de Inteligência)

escrituras

São Paulo, 2015

Dedico este livro ao meu amado pai,
Coronel da Polícia Militar de Minas Gerais (PMMG) e Juiz,
Waldyr Soares, homem honrado e exemplar em tudo.
Com seu caráter e conduta pessoal, irrepreensíveis,
forjou o meu espírito com os valores da cidadania,
dignidade, justiça, coragem, fé e amor à pátria.
Tenho muito orgulho de ser seu filho.

Saudades!
(*In memoriam*)

Agradecimentos

Aos amigos e colaboradores que participam do "bom combate" pelo alvorecer de uma nova Inteligência no Brasil.

A Claudio Tognolli, homem "puro-sangue", que me concedeu a honra da parceria nesta obra, em contribuição à sociedade brasileira e ao Estado Democrático de Direito do País.

Sumário

Prefácio

O s serviços de inteligência brasileiros sempre careceram de uma luz solar: não sobre suas informações, muitas vezes distorcidas e mal utilizadas, mas acerca do funcionamento, estrutura e, principalmente, do *modus operandi* dos governantes que os tutelam.

A obra do Tenente-coronel André Soares, com o Jornalista Claudio Tognolli, levanta essa discussão tão necessária. O livro traz a lume o que a sociedade tem direito de saber há muito tempo: como funciona a arapongagem oficial, principalmente quando o Brasil mais precisa da Inteligência para enfrentar as demandas dos dias atuais.

O país carece de tal transparência, sobretudo no que diz respeito às questões de segurança, tecnologia, disputas mercadológicas, descobertas científicas e também no enfrentamento à corrupção. Aliás, esta última se revelou, mais uma vez, a maior inimiga da soberania: instalou-se, confortavelmente, nos desvãos do Brasil, quer no aspecto interno, quer no aspecto externo (no momento em que se constata que multinacionais corrompem agentes públicos para se apoderar de importantes espaços e obras estratégicas em nosso território).

Temos visto o país se especializar em perseguir pessoas; os governantes aparelharem agências de Inteligência para vigiar seus adversários, ao invés de profissionalizá-los para servir o Brasil, suas instituições e empresas estratégicas.

Produzir conhecimento e tratar a informação é um trabalho que requer especialização, técnica e eficiência. Criar sistemas que integram os órgãos de inteligência não pode ser algo apenas formal: há que ser conceitual. Trata-se de uma Política de Estado, o que nosso país definitivamente não tem.

Como secretário nacional de Justiça aprendi, rapidamente, que a ABIN é uma agência de vital importância para o Brasil. Aprendi que a maioria de seus funcionários são pessoas preparadas e altamente qualificadas para desenvolver as tarefas que o país necessita.

Mas esta obra revela outro condão da agência. Aquele segundo o qual até o mais probo e preparado servidor público padece ante a questão do comando, a gestão e o direcionamento dado à produção do conhecimento, nem sempre republicano. Não há bem aventurança funcional que resista ao fisiologismo e ao caráter orgânico, partidário, hoje tão dominantes nas nossas instiutições, a ABIN entre elas, é claro.

André Soares é filho de militar. Entrou no serviço público, seja como Tenente-coronel do Exército, seja como agente especial da ABIN, de peito aberto.

O que viu não lhe agradou. E, como bom brasileiro, decidiu se expor não por motivos de ego, desdita ou desaforo, mas simplesmente porque quer que as instituições brasileiras deixem de habitar o já tão conhecido "Reino de Banânia".

O livro é o relato de um brasileiro que quer ver um país melhor, sem que o nosso Estado de Direito (construído a tão duras penas), continue sendo obstado por uma antologia de desmandos e malversações, eivados com milhões em verbas secretas destinadas a fins inconfessáveis.

André Soares, ao fim e ao cabo, só almeja algo: um país melhor, com instituições à altura da democracia plena, tão sonhada por todos nós.

Romeu Tuma Junior
Advogado e ex-secretário nacional de Justiça

Introdução

"Jamais presenciei, eminentes Ministros, ao defrontar-me com um processo, tamanho descalabro e desrespeito a normas constitucionais intransponíveis e a preceitos legais..."

Manifestação do Exmo Sr. Ministro Adilson Vieira Macabu, no julgamento do Habeas Corpus nº 149.250 – SP – aquele das gravíssimas ilicitudes cometidas pela Agência Brasileira de Inteligência (ABIN) na Operação *Satiagraha*.

O Brasil sofre sua mais aguda crise institucional de inteligência, apenas magnificada, a público, na saraivada de clandestinidades patrocinadas pela ABIN nas Operações "Mídia" e *Satiagraha*.

Inserido, como um vocacionado profissional, nesse caótico cenário brasileiro, venho denunciando, há anos, a criminalidade organizada que impera nos serviços de inteligência no Brasil. E é por esta razão que sou perseguido. Perseguido, e severamente ameaçado, inclusive de morte. Tudo pela criminosa "comunidade de inteligência," no comando da ABIN e na cúpula do Sistema Brasileiro de Inteligência (SISBIN). Eles consideram esta obra, avant la lettre, um "livro proibido".

Nesse obscuro contexto, vale registrar que, não por acaso, "nunca antes na história desse país" foi publicada qualquer vulgata consistente, especificamente sobre as ilicitudes cometidas pela ABIN e suas sub-reptícias

"Operações de Inteligência". Trato dos assuntos mais cruciais à segurança nacional e ao Estado Democrático de Direito do Brasil.

Daí a publicação deste livro representar grave ameaça à "comunidade de inteligência" do país e, em especial, à ABIN e ao Sistema Brasileiro de Inteligência (SISBIN) — uma vez que revela o *modus operandi* das Organizações Criminosas (ORCRIM) nesses órgãos infiltradas. Estes vêm protagonizando, há décadas, e impunemente, os mais graves ilícitos contra a sociedade brasileira e o estado constituído.

Bem, a despeito da quase totalidade das ameaças contra a minha pessoa terem realmente se efetivado, chega, oportunamente, a público a primeira edição desta obra.

Mas, o que leva um oficial do Exército a contar os desmandos que ele próprio viveu? Obviamente, não se trata da vontade da ribalta. Meu azo e vezo são únicos: melhorar as instituições do país, oxigenar nossa jovem democracia e contribuir, pelo atalho da história, com o buril que lapida o poder público. Cada linha que se segue é, portanto, uma profissão de fé.

Este livro desnuda à sociedade brasileira a realidade mais íntima da ABIN e dos serviços de inteligência nacionais. A obra traz, com exclusidade, ao conhecimento do leitor, importantes documentos oficiais da Agência, comprovando cabalmente o cometimento de diversos ilícitos e as clandestinidades da Operação "Mídia", já denunciada por mim (ainda que em proporções não maiúsculas como as dessa obra) à Presidência da República e em entrevista concedida à revista *Veja*, em 2013.

Ofereço à história do país e à sociedade brasileira, minhas ideias, devidamente fundamentadas, sobre Inteligência de Estado. E, em especial, sobre o contexto das ditas "Operações de Inteligência", por constituírem poderoso instrumento da expressão do poder nacional.

E, mesmo que pareça paradoxal, a expressão prática deste poder é também, por contraste, o seu viés mais inquietante, conflituoso, desconhecido e potencialmente crítico (especialmente quanto à obediência aos princípios constitucionais que são vilipendiados pela ABIN).

Que esta obra constitua relevante contribuição ao país, e propicie o alvorecer de uma nova Inteligência de Estado no Brasil. Submetida, enfim, aos princípios constitucionais e ao Estado Democrático de Direito e, sobretudo, sob a égide da Tríade da Inteligência, constituída dos seus pilares fundamentais: Sigilo, Legalidade e Ética.

Aqui não me ative à necessidade de erigir aquilo que o bruxo do Cosme Velho chamava de "trapézio mental". Afinal, nesse mundo 007 lida-se, amiúde, com pontas soltas e cenários caleidoscópicos... E tudo pautado por um centro cinético de ilegalidade e malversação dos recursos e da fé pública.

Por que, então, escrevê-la a quatro mãos? Porque há informações apuradas pelo coautor que vão ao encontro da minha curiosidade em juntar peças que eu julgava, para sempre, perdidas no quebra-cabeças intra e subpalaciano — de resto, uma zona nebulosa, sublunar, por onde vagam as naus dos arapongas e carcarás.

Nascido no Kentucky, em 1856, Louis Brandeis, o literal e figurativamente mais iluminado juiz da Suprema Corte dos Estados Unidos da América (EUA), cunhou uma frase seminal: "A luz do sol costuma ser o melhor desinfetante".

No caso, a luz do sol desta obra vai deixar muito claro que, embora seja um mito, a inteligência brasileira é disfuncional. E é, também, uma contradição em termos. Ao longo dos anos, talvez a primeira luz sobre o avô da nossa ABIN, o SNI, tenha sido acesa em junho de 1980. Foi quando o então chefe do SNI, general Newton Araújo de Oliveira Cruz, o Nini, disse que o órgão dispunha de uma "agência central, que é a maior de todas; não tem mais de quatrocentos homens; a mais importante das sub-regionais não tem duzentos e a menor não chega a sessenta". O general Nini foi o primeiro a estabelecer que "a agência central só emite pareceres para funcionários cuja contratação depende diretamente do presidente da República". Além disso, Nini classificava tais candidatos segundo a "posição ideológica, atividade subversiva, atitude com relação à Revolução de 31 de março de 1964 e a eficiência funcional ou profissional".

O SNI de Nini, em 1980, tinha 62% de civis, 26% de militares da ativa e 12% de militares da reserva. As três principais categorias eram: especialistas em movimento sindical, em movimento estudantil e em movimentos da Igreja.

O que é a ABIN de hoje, comparada ao que era o SNI há 35 anos, em termos de qualidade do seu quadro funcional? Um cafarnaum, uma zorra total.

Mas do SNI a ABIN tenha talvez herdado um quê: a predileção, quase pugnaz, pela preguiça. O general Golbery do Couto e Silva, que chefiou o

SNI entre 1964 e 1967, tinha na manga uma frase mordaz sobre isso. E, nos anos 1980, disparou a um jornalista que era seu conviva: "O SNI não tem expediente de segunda-feira porque nesse dia não sai jornal". Lembre-se: os arapongas tinham predileção por recortar, para seus informes "secretos", o matutino O Estado de S. Paulo: que começou a circular nas segundas--feiras apenas no começo de 1991.

Em suas sub-rotinas, nossa inteligência segue disfuncionalmente a mesma, como veremos daqui para a frente.

No período mais auspicioso de sua existência, o SNI, pelo menos, chegou a ser um serviço secreto eficiente, coisa que a ABIN nunca foi.

Tenente-coronel André Soares

Agentes secretos

A primeira verdade sobre agentes secretos é que eles, embora sejam supostamente desconhecidos, existem, e não apenas em Hollywood. A segunda é que são pessoas especiais, em todos os sentidos. E a terceira é que o Brasil não dispõe de agentes secretos dessa boa cepa em seus serviços de Inteligência, e na ABIN menos ainda.

Especial admiração pelos agentes secretos tinha Sun Tzu, o estrategista militar chinês. Ressaltava aos reis da antiguidade a necessidade de sabiamente lidar com eles. E, também, a importância de tê-los muito próximos de si. Sun Tzu conhecia como poucos a vida heroica dos agentes secretos.

Aqui nos trópicos, a conversa é bem diferente. Especialmente no Brasil, a sociedade é vítima da desinformação produzida pela ABIN sobre essa realidade – criada e descomida para encobrir a verdade inconveniente de sua escabrosa e criminosa ineficiência institucional.

A primeira mentira sobre agentes secretos é a afirmação da ABIN de que eles não correspondem à figura espetacular do "007 – James Bond", o agente secreto mais conhecido dos filmes de espionagem.

A ABIN, autoproclamada plenipotente, vende a falsa ideia de que os melhores agentes operacionais são pessoas comuns, desprovidas de dotes e atributos excepcionais e cuja mediocridade os tornam impercetíveis, sendo estes os aspectos cultuados e praticados como expertise do emprego operacional de inteligência.

Engana-se quem acreditar nisto: o perfil do verdadeiro e autêntico agente secreto incorpora integralmente todos os atributos e qualidades do espião 007, James Bond, bem como os de suas parceiras, agentes secretas. Vale lembrar que as mulheres também estão incluídas nesse seleto universo e, embora desconhecidas, são tão (ou mais) esplendorosas que as dos filmes de espionagem, acredite.

O que toda a insídia da ABIN encobre é a confissão velada da deturpação e da real inoperância que impera na agência. Portanto, ao contrário do discurso oficial da ABIN, o perfil "profissiográfico" do autêntico agente secreto é aquele que confere ao seu detentor plenas condições de atuar sozinho, infiltrado, tendo como proteção, por vezes, unicamente, seu próprio adestramento.

Ele deverá ser capaz de se relacionar com todo o tipo de pessoas, manipulá-las, cumprir sua missão e não deixar vestígios. Para isso, deverá ser resistente, forte, rápido, ágil. E suportar o cansaço físico e mental, o estresse; percorrer grandes distâncias, vigiar, se esconder, fugir, operar por longos e ininterruptos períodos, superar restrições de sono e alimentação, defender-se, lutar e – se necessário – combater.

Percebe-se, dessa forma, que a realidade adversa e hostil da atuação dos agentes secretos lhes impõe dificuldades e desafios de toda ordem, exigindo-lhes uma capacidade de atuação em situações limite. Em que, se fossem destituídos dos padrões de desempenho operacional elevados, certamente sucumbiriam.

É por isso que o Brasil é o paraíso dos serviços secretos estrangeiros particularmente da CIA (EUA), MOSSAD (Israel), BND (Alemanha), DGSE (França) e o serviço secreto chinês, e de algumas organizações criminosas transnacionais e terroristas, que adoram atuar no país.

Esse diletantismo irresponsável que caracteriza a ABIN contamina a mentalidade de muitos dos seus integrantes. Afinal, julgam-se especiais, secretos, mais nobres que o resto da população (inclusive se consideram agentes secretos pelo simples fato de integrarem essas organizações).

Esse é outro terrível e perigoso engano, visto que dirigentes e integrantes da ABIN, bem como dos demais serviços de Inteligência nacionais não são agentes secretos. São apenas servidores públicos nacionais, exatamente iguais a todos os demais honrados servidores públicos do estado brasileiro.

Nesse mister, vale ressaltar que mesmo o trato de assuntos sigilosos de Estado não é prerrogativa nem exclusividade da ABIN e de serviços de inteligência – de resto, algo claramente explícito na nossa legislação em vigor.

No aparelho de estado há insignes instituições nacionais que lidam com temas muito mais sigilosos, estratégicos e sensíveis que os tratados internamente na ABIN. O exercício da denominada atividade de inteligência pela ABIN é apenas mais uma dentre tantas outras atividades de estado, igualmente importantes. O corpo da ABIN integra unicamente o universo dos dignos servidores públicos do estado. E, em tal condição, nunca serão agentes secretos.

Onde, então, estão os agentes secretos? Certamente não estão na ABIN. E essa é a resposta que os serviços de inteligência tanto buscam. Porque como essas organizações não os forjam, tentam desesperadamente recrutá-los.

Como são altamente especializados, os agentes secretos são pessoas livres, independentes, autônomas e não servem a dirigentes, presidentes, ou a poderosos quaisquer.

Agentes secretos têm vida própria, pensam e agem por si. São ronins, samurais libertos do senhor. Atuam sozinhos e, quando servem ao seu país, o fazem incondicionalmente, lutando contra seus inimigos, os quais muitas vezes estão nos próprios serviços de inteligência nacionais; pois estes são organismos extremamente vulneráveis à ação de governantes e dirigentes corruptos, como a ABIN.

Portanto, a melhor perspectiva ao em integrar os quadros da ABIN é a de se tornar um excelente servidor público burocrata.

Agentes secretos existem, mas "desacontecem".

Mitos e verdades sobre a atividade de inteligência

Quem tiver interesse pela atividade de inteligência e pensar em exercê-la, certamente encontrará dificuldades intransponíveis para obter informações fidedignas sobre o ofício.

No Brasil, particularmente, será alvo da desinformação por parte da ABIN. Isso, em termos práticos, significa que as informações, eventualmente dadas não são exatamente verdadeiras. Essa é a razão pela qual, especialmente os jovens brasileiros, precisam conhecer a realidade de fato da atividade de inteligência no Brasil.

"Não imaginei que havia criado um monstro", foram as célebres palavras proferidas pelo arrependido General Goubery do Couto e Silva, referindo-se ao extinto Serviço Nacional de Informações (SNI), criado em 1964, do qual foi um dos principais idealizadores.

Sua sucedânea, a Agência Brasileira de Inteligência (ABIN), foi criada em 1999 predestinada aos mesmos desígnios do SNI. E, assim, terminou por conduzir o Brasil à maior e mais grave crise institucional de inteligência, desvelada em 2008 no festival de clandestinidades protagonizadas pela ABIN na Operação *Satiagraha* e também na Operação Mídia.

A gravidade da conjuntura atual é ainda mais alarmante porque a ABIN é o órgão central do Sistema Brasileiro de Inteligência (SISBIN) e suas ascendências sobre as demais estruturas de inteligência nacionais são inquestionáveis e generalizam a ineficiência institucional dessa atividade no país.

Ressalta-se o total descontrole do estado brasileiro sobre a atuação da ABIN e dos órgãos de inteligência nacionais. São, afirmo, a verdadeira "caixa-preta" invencível da República e que nossos governantes temem desafiar.

O cenário prospectivo é por demais pessimista, pois o Brasil não dispõe, há décadas, de uma Política Nacional de Inteligência. E as autoridades nacionais demonstram não ter capacidade de salvar o país da lamentável situação a que chegou a ABIN e a Inteligência de Estado nacional.

Depois de saber a verdade sobre a Inteligência de Estado no Brasil, alguém teria ainda interesse em exercê-la?

A primeira pergunta a responder é: "Qual o verdadeiro objetivo do interessado?" Se for ganhar dinheiro, melhor desistir. A atividade de inteligência não é lucrativa, em nenhum lugar do mundo. Muito menos no setor privado. Não temos registro de qualquer empresa ou empresário milionário na atividade de inteligência. E se tivéssemos, certamente seria um engano, porque nesse ramo, "nada é o que parece ser".

Se perseverar, contudo, o ideal de integrar os serviços de inteligência no Brasil, isso poderá ser feito ingressando na ABIN, por meio de concurso público – nas instituições públicas mais tradicionais – ou por indicação política. Agora, para quem realmente, deseja ser agente secreto, o caminho é completamente diferente. Porque a verdade, que nem mesmo os governantes do país sabem, é que o Brasil não possui agentes secretos na ABIN ou em qualquer outro serviço de inteligência. Agora que esclarecemos que não há agentes secretos na ABIN, cabe a pergunta: o que faz e para que serve a ABIN?

A ABIN não faz Inteligência de Estado, embora afirme isso. Na verdade, ela até atrapalha os governos, pois realiza exatamente o mesmo trabalho que outras organizações, muito mais competentes e afetas a essas questões, gerando sobreposição, duplicidade e interferência indevidas, como exemplificarei mais adiante. Nossos governantes cometem grave atentado à Inteligência de Estado do país por desconhecer e contrariar a verdade de que a sua atividade-fim é o emprego da expertise operacional do sigilo, especialidade de agentes secretos. E, como já foi ditto, a ABIN não conta com esses profissionais. É claro que tudo isso é premeditado e cuidadosamente escondido da sociedade pela ABIN, produzindo outra grave mentira, incutida no seio da sociedade, que é a ideia de que o verdadeiro e legítimo profissional de inteligência é aquele que exerce a função que eles denominam de analista de inteligência.

Mas o que faz, no Brasil, um analista de inteligência instalado nos gabinetes secretos da ABIN? O mesmo que qualquer outro analista, em qualquer outro lugar do mundo, ou seja, análise. A mesma análise que você e todos os estudantes aprendem nos bancos escolares do ensino médio, pois o processo de análise realizado por analistas de quaisquer áreas é único e idêntico. Difere apenas quanto às áreas temáticas de interesse, que no caso da ABIN, como você já sabe, também é idêntica em sobreposição a outros órgãos do estado brasileiro.

Na prática, o que os nossos governantes não revelam é que os conhecimentos que recebem da ABIN são, majoritariamente, de baixa credibilidade e de pior qualidade que os dos órgãos competentes sobre os mesmos assuntos. Também é necessário ressaltar que a diferença entre o trabalho de um analista de inteligência e o dos demais analistas profissionais, não é a análise de inteligência em si: mas o fato deles receberem informações "privilegiadas", de que os outros analistas evidentemente não dispõem.

O acesso a essas informações privilegiadas somente é possível via emprego da expertise operacional do sigilo, realizado pela ação furtiva de agentes secretos. Eles têm, entre outras, a dificílima e perigosa tarefa de obter os segredos mais valiosos (forte e agressivamente protegidos por aqueles que os detêm e que tudo farão para evitar que sejam revelados). Portanto, a atividade primordial da Inteligência de Estado, a única razão de ser e existir dos serviços de inteligência, é o trabalho que somente pode ser executado por agentes secretos. Como a ABIN não os têm, além da desilusão, a conclusão lógica seria a de que não é possível ser um agente secreto no Brasil...

Engana-se quem pensa assim. Porque ser um agente secreto é plenamente possível no Brasil, como em qualquer lugar do mundo. E para quem realmente tem vontade de ser um agente secreto, a próxima pergunta a responder é: "Quem sou eu?" Qualquer pessoa pode ser funcionário público: mas não agente secreto. Agentes secretos são pessoas raras, em todos os sentidos. Há alguns requisitos para ser agente secreto, que evidentemente não é apenas passar em concurso público, ou ser indicado politicamente.

Um deles é que ser agente secreto depende de si mesmo. Outro requisito é incorporar integralmente todos os atributos e qualidades do personagem

"007, James Bond," bem como os de suas parceiras agentes secretas, mesmo quando a própria ABIN vende a falsa ideia de que o perfil dos agentes secretos é o de pessoas comuns. Essa desinformação é produzida pela agência para mascarar a sua inoperância e ineficiência institucional.

Porém, além desses requisitos, há um último, também bastante relevante para ser agente secreto. Antes de conhecê-lo, é muito importante reaprender com a própria história nacional o que é conhecido desde Sun Tzu: serviços de inteligência são verdadeiros monstros, na pior acepção da palavra, só havendo uma única excepcionalidade. E esta, mesmo proibida de ser revelada no Brasil, foi escancarada ao mundo pelo Coronel Walther Nicolai (1873 – 1934), Chefe do Serviço de Inteligência do Chanceler Bismarck, nos ensinando que: "A Inteligência é um apanágio dos nobres. Confiada a outros, desmorona".

Sempre desmorona. Isso porque os serviços de inteligência que negligenciam essa máxima se tornam monstrengos de corrupção, como lamentou um arrependido General Golbery, em relação ao extinto SNI, e como, atualmente, também acontece com a ABIN.

Por isso, na atividade de inteligência só há dois tipos de profissionais: os corruptos e os que "vão à guerra". E outra triste constatação é que a maioria não "vai à guerra".

Será mera questão de tempo o agente ser vitimado pelos próprios serviços de inteligência para quem trabalha. Também devemos sempre considerar (e do qual depende a própria sobrevivência do agente) que esses mesmos serviços de inteligência se tornarão seus piores inimigos e tentarão obstinada e clandestinamente eliminá-lo, temerosos de que ele revele o que sabe.

Se isso acontecer, o agente tem de saber que será abandonado e estará completamente sozinho. E jamais deverá cometer o grave erro de confiar nos governantes do país, pois estes também, e ainda mais, estarão interessados em seu fim. Se confiar, o agente poderá cair em desgraça ou até morrer.

Sabendo de tudo isso, ainda perduraria o desejo de ser agente secreto? Se a resposta for sim, o último requisito é optar por uma vida muito difícil e dolorosa (com um ônus altíssimo para a pessoa e para os seus entes queridos).

Agentes secretos tomam a difícil decisão de viver, por toda a vida, completamente sozinhos, sem família, sem amigos e em locais desconhecidos.

Evidentemente, que todo esse sacrifício tem uma contrapartida mais que compensadora, pelo menos assim pensam os agentes secretos. Mas o fato é que a maioria das pessoas não nasceu para ser agente secreto e que, necessariamente, este não é um ofício melhor que os outros.

A maioria dos que atuam na atividade de inteligência se sente feliz, vivendo na mediocridade de ser, no máximo, um excelente servidor público burocrata.

Agentes secretos existem, mas "desacontecem".

Inteligência de Estado

Mas, afinal, "o que é inteligência ou atividade de inteligência?". Há uma variedade de abordagens sobre a temática da "atividade de inteligência", ou simplesmente "inteligência", tratada por diversos autores. Particularmente no Brasil, se discute se melhor seria a denominação "inteligência", ou "informações", como termo utilizado no extinto Serviço Nacional de Informações (SNI). Apesar de aparentemente se tratar de questão de cunho meramente teórico-conceitual, muitas distorções e dificuldades verificadas no emprego dos denominados "serviços de inteligência", em todo o mundo, e principalmente no Brasil, se devem exatamente a dúvidas, imprecisões e incompreensões sobre o seu real significado.

O melhor entendimento sobre "inteligência", ou "atividade de inteligência", quando relacionadas aos "serviços de inteligência", se dá com a adoção de um significado restritivo, reduzindo-o à concepção e à atuação dos serviços secretos, empregados no contexto dos estados nacionais segundo uma dinâmica própria e exclusiva.

Mesmo quando tratamos, especificamente dos serviços secretos, serviços de informações e dos serviços de inteligência, cumpre ressaltar que há variações conceituais e divergências doutrinárias generalizadas, por parte de acadêmicos, estudiosos, políticos, dirigentes e integrantes desses serviços, quanto à definição, delimitação, finalidade e emprego dessas organizações.

Sobre o melhor entendimento a respeito de serviços de inteligência é importante destacar que as expressões "Inteligência de Estado", ou "Inteligência Clássica", são as denominações tecnicamente mais adequadas, sob os aspectos acadêmicos, científicos e institucionais, quando nos refirimos às ações realizadas exclusivamente pelos serviços de inteligência dos estados constituídos.

A história é um importante referencial para o conhecimento da Inteligência de Estado e dos serviços de inteligência, que remontam aos primórdios da própria humanidade. Historiadores e pesquisadores mencionam relatos bíblicos e de estrategistas da antiguidade (Sun Tzu, por exemplo), para ilustrar não só a importância da Inteligência de Estado e dos serviços de inteligência, mas também para demonstrar as origens de seus principais fundamentos.

No Brasil, a inexistência de uma concepção doutrinária oficial sobre Inteligência de Estado é uma das causas da crise institucional de inteligência, cujo epicentro está na escabrosa ineficiência da ABIN, no cumprimento de sua missão, como órgão central do Sistema Brasileiro de Inteligência (SISBIN).

Para perfeita compreensão da "Inteligência de Estado" é necessário primeiramente compreender o que significa "inteligência". Em seu significado léxico, "inteligência" está diretamente vinculada às capacidades cognitivas e de aprendizado do ser humano, constituindo especial campo de estudos da psicologia e significa:

> Inteligência. [Do lat. intelligentia.] S.f. 1. Faculdade de aprender, apreender, ou compreender; percepção, apreensão, intelecto, intelectualidade. 2. Qualidade ou capacidade de compreender e adaptar-se facilmente; capacidade, penetração, agudeza, perspicácia. 3. Maneira de entender ou interpretar; interpretação. 4. Acordo, harmonia, entendimento recíproco. 5. Relações ou entendimentos secretos, conluio, maquinação, trama. 6. Destreza mental; habilidade. 7. Psicol. Capacidade de resolver situações problemáticas novas mediante reestruturação dos dados perceptivos. 8. Pessoa inteligente.[1]

---

[1] FERREIRA, Aurélio Buarque de Holanda. *Novo dicionário da Língua Portuguesa*. 1ª edição. Rio de Janeiro: Nova Fronteira, 1988.

Podemos, pois, deduzir que o emprego da expressão "atividade de Inteligência" (ou, simplesmente "Inteligência"), para designar práticas associadas à Inteligência de Estado e aos serviços secretos é, no mínimo, inadequada.

A história da Inteligência de Estado no Brasil revela que o termo "inteligência" era a designação dos serviços secretos nacionais, em substituição à denominação oficial de "serviços de informações", utilizada até a extinção do Serviço Nacional de Informações (SNI). A estratégia era dissociar a criação da ABIN ("Agência de Inteligência") do desgastado SNI ("serviços de informações"), que sofria àquela época forte rejeição social e política.

O tema Inteligência de Estado no Brasil é muito bem retratado por Priscila Carlos Brandão Antunes:

> [...] O termo inteligência, entendido nesse sentido, passou a fazer parte do debate político brasileiro principalmente a partir da década de 1990, após a extinção do Serviço Nacional de Informações (SNI), não obstante haver referências a este tipo de atividade desde 1927. O termo emergiu de uma tentativa de acobertar e superar uma identidade deteriorada que havia se formado em torno da atividade de informações no regime militar, equivalente a repressão e violação dos direitos civis. No Brasil, assim como nos demais países do Cone Sul, existe uma forte desconfiança em relação a essa atividade, que decorre do perfil assumido por seus órgãos de informações durante o último ciclo de regimes militares. Nesses países, os serviços de informações converteram-se em estados paralelos com alto grau de autonomia, enorme poder e capacidade operacional.[2]

Compreende-se, portanto, que a inadequação de emprego do termo "inteligência", ou "atividade de inteligência", como designação de atividade típica dos serviços secretos ocorreu no Brasil devido a uma decisão exclusivamente política, com a intenção eufemística de dissimular e desinformar a sociedade sobre a verdadeira natureza de suas ações de espionagem. Destaca-se que a referida ação política de dissimulação, realizada no Brasil, constituiu prática herdada de outros países e serviços secretos no mundo.

---

[2] ANTUNES, Priscila C. Brandão. *SNI e ABIN – Uma leitura da Atuação dos Serviços Secretos Brasileiros ao longo do Século XX*. Rio de Janeiro: FGV, 2002. pp. 21- 22.

Priscila Carlos Brandão Antunes demonstra muito bem essa prática internacional dos serviços secretos:

> [...] Outra diferenciação em relação à atividade de inteligência diz respeito à sua compreensão enquanto espionagem. O senso comum normalmente associa a atividade de inteligência à espionagem, trapaças e chantagens; o que é amplamente incentivado pela literatura ficcional e pela mídia. Não obstante o termo intelligence ser um eufemismo anglo-saxão para a espionagem, esta é apenas uma parte do processo de inteligência, que é muito mais amplo [...].[3]

Natural concluirmos que a adoção da expressão "atividade de inteligência", ou simplesmente "inteligência", está ligada a estratégia política de diversos países, internacionalmente adotada a partir do período da Guerra Fria, para a dissimulação de ações de natureza sigilosa, especialmente de espionagem, realizadas pelos serviços secretos.

No Brasil, essa mesma estratégia política foi agravada por um processo de desinformação logomáquica, adotada pela Presidência da República, a partir de 1997, durante o governo do presidente Fernando Henrique Cardoso, para justificar a futura criação da ABIN, em 1999. Devemos ainda ressaltar que, atualmente, a história da ABIN caracteriza-se pela oficiosidade de suas ações sigilosas, criminosamente perpetradas pela Agência e que, misteriosamente, nunca foram devidamente apuradas. Como exemplo, citamos as Operações "Mídia" e "Satigraha", que aqui serão abordadas com exclusividade.

A Tríade da Inteligência

A *Tríade da Inteligência*[4] é uma obra doutrinária, de minha autoria, para a otimização do emprego da Inteligência. Busca a máxima eficiência e rigorosa observância dos princípios constitucionais, por parte das pessoas, organizações, instituições públicas e sistemas de inteligência.

---

[3] Ibidem, p. 21.
[4] SOARES, André. *A Tríade da Inteligência*. Belo Horizonte: Editora do Autor, 2009.

Essa doutrina fundamenta-se nos pilares do Sigilo, da Legalidade e da Ética, que conferem à Inteligência de Estado, identidade, legitimidade, controle e, consequentemente, máxima eficiência.

O Sigilo é a atividade-fim da Inteligência e, por conseguinte, da Inteligência de Estado. No contexto da Tríade da Inteligência, o Sigilo constitui a natureza, identidade e razão de ser da Inteligência de Estado e pode ser definido como "A expertise do emprego operacional do Segredo". Ele se instrumentaliza, no plano legal e operacional, em um *modus operandi* específico.

Marco A. C. Cepik apresenta considerações sobre a característica fundamental do Sigilo na Inteligência:

> [...] Certamente é possível teorizar sobre a natureza da informação e sobre o impacto dos fluxos totais de informação na economia, no Estado e na vida social de modo geral. Porém, a inteligência de que trata este livro refere-se a conjuntos mais delimitados de fluxos informacionais estruturados. Nesse caso, uma definição mais restrita diz que a inteligência é a coleta de informações sem o consentimento, a cooperação ou mesmo o conhecimento por parte dos alvos da ação. Nessa acepção restrita, inteligência é o mesmo que segredo ou informação secreta.[5]

A incompreensão generalizada sobre o assunto, por parte das autoridades governamentais, dirigentes de serviços de inteligência e seus operadores é a causa das impropriedades no emprego da Inteligência de Estado, acarretando sua ineficiência Operacional e desvirtuando-a de sua atividade-fim.

Por conseguinte, está demonstrado que a atividade-fim da Inteligência de Estado é a sua expertise do "emprego operacional do segredo, ou sigilo" e o seu respectivo *modus operandi*, o qual é realizado exclusivamente no contexto das "Operações de Inteligência", que é exatamente o que diferencia os serviços de inteligência de todas as demais instituições do estado.

Significa, portanto, que a estrutura de maior importância na Inteligência de Estado é a Operação de Inteligência, pois esta é a sua atividade-fim. Ao contrário da incoerente e equivocada doutrina praticada pela "comunidade de inteligência" no Brasil.

---

[5] CEPIK, Marco A. C. *Espionagem e democracia*. Rio de Janeiro: FGV, 2003. pp. 27-28.

Podemos afirmar que: "Serviços de inteligência sem o segmento de "Operações de Inteligência" não são serviços de inteligência – são organizações comuns."

No Estado Democrático de Direito, a Legalidade é o pilar da Tríade de Inteligência que confere legitimidade à atividade de Inteligência, sem o que se transforma em ameaça ao próprio Estado e à sociedade.

As peculiaridades da Inteligência de Estado, por vezes, conduzem seu emprego à fronteira da legalidade. Por isso, este pilar deve estar profundamente consolidado na estruturação, condução e controle desses organismos, conforme ordenamento jurídico vigente, formado por diplomas legais e um sistema normativo devidamente regulamentado.

Ao contrário de opiniões equivocadas que consideram a Legalidade um empecilho aos propósitos da Inteligência de Estado; esta é um grande aliado, proporcionando todo o suporte de legitimidade para a realização de suas ações, inclusive garantindo as condições ótimas para emprego do Sigilo.

Vale dizer que no Brasil os pilares da Tríade da Inteligência da Legalidade e da Ética estão devidamente legitimados na Constituição Federal de 1988, pelos princípios da Legalidade e da Moralidade:

> Constituição da República Federativa do Brasil de 1988
> Capítulo VII
> Da administração pública
> Seção I
>
> Disposições gerais
> Art. 37. A administração pública direta e indireta de qualquer dos Poderes da União, dos Estados, do Distrito Federal e dos Municípios obedecerá aos princípios de legalidade, impessoalidade, moralidade, publicidade e eficiência e, também, ao seguinte:

No Estado de Direito, a Legalidade é o preceito que fundamenta a legitimidade das ações sigilosas dos serviços de inteligência, sem a qual as "Operações de Inteligência" degeneram-se para as criminosas Operações Clandestinas. No Brasil, o principal diploma legal em vigor que regula o exercício da Inteligência de Estado no país é a Lei 9883, de 07 de dezembro de 1999, que "institui o Sistema Brasileiro de Inteligência, cria a Agência Brasileira de Inteligência – ABIN, e dá outras providências".

Classificação das "Operações de Inteligência" quanto ao princípio da Legalidade

É necessário ressaltar importantes fundamentos da doutrina da Tríade da Inteligência, referentes à Inteligência de Estado, cujo desconhecimento e descumprimento, por parte das autoridades e governantes do país, acarretam graves ilícitos por parte dos serviços de inteligência nacionais, criminosamente encobertos sob o falso pretexto do sigilo institucional. Trata-se da conceituação e diferenciação entre "operação de inteligência, operação encoberta e operação clandestina", as quais são equivocadamente consideradas sinônimas, mesmo quando há ingentes diferenças entre elas, especialmente quanto ao princípio da Legalidade.

Operação de Inteligência – conceito

Conjunto de ações de busca e/ou de ações sigilosas específicas, visando à consecução de objetivos institucionais de inteligência, constantes em plano de Operação de Inteligência respectivo, devidamente autorizado pela direção máxima da instituição de inteligência patrocinadora, em cumprimento da Política Nacional de Inteligência. É o mais nobre exercício da atividade-fim da Inteligência de Estado, por meio do qual se efetiva a maximização da expertise do segredo, constituindo poderoso e sensível instrumento estatal, para a consecução de seus objetivos nacionais.

"Operações de Inteligência" podem demandar um conjunto de ações de busca, inseridas num único contexto operacional ou efetivadas por ações sigilosas específicas contra forças adversas. Devem atender às necessidades, imposições e restrições previstas na Política Nacional de Inteligência vigente, e sua autorização requer a aprovação do respectivo Plano de Operação de Inteligência, cuja atribuição é de responsabilidade pessoal e indelegável do dirigente máximo da instituição de inteligência patrocinadora.

Operação Encoberta – conceito

Operação de Inteligência realizada por estados nacionais em que há negação de autoria quanto ao seu patrocinador. É uma Operação de Inteligência legitimamente patrocinada pelo estado, cuja realização não será reconhecida, ou assumida pelo estado perante a comunidade internacional.

Segundo Marco A. C. Cepik:

> [...] Operações encobertas são utilizadas por um governo ou organização para tentar influenciar sistematicamente o comportamento de outro governo ou organização através da manipulação de aspectos econômicos, sociais e políticos relevantes para aquele ator, numa direção favorável aos interesses e valores da organização ou governo que patrocina a operação.
>
> As duas características principais das operações encobertas enquanto recurso de poder são, segundo Mark Lowenthal (2000: 111–113) e Abram Shulsky (1992: 83–85), o seu caráter instrumental para a implementação de políticas e o requisito de plausibilidade na negação de autoria (plausible deniability). A primeira característica enquadra as operações encobertas enquanto ferramentas coercitivas na implementação de uma política externa, tal como o são, por exemplo, os embargos econômicos ou o leque de opções relativas ao uso ou à ameaça de uso da força. A segunda característica enfatiza a negação de autoria, mais do que a clandestinidade da operação em si mesma.[6]

Diversos países realizam operações encobertas por meio de seus serviços de inteligência, tendo como principais alvos organizações e países estrangeiros. Exemplos de operações encobertas são conhecidos historicamente,

---

[6]   Ibidem. p. 61.

seja em decorrência dos seus insucessos que vieram a público, seja pela liberação de acesso aos documentos públicos de inteligência nos países patrocinadores. No Brasil, os diplomas legais em vigor não autorizam as operações encobertas.

Operação Clandestina – conceito

Conjunto de ações sigilosas ilegais patrocinadas por serviços de inteligência nacionais, em benefício de pessoas ou grupos, à revelia e em detrimento do ordenamento jurídico vigente. São "Operações de Inteligência" criminosas, realizadas por serviços de inteligência contra o próprio estado constituído e em detrimento das sociedades a que servem. Constituem a degeneração da Inteligência de Estado, na qual os serviços de inteligência que as patrocinam são, na verdade, meras organizações criminosas (ORCRIM).

O quadro abaixo ilustra, de forma sintética, os três parâmetros fundamentais de classificação das "Operações de Inteligência" de estado que são: Sigilo, Legalidade e Autoria.

Sigilo – Realização da atividade-fim da Inteligência de Estado ("emprego da expertise operacional do sigilo"), conforme abordado anteriormente. Significa que todas as ações realizadas pelos serviços de inteligência, notadamente as operacionais, devem ser efetivadas sob segredo absoluto, sendo para isso realizadas conforme legítimo *modus operandi* específico, de forma que não possam ser detectadas.

Legalidade – Realização da atividade-fim da Inteligência de Estado, rigorosamente em obediência aos princípios constitucionais, ao Estado Democrático de Direito e ao ordenamento jurídico vigente. Significa que todas as ações sigilosas realizadas pelos serviços de inteligência, notadamente as operacionais, devem ser efetivadas rigorosamente dentro da lei, sob minucioso controle interno e principalmente externo dos órgãos responsáveis. Vale destacar a existência de um rigoroso e minucioso rito jurídico-administrativo para aprovação e posterior acompanhamento dessas operações, a ser abordado nos capítulos seguintes. Qualquer operação de serviços de inteligência que seja realizada em desrespeito ao princípio da Legalidade é classificada como "operação clandestina", significando ser uma operação criminosa e contra o estado.

Esse é o contexto ilícito em que a ABIN realizou as Operações "Mídia" e *Satiagraha*. Especialmente quanto a esta última, ressalta-se que a ABIN perpetrou um festival de clandestinidades, que constituem um dos mais escabrosos atentados da história contemporânea cometidos por serviços de inteligência contra o próprio estado. Por seus atos na *Satiagraha*, os dirigentes da ABIN deveriam ter sido exemplarmente punidos, como aconteceria nas principais potências mundiais, onde as condenações seriam prisão perpétua ou até mesmo a pena capital, caso integrassem seus serviços de inteligência.

Autoria – Realização da atividade-fim da Inteligência de Estado, obedecendo com rigor os princípios do Sigilo e da Legalidade, assumindo, ou não, a responsabilidade pela autoria e condução da referida operação. O serviço de inteligência patrocinador da operação assumirá, ou não, a responsabilidade de autoria e condução, caso ela seja descoberta. No caso de determinada operação sigilosa ser legal e legitimamente realizada sem o reconhecimento de autoria por parte do serviço de inteligência que a patrocina, ela é classificada como "operação encoberta". Significa, portanto, que caso ela seja detectada, ou descoberta, o governo e o serviço de inteligência estão legalmente autorizados a negarem que a patrocinaram.

Os países democráticos que possuem os melhores serviços de inteligência do mundo realizam a maioria de suas operações sigilosas com reconhecimento de autoria, assumindo perante o estado constituído todas as responsabilidades decorrentes, caso elas sejam detectadas ou não.

Somente em casos extremamente sensíveis ao Estado, normalmente aqueles relacionados à segurança nacional, é que o governo, excepcionalmente, autoriza a serviços de inteligência a realização de "operações encobertas". Mesmo assim, sob o mais rígido controle estatal, em razão das sérias e graves consequências negativas que tais operações podem demandar.

Algumas "operações encobertas" são bem conhecidas. Uma delas foi realizada pelo serviço secreto francês (DGSE), contra a organização "Greenpeace", em 1985, à época do movimento de protesto contra testes nucleares franceses. Foi uma ação de sabotagem e afundamento do navio "Rainbow Warrior", do Greenpace, às 23:50, do dia 10 de Julho de 1985, no porto de Auckland na Austrália. Agentes do serviço secreto francês explodiram a embarcação, matando o fotógrafo português Fernando Pereira.

Essa operação foi reconhecida vinte anos depois pelo antigo chefe do DGSE, almirante Pierre Lacoste, que afirmou, num relatório de 1986, ter recebido o "acordo" explícito do Presidente François Mitterrand para a sabotagem do navio do Greenpeace "Rainbow Warrior".

O ordenamento jurídico brasileiro não autoriza a realização de operações encobertas, pois elas são ilegais no país.

Segmento de "Operações de Inteligência"

É a organização de inteligência que tem como atribuições a execução das ações de busca e das "Operações de Inteligência". A utilização das "Operações de Inteligência" exige uma adequada estrutura voltada para esse fim que, por receber diferentes nomenclaturas, será aqui denominada "segmento de 'Operações de Inteligência' ".

Esse segmento realiza a essência da atividade-fim da Inteligência de Estado e, por conseguinte, justifica a existência dos serviços de Inteligência, conferindo-lhes identidade. Assim, as instituições de inteligência que não possuem essa estrutura, ou não a utilizam, tornam-se ineficientes e inócuas para seus propósitos essenciais. Por ser a parte encarregada das ações de busca e "Operações de Inteligência", este segmento constitui o setor mais importante e sigiloso dos serviços de inteligência, requerendo os mais elevados níveis de segurança, proteção e salvaguarda para todo pessoal envolvido, material, instalações e operações. Nos principais serviços de inteligência do mundo, o segmento operacional é destacado de suas instalações, sendo suas localizações mantidas sob elevado sigilo, pois é lá que atuam os "agentes secretos". Em virtude de suas características, seu acionamento é feito exclusivamente pela direção máxima dos serviços de inteligência, seu único canal de ligação e subordinação.

Na ABIN, o Segmento de "Operações de Inteligência" recebe a denominação de Departamento de Operações de Inteligência (DOINT) e suas instalações estão localizadas na própria sede da ABIN, em Brasília, no Setor Policial Sul, no endereço SPO Área 05, Quadra 01, Asa Sul CEP:70610-905. O DOINT pode ser acessado externamente, por qualquer pessoa, seguindo a via pública que situa-se entre a ABIN e a sede do comando da Polícia Militar do Distrito Federal. O DOINT é a primeira portaria da ABIN depois de passar pelo Batalhão de Polícia de Choque (BPChoque). Em caso de dúvidas, basta perguntar ao servidor da ABIN que fica nessa portaria que ele confirmará se tratar do DOINT.

Ética

A Ética é o derradeiro pilar da Tríade da Inteligência. Sem ela, a Inteligência de Estado, inescapavelmente, cairá para a ilegalidade e o descontrole. Nos estados democráticos é imperativa a adoção pelos serviços de inteligência de um Código de Ética próprio para o emprego da Inteligência de Estado, por constituir um procedimento institucional elementar, prioritário e estratégico, praticado por todas as importantes entidades, organizações e instituições em relação à conduta e comportamento de seus respectivos profissionais.

Agência Brasileira de Inteligência (ABIN)

A ABIN, órgão central do Sistema Brasileiro de Inteligência (SISBIN), não possui um código de ética próprio para a atividade de Inteligência. Quanto à sua postura institucional, relativa à ética da atividade de Inteligência e sobre a ética profissional de seus integrantes no desempenho de suas funções, a posição oficial da ABIN é a de que "...o principal alicerce da ética na ABIN é a Constituição Federal..."; e que o seu código de ética é o Decreto nº 1171, de 22 de junho de 1994, que trata do código de Ética profissional do servidor público civil do Poder Executivo Federal.

A ética é o pilar da Tríade da Inteligência e o componente subjetivo do emprego da Inteligência de Estado e deve estar impregnada na alma dos dirigentes de serviços de inteligência e de seus operadores, como compromisso de honra para com a Pátria, rigorosamente consolidada no seu respectivo Código e impiedosamente cobrada pela sociedade. Assim, visando a melhor consecução de seus objetivos, a Inteligência de Estado deve reger-se e subordinar-se à Tríade da Inteligência, sem o que vitimar-se-á com a ineficiência, desvirtuamentos, corrupção e o cometimento de Operações Clandestinas, transformando esse importante instrumento do Estado em grave ameaça nacional.

"Operações de Inteligência" e legislação

O que são as "Operações de Inteligência"?

A legislação brasileira vigente que trata e regulamenta a Inteligência de Estado no país, a despeito de determinar, estruturar e definir jurídica e doutrinariamente sobre as atividades de Inteligência e de Contrainteligência, como foi apresentado, não faz qualquer menção às "Operações de Inteligência".

A respeito dessa importante questão é imperioso questionar a legitimidade jurídica do emprego das "Operações de Inteligência" no Brasil. Pois, as únicas referências existentes nos diplomas legais em vigor que podem ser apresentadas fazem menção ao tema apenas de forma indireta e até mesmo subliminar, sugerindo o que supostamente poderia ser considerado o seu emprego, ferindo de morte os melhores princípios da hermenêutica.

Desta forma, a Lei 9883, de 07 de dezembro de 1999, que cria a ABIN e institui o SISBIN, preconiza o seguinte:

> [...] Art. 3º
> Parágrafo único
>
> As atividades de inteligência serão desenvolvidas, no que se refere aos limites de sua extensão e ao uso de técnicas e meios sigilosos, com irrestrita

observância dos direitos e garantias individuais, fidelidade às instituições e aos princípios éticos que regem os interesses e a segurança do Estado.

[...] Art. 4º à ABIN, além do que lhe prescreve o artigo anterior, compete: I – Planejar e executar ações, inclusive sigilosas, relativas à obtenção e análise de dados para a produção de conhecimentos destinados a assessorar o Presidente da República.

Pelo exposto, vale dizer que, embora a expressão "Operações de Inteligência" seja tradicionalmente aplicada pelos sistemas de inteligência nacionais, no Brasil, o seu conceito não é claro e preciso sob o aspecto jurídico e doutrinário, diferentemente do que ocorre com os conceitos de Inteligência e Contrainteligência.

A rigor, as "Operações de Inteligência" no Brasil constituem um conceito juridicamente inexistente e doutrinariamente impreciso. Suscitam questionamentos relevantes ao estado de direito vigente, sobre a legitimidade dessas ações sigilosas patrocinadas pelos serviços de inteligência nacionais. Noto: são indevidamente justificadas. Não há manto jurídico a proteger o que se chama de "Operações de Inteligência".

Princípios das "Operações de Inteligência"

O êxito operacional de inteligência não depende somente do emprego de pessoal, material, técnicas e de estrutura organizacional adequadas. Requer, principalmente, que o planejamento, execução e direção transcorram sob a égide de certos fundamentos doutrinários essenciais, denominados princípios.

Os princípios das "Operações de Inteligência" constituem um corolário de consagrados ensinamentos e são importante orientação e referência quanto à melhor condução das ações operacionais. O êxito operacional está diretamente vinculado ao irrestrito cumprimento destes princípios, que, se negligenciados ou desconsiderados implicam a certeza de insucessos.

Princípios das "Operações de Inteligência"

Os princípios das "Operações de Inteligência" são:

- **Eficiência**: obtenção dos melhores resultados possíveis, consonantes níveis de excelência, efetividade e economicidade.

- **Objetividade**: planejamento e execução com foco na missão.

- **Oportunidade**: planejamento e execução condicionados ao tempo disponível.

- **Segurança**: assegurar o sigilo e salvaguarda da organização de inteligência, das ações de busca e "Operações de Inteligência", do pessoal, documentação, material, instalações e locais empregados; e do(s) alvo(s), se necessário.

- **Precisão**: compreensão e execução perfeitas dos trabalhos a serem realizados.

- **Simplicidade**: planejamento e execução operacional de fácil compreensão.

- **Flexibilidade**: planejamento e estabelecimento de alternativas para as diversas linhas de ação adotadas e medidas que permitam, quando necessário, alterarações no curso das ações operacionais.

- **Adequação de meios**: planejamento e execução das ações operacionais de acordo com os recursos disponíveis.

- **Comando, Coordenação e Controle**: adoção de medidas e procedimentos que garantam a direção, o acompanhamento, a condução e a alteração das ações operacionais, e permitam, quando necessária, a imediata intervenção.

- **Imparcialidade**: eliminação de fatores subjetivos e personalistas na condução do planejamento, execução e decisão das ações operacionais.

- **Amplitude**: obtenção dos mais amplos e completos resultados possíveis.

- **Responsabilidade**: imputação de responsabilidade – em todos os níveis institucionais e nas esferas administrativa, jurídica e criminal – pela veracidade dos dados, pela tecnicidade metodológica das informações avaliadas e conhecimentos produzidos, pela legitimidade e competência das ações operacionais realizadas, pelas ações e inações, e por suas consequências.

"A Inteligência de Estado é um apanágio dos nobres. Confiada a outros, desmorona". Essa máxima da Inteligência de Estado fundamenta-se na Tríade da Inteligência, sendo que os nobres a que se refere são os homens e mulheres de caráter, dotados de atributos como coragem, moral e responsabilidade.

O princípio da responsabilidade é crucial não apenas para o exercício da Inteligência de Estado, mas para a sua própria sobrevivência. Seu exercício e aplicação devem ser compreendidos nos aspectos ético-moral e técnico-profissional da Inteligência de Estado. No aspecto ético-moral, a Inteligência de Estado, por natureza e características próprias, se desvirtuada, é o ambiente ideal para o cometimento de impropriedades, vícios e ilegalidades, especialmente nas "Operações de Inteligência". A principal garantia do Estado para a preservação de sua própria incolumidade, quando da realização das ações operacionais, está na Tríade da Inteligência, especialmente no exercício da ética, sem o que essa atividade estará condenada à corrupção.

É de vital importância a aplicação do princípio da responsabilidade a todos os integrantes da Inteligência de Estado, para que haja comprometimento incondicional com a Legalidade e a Ética, sob pena de imputação das penalidades previstas. No aspecto técnico-profissional é importante ressaltar que o princípio da Responsabilidade aplica-se com a mesma importância ao desempenho profissional de inteligência de todos os seus integrantes e em todos os níveis hierárquicos institucionais.

Merece destaque o preceito constitucional da administração pública da "eficiência", que impõe ao serviço público, à Inteligência de Estado e a seus integrantes a obrigatoriedade da obtenção dos melhores resultados, no âmbito de sua atuação. Consequentemente, a Inteligência de Estado tem por obrigação constitucional a obtenção de eficiência no desempenho profissional de seus integrantes, abrangendo, naturalmente, todos os cargos e funções de inteligência, dos analistas aos operadores de inteligência.

Vale relembrar que, como o princípio da Responsabilidade está visceralmente vinculado ao atributo do exemplo, sua aplicação deve sempre se dar a partir dos cargos de comando, direção e chefia, começando pelo dirigente máximo da instituição de inteligência, que é o maior responsável por tudo o que acontece ou deixa de acontecer na sua organização, especialmente quanto às "Operações de Inteligência".

Características dos profissionais de "Operações de Inteligência"

A melhor doutrina de inteligência recomenda que o segmento operacional dos serviços de inteligência seja constituído pela excelência dos recursos humanos das sociedades que representam. Se a doutrina de segurança do pessoal para o desempenho da atividade de Inteligência, já constitui um processo rigoroso, a segurança do pessoal das "Operações de Inteligência" deve ser ainda maior. Além dos procedimentos doutrinários tradicionais, exige medidas especiais de segurança. As características pessoais necessárias que definem e delimitam o perfil profissiográfico operacional de inteligência devem, obrigatoriamente, incluir os atributos de condição física, tiro e defesa pessoal, além dos atributos próprios inerentes à atividade de Inteligência. Os serviços de inteligência que negligenciam esta máxima sofrem drásticas consequências. Somente o conhecimento da realidade das "Operações de Inteligência" permite compreender a importância destes atributos, não havendo como conceber bons agentes operacionais de inteligência que não os tenham em alto grau e de forma permanente.

A realidade das "Operações de Inteligência" comprova esta doutrina e o seu exercício demonstra que não é fácil encontrar pessoas com tal perfil operacional. Para compreender isso basta rever a gênese de tal prática, cuja história demonstra grande afinidade com a Arte da Guerra. Não por acaso, os militares são, ao longo da história e em todo o mundo, as principais referências no estudo da Inteligência de Estado, na criação dos serviços de inteligência e, particularmente, no emprego de tais operações. A excelência dos militares nesse campo e, especialmente, nas ditas "Operações de Inteligência", está diretamente vinculada ao elemento comum das ciências militares: o combate.

Os militares são os profissionais da arte da guerra e o aperfeiçoamento das ciências militares inexoravelmente conduziu ao estudo e ao desenvolvimento das melhores estratégias de combate, originando as práticas de inteligência, (especialmente as "Operações de Inteligência"), como já demonstrava Sun Tzu, desde 300 a 500 ac.

A realidade do emprego de tais operações é congênere à realidade do combate, por vezes em situações ainda mais hostis, adversas e perigosas. Notem: as condições de atuação em "Operações de Inteligência" exigem principalmente que o agente operacional tenha elevado adestramento, pois em muitas situações deve atuar completamente só.

É oportuno destacar que em situações de guerra declarada os militares das forças armadas dos países em conflito estão submetidos e protegidos por tratados internacionais, a exemplo da Convenção de Genebra. Por outro lado, esses mesmos tratados internacionais não protegem, nem mesmo da pena de morte, os agentes operacionais de serviços de inteligência dos mesmos países em conflito, que são indefensavelmente acusados e condenados pelo cometimento do crime de espionagem.

Portanto, não é de surpreender que os melhores agentes de "Operações de Inteligência", em todo o mundo e em toda a história da humanidade, sejam os oriundos da formação militar.

Técnicas operacionais de Inteligência

A expressão "técnica operacional" é, tradicionalmente, utilizada pelos serviços de inteligência no Brasil para designar determinada prática ou procedimento empregado pelo segmento operacional nas ações de busca e nas "Operações de Inteligência".

Por sua importância, seu domínio é uma das mais valiosas competências dos serviços de inteligência e, exclusivamente, diz respeito aos agentes operacionais.

Impõe-se, porém, a necessidade de esclarecimentos sobre questões das técnicas operacionais de inteligência, normalmente envoltas no manto do desconhecimento e da desinformação.

Há no Brasil uma excessiva compartimentação por parte da "comunidade de inteligência" que comanda a cúpula da ABIN/SISBIN sobre o conhecimento das técnicas operacionais praticada notadamente pelos seus respectivos segmentos operacionais. Uma das veladas motivações dessa "comunidade de inteligência" é o monopólio desses conhecimentos. É vendida a falsa impressão de poder, a partir do domínio de conhecimentos supostamente inéditos e desconhecidos. Assim, com a implantação do temor, os governantes do país e a própria sociedade são subjugados.

Outra consideração importante sobre as técnicas operacionais refere-se ao seu grau de eficiência, que é deliberadamente maximizado pelos serviços de inteligência nacionais, visando criar e disseminar na sociedade brasileira uma imagem de grande "poder" – que esses serviços, de fato, não têm.

Há significativo potencial de comprometimento sobre a veracidade das informações e conhecimentos produzidos especialmente pela ABINSISBIN, oriundos do emprego de técnicas cuja credibilidade não é comprovada. Outro aspecto refere-se à procedência e legitimidade da doutrina de "Operações de Inteligência" no Brasil, praticada e disseminada pela ABIN/SISBIN como sendo institucional (ao contrário do que se imagina, é majoritariamente de natureza oficiosa.)

O que se verifica efetivamente na ABIN/SISBIN é uma formulação doutrinária sobre técnicas operacionais, vagas e imprecisas, teóricas, sem efetividade operacional e concentradas em questiúnculas sem qualquer contribuição relevante.

A verdade sobre técnicas operacionais de inteligência é que o seu conhecimento não é sigilo, nem prerrogativa ou exclusividade do segmento operacional de serviços de inteligência. O universo das técnicas operacionais é ilimitado e seus conhecimentos são majoritariamente oriundos de práticas consagradas da produção científica acadêmica e de tecnologias disponíveis.

A utilização das técnicas operacionais nas ações de busca e nas "Operações de Inteligência", por parte dos serviços de inteligência de países democráticos, deve se dar rigorosamente sob a égide da doutrina da "Tríade da Inteligência", constituída pelo Sigilo, pela Ética e pela Legalidade.

As possibilidades de emprego de técnicas operacionais por serviços e inteligência são ilimitadas. Destacamos, a seguir, algumas delas, consagradas por sua grande utilização e importância:

- Observação Memorização e Descrição (OMD).

- Reconhecimento Operacional.

- Estória-Cobertura (EC).

- Disfarce.

- Entrevista Operacional.

- Recrutamento Operacional.

- Vigilância.
- Interceptação telefônica.
- Comunicações sigilosas.
- Entrada.
- Infiltração.
- Emprego de meios eletroeletrônicos.

Ética e Inteligência de Estado

E ste é o assunto mais importante, crítico e, virtualmente, constrangedor a respeito da realidade da Inteligência de Estado. A complexidade psicossocial que envolve a natureza Ética da Inteligência de Estado, agravada pelo "diletantismo irresponsável", muitas vezes criminoso, como é exercida no Brasil pela "comunidade de inteligência", condenam seu estudo e debate ao ostracismo – sob o falso pretexto de tratar-se de tema subjacente, polêmico e controvertido. Porque, na verdade, gera profundo desconforto tanto aos dirigentes e integrantes da ABIN/SISBIN, como às autoridades governamentais responsáveis pela sua condução, emprego e controle.

No Brasil o tratamento sobre a Ética no âmbito da ABIN/SISBIN é deliberadamente evitado por sua cúpula, sofrendo velada proibição interna. Quando esse debate, esporadicamente, ocorre é submetido a conveniências e interesses políticos do momento, sempre conduzido por uma abordagem superficial, diversionista e tendenciosa. Debates públicos sobre esse assunto inexistem no Brasil e sua propositura causa veemente repulsa da agressiva "comunidade de inteligência" que governa a ABIN/SISBIN, pelas questões inquietantes e vulnerabilidades institucionais que despertará.

O elevado nível de rejeição social em relação aos serviços de inteligência, não apenas no Brasil, mas em todo o mundo, está diretamente relacionado à questão ética dessa atividade. Afinal, é de domínio público que suas práticas estão dissociadas do comportamento ético, sendo consideradas, em geral, antiéticas.

No caso brasileiro vale ressaltar que essa rejeição é plenamente justificada. Sobretudo em razão da inaceitável ineficiência institucional da ABIN/SISBIN, bem como por essa estrutura estatal desconsiderar e desqualificar, de forma crucial, a Ética de suas atividades.

Tal situação é ainda agravada pela desvirtuada mentalidade da "comunidade de inteligência", impregnada nos segmentos operacionais da ABIN/SISBIN, que busca disseminar e incutir na sociedade a ideia de perversidade em relação às suas práticas, objetivando com isso impingir-lhe um sentimento de temor generalizado, com o intuito de lhes conferir a força e o poder que de fato não possuem.

Sociedades de países democráticos, ao não praticarem a publicidade em relação aos atos e fatos dos seus serviços de inteligência, como ocorre no Brasil, passam a desconhecer suas questões fundamentais. E criando assim uma relação mútua viciosa e perniciosa com os seus próprios serviços de inteligência, em que o tema da Ética desaparece do necessário debate social, por dupla omissão, consciente e recíproca, seja por parte da ABIN/SISBIN, seja por parte da própria sociedade brasileira.

Tais situações perduram até o limite da ocorrência de graves crises institucionais de inteligência, decorrentes de desvios, abusos e do cometimento de operações clandestinas, com inevitáveis prejuízos ao estado e às sociedades, como é o caso das clandestinidades perpetradas pela ABIN nas Operações "MÍDIA" e *SATIAGRAHA*, cuja genealogia reporta-se à questão ética da Inteligência de Estado no Brasil.

Plano de "Operações de Inteligência"

O planejamento das "Operações de Inteligência" deve ser consolidado no respectivo documento oficial (Plano de "Operações de Inteligência", ou correspondente), a ser submetido à aprovação da autoridade competente, que é o dirigente máximo da organização de inteligência. Este documento deve apresentar minuciosa e detalhadamente todas as informações a respeito da operação, fundamentar a sua necessidade, as condições de sua execução, as ações a serem realizadas e a definição de responsabilidades. Todas as ações de inteligência sigilosas previstas neste plano devem estar consoantes com o rigoroso cumprimento dos princípios das "Operações de Inteligência", abordados nesta obra.

Merece especial destaque, no contexto do Estado Democrático de Direito, a aplicação do princípio responsabilidade em relação às autoridades incumbidas das "Operações de Inteligência". Isso, em virtude de se tratar de aspecto particularmente propício à ocorrência de graves impropriedades no emprego desse poderoso instrumento de Inteligência de Estado.

O Plano de "Operações de Inteligência" constitui certamente um dos documentos mais sensíveis e importantes da Inteligência de Estado, razão pela qual as responsabilidades envolvidas devem ficar muito bem definidas. A sua elaboração é de competência exclusiva e indelegável do dirigente máximo do Segmento de "Operações de Inteligência"; bem como a sua aprovação de competência, igualmemte exclusiva e indelegável, ao dirigente máximo da instituição de inteligência patrocinadora.

O rito administrativo processual sigiloso previsto para a aprovação do Plano de "Operações de Inteligência" requer no seu protocolo o despacho pessoal entre esses dois dirigentes, cuja aprovação formal exige a assinatura de próprio punho dessas autoridades, apostas no referido documento.

Procedimentos de Contrainteligência envolvem o Plano de "Operações de Inteligência" com medidas especiais de salvaguarda, atribuindo-lhe tratamento diferenciado como sendo "Documento Sigiloso Controlado" (DSC), que é um documento que recebe rígidos controles de Contrainteligência.

Um aspecto pertinente ao Plano de "Operações de Inteligência" que merece atenção diz respeito aos instrumentos de controle existentes sobre as "Operações de Inteligência". Internamente aos serviços de inteligência o referido documento é normalmente compartimentado em duas vias originais, ficando uma delas sob a custódia do dirigente máximo da instituição de Inteligência e a outra sob a custódia do dirigente máximo do Segmento de "Operações de Inteligência". Assim procedendo não ficam caracterizados elementos probatórios objetivos que possam subsidiar o controle externo da Inteligência de Estado sobre as "Operações de Inteligência" visto que, apesar da lisura com que dirigentes desses serviços afirmam emprestar à condução das suas ações operacionais, nessas condições o controle externo fica à mercê desses serviços, sem condições de até mesmo cientificar-se da existência, ou não, de "Operações de Inteligência" em curso, ou já realizadas.

Uma medida elementar e óbvia, mas que em muito contribui para o controle externo da atividade de inteligência, particularmente sobre suas operações sigilosas, é a expedição de uma via original do Plano de "Operações de Inteligência" – oficialmente aprovado para a custódia do órgão responsável pelo controle da inteligência dos serviços de inteligência em questão.

A realização de "Operações de Inteligência" exige o conhecimento pleno de sua doutrina, bem como o seu cumprimento rigoroso sob a égide da Tríade da Inteligência, sem os quais, o comprometimento já se configura.

DNA de agente

Desde cedo, ainda na infância, sentia que minha relação mais íntima, fosse comigo ou com as demais pessoas, era diferente da maioria. Para mim, tudo era estranho, escancaradamente incoerente e inverossímil. Percebia, amiúde, que o mundo estava repleto de mentiras.

Nessa fase da vida, quando pouco se sabe sobre a realidade, o cenário perceptual pode causar uma péssima sensação, afinal, todos querem ser "normais", para se sentir incluídos socialmente. Mas ser aceito pressupõe concordar com certos códigos de comportamento. A não aceitação dessa regra é a responável pelo surgimento de discriminação, retaliação e hostilidade, e foi justamente o que aconteceu comigo: passei a ser discriminado.

A partir da minha adolescência, quando passei a desafiar o mundo, em busca de uma "verdade" para chamar de minha, comecei a compreender o porquê de eu ser daquela forma, um maverick, (como se diz nos EUA), correndo à margem das convenções...

Cheguei a catalogar, numa taxonomia personalíssima, três categorias de pessoas: as "normais" – que pensam e se comportam rigorosamente conforme os padrões sociais que lhes são ensinados, constituindo a maioria esmagadora das pessoas desse mundo; as "anormais" – que, possuindo anomalias psicossociais, têm dificuldade de ajustamento e adaptação social, e que são em grande número; e as como eu: as "não normais" – pessoas inteligentes, que não se corrompem e que têm a coragem de pensar e agir por si mesmas. Somos pouquíssimos.

Aprendi que os competentes e autoconfiantes correm sozinhos. Não necessitam de proteção em buquês sociais, como diz o Tom Wolfe, ou em clusters, os agrupamentos de ocasião (sempre um grupo pugnaz, capaz de destruir tudo o que se lhe ameaça). Nessa categoria estão os que não sabem andar com as próprias pernas. O ajuntamento, sempre, é a couraça protetora dos golpistas.

Tenho orgulho de mim, por ser quem sou. Tecnicamente falando, no meu caso, isso se denomina "perfil para a Inteligência Operacional".

Todo o conjunto de percepções que acabei de relatar, e que moldaram o meu caráter, em contraste, acabaram por servir para um perfil cujo psiquismo era bem visto aos olhos da ABIN. Diz algo, não? Bem vindo ao meu clube! Tudo apenas para dizer que, com esse physique du role, eu tinha o DNA perfeito para me tornar um agente operacional.

Minha história na inteligência começou oficialmente na década de 1980, quando eu iniciava o oficialato e ingressei no Sistema de Inteligência do Exército (SIEx). Naquela época, eu era tenente do Exército e o país vivia o fim da ditadura militar, em 1985. Dentro dos quartéis havia forte doutrinação anticomunista que, no âmbito da inteligência do exército, era de hostilidade. Tudo motivado pelo combate à luta armada e à subversão, travado no país contra as guerrilhas do braço armado das organizações clandestinas de esquerda, e que a sociedade e os militares desconheciam completamente, inclusive eu.

O SNI vivia o ápice de sua decadência institucional, que culminaria com sua extinção poucos anos depois, em 1990, por uma das primeiras decisões do curto mandato do presidente Fernando Collor de Melo. No primeiro dia de seu mandato, Collor dissolveu o SNI.

Collor criou, com a Medida Provisória 150, o Departamento de Inteligência. Este ato foi de responsabiliade de Pedro Paulo Leoni Ramos, talvez o melhor amigo pessoal de Fernando Collor e primeiro chefe da Secretaria de Assuntos Estratégicos, a SAE.

Pouco antes desse período, recordo-me que estava em franco andamento o processo de aparelhamento do SNI com oficiais temporários do

Exército, alguns dos quais conheci pessoalmente. Depois o mesmo viria também a acontecer na ABIN, a partir de sua criação, em 1999.

Gradativamente, esses oficiais temporários do exército passaram a ocupar a Direção-Geral e a mais alta cúpula da ABIN, e este foi um dos principais fatores desencadeantes da incompetência e da corrupção institucional em que a agência se transformou. Culpa dos militares.

No início dos anos 1990, eu já era capitão. Os militares estavam fora do poder e sofriam forte rejeição da sociedade civil, pelos longos anos de ditadura. O SNI, a poderosa polícia política repressora dos governos militares, não mais existia. Os militares, enfraquecidos e sem poder politico, temiam o que consideravam a maior ameaça comunista à segurança nacional: a probabilidade crescente de Luís Inácio Lula da Silva, o Lula, ser eleito presidente da República Federativa do Brasil, tornando-se comandante em chefe das forças armadas.

A possibilidade disso acontecer, não era grande preocupação para mim. Afinal, "quem não deve, não teme... e não treme". Mas, por outro lado, percebia, no âmbito da inteligência, o temor indisfarçável no semblante dos militares que tiveram atuação no combate à subversão, principalmente os oficiais.

Naquela época, sequer imaginaria que os desígnios de minha trajetória profissional na inteligência me proporcionaria o raro privilégio de conhecer a história desse nebuloso período do país. Porque a vivi como cidadão, como militar e, principalmente, como profissional do mundo sigiloso e extremamente corrupto da inteligência institucional brasileira.

Por outro lado, eu não sabia – e nem teria como de saber – que minha trajetória profissional, alcançando a mais alta cúpula na inteligência nacional, lutando incansavelmente pelos valores republicanos e pelo Estado Democrático de Direito no país, desencandearia uma guerra clandestina contra mim, travada pelo poderoso estado corrupto e que faria minha vida cair em desgraça e em permanente risco de morte.

Com a extinção do SNI, em 1990, o latente temor dos militares de uma eventual vitória de Lula nas eleições presidenciais estava concentrado na cúpula dos serviços de inteligência das forças armadas, principalmente no Centro de Inteligência do Exército (CIE). Os militares temiam que se

Lula se tornasse presidente da república ordenaria uma devassa nos serviços de inteligência das forças armadas, em retaliação às graves arbitrariedades e crimes que foram cometidos na ditadura militar contra os militantes de esquerda, instalando uma verdadeira "caça às bruxas" e destruindo o legado que restou do extinto SNI.

Embora, nem Lula, nem Dilma Rousseff, tenham tomado tal providência quando futuramente vieram a exercer seus mandatos presidenciais, essa era uma preocupação coerente dos comandantes militares.

Como precaução, três linhas de ação foram priorizadas pelos serviços de inteligência das forças armadas: destruição de documentos sigilosos comprometedores do período da ditadura militar; elaboração do "ORVIL" – o livro secreto dos militares e a criação da Escola de Inteligência Militar do Exército (EsIMEx)

A destruição de documentos sigilosos comprometedores do período da ditadura militar foi um processo sistemático, nos serviços de Inteligência das forças armadas, e durou anos, a partir da década de 1980. No entanto, com o fim dos governos militares, ele se tornou mais intenso e gradativamente mais obsessivo.

Embora a destruição tenha sido ilícita, num país como o Brasil, em que não há qualquer controle efetivo sobre os serviços de inteligência, convenhamos, nada seria mais óbvio. Afinal, se crimes de estado foram cometidos, seus autores, evidentemente, não iriam deixar rastros. Muito menos documentos oficiais. Tal prática ilícita foi denunciada por mim na ABIN e, inclusive, por escrito, como detalharei mais à frente.

Falemos agora sobre a elaboração do "ORVIL" – o livro secreto dos militares..."ORVIL" é o codinome que a inteligência do exército deu ao seu livro secreto, que nada mais é que a palavra "livro" escrita de trás para a frente. Ele começou a ser elaborado logo após o fim da ditadura militar, pelos serviços de inteligência das forças armadas, principalmente o CIE. O motivo, como já afirmamos, era o temor de que a esquerda assumisse o poder no país, como de fato, posteriormente, aconteceu.

O "ORVIL" detalha minuciosamente todas as situações de ilicitudes, crimes, atentados terroristas e ações subversivas que foram cometidas pelas organizações de esquerda no período da ditadura, bem como a qualificação de seus perpetradores comunistas. Ele foi produzido por um grupo de trabalho, constituído pelos mais ilustres integrantes da inteligência militar e partícipes desse período, com base em documentos da inteligência do SNI e dos serviços de inteligência das forças armadas, com o objetivo de intimidar as lideranças de esquerda e, assim evitar que elas assumissem o poder no país.

Como estratégia, os militares ameaçavam a divulgação ostensiva do "ORVIL" nos meios de comunicação e na sociedade brasileira, revelando todos esses crimes cometidos pela esquerda comunista, causando uma comoção nacional e colocando a opinião pública contra os partidos de esquerda, que estavam em vertiginosa ascensão política.

O "ORVIL" era tão secreto que, mesmo no âmbito das forças armadas, havia pouquíssimos exemplares. Provavelmente três, no máximo. E eu tive acesso ao "ORVIL" quando servia no CIE. Por várias vezes, me debrucei sobre o "ORVIL" estudando e conhecendo os fatos sigilosos de um passado recente da história do Brasil, que se perdeu irreversivelmente.

Por mais agressiva que fosse a defesa que o CIE fazia do "ORVIL" contra a esquerda subversiva, e por mais consistentes que fossem suas informações nesse sentido, eu, com base na verdade e a na justiça, nunca me afastava do pressuposto fundamental de que o "ORVIL" era a versão dos militares. E a versão da esquerda?

Na minha convicção pessoal, sempre ecoou a máxima que diz que "o povo que não conhece a sua história está condenado a repeti-la". Portanto, em meu íntimo, sempre achei que as forças armadas tinham a obrigação institucional e cívica de revelar o "ORVIL" à sociedade brasileira, em obediência ao Estado Democrático de Direito e em nome da verdade. Porém, ao longo de todos esses anos, os serviços de inteligência nada fizeram nesse sentido. Em minha opinião, faltou coragem. Coragem para enfrentar os fatos e assumir suas responsabilidades.

Em 2002, Lula foi eleito Presidente da República. Neste momento, os serviços de inteligência militares resolveram revelar o "ORVIL" à sociedade. Mas, àquela altura, já era tarde demais. Tarde demais, nem tanto pela concretização da assunção do poder, legitimamente conquistado pela esquerda no país, mas porque nem a mídia nem a sociedade brasileira demonstraram qualquer interesse pelo ORVIL. Sequer tomaram conhecimento do ORVIL, que está totalmente desprestigiado e esquecido, em algum rincão da internet, difícil de ser encontrado, apesar dos militares da reserva de ultradireita, que se escondem no anonimato, ainda estarem, inultimente, despejando enxurradas de e-mails com o ORVIL.

O "ORVIL", não é mais secreto, virou lixo. Culpa dos militares, que ainda pagarão por seus pecados ao esquecerem de outra máxima fundamental que diz: "A história é sempre contada pelos vencedores".

A história do obscuro período da ditadura militar no Brasil, principalmente a parte relacionada aos atos de subversão, não mais será contada pelos militares. Será oficialmente contada à sociedade brasileira, aos próprios militares das forças armadas e às próximas gerações de brasileiros pela esquerda vencedora, por meio da Comissão Nacional da Verdade (CNV). Culpa dos militares, aos quais restou apenas ter a dignidade de aceitar e assumir o ônus da derrota. A verdade maior sobre esse período se perdeu definitivamente. E, que fique claro, a culpa disso foi mesmo dos militares.

Discorro, agora, sobre a criação da Escola de Inteligência Militar do Exército (EsIMEx). Na década de 1990, o comando do Exército se via envolvido em uma ação desesperada. Visava preservar o que sobrou da doutrina de inteligência do extinto SNI e, assim, manter acesa a chama da inteligência do exército, para o caso de uma ação retaliadora de um cada vez mais provável governo comunista. Desta forma, o comando do Exército tratou, rapidamente, de criar a Escola de Inteligência Militar do Exército (EsIMEx), para formar recursos humanos do exército em inteligência, uma vez que não mais existia a Escola Nacional de Informações (ESNI) do SNI.

Esse foi o cenário em que, em 1995, ainda como capitão, realizei o primeiro "Curso Intermediário de Inteligência", da recém criada EsIMEx, que é diretamente subordinada ao Centro de Inteligência do Exército (CIE), que funciona em Brasília.

Minhas dificuldades começaram antes mesmo de eu realizar esse primeiro curso, posto que minha primeira batalha foi vencer as poderosas "forças ocultas", que conspiraram fortemente contra mim, no círculo de meus próprios comandantes. Quanto a essa vitória, formulo meu agradecimento pessoal ao então Major Boccia.

O Curso Intermediário de Inteligência da EsIMEx foi o momento mais importante da minha formação em inteligência, até porque vários fatores fundamentais convergiram naquela conjuntura, inclusive eu ter conquistado o seu 1º lugar.

Na formatura de encerramento, em 27 de outubro de 1995, recebi minha premiação das mãos do Chefe do CIE, General de Brigada Cláudio Barbosa de Figueiredo. E, por ironia do destino, nesta cerimônia no CIE, recebi os cumprimentos pessoais do General Comandante da 2ª Divisão de Exército (DE), que se vangloriava do 1º lugar do Curso Intermediário de Inteligência da EsIMEx ter sido conquistado por mim, seu subordinado (ele sequer sabia que as poderosas "forças ocultas" que conspiraram contra mim estavam abrigadas sob seu commando...) Pois é, General, o mundo dá voltas!

```
MINISTÉRIO DO EXÉRCITO                    FOLHA DE ALTERAÇÕES
GABINETE  DO  MINISTRO                    GUARNIÇÃO  DE  BRASÍLIA
EsIMEx  -   049114                        FOLHA Nº 01

NOME: (ANDRÉ) COSTA SOARES
POSTO (OU GRADUAÇÃO): Capitão
ARMA (SERVIÇO OU QUALIFICAÇÃO): ART
IDENTIDADE: 0 2 6 9 9 5 4 6 2 - 4         2º SEMESTRE DE 1995
CP: 0 2 4 6 5 5 - 3                       PERÍODO: De 02 Ago  a  01 Nov


1ª PARTE

AGOSTO
    - a 31, BR Nº 008 - designado para matricula no CURSO  INTERME-
DIÁRIO DE INTELIGÊNCIA, conforme Bol/Res nº 007, de 30 Jun 95, do
DGP, a funcionar na Escola de Inteligência Militar  do  Exército,
no período de 07 Ago a 27 Out 95.
                    - apresentou-se, em 02 Ago 95,  por  ter sido
designado para matrícula no Curso Intermediário de Inteligência.
                    - matriculado em 07 Ago 95, no CURSO INTERME-
DIÁRIO DE INTELIGÊNCIA, na  Escola  de  Inteligência  Militar  do
Exército, que funcionará no período de 07 Ago a 27 Out 95.
                    - passou à situação de adido  ao  Gab Min Ex/
CIE (EsIMEx), a contar de 07 Ago 95, de acordo com a letra c) Art
24 do R-50.

SETEMBRO
    - Sem alteração.

OUTUBRO
    - Sem alteração.

NOVEMBRO
    - a 30, BR Nº 011 - concluiu, em 27 Out 95, o Curso Intermediá-
rio de Inteligência (Código nº 137), realizado no período  de  07
Ago 95 a 27 Out 95, na Escola de Inteligência Militar do Exército
(EsIMEx), obtendo o Grau:  9,07 ; Menção:  "MB" e  Classificação:
01/15, em Brasília-DF.
                    - concedidos 04 (quatro)  dias  de  dispensa,
como recompensa, no período de 28 a 31 Out 95.
                    - em consequência, foi desligado do número de
adidos a este Gabinete/EsIMEx, a contar de 01 Nov 95.
                    - referência elogiosa consignada pelo Gen Bda
CLÁUDIO BARBOSA DE FIGUEIREDO, Chefe do Centro de Inteligência do
Exército, nos seguintes termos:
                    O Cap ANDRÉ COSTA SOARES, do 12º GAC (JUN-
DIAÍ-SP), por ter se destacado no Curso  Intermediário de Inteli-
gência, em 1995, na  Escola  de  Inteligência Militar do Exército
(EsIMEx), na qualidade de oficial-aluno, ao  obter a 1ª classifi-
cação no Curso, demonstrou ser possuidor de inúmeras virtudes mi-
litares, dentre elas, ressalta-se o seu alto grau de  responsabi-
lidade profissional, dedicação e objetividade  na  realização das
atividades de ensino. Por sua cultura, inteligência e liderança o
Cap ANDRÉ soube granjear a admiração e o respeito de todos  aque-
les que puderam se relacionar com tão distinto oficial. Este  Co-
mando pode assegurar que o seu idealismo  o  credencia, desde já,
```

(continua)

(*continuação*)

```
GABINETE DO MINISTRO DO EXÉRCITO                    FOLHA Nº 02
Continuação das Folhas de Alterações        2º SEMESTRE DE 1995
do Cap (ANDRÉ) COSTA SOARES
CP 0 2 4 6 5 5 - 3                 PERÍODO: De 02 Ago  a  01 Nov
─────────────────────────────────────────────────────────────
a um futuro brilhante e promissor na carreira. Ao jovem oficial e
à sua digna família as congratulações dos integrantes da  Escola
pelo êxito alcançado. (INDIVIDUAL).


2ª PARTE


1. TEMPO COMPUTADO DE EFETIVO SERVIÇO (TC).......  00a  03m  01d

   - Não Arregimentado................./...)......  00a  03m  01d




            BRASÍLIA-DF, 04 de dezembro  de  1995.



        ROBERTO AMORIM GONÇALVES - Cel Art/QEMA
                 Comandante da EsIMEx
```

Fonte: Arquivo pessoal.

Prêmio ainda maior, por minha atuação no curso, foi ter sido convidado para servir na própria EsIMEx, onde permaneci até 2002. Tenho orgulho de ser um dos "filhos mais velhos" da EsIMEx e, certamente, o que mais se dedicou àquela escola. Também orgulho-me de ser o oficial de carreira da Academia Militar das Agulhas Negras (AMAN), que mais tempo serviu no CIE, ininterruptamente.

Durante, aquele período, dentre inúmeras atividades, realizei os mais importantes cursos do CIE e da ABIN. Foi então que, após ter conquistado o 1º lugar no curso de Entrevista da ABIN, em 2001, fui convidado para servir na Presidência da República, nomeado no Gabinete de Segurança Institucional (GSI) e designado para prestar comissão na Agência Brasileira de Inteligência (ABIN), lá permanecendo até 2004.

Quando fui convidado para trabalhar na ABIN, impus uma condição: somente aceitaria o convite se fosse para trabalhar no setor operacional da Agência e que não fosse no Departamento de "Operações de Inteligência" (DOINT). Ou seja, na Gerência de Ensino de "Operações de Inteligência" (GE 5330), da Escola de Inteligência (ESINT), também conhecido como Bloco M. Explico: na ABIN, há dois setores operacionais: o DOINT, onde atuam os agentes operacionais, e a GE 5330, da ESINT, que é o setor da ABIN onde são formados os recursos humanos em "Operações de Inteligência" do país, não apenas da ABIN, mas também de todo o Sistema Brasileiro de Inteligência (SISBIN), inclusive os de serviços de inteligência estrangeiros.

Eu não aceitaria trabalhar no DOINT porque, como oficial de inteligência com grande experiência, atuando e conhecendo internamente a cúpula da inteligência nacional, sabia do desvirtuamento institucional da ABIN, especialmente no DOINT, cujos casos de arapongagem no país foram e são amplamente divulgados nos veículos de mídia.

Realizei cursos e desempenhei as mais importantes funções de Inteligência no CIE e na ABIN, sendo, provavelmente, o profissional de inteligência no país que alcançou, em mais alto nível, o "ciclo completo da inteligência", dominando com elevada expertise todas as vertentes dessa atividade que são a Inteligência, a Contrainteligência e as "Operações de Inteligência".

Em 2004, fui expulso da ABIN e ameaçado de morte por ter denunciado à Presidência da República clandestinidades patrocinadas pela ABIN na Operação Mídia, como veremos mais a frente, em detalhes.

Em razão disso minha vida caiu em desgraça. Sou alvo de operações clandestinas sistemáticas da comunidade criminosa que governa os serviços secretos nacionais e as ameaças contra mim recrudesceram. Recebi novas ameaças de morte principalmente depois que criei, em 2009, a empresa Inteligência Operacional http://www.inteligenciaoperacional.com/ e publiquei o livro *Operações de Inteligência – Aspectos do emprego das operações sigilosas no Estado Democrático de Direito*, que é obra inédita no país e considerado um livro proibido pela comunidade de inteligência, por revelar, detalhadamente, as ações sigilosas dos serviços secretos, principalmente no Brasil.

Em 2013, a revista *Veja* publicou a matéria intitulada *Liberdade sob ataque*, versando sobre as clandestinidades da Operação Mídia que eu denunciei cerca de dez anos antes, e que teve grande repercussão nacional.

TAD "sacanagem" com o Estado Brasileiro

Vou falar agora sobre o ritual da inteligência da Presidência da República. O Presidente da República, diariamente, ao chegar ao Palácio do Planalto, é recebido pessoalmente pelo Ministro-Chefe do Gabinete de Segurança Institucional. Este lhe entrega o relatório secreto da ABIN, com as informações mais sensíveis e sigilosas do cenário nacional e internacional.

Equivocadamente, a sociedade brasileira imagina tratar-se de informações extremamente privilegiadas, sob todos os aspectos. E que, por isso, o presidente da república é a pessoa mais bem informada que existe no país e que, assim, o Brasil está devidamente protegido contra eventuais adversidades e inimigos. Deveria ser assim. Mas, não é. Os ex-presidentes Fernando Henrique Cardoso, Luís Inácio Lula da Silva e a presidente Dilma Rousseff sabem disso, muito bem. Porque as informações da ABIN, no que diz respeito à Inteligência de Estado, são de péssima qualidade e, portanto, de baixa credibilidade.

Em termos práticos, significa dizer que é temerário uma autoridade governamental e, em especial, o presidente da República tomar qualquer decisão de estado com base nas informações produzidas pela ABIN. A boa notícia, se é que pode haver alguma, é que nossos presidentes sabem disso. E já se manifestaram veementemente contra essa escabrosa ineficiência da ABIN.

Como o pior não tem limite e o que está ruim sempre pode piorar, o que acontece na ABIN certamente vai deixar a sociedade e, em particular, nossos presidentes da república ainda mais atônitos. Porque o que eu vou revelar a seguir sobre a ABIN nossos presidentes ainda não sabem.

Para começar, qualquer pessoa alfabetizada, que diariamente leia um bom jornal, assista aos noticiários e acesse a internet, está melhor informada que a ABIN. Porque a esmagadora maioria do conteúdo de todos os relatórios da ABIN que chegam ao presidente da república é extraída literalmente das chamadas fontes abertas e, principalmente, da internet. Portanto, é mera reprodução disfarçada do que já foi veiculado na mídia nacional e internacional.

É ridículo um presidente da república receber, como assessoria de inteligência de estado da ABIN, um documento oficial com classificação de secreto, para tomar conhecimento daquilo que todo mundo já sabe. Isso não é apenas ridículo; é também vergonhoso e inaceitável.

Algumas pessoas poderão perguntar sobre as informações que a ABIN recebe de outros serviços de inteligência nacionais, principalmente do SISBIN, e de serviços de inteligência estrangeiros. Neste caso, a situação é ainda pior.... O suposto intercâmbio de informações, no âmbito do SISBIN, praticamente não existe de forma efetiva e eficiente. O mesmo também podemos dizer dos demais serviços de inteligência nacionais. O propagado intercâmbio, quando raramente ocorre, é oficioso. Ou seja, clandestino. E, nesse caso, seria preferível que não existisse. Porque é mais um dos graves desvirtuamentos da ABIN/SISBIN que está envolto em interesses escusos e em corrupção.

Para confirmar isso, basta verificar no protocolo do SISBIN, e nos demais serviços de inteligência do país, quantos e quais foram os documentos recebidos oficialmente, originários da ABIN. Nos raríssimos casos, eventualmente encontrados, os documentos não tiveram qualquer utilidade efetiva.

O intercâmbio de informações da ABIN com os serviços de inteligência estrangeiros praticamente inexiste e, quando acontece, é de forma unilateral. Os serviços de inteligência estrangeiros, em geral, têm interesse em intercambiar informações de inteligência com o Brasil. Claro que isso é em razão do valor geopolítico do país e de sua importância estratégica nas relações internacionais. Além de questões de segurança internacional, como o terrorismo, por exemplo.

Apenas os serviços de inteligência estrangeiros oferecem suas informações, na expectativa, evidentemente, de obterem a devida reciprocidade por parte da ABIN. Mas como a ABIN sabe que suas informações são de péssima qualidade e desprovidas de credibilidade, termina não havendo a devida contrapartida. Mesmo quando solicitada, não fornece informações aos serviços de inteligência estrangeiros. Falta de preparo e dedicação? Sim, mas isso também acontece porque a ABIN, simplesmente, não tem o que informar.

Por esse e outros motivos, a ABIN goza de péssima reputação no âmbito da comunidade internacional de inteligência. Saibam que todos os serviços de inteligência estrangeiros, principalmente os dos países desenvolvidos, consideram a ABIN uma agência de inteligência ineficiente. E, por isso, com ela não podem contar. A reportagem da ABIN não passa de "recortagem".

A ABIN recebe, gratuitamente, informações de serviços de inteligência estrangeiros, sem solicitação de qualquer reciprocidade ou contrapartida. E a ABIN adora. Mas, é aí é que mora o perigo! Porque, no âmbito das relações internacionais não existe amizades, mas sim interesses (no âmbito dos serviços secretos só existe guerra). Vale lembrar que os principais inimigos de serviços secretos são outros serviços secretos. Todos são, tecnicamente, inimigos naturais. Significa que a credibilidade de inteligência de informações oriundas de serviços secretos é a mais perigosa possível.

É, portanto, fundamental esclarecer aos governantes e à sociedade que, diferentemente das demais instituições de estado internacionais, raríssimas vezes serviços de inteligência estrangeiros intercambiam informações oficialmente. Tudo é feito de forma clandestina porque, se não for assim, não acontece. Ou seja: "se algo de errado acontecer com o seu país por causa dessas informações, nós não sabemos de nada e não fizemos nada. O problema é de vocês!" É assim que funciona no mundo dos serviços secretos.

Por isso, o que muitas vezes acontece nesse intercâmbio de informações, é um astucioso "jogo de mentiras" e desinformações para manipulação de tudo e todos. A maior roubada! Principalmente no que diz respeito às informações clandestinas e ofertadas de graça.

Mas, apesar dessas informações serem de credibilidade perigosa, já que não podem ser verificadas ou contestadas, é uma prática deletéria muito empregada na ABIN/SISBIN se apropriar dessas informações e as difundir. Isso é feito como se a própria ABIN as tivesse produzido. A intenção, claro, é passar aos escalões superiores e aos governantes a falsa impressão de eficiência, valendo-se da impossibilidade de comprovação de tais informações, uma vez que elas não estão disponíveis em fontes abertas.

Essa é uma ação condenada na Inteligência de Estado, cuja denominação é "assumir a origem", e trata-se de uma prática perigosa porque induz a erros gravíssimos. Será que os nossos governantes têm conhecimento disso?

E quanto às informações que são produzidas pela ABIN, oriundas do DOINT (Departamento de Operações de Inteligência), com o emprego de seus agentes e as denominadas técnicas operacionais? Aí, a situação é desesperadora.

Quando os departamentos de inteligência e contrainteligência da ABIN lastreiam seus inócuos relatórios com dados das fontes abertas, principalmente da internet, pelo menos estas têm algum grau de procedência e credibilidade. Já as informações do DOINT, com os agentes de campo da ABIN, dispõem de qualidade e credibilidade ainda piores. E por diversos motivos: má seleção, deficiente formação, treinamento e despreparo profissional dos agentes operacionais e desvirtuamento daquelas que deveriam ser as verdadeiras funções do DOINT.

Para entender melhor a falta de credibilidade das informações e conhecimentos da ABIN e a gravidade que isso representa em termos de Segurança Nacional é necessário compreender a expressão "TADsacanagem com o estado brasileiro." É um termo com o qual fui alcunhado por ser a maior autoridade nacional na denominada Técnica de Avaliação de Dados (TAD) para sistemas de Inteligência de Estado. É uma longa história à qual me dedico há cerca de vinte anos e que representa uma das questões mais graves dos serviços de inteligência mundiais. Na ABIN, a situação é das piores.

Produção do conhecimento de inteligência

Credibilidade dos conhecimentos de Inteligência

Serviços de inteligência assessoram governantes e autoridades que tomam decisão com informações e conhecimentos estratégicos, táticos, operacionais e sigilosos. Nesse contexto, surgem diversos questionamentos relevantes quanto à credibilidade das informações e conhecimentos produzidos por essas organizações:

- Qual a credibilidade das informações e conhecimentos da ABIN?
- Qual é a metodologia técnico-científica adotada pela ABIN na produção de suas informações e conhecimentos?"
- O Presidente da República e os demais governantes do país sabem como as informações e conhecimentos da ABIN são produzidos?
- Se não sabem, deveriam confiar na ABIN?

As respostas para essas e outras perguntas serão encontradas no conhecimento e na verificação crítica sobre a validação científica da doutrina de Inteligência oficial praticada pela ABIN.

Quanto à produção do conhecimento da Inteligência de Estado no Brasil, ressalta-se a quase inexistência de uma doutrina oficial, agravada pelo fato de tratar-se de metodologia incoerente, ineficiente e falível.

Aqui temos mais uma questão crucial relativa à péssima qualidade do trabalho realizado pelo SISBIN, notadamente na ABIN, cujo aprofundamento descortinará uma grave e preocupante realidade, muito distante do discurso oficial sobre a eficiência informacional desses serviços alardeada pela Presidência da República.

Uma das graves deficiências da Inteligência de Estado no Brasil é a inexpressiva atividade técnico-acadêmica-científica, uma das causas do caos e da crise institucional de inteligência que sofre o país e cuja responsabilidade cabe exclusivamente à ABIN, por não cumprir o que está previsto na Lei 9883, de 07 de dezembro de 1999, que cria a ABIN e institui o SISBIN:

> [...] Art. 4º à ABIN, além do que lhe prescreve o artigo anterior, compete:
>
> IV – promover o desenvolvimento de recursos humanos e da doutrina de inteligência, e realizar estudos e pesquisas para o exercício e aprimoramento da atividade de inteligência.

Porém, deve ser ressaltado que, desde a sua criação, em 1999, a atuação da ABIN vem representando um grave retrocesso qualitativo no que se refere à "promoção do desenvolvimento da doutrina de inteligência, e à realização de estudos e pesquisas para o exercício e aprimoramento da atividade de inteligência", previsto como sua atribuição exclusiva na Lei 9883.

Tamanha é a ineficiência da ABIN nesse mister, que todos os presidentes da república que a comandaram ao longo de sua existência – Fernando Henrique Cardoso, Luís Inácio Lula da Silva e a atual presidente Dilma Rousseff – já manifestaram descontentamento com o desempenho institucional da Agência e com desconhecimento da ABIN de fatos de relevância nacional e internacional, com destaque para a imprecisão e falta de credibilidade de suas informações. Mais delicado ainda é sua incapacidade de antecipar ameaças e oportunidades.

A despeito da ineficiência da ABIN no cumprimento de suas atribuições, o que existe é o esforço individual de pouquíssimas e dedicadas pessoas, cujo trabalho desenvolvido, na maioria das vezes, não tem a devida divulgação e repercussão e, não raro, sequer são considerados e, assim, terminam relegados ao esquecimento por parte da ABIN e do SISBIN.

Isso não se dá por acaso. Resulta de um dos maiores vícios que acometem a Inteligência de Estado no país: o empirismo com o qual essa atividade é exercida e que representa um "diletantismo irresponsável". O discurso oficial sobre essa crucial questão, de natureza estratégica, é o de que as informações e conhecimentos de inteligência produzidos pela ABIN são de altíssima credibilidade. Porém, o que a realidade mostra é que eles são uma tragédia. Aliás, esses são capítulos de uma realidade que a história oficial do Brasil não conta, em que os referidos governantes do país repudiaram a baixa qualidade dos referidos conhecimentos subsidiados pela ABIN, com adjetivações e expressões como "... isso é puro achismo!...", "... essas informações estão estampadas nos jornais de três dias atrás...", "... para que serve a ABIN?..., dentre outras.

A falta de credibilidade das informações de inteligência da ABIN já é uma realidade conhecida por todos, em razão dos vários insucessos ocorridos, protagonizados pela agência e que, periodicamente, chegam à mídia nacional. Imagine os que ainda não chegaram!

Para que não paire qualquer dúvida sobre a gravidade da situação, basta seguir a recomendação enfaticamente proposta às autoridades responsáveis pelo controle da atividade de Inteligência no país: fazer uma auditoria interna em seus serviços de inteligência nacionais para constatar como essas informações e conhecimentos são realmente produzidos.

Quanto a isso, ressalto a oportuna e perfeita analogia que serviços de inteligência têm com restaurantes, em relação à metodologia técnica que adotam em seus produtos. É notório que a melhor maneira de conhecer a real qualidade da comida de um restaurante é "conhecendo a sua cozinha". E, assim, os melhores restaurantes adotam a prática de convidar seus clientes para visitarem e conhecerem suas cozinhas. Cabe, então, a pergunta: Vocês conhecem a "cozinha" dos serviços de inteligência no Brasil? A melhor resposta é afirmação de que se trata de uma grave situação institucional na ABIN que apresenta serviços contrários a qualquer conceito de eficência.

Uma possível solução estaria no fomento à cientificidade em todos os aspectos do emprego da Inteligência de Estado, como também no cumprimento da própria Constituição Federal de 1988 que determina a publicidade dos atos e fatos relativos à Inteligência de Estado. Nesse caso, destacando-se a publicidade não apenas da formulação doutrinária de Inteligência aqui tratada, mas também a publicidade da metodologia técnica de produção das informações e conhecimentos de Inteligência, efetivamente feitos na "cozinha" da ABIN e dos demais serviços de inteligência nacional.

Ciclo da Inteligência no Brasil

"**C**iclo da Inteligência" é a denominação doutrinária de inteligência, adotada na ABIN, para designar o processo metódico de produção de informações e conhecimentos sigilosos. É também conhecido como "método das cinco fases". Esse mesmo "método" também pode ser desdobrado em seis, sete, oito, dez ou até mais fases, segundo a interpretação dos diversos autores e sistemas de inteligência.

A alegada "cientificidade" dos conhecimentos de inteligência, presente no discurso oficial da ABIN/SISBIN, está diretamente associada ao "Ciclo da Inteligência". Entretanto, sua única contribuição consiste em dar tratamento metódico ao processo de produção de informações e conhecimentos. Em que pese sua importância para a compreensão do processo, bem como sobre suas medidas e providências, o "Ciclo da Inteligência" não representa qualquer inovação própria da Inteligência de Estado. Embora receba essa falsa qualificação, ele consiste apenas no emprego de um esquema elementar resumido e baseado no método tradicional de produção do conhecimento voltado para as necessidades de Inteligência.

> [...] Nesse sentido, o ethos profissional da atividade de análise em inteligência e suas regras de produção de conhecimento são os mesmos que governam qualquer outra atividade de pesquisa. Também como em qualquer outra atividade desse tipo, os serviços de inteligência podem

cair bem abaixo dos padrões esperados de isenção, relevância e qualidade das análises produzidas.[7]

Desta forma, é improcedente e tendenciosa a argumentação de "cientificidade" ou "fundamentação em bases científicas" ao "Ciclo da Inteligência". Pois a simples adoção de um método básico e elementar, por si só, não confere qualificação ou certificação de cientificidade. Apesar da importância do assunto para o aperfeiçoamento da Inteligência de Estado, o tema enseja, por sua amplitude, um tratamento específico, o que foge do foco e objeto definidos para essa obra. Em síntese, o Ciclo da Inteligência é um método básico que se inicia a partir das necessidades informacionais de inteligência, perpassando suas diversas fases e concluindo com a difusão do conhecimento produzido e a reavaliação do processo.

As "Operações de Inteligência" têm como principal objetivo a obtenção de dados. Nesta fase, são levantadas todas as informações necessárias à produção do conhecimento, sendo empregados dois procedimentos: "coleta" e "busca". "Coleta" é a fase em que a obtenção de dados, informações e conhecimentos pode ser realizada ostensivamente, sem a necessidade de emprego operacional.

Entretanto, determinados dados e informações – por sua importância e/ou sensibilidade – não estão disponibilizados em fontes abertas. Ao contrário, as fontes que os detém adotam medidas de segurança e proteção, posto que são informações privilegiadas e cujo conhecimento representa grande vantagem ou poder ao seu detentor. Estes são denominados "dados negados", ou "dados protegidos" e variam segundo os interesses em questão.

Os principais exemplos de dados negados ou dados protegidos são: segredos de estado, segredos militares, segredos tecnológicos, segredos econômicos, segredos industriais, "Operações de Inteligência", conhecimentos sigilosos, *modus operandi* de organizações criminosas e ações de ameaças adversas e difusas como o terrorismo, a espionagem e o crime organizado.

A obtenção de dados negados ou dados protegidos é o que se denomina "busca", que é foco das "Operações de Inteligência". É por esse motivo

---

[7] CEPIK, Marco A. C. *Espionagem e democracia*. Rio de Janeiro: FGV, 2003. pp.27-28.

que estruturas de inteligência que não realizam "Operações de Inteligência", em nada se diferem das demais organizações.

Portanto, a atividade-fim que constitui a própria razão de ser da Inteligência de Estado é o emprego das ações sigilosas para a "busca" (do dado negado ou protegido), além de outras ações de natureza sigilosa. A necessidade de ações em segredo é o que justifica a existência dos serviços de Inteligência, por serem estruturas especializadas nesse mister.

Claro fica que o contexto das "Operações de Inteligência" é o único diferencial do Ciclo da Inteligência de todos os demais métodos, processos e sistemas de produção de informação. Isto significa, basicamente, que toda e qualquer produção de conhecimento de Inteligência de Estado está condicionada única e exclusivamente ao universo das "Operações de Inteligência".

A Técnica de Avaliação de Dados (TAD)

A Técnica de Avaliação de Dados (TAD) é uma das mais graves questões relacionadas às falhas e deficiências dos serviços de inteligência em todo o mundo. Na ABIN esse procedimento é caótico.

Sustento que a situação de ineficiência institucional dessas organizações quanto a utilização da TAD tem protagonizado tragédias e, inclusive, guerras entre países.

Como exemplo, citamos a guerra do Iraque, deflagrada pelos Estados Unidos da América (EUA) contra aquele país, em 2003. A justificativa à época apresentada pelo presidente dos EUA, George Bush, em reunião da Organização das Nações Unidas (ONU), por meio do seu secretário de estado, Colin Powell, foi a de que havia armas químicas em poder do Iraque, o que representava grave ameaça à paz mundial.

Para convencer a comunidade internacional da veracidade dessa suposta ameaça, Collin Powel fez questão de apresentar, com exclusividade, em sessão da ONU, as imagens das referidas armas químicas do Iraque, obtidas pela Agência de Inteligência Americana (CIA).

Porém, deflagrada a guerra, após a invasão do Iraque pelas tropas americanas, verificou-se não haver armas químicas naquele país. Descobriu-se, posteriormente, que o grave equívoco informacional deveu-se a um erro cometido pela CIA e também pelo serviço secreto alemão (BND). Ambos os casos devem ser atribuídos à má aplicação da TAD.

O que de fato ocorreu é que as informações sobre a existência de armas químicas no Iraque eram originalmente falsas e foram, deliberadamente, inventadas por um simples informante de codinome "Curveball" que, objetivando conseguir asilo em Munique, conseguiu enganar o BND e a CIA com essa história completamente mentirosa.

Esse fato histórico está relatado em alguns filmes e descrito minuciosamente no livro Curveball: Espionagem, intrigas e as informações que levaram à Guerra, de autoria de Bob Drogin. O erro cometido pela CIA e pelo BND confirma como esse é um tema de crucial importância para a eficiência dos serviços de inteligência.

A incômoda verdade sobre a TAD é que, na ABIN, esse é um assunto lançado ao olvido, ignorado, e até mesmo desconhecido pelos principais serviços de inteligência nacionais. Chega a ser considerado, veladamente pela cúpula da ABIN/SISBIN, um assunto proibido, em razão do forte potencial de revelar as escabrosas deficiências institucionais existentes na produção de suas informações e conhecimentos de inteligência.

Os inúmeros erros cometidos pela ABIN, decorrentes do despreparo para a aplicação da TAD, bem como suas sérias consequências, fazem deste um assunto recorrente, polêmico e com profundas implicações políticas. Afinal, ele espelha a ineficiência institucional dos serviços de inteligência no país, especialmente os da ABIN/SISBIN.

Há, em torno da TAD, uma miríade de importantes considerações que não fazem parte do escopo deste livro, razão pela qual exporemos, sinteticamente, apenas as principais.

Como base preliminar de avaliação da questão, a maioria dos integrantes da ABIN/SISBIN, inclusive seus analistas e agentes operacionais e demais serviços de inteligência no Brasil, jamais sequer ouviu falar da TAD. Em todo o SISBIN, especialmente na ABIN, a TAD é considerada tema de menor importância e sua abordagem, nas raras vezes em que isso ocorre, é por imposição curricular de alguns poucos cursos de inteligência.

Nos cursos da ABIN, a TAD é ministrada com baixa carga horária, tratamento diletante e empírico. A abordagem é superficial, limitada, desatualizada e sua aplicação é eminentemente teórica. Para completar o quadro caótico, os cursos utilizam-se unicamente dos mesmos conhecidos e repetidos exercícios "escolares", inteiramente dissociados da realidade e, convenientemente, concebidos para se chegar às soluções previamente estipuladas.

A realidade intestina da ABIN/SISBIN evidencia que, apesar do pseudo discurso oficial em favor do profissionalismo dos operadores de inteligência e do permanente aperfeiçoamento e evolução da doutrina de Inteligência em bases científicas, a TAD é uma prática que, não só está estagnada há décadas no Brasil, como tem sofrido retrocessos sensíveis.

Fato inaceitável, e por demais preocupante, é que a "doutrina" da TAD adotada pela ABIN/SISBIN, além de ser reconhecidamente deficiente por seus dirigentes, é tecnicamente falha e produz resultados errados. É preocupante saber que as informações e conhecimentos da ABIN/SISBIN que assessoram os governantes do país são produzidos dissociados de qualquer base técnico-científica. A situação fica ainda mais grave, quando essas informações e conhecimentos de inteligência são dolosamente produzidos à mercê de subjetivismos.

Restringindo-se ao escopo desta obra, o domínio da TAD-Técnica de Avaliação de Dados- por todos os integrantes dos serviços de inteligência nacionais, notadamente pelos do segmento operacional, é questão de suma importância para a proficiência da Inteligência de Estado, sem o que a credibilidade dos trabalhos de inteligência está seriamente comprometida. E, como demonstrado, a realidade da TAD, nos serviços de inteligência no Brasil, é caótica, na ABIN/SISBIN recrudesce o diletantismo irresponsável de seus dirigentes, em detrimento aos interesses nacionais e à defesa do país.

A história da TAD da ABIN

Como contar a história de algo que não existe? É impossível. Não temos uma doutrina institucional de inteligência da ABIN, principalmente da TAD. Doutrina de inteligência da ABIN? Que doutrina? A doutrina oficial da ABIN é um engodo. E eu provarei isso a seguir de forma técnica e documental.

Na ABIN, a TAD sempre foi oficiosa, clandestina. Isso é muito pior do que ser tungado, saber ter comprado um produto falsificado. Nas rotinas e sub-rotinas ritualísticas da ABIN, se é enganado não por um comerciante larápio, mas pelo próprio Estado. Afinal, a ABIN, oficialmente, é uma instituição nacional, não é mesmo?

Vamos, então, fazer um retrospecto contando como a TAD começou. Foi com a criação do SNI, na década de 1960, sob a influência do modelo de inteligência dos EUA. O SNI copiou literal e integralmente toda a doutrina de inteligência norte-americana, inclusive a TAD. É muito importante ressaltar que a TAD não é originária de serviços de inteligência: mas sim de bibliografia de autores norte-americanos, comercializada ostensivamente nas livrarias do mundo inteiro, a partir da década de 1950. Portanto, a doutrina da TAD tem mais de meio século de vida e não possui nada de sigiloso, como a ABIN tenta fazer no Brasil.

Com a extinção do SNI em 1990, e com a posterior criação da ABIN em 1999, prevaleceu novamente no país a máxima de que "na Inteligência de Estado no Brasil nada se cria tudo se copia". Assim, a ABIN não hesitou em recopiar integralmente, dentre outras, a TAD do falecido SNI.

Maior retrocesso na Inteligência de Estado no Brasil impossível. Porque em pleno novo milênio do século XXI, com novos conhecimentos e recursos tecnológicos disponíveis, com os serviços de inteligência estrangeiros atuando na vanguarda da cientificidade, a ABIN recopiou uma doutrina completamente ultrapassada. E isso foi feito de forma ainda pior, pois, no antigo SNI, a TAD era doutrina oficial. Ou seja, o SNI pelo menos tinha a dignidade de assumir oficialmente a sua metodologia. Hoje, porém, na ABIN, essa mesma TAD é oficiosa. Por quê? Porque, como já mencionei, a TAD da ABIN, além de não funcionar, produz resultados errados. E a ABIN sabe disso.

Pois bem, se a ABIN afirma ao Presidente da República e à sociedade brasileira que suas informações e conhecimentos de inteligência são de alto nível e de merecida credibilidade – por serem produzidos segundo sua Técnica de Avaliação de Dados (TAD) – então, é de se supor que todos os seus dirigentes e analistas de inteligência são obrigados a produzir os conhecimentos, rigorosamente sob a égide dessa TAD. Mais ainda: todos eles devem, obrigatoriamente, também ter acesso oficial à TAD, sem o que seria impossível o exercício de suas funções institucionais na ABIN, inclusive dominando-a em expertise.

É ledo engano acreditar nisso, pois, também como já foi dito, os dirigentes e analistas de inteligência da ABIN sequer empregam a TAD na produção das informações e conhecimentos. Muitos deles não sabem nem do que se trata. É importante destacar que eu fui analista dos Departamentos de Inteligência (DI) e Contrainteligência (DCI) da ABIN, que são os departamentos analíticos na produção de informações e conhecimentos da agência, tendo atuado em suas áreas mais importantes e sensíveis.

Ao ser convidado pela Direção-Geral da ABIN para atuar no Departamento de Inteligência, uma de minhas primeiras providências, ao assumir esse departamento, foi tomar conhecimento da doutrina de inteligência institucional, principalmente da metodologia da produção do conhecimento e, especificamente, da TAD. Afinal, era minha atribuição funcional como analista, tanto, do DI quanto do DCI, produzir informações e conhecimentos de inteligência.

Aliás, quando me apresentei na ABIN, no início de 2002, imaginava que uma das primeiras providências institucionais da agência seria me fornecer, independentemente de minha solicitação, dentre outras, toda a documentação doutrinária oficial da ABIN, necessária ao exercício de minhas funções, como profissional de inteligência. Isso não aconteceu quando passei pela ESINT, pelo DI e pelo DCI, nem mesmo quando solicitei por escrito.

Em minha apresentação ao DI, fui designado para a Diretoria de Assuntos Nacionais (DAN), na função de analista da estação de Segurança Pública. Para otimizar meu desempenho, pedi ao superior imediato, o Coordenador de Assuntos Nacionais, Edmar Fernandes de Camargo, a legislação de inteligência, regulamentações e demais documentos em vigor, relativos ao exercício da Atividade de Inteligência, na ABIN, no Departamento de Inteligência (DI) e na DAN. Eram informações indispensáveis ao exercício de minha função. Destaquei alguns assuntos que considero essenciais da doutrina de inteligência, aspectos relativos à legislação e suas regulamentações, tais como:

- Metodologia científica da produção do conhecimento de Inteligência.

- Conhecimentos de Inteligência (Informe, Informação, Apreciação Estimativa), características, diferenças, emprego, produção.

- Comunicado, embasamento doutrinário.

- Técnica de Avaliação de Dados, sistemas de avaliação.

- Documentos de Inteligência; tipos de documentos de Inteligência (Relint, Relesp, Pedido de Busca, Ordem de Busca, Relatório de Missão, Plano de "Operações de Inteligência" Memória, Comunicado e outros), características, diferenças, emprego, elaboração.

- Plano de Inteligência (Diretrizes) da ABIN/GSI/PR.

- Elementos Essenciais de Informação (EEI).

- Canal técnico de inteligência e regulamentação.

- Regulamentações específicas e instruções complementares da ABIN/GSI/PR sobre a Legislação de Inteligência.

- Regulamentações do Decreto 4553, de 27 de dezembro de 2002.

- Atribuições e competências das funções exercidas na ABIN não constantes do Regimento Interno, particularmente as de analista.

- Atribuições e competências quanto a produção, classificação, expedição, tramitação, custódia, difusão, arquivamento, implantação e eliminação de documentos, particularmente os sigilosos.

O Coordenador de Assuntos Nacionais, Edmar Fernandes de Camargo, por sua vez, demonstrando evidente contrariedade com a minha solicitação, disse que a DAN não possuía a referida documentação.

Óbvio que, diante daquela resposta, não consegui esconder meu espanto e decepção, por saber diretamente do Coordenador que a DAN não possuía a documentação doutrinária fundamental da ABIN, algo que se presupõe indispensável e obrigatório. A minha reação irritou Edmar Fernandes de Camargo, que disse-me apenas que quaisquer dúvidas e informações pertinentes ao desempenho da função de analista que eu necessitasse seriam dirimidas por ele e pelos demais analistas da DAN.

Não imaginava que fosse encontrar tamanho descaso e fiquei ainda mais estupefato por não me ser fornecida, na DAN, qualquer documentação doutrinária oficial da ABIN. Documentação que nem existia, conforme afirmou, contrariado, Edmar Fernandes de Camargo.

Por não ter recebido qualquer documentação doutrinária oficial da ABIN, indaguei, então, aos diversos analistas do departamento e deles ouvi que também não dispunham de qualquer documentação doutrinária oficial da ABIN.

Aliás, os analistas da ABIN, em geral, tanto no DI como no DCI, desconheciam completamente aspectos doutrinários e técnicos da produção do conhecimento de inteligência, principalmente da TAD. Consequentemente, o falar sobre isso causava enorme desconforto. A reação que, naturalmente, manifestavam nessa situação era de indiferença, descaso, desrespeito e até animosidade contra minha pessoa. No DI, cheguei a ser destratado por um analista considerado internamente como muito "experiente", mas que ficou emocionalmente perturbado e desequilibrado diante de sua indisfarçável ignorância sobre a TAD, ao debater o assunto comigo.

Eu estava diante de um fato inaceitável: exercer a função de analista na ABIN e tomar conhecimento de que o DI não me forneceria a necessária documentação doutrinária da agência. E isso acontecia porque simplesmente não existia uma documentação obrigatória! Também era inaceitável que ninguém se preocupasse com isso. Tanto os analistas, quanto os próprios dirigentes. Pior era ser retaliado por querer exercer profissionalmente minha função.

Para a minha surpresa, poucas semanas após ter sido designado como analista da estação de Segurança Pública da DAN (eu ainda sequer havia tomado conhecimento dos assuntos técnicos relativos às minhas demandas) recebi a designação da Direção-Geral da ABIN, por meio do Ofício 495/2003, de 12 de junho de 2003, para ser o representante da ABIN, no Seminário "Integração Operacional dos Serviços de Segurança Pública no Distrito Federal", que seria realizado pela Polícia Militar do Distrito Federal (PMDF), em 25 de junho de 2003, participando do Painel "O Plano Nacional de Segurança Pública e a Integração Operacional dos Órgãos Governamentais nas Unidades da Federação: Tendências e Perspectivas", em debate com o painelista Doutor George Felipe Dantas.

Confesso que cheguei a imaginar que tal designação se tratava de mero trote, uma vez que eu era recém-chegado no DI e esse tipo de brincadeira maldosa é uma prática comum para assustar os novos integrantes.

Mas não era trote. A Direção-Geral da ABIN, estava me designando, um analista recém-chegado, para a responsabilidade de representar a agência em evento institucional externo, sobre assunto de importância e repercussão nacionais. Mais surpreendente é que eu fui escolhido, dentre outros quatro analistas, considerados internamente muito "experientes" e com muito mais tempo na estação de Segurança Pública, além dos vários assessores e coordenadores da CGAN, que eram considerados profundos conhecedores da conjuntura nacional.

A verdade é que aqueles "experientes" analistas, assessores, coordenadores e dirigentes, considerados "profundos conhecedores" de segurança pública e da conjuntura nacional (inclusive o que me destratou) se esquivaram covardemente de representar a ABIN, como especialistas de segurança pública no evento porque sabiam que não tinham preparo pessoal e profissional.

Também é verdade que, a partir daquele momento, deixei de ser alvo das animosidades e passei a ser unanimemente escolhido, não apenas pelos analistas "experientes", mas também pelos dirigentes da ABIN, para aquelas missões. E devido a minha expertise e competência profissional, comecei a receber de todos efusivos elogios.

No curto espaço de tempo que eu dispunha para me preparar para aquele evento sobre segurança pública, não pude contar com as informações da DAN, DI e da ABIN. Porque, conforme já afirmei, a maioria do conteúdo de todos os relatórios da ABIN é extraída das chamadas fontes abertas e, principalmente, da internet. Mesmo sendo a questão sobre segurança pública, uma das searas mais críticas da conjuntura brasileira, por mais incrível que possa parecer, em toda a ABIN não havia qualquer informação relevante e diferenciada sobre o tema que representasse alguma contribuição significativa para um evento daquele nível.

Assim, a excelência de minha apresentação como representante da ABIN no Seminário "Integração Operacional dos Serviços de Segurança Pública no Distrito Federal", da Polícia Militar do Distrito Federal (PMDF), não se deveu à qualidade do conteúdo informacional ou à eficiência da ABIN, mas à minha atuação e aos meus conhecimentos pessoais sobre o assunto e pela inestimável contribuição de meu pai, Coronel Waldyr Soares, a quem recorri, por possuir larga experiência nessa área, já que foi Comandante-Geral da Polícia Militar do Estado de Minas Gerais. Foi a ABIN que recebeu indevidamente os elogios oficiais da PMDF e do governo do Distrito Federal pela qualidade de minha atuação no evento.

Solicitei à Coordenação-Geral da DAN informações atualizadas sobre o SISBIN, uma vez que a estação de segurança pública da DAN também não as possuía. Assim, fui encaminhado à assessoria da Direção-Geral da ABIN, onde fui recebido pelos assessores Paulo Roberto Moreira e Carlos Alberto Ataídes Trindade.

É relevante salientar que os assessores da Direção-Geral da ABIN, ocupam o mais alto escalão da agência, despachando diretamente com a pessoa do Diretor-Geral, sobre os assuntos mais importantes que serão repassados à Presidência da República. Portanto, seus integrantes são selecionados dentre aqueles que são considerados supostamente os mais "experientes" analistas da ABIN.

Devo ainda ressaltar que o assessor, Paulo Roberto Moreira, havia exercido anteriormente a função de Gerente de Ensino de Inteligência da ESINT, que é o setor da ABIN responsável pela formação dos recursos humanos da ABIN e de todo o SISBIN, na área de Produção do Conhecimento de Inteligência e, especificamente, enfocando a TAD. Ou seja, Paulo Roberto Moreira, era certamente a maior autoridade da ABIN naquele tema, responsável pela condução de todos os cursos ministrados pela ABIN em todo o país sobre esse assunto, devendo, obrigatoriamente, ter conhecimento profundo da questão.

Aproveitei a oportunidade para, uma vez na Direção-Geral da ABIN, solicitar-lhes informações sobre a Doutrina de Inteligência da ABIN em vigor, principalmente sobre a TAD. Novamente, a história se repetiu. Porque ambos os assessores da cúpula da agência, Paulo Roberto Moreira e Carlos Alberto Ataídes Trindade, visivelmente desconfortáveis com minha solicitação, disseram que a Direção-Geral da ABIN não possuía a referida documentação, e me afirmaram que tal informação seria fornecida pelo Centro de Desenvolvimento Doutrinário (CDC) da ESINT, sob a responsabilidade de sua chefe, Olívia Leite Vieira.

Mais uma vez, eu estava diante do absurdo de tratar profissional e diretamente com os assessores da Direção-Geral da ABIN, sobre temática doutrinária precípua da agência – e inclusive de suas próprias demandas de inteligência – quando eles sequer dispunham da documentação doutrinária da produção do conhecimento de inteligência e da TAD para me apresentar.

Pior: me disseram que eu deveria procurar a documentação no CDC da ESINT, quando Paulo Roberto Moreira era a maior autoridade da ABIN sobre essa temática, e deveria, obrigatoriamente, ter conhecimento profundo sobre essa questão.

Nessa interminável "via crucis", fui ao CDC da ESINT. O Centro de Desenvolvimento Doutrinário (CDC) da ESINT é o setor da ABIN responsável pelo desenvolvimento da doutrina de inteligência da ABIN e de todo o SISBIN, em cumprimento da previsão da Lei 9883, de 07 de dezembro de 1999.

Se em toda a ABIN não era possível encontrar a doutrina oficial de inteligência da própria agência, seria ainda mais escabrosamente inadmissível que ela não existisse no CDC. Mas foi isso que aconteceu. Quando fui recebido por Olívia Leite Vieira, diretora do CDC, ao abordar a questão, a diretora demonstrou indisfarçável desconforto ao saber do que se tratava. Ficou realmente preocupada e nervosa. Afinal, assim como para os dirigentes da ABIN, para ela também era inimaginável que aquilo estivesse acontecendo: ou seja, um analista da ABIN solicitando tomar conhecimento oficial da doutrina de inteligência da ABIN. Isso nunca havia acontecido antes.

Pois lá estava eu, firme e convicto. Então, fiquei assistindo a cena lamentável e deprimente da diretora do CDC, desorientada, tentando encontrar a doutrina oficial de inteligência da ABIN, que ela sabia não existir. Abriu todas as gavetas de sua sala... E nada. Foi quando ela percebeu que eu não sairia do CDC sem a tal doutrina oficial de inteligência da ABIN. Afinal, não havia mais onde procurá-la na ABIN. E quanto a isso, todos já tinham "lavado as mãos", inclusive a Direção-Geral da ABIN. Havia sobrado pra ela!

Assim, Olívia Leite Vieira, vendo-se sem saída, tentou lançar sobre mim o expediente insidioso preferido dos dirigentes da ABIN, ao dizer-me o "clichê" que a Doutrina de Inteligência da ABIN estava em "processo de reformulação". Eu sorri e pedi que ela me disponibilizasse então a documentação da doutrina oficial da ABIN em vigor. Afinal, enquanto o "processo de reformulação" não se consumasse, evidentemente prevaleceria a doutrina oficial da ABIN. E era tão somente a documentação da doutrina oficial da ABIN que eu estava solicitando. Irritada e nervosa, a coordenadora do CDC se viu obrigada a confessar-me que o CDC não tinha a doutrina oficial de inteligência da ABIN.

Atuei em todos os setores de inteligência na agência. Ao longo de quase três anos, solicitei, em todas essas searas, que me fosse disponibilizado toda a doutrina oficial de inteligência da ABIN, para o desempenho de minhas funções. Fiz isso, reafirmo, expressamente, como está apresentado neste livro. Tal questão foi inclusive objeto de um dos assuntos da minha reunião pessoal com a Direção-Geral, em uma das crises da ABIN. E a ABIN nunca me forneceu qualquer resposta oficial.

Nunca é demais repetir: a doutrina oficial de inteligência da ABIN simplesmente não existe.

A "torre de babel"
do SISBIN

"Torre de babel" é uma história de natureza bíblica, utilizada para explicar a origem dos diversos idiomas na terra. Eles teriam surgido quando a humanidade se desentendeu, durante a construção de uma enorme torre de adoração, e, por uma ação divina, os povos começaram a falar línguas diferentes e se separaram.

Essa é uma excelente analogia para explicar o que a TAD representa na ABIN e em todo o SISBIN: desentendimento, confusão, discórdia, disputa por poder, inépcia, muita incompetência e escabrosa ineficiência institucional.

Para entender melhor a gravidade que isso representa em termos de serviços de inteligência, inclusive para os destinos do país, eu vou explicar tecnicamente a importância da TAD para sistemas de inteligência.

A finalidade axial de serviços de inteligência é alcançar a verdade. Esse é um desafio e tanto. Mas é para isso que existem serviços de inteligência. E a melhor maneira de cumprir essa missão é com o emprego da cientificidade para o desenvolvimento de uma metodologia, que depure a verdade das diversas fontes de informação. Como já disse, a TAD no Brasil surgiu com a criação do SNI, que copiou a TAD da doutrina norte-americana na década de 1950, de resto recopiada pela ABIN em 1999 – e que, por influência desta e numa reação em cadeia, é recopiada por todos os demais serviços de inteligência nacionais.

Só que, em 1995, eu descobri que a TAD, além de não funcionar, produz resultados errados. E, consequentemente, tomei uma decisão que me custou caro: por ter exposto uma verdade proibida aos serviços de Inteligência – tanto no CIE quanto na ABIN – sofri diversas e sérias retaliações.

Tudo isso começou quando realizei o 1º Curso Intermediário de Inteligência da recém-criada EsIMEx, em 1995, e fui convidado para ser seu instrutor. Servir no Gabinete do Comandante do Exército, mais ainda na EsIMEx/CIE, foi uma grande honra. Ademais, estava muito motivado por execer a atividade de que mais gosto. Mas havia um problema: a TAD.

Evidentemente, não revelei, quando eu era aluno do Curso Intermediário de Inteligência, mas, desde 1995, eu já tinha conhecimento de que a TAD não funcionava. Isso, somado ao meu 1º lugar no curso, gerou uma situação bastante difícil para mim. Porque é, politicamente, muito perigoso para qualquer aluno demonstrar que sabe mais que seus mestres e, mais ainda, provar que eles estão errados.

Em um ambiente reacionário e retaliador, isso é muito mais grave. Sabia disso e, enquanto aluno, tive o extremo cuidado de nada comentar sobre o grave problema da TAD na EsIMEx/CIE. Minha maior dificuldade foi na realização das provas, porque nelas eu conseguia identificar as inconsistências da TAD que os instrutores não sabiam existir. Por outro lado, ficaram evidentes as soluções que os instrutores queriam que fossem apresentadas – quer dizer, as "respostas certas" (o gabarito), mesmo que eu soubesse que essas respostas não eram verdadeiras.

Uma coisa é estar na condição de aluno; outra é estar na condição de oficial de inteligência do CIE e instrutor da EsIMEx, com atribuições e responsabilidades de produzir informações e conhecimentos de inteligência no âmbito do Gabinete do Comandante do Exército e do Sistema de Inteligência do Exército (SIEx), bem como formar recursos humanos em inteligência para servir as forças armadas e ao país.

Em termos práticos, não se tratava de uma questão legal, mas sim de natureza pessoal, profissional e ética. Embora a maioria não se preocupasse com isso, a ética sempre foi fundamental em minha vida. Portanto, jamais aceitaria conviver com a hipocrisia e mentira. Eu sou assim e disso me orgulho.

Quando fui nomeado Oficial do Gabinete do Ministro do Exército/ CIE, pela Portaria Ministerial Nr 770, de 01 de dezembro de 1995, eu estava profundamente preocupado com essa questão porque eu sabia que não ficaria omisso com relação à ineficiência da TAD.

Mas, eu também sabia o que aconteceria comigo, caso revelasse no CIE as inconsistências da TAD, doutrina de inteligência oficial do exército. Certamente correria o risco de ser punido disciplinarmente, dependendo da interpretação dos escalões superiores. E isso quase aconteceu.

Contra mim existia, ainda, um agravante: eu era o oficial de carreira da Academia Militar das Agulhas Negras (AMAN) mais jovem a servir no CIE. Vale ressaltar que no CIE só serviam oficiais superiores de carreira da AMAN. Ou seja, oficiais hierarquicamente acima do posto de Major. E, quando eu fui servir no CIE, ainda era capitão. Isso nunca havia acontecido. Esse fato foi algo tão marcante no CIE, que os oficiais coronéis mais antigos do Centro não me chamavam de capitão André, mas sim e carinhosamente de "aspirante", que é o posto mais baixo na hierarquia de oficiais, bem abaixo inclusive do posto de capitão.

É importante frisar que, a despeito de minhas divergências sobre questões técnico-profissionais de inteligência, como a TAD, tenho admiração por alguns integrantes do EsIMEx/CIE, com os quais trabalhei nesse período e que me serviram de exemplo. Estes eu guardo para sempre no lado esquerdo do peito.

Era necessário encontrar uma solução para aquela situação insustentável. E eu encontrei: desenvolver uma TAD que realmente funcionasse. Assim, pelo menos eticamente, não poderia haver retaliação contra mim por denunciar as inconsistências da TAD em vigor.

Mas, isso seria possível? Afinal, as maiores competências da inteligência nacional, tanto do exército, como das forças armadas, desde a época do SNI, inclusive da presidência da república, não conseguiram cumprir aquela que parecia ser uma missão impossível. Mas, eu me impus esse desafio. Assim, inserido na ética pessoal e profissional, tão logo que me apresentei no CIE, imergi em profunda reflexão e estudo para vencer o desafio.

Um mês e meio depois eu estava super estafado, mas feliz. Porque a missão estava cumprida. Assim, para a surpresa de todos os oficiais da

EsIMEx/CIE eu, o "aspirante" do CIE, apresentei por escrito uma avaliação sobre as inconsistências da TAD do SIEx e, o mais importante, uma proposta de uma nova TAD.

Entreguei o trabalho a todos os oficiais da EsIMEx, e também ao então Tenente-coronel do Departamento de Inteligência (DI) responsável especificamente pela temática da TAD no CIE, que era considerado uma das maiores sumidades de inteligência do exército e que, justamente por isso, era o instrutor responsável por ministrar esse assunto a todos os oficiais recém-chegados ao CIE, no estágio realizado para esse fim.

Tanto na ABIN quanto no CIE, eu sempre procurei me antecipar, contatar e acionar todos os setores relacionados à inteligência, em todo o âmbito institucional, independentemente de estar atuando em outras áreas. Para isso, bastam vontade, determinação e seguir a cadeia hierárquica institucional.

Quando a ousadia é grande, o seu efeito imediato é paralisante. E foi isso que aconteceu com os oficiais no EsIMEx/CIE. Num primeiro momento, ficaram sem entender o que estava acontecendo. A "ficha demorou a cair". Mas, depois meu ato repercutiu. Muito mais negativa do que positivamente. Isso porque em um ambiente reacionário e retrógrado, a crítica, mesmo que feita com os mais elevados propósitos de cidadania, invariavelmente é vista como ameaça.

Como agravante existia o fato de que o Gabinete do Comandante do Exército, assim como todos os demais centros de elite, era um ambiente profissional extremamente competitivo entre seus quadros. E eu, o "aspirante" do CIE, com apenas um mês de apresentação já estava competitivo demais. Portanto, a contrapartida não tardaria.

E não tardou. Fui chamado na DI pelo Tenente-coronel especialista na TAD, a quem também já havia entregue minha proposta. Naquela época, as dependências da DI do CIE eram diferentes das atuais, pois todos os analistas da DI trabalhavam juntos, com suas mesas dispostas lado a lado, numa única e enorme sala que comportava todos. Parecia uma DI "comunitária", onde todos se viam e interagiam.

Após a minha apresentação ao referido Tenente-coronel, o que se deu a seguir, por parte dele, foi minha pública desconstrução, como pessoa e como profissional. Uma humilhação impossível de ser esquecida.

De posse do trabalho escrito sobre a TAD, o Tenente-coronel, diante de todos os oficiais da DI, me passou um verdadeiro sermão, como se eu fosse um inconsequente e irresponsável. Chegou ao ponto de contestar a minha inteligência, capacidade profissional e a própria EsIMEx por ter me concedido o 1º lugar no Curso Intermediário de Inteligência que, segundo ele, eu não merecia. Finalizando, mandou que eu me retirasse, dizendo que eu não havia aprendido nada sobre inteligência e que, se eu quisesse servir no CIE, deveria aprender tudo de novo.

Mas, o mundo dá voltas! Tanto que o destino se incumbiu de expor a verdade. E o melhor é que eu tenho tudo isso devidamente documentado.

Em 1996, poucos meses depois de minha chegada ao CIE e da humilhação sofrida na DI, o problema da TAD eclodiu no SIEx. Importante lembrar que, naquela época, a ABIN ainda não existia, uma vez que seria criada em 1999. Mas, a "torre de babel" da TAD já estava em crise no SIEx. Naquele ano, por determinação do Estado-Maior do Exército, o CIE organizou diversos Grupos de Trabalho (GT) para a discussão e aperfeiçoamento da doutrina de inteligência militar vigente no SIEx. Fui designado para participar de vários GTs, mas não para participar do GT da TAD, que era o que eu mais queria.

Como isso não poderia ser um empecilho para mim, apresentei-me ao Coronel chefe do GT da TAD, dizendo-lhe do meu grande interesse por esse assunto e que apreciaria muito participar do referido GT. Como eu não estava designado oficialmente para o grupo, perguntei-lhe se poderia participar apenas como ouvinte, sem interferir em suas atividades. O coronel foi muito atencioso e concordou prontamente com a minha presença. Hoje, quase vinte anos depois, renovo a ele os meus agradecimentos.

Recordo-me de todas as reuniões do GT e de todos os seus integrantes, que eram os mais ilustres e experientes oficiais de inteligência do CIE; a maioria deles com passagem e atuação destacada no extinto SNI, inclusive com a participação do Tenente-coronel da DI que havia me humilhado poucos meses antes.

Participei, durante meses, de todas as reuniões do GT. Nelas eu, o "aspirante" do CIE, estava sempre calado e afastado da mesa central dos demais oficiais, mas profundamente atento. Era um momento histórico para a inteligência do exército e, por conseguinte, para a inteligência nacional.

Testemunhei a "torre de babel" da TAD desabar, num festival de desentendimentos, confusões e disputas por poder. Ninguém se entendia. As fortes discussões entre os oficiais do GT demonstravam a grande divergência e incompatibilidade de ideias existentes dentro do próprio SIEx. E o trabalho do GT, que tinha prazo para ser concluído, não avançava.

Foi então que o coronel chefe do GT, em guinada radical na condução dos trabalhos, tomou uma decisão corajosa e que surpreendeu a todos. Lembrou que havia um prazo a ser cumprido perante o Chefia do CIE e que, como os trabalhos do GT não estavam avançando, ele daria a seguinte ordem: cada oficial integrante do GT da TAD deveria apresentar, impreterivelmente, na próxima reunião do GT e por escrito a sua proposta de TAD para o SIEx.

Houve, entre todos, um longo silêncio só quebrado por uma intervenção minha. Naquele momento, isolado no fundo da sala, ergui o braço, pedindo licença ao Coronel chefe do GT, levantei-me e disse – para a surpresa geral – que eu já tinha uma proposta consolidada para TAD do SIEx. Ato contínuo, entreguei ao Coronel chefe do GT uma cópia de minha proposta de TAD. Em seguida, também dei uma cópia a cada um dos demais oficiais integrantes do GT, inclusive novamente ao Tenente-coronel que havia me humilhado na DI. O mundo dá voltas!

O Coronel chefe do GT, surpreso e visivelmente bem impressionado com a minha atitude, cumprimentou-me pela iniciativa, folheando atentamente o documento que eu lhe entregara. Em seguida, marcou a próxima reunião para duas semanas depois e encerrou a reunião. Foram duas semanas que demoraram uma eternidade para passar, tamanha a minha ansiedade.

Enfim, o grande dia chegou! E aconteceu um fato decepcionante para a inteligência nacional. Apesar do meio militar ser um ambiente em que ordens superiores devem ser rigorosamente cumpridas, posto que o não cumprimento é falta grave, vários dos mais ilustres e experientes oficiais de inteligência do CIE simplesmente "desapareceram" das reuniões do GT da TAD.

O coronel chefe do GT abriu a reunião do grupo, com um reduzido número de oficiais. Determinou o recolhimento das propostas de TAD de cada um dos presentes e fez distribuir cópias de todas elas a todos os integrantes. Portanto, eu as recebi, inclusive a do Tenente-coronel da DI que havia me destratado.

O coronel chefe do GT determinou que as propostas apresentadas seriam debatidas nas reuniões seguintes e estabeleceu um cronograma de apresentação, por antiguidade dos oficiais. E, para a minha grata surpresa, incluiu a minha proposta no GT da TAD, me promovendo consequentemente de ouvinte a oficial membro integrante daquele GT.

Assim, como eu, o "aspirante do CIE", por ser o oficial mais jovem de todos, seria o último a apresentar e ter a proposta debatida. A partir daquela reunião, minha ansiedade começou a dissipar-se. Porque, passando a integrar oficialmente o GT da TAD, pude estudar e analisar detalhadamente cada uma das propostas de TAD para o SIEx.

Confesso que fiquei feliz por constatar a falta de consistência técnica e fundamentação lógica de todas as propostas apresentadas pelos renomados oficiais, sem exceção. Contestá-las, em um debate técnico, nas próximas reuniões do grupo, como havia sido determinado pelo Coronel chefe do GT, seria um algo muito fácil.

Inelizmente, as reuniões para apresentação das propostas de TAD foram progressivamente tendo menos participantes. Até que, no dia da minha apresentação, a reunião não aconteceu porque, além de mim, compareceu apenas outro oficial.

GT da TAD, o principal grupo de trabalho do CIE para o aperfeiçoamento da doutrina de inteligência militar do SIEx, simplesmente não conseguiu cumprir sua missão. Definhou, desistiu, fracassou, agonizou pelo caminho.

Seria esse o trágico final dessa história? — pensei.

Não seria. Os próximos capítulos que estavam prestes a acontecer, mostrariam que havia uma luz no fim do túnel e que a tragédia maior poderia ser evitada. Algumas semanas depois, quando o assunto do GT da TAD do CIE já estava quase encerrado para mim, fui surpreendido na EsIMEx com uma convocação urgente para uma reunião na chefia do CIE.

— Reunião urgente na chefia do CIE? Com a participação do "aspirante" do CIE? Qual o assunto? — perguntei ao oficial mensageiro.

— É sobre o GT da TAD — respondeu o oficial.

E acrescentou: — É para você levar a sua proposta de TAD para apresentá-la na reunião, ao general.

Senti, então, um calafrio pela espinha. Afinal, o que estava acontecendo? Na realidade, aquele seria um dia histórico para a inteligência do exército e do país. Estava ocorrendo um racha no SIEx, exatamente para determinar qual seria, finalmente, a nova TAD a ser adotada pelo exército.

Como o GT da TAD não havia conseguido concluir os seus trabalhos, o general chefe do CIE convocou urgentemente todos os seus integrantes, para que apresentassem suas propostas em seu gabinete, e para que fosse definida qual delas seria apresentada ao Estado-Maior do Exército, pelo CIE. Como a chefia do CIE queria conhecer todas as propostas, eu, "aspirante" do CIE, também fui convocado para apresentar a minha.

Quando cheguei à reunião, todos os oficiais do GT estavam presentes e já haviam feito suas respectivas apresentações. Estavam todos apenas aguardando a minha apresentação. Eu era o centro das atenções. Percebi que o clima estava tenso. Então, recebi a ordem do subchefe do CIE para fazer minha apresentação de forma bastante sucinta. Comecei justificando o porquê de minha proposta não atender à imposição do CIE que era de redução da tabela de classificação da TAD.

Eis que fui interrompido por um grande alvoroço causado por parte dos oficiais presentes, desqualificando-me por não atender a uma imposição do CIE. O que, sob a ótica militar, seria um absurdo, quase uma desobediência de minha parte. Quando os ânimos se acalmaram, prossegui dizendo à chefia do CIE que eu não havia atendido à imposição do CIE porque não se tratava de uma questão disciplinar, mas, sim, de uma questão técnica sobre avaliação de dados de inteligência, uma vez que essa redução da tabela de classificação da TAD causaria inevitável prejuízo e falhas na TAD.

Fui interpelado pelo subchefe do CIE, para que eu encerrasse a minha exposição apresentando apenas um único argumento que justificasse a adoção de minha proposta de TAD. Evidentemente, sabia que seria impossível fazer qualquer apresentação técnica sobre a TAD naquelas condições. Respondi a ele que, a minha proposta, diferentemente da doutrina atual do SIEx e de todas as demais propostas apresentadas no GT da TAD, era a única que fazia a identificação, avaliação técnica e classificação do dado "falso".

Novo alvoroço e mais críticas me foram dirigidas. Entre risos e deboches, afirmaram que minha tese era uma estupidez. "Isso é ridículo! Dado falso se joga no lixo! Esse "aspirante nada entende de Inteligência!", disseram.

Todos, porém, silenciaram quando o poderoso Coronel Chefe da Divisão de Inteligência (posteriormente promovido a General) tomou a palavra e dirigiu-se ao subchefe do CIE, dizendo: "É verdade. A classificação do dado 'falso' é importante. O capitão André tem razão."

Para reforçar a gravidade da questão, do ponto de vista técnico, a TAD (que afirmavam adotar como doutrina oficial de inteligência) sequer dispunha avaliação técnica e classificação do dado "falso". Ou seja: é um absurdo os governantes do país e a sociedade brasileira saberem que a TAD da ABIN/SISBIN não é sequer capaz de, tecnicamente, identificar uma mentira.

O subchefe do CIE agradeceu minha participação e determinou que eu me retirasse. Retornei à minha sala e fiquei aguardando a decisão daquela reunião. Ao seu término, fiquei sabendo que a chefia do CIE havia escolhido a proposta de TAD de um determinado oficial como sendo a proposta oficial do CIE a ser encaminhada ao Estado Maior do Exército.

Naquele momento, lamentei que a chefia do CIE não soubesse que aquele oficial havia me procurado meses antes, dizendo-me que havia se inspirado na minha proposta, confessando que não sabia como elaborar uma. Não cabia ao "aspirante" do CIE fazer mais nada.

Porém, a esperança é a última que morre. O Comandante da EsIMEx, profissional de inteligência que tem meu respeito e admiração e que lutou o "bom combate" em defesa do Brasil, ao saber disso, imediatamente fez-se acompanhar do seu staff e dirigiu-se à chefia do CIE. Posicionou-se perante à chefia do CIE, dizendo que a EsIMEx era contrária à decisão do CIE de propor a adoção da proposta do oficial do GT da TAD. Assim, graças àquela postura do Comandante da EsIMEx, a TAD do SIEx não foi alterada, evitando que viesse a sofrer um retrocesso ainda maior.

Em 1998, encaminhei, novamente, por escrito, minha proposta de TAD a todos os oficiais no âmbito da EsIMEx. E, em 1999, fiz isso mais uma vez, protocolando-a oficialmente e por escrito na EsIMEx, no CIE e no Estado Maior do Exército.

Por que a história da TAD no Exército é importante quanto à TAD na ABIN? Porque em ambos ela é idêntica. Afinal, o SNI e a ABIN foram criadas por militares do Exército.

A única diferença efetiva entre a TAD da ABIN e a do Exército é na sua formalização. A ABIN conseguiu introduzir mais um grave retrocesso na TAD. A do exército utiliza um código alfanumérico e a da ABIN emprega os tempos verbais, o que – como será demononstrado mais à frente – é muito pior.

Os fundamentos da TAD, no contexto da metodologia da produção do conhecimento de inteligência da ABIN, baseiam-se no subjetivismo de seus analistas e não no conhecimento objetivo, na lógica e na cientificidade, o que possibilita a ocorrência de graves erros.

Esses fundamentos são denominados na ABIN de "estados da mente perante a verdade" e estão classificados em quatro categorias de convicção, segundo a percepção íntima e psicológica do analista dos fatos e situações, a saber: certeza, opinião, dúvida e ignorância.

Segundo a ABIN, as informações e os conhecimentos institucionais de Inteligência de Estado produzidos pela Agência representam precipuamente a mera convicção subjetiva sobre fatos e situações a respeito de determinada conjuntura específica e conforme a percepção íntima dos seus analistas. A subjetividade e variabilidade eventuais do estado mental de quem analisa pode conduzir a certeza, opinião, dúvida ou ignorância.

A fundamentação doutrinária da ABIN está claramente apresentada no artigo intitulado *A mãe das Inteligências*, publicado na Revista Brasileira de INTELIGÊNCIA:, ABIN v. 2, n. 2, abr. 2006.

> [...] A Inteligência – isso deve ser muito bem entendido – é atividade incerta. Por melhores que sejam as fontes, por mais bem preparados que sejam seus "operadores", na maioria das vezes ninguém pode garantir que a informação A ou X ou Y ou Z seja "exata". Seguramente ela é honesta, imparcial e representa convicção – persuasão íntima – do analista e, por consequência, do Órgão de Inteligênicia (OI) que a produziu/disseminou [...].[8]

---

[8] A mãe das Inteligências. *Revista Brasileira de Inteligência*, Abin. v. 2, n. 2, abr. 2006.

Por mais incrível que possa parecer, é exatamente assim que a ABIN produz as informações e os conhecimentos institucionais que vão assessorar o Presidente da República em suas decisões de estado. Ou seja, com base no subjetivismo de seus analistas e naquilo que cada um deles possa eventualmente achar, dependendo da situação de estado mental de cada um deles.

Significa que não há qualquer exagero em se afirmar que as informações e conhecimentos institucionais da ABIN são produzidos com o "puro achismo" de seus analistas e da própria ABIN.

Vale ressaltar, como exemplo da distorcida doutrina da ABIN, a forma depreciativa e desrespeitosa com a qual a própria agência se refere e trata a Presidência da República. Porque, com sua subcultura e no equivocado exercício de suas funções institucionais, a ABIN vê a Presidência da República apenas como o seu principal cliente ou usuário.

Esse comportamento revela, explicitamente, não apenas impropriedade e desrespeito, mas também falta de compromisso institucional, posto que a ABIN se relaciona com a mais alta instância do poder executivo federal do País e lida com as mais importantes e sensíveis questões do estado brasileiro.

O Presidente da República Federativa do Brasil é o Comandante-em-chefe da Inteligência de Estado. Portanto, é no mínimo uma irresponsabilidade a ABIN tratá-lo como cliente ou usuário, como se a Presidência da República e a Inteligência de Estado no Brasil fizessem parte de um mero balcão de negócios da inteligência competitiva do setor privado.

> [...] Quando a decisão não resulta em algo positivo ou for qualificada de errada, não se deve imputar culpa ou justificá-la com base em possíveis "falhas da Inteligência [...].[9]
>
> É muito difícil aceitar a tese de "erro (ou falha) da inteligência", pois ela não falha por impossibilidade física, isto é, por não ter o poder de decidir.
>
> Na medida em que a informação produzida pela Inteligência de Estado deve ter como finalidade principal gerar ação de governo, há risco permanente de "tiro n'água e consequências inesperadas [...].[10]

---

[9] Idem.
[10] Idem.

Significa, em termos práticos, que se o Presidente da República tomar alguma decisão de estado com base nas informações e conhecimentos produzidos pela ABIN, e posteriormente se descobrir que as informações da agência estavam erradas, a responsabilidade, segundo a ABIN, não é da agência, mas exclusivamente do próprio Presidente.

Quanto à aplicação da TAD da ABIN, ela é utilizada da seguinte forma: avaliam-se todos os dados recebidos segundo dois parâmetros: fonte e conteúdo. A avaliação da fonte concentra-se na origem do dado recebido. Essa avaliação é feita analisando-se três aspectos: autenticidade, confiança e competência.

A avaliação do conteúdo contempla o assunto ou o tema do dado em questão. Essa avaliação considera três aspectos: coerência, compatibilidade e semelhança.

Após o julgamento da fonte e do conteúdo, o analista da ABIN determinará a credibilidade do dado por meio de recursos de linguagem que traduzam o seu respectivo "estado da mente perante a verdade", utilizando, para esse fim, o emprego dos tempos verbais, da seguinte forma:

1. Se o estado mental do analista for de convicção, deverá ser empregado o tempo verbal no presente do indicativo, ou pretérito perfeito.
2. Se o estado mental do analista for de opinião, deverá ser empregado o tempo verbal no futuro do pretérito.

Um exemplo: se o analista da ABIN, segundo a avaliação subjetiva de seu estado mental, tiver a opinião de que uma organização terrorista X está planejando um atentado na cidade de Brasília/DF, em 7 de setembro, dia da comemoração da independência do Brasil, e que realizou o recrutamento de um alto funcionário da presidência da república; a ABIN produzirá um Relatório de Inteligência sigiloso e informará ao Presidente da República, da seguinte forma:

"A organização terrorista X estaria planejando realizar um atentado na cidade de Brasília/DF, em 7 de setembro, dia da comemoração da independência do Brasil, e recrutou um alto funcionário da presidência da república."

Então o presidente da república, preocupadíssimo, perguntará ao Diretor-Geral da ABIN:

— Qual é a veracidade dessa informação?

— Isso, eu não sei precisar, Sr. Presidente — responderá o inseguro Diretor-Geral da ABIN.

— Como, assim, não sabe precisar? Essa é uma informação gravíssima para a segurança nacional e eu, como Presidente da República, preciso saber urgentemente de sua veracidade para tomar minhas decisões. Com base em que fatos objetivos a ABIN tirou essas conclusões? — perguntará, com firmeza, o Presidente da República.

— Com base na opinião do analista e a ABIN não tem convicção sobre isso, Sr. Presidente — responderá o Diretor-Geral da ABIN.

— Quer dizer então que essa informação gravíssima é "puro achismo" da ABIN"? — perguntará, irritado, o Presidente da República.

— É exatamente isso, Sr. Presidente. Mas, devo dizer ao Senhor que a ABIN produz suas informações com as melhores intenções possíveis, Sr. Presidente." — responderá o Diretor-Geral da ABIN.

— Mas, o que a ABIN quer dizer com essa expressão "estaria planejando realizar um atentado na cidade de Brasília/DF"? — perguntará o Presidente da República.

— Boa pergunta, Sr presidente! Significa que a organização terrorista pode estar planejando um atentado terrorista em Brasília, ou não — responderá o Diretor-Geral da ABIN.

— Mas essas informações da ABIN não informam absolutamente nada. E se essas informações estiverem erradas e isso não for verdade? De quem será a responsabilidade pelas consequências advindas? — perguntará o Presidente da República.

— É claro que toda a responsabilidade será sua, Sr presidente! — responderá o Diretor-Geral da ABIN.

E complementará:

— E é muito importante que o Senhor saiba que o estado mental do analista da ABIN pode mudar a qualquer momento; e passar de certeza à opinião, dúvida, ou ignorância, e vice-versa. É assim que a TAD da ABIN funciona, Sr. Presidente.

Então o Presidente dirá ao Diretor-Geral da ABIN:

— As informações e conhecimentos produzidos pela ABIN são de péssima credibilidade. Isso não pode continuar. Tome providências urgentes para solucionar essa questão, fazendo uso da cientificidade e dos mais avançados recursos tecnológicos.

E foi exatamente isso que aconteceu na ABIN, como será relatado mais adiante.

A história do projeto secreto da TAD da ABIN que fracassou

Esta é uma história sigilosa da ABIN, desconhecida dos governantes e da sociedade brasileira. Trata-se de um projeto sigiloso da ABIN que foi criado para o aprimoramento da qualidade e da credibilidade das informações e conhecimentos produzidos pela Agência. Ele demandou vários anos e gastou incontáveis recursos públicos e – por total incompetência profissional – fracassou vergonhosamente. Por esta razão, a cúpula da ABIN tratou de fazer esta história "desacontecer", sepultando-a e destruindo todos os seus rastros.

Como eu sei dessa história secreta? Porque recorreram a mim para tentar salvar esse projeto. Como tudo isso aconteceu? Bem, tudo começou há cerca de vinte anos, quando passei a me dedicar profundamente ao estudo da TAD. Ao longo desses anos sofri diversas retaliações por tratar desse assunto, mas, em contrapartida, passei a ser profundamente respeitado, tendo me tornado a maior autoridade nacional sobre essa expertise, como é do conhecimento da comunidade de inteligência no Brasil.

Comprovando hipocrisia da ABIN, quando esse projeto sigiloso e fracassado já estava morto e sepultado, na função de analista da coordenação de contraespionagem e terrorismo internacional da agência, ministrei uma palestra, no dia 21 de maio de 2004, no auditório da ABIN, para todos os servidores da agência, sobre "Técnica de Avaliação de Dados (TAD) para sistemas de inteligência", tratando exatamente das graves deficiências da TAD da ABIN. Ou seja, em 2004, por determinação da Direção-Geral da ABIN, eu oficializei em palestra a todos os analistas da ABIN, as inconsistências e erros da TAD da própria ABIN.

Otimistas costumam dizer: o destino conspira a nosso favor. Já os pessimistas acreditam que ele conspira contra nós. Particularmente, prefiro construir o meu, mas se o destino der uma ajuda fico muito grato. O fato é que, coincidências ou não, logo depois da palestra que ministrei na ABIN, recebi uma importante ligação telefônica, de uma pessoa que considero ser uma das mais brilhantes profissionais de inteligência operacional que o Brasil já teve. Ela me contou do projeto fracassado da ABIN, que até aquele momento eu desconhecia. E me pediu um favor: queria meu parecer sobre o projeto e saber se eu seria capaz de concluí-lo, uma vez que a ABIN não conseguiu. Como o mundo dá voltas!

Imediatamente, peguei um avião em Brasília e fui ao seu encontro para uma importante e histórica reunião na qual eu seria apresentado ao "cientista". Eu e o "cientista" estávamos ansiosos por nos conhecer. Afinal, seria – para o bem da Inteligência de Estado – o encontro entre as duas maiores autoridades em TAD e inteligência artificial do Brasil.

O sigiloso projeto que envolvia, primordialmente, a questão da TAD, foi criado nos primeiros anos de vida da ABIN, tão logo a Presidência da República tomou conhecimento da péssima qualidade e credibilidade das informações e conhecimentos produzidos pela ABIN.

Foi por essa situação que o governo do Presidente Fernando Henrique Cardoso determinou, peremptoriamente, à Direção-Geral da ABIN que tomasse providências urgentes para assessorar a Presidência da República com informações e conhecimentos que realmente apresentassem alto nível de qualidade e credibilidade.

A partir daquele momento a ABIN deu início, em nível de prioridade, ao projeto sigiloso, e buscou levantar no país quais eram as maiores autoridades nacionais em ciência da computação e inteligência artificial. Foi nesse contexto que a ABIN descobriu o "cientista", reconhecidamente uma das maiores autoridades nacionais no assunto à época.

O projeto tinha como objetivo o desenvolvimento de uma plataforma computacional que conferisse cientificidade à produção de informações e conhecimentos. Ele propunha a implementação de dois principais trabalhos, integrados e concomitantes. O primeiro, a cargo do "cientista" e de sua equipe, seria desenvolver a plataforma computacional, dotada de recursos tecnológicos de inteligência artificial, customizando-a para as necessidades de produção de informações da ABIN. O segundo trabalho, a cargo da ABIN, seria disponibilizar ao cientista e à sua equipe a doutrina de inteligência da agência, em especial, a metodologia da produção do conhecimento de inteligência, para que a mesma fosse customizada na plataforma computacional com recursos de inteligência artificial.

Devo dizer que o fracasso do projeto – depois do despedício de vários anos e milhões de reais – não foi surpresa para mim. Ao contrário, por tudo o que já foi exposto nesta obra sobre a ineficiência e degeneração institucional da ABIN, não poderia ter sido diferente.

O que aconteceu ao longo dos anos desse projeto é que o trabalho do "cientista" e sua equipe foi muito bem realizado, alcançando os objetivos estipulados. A plataforma computacional foi concluída, contando com os recursos tecnológicos mais avançados da época e com programação específica de inteligência artificial para a produção das informações e conhecimentos da ABIN. O "cientista" merece louvor e parabéns!

Por que então o projeto fracassou? Pela incompetência dos dirigentes da ABIN, que não conseguiram realizar o seu trabalho. Na verdade, sequer conseguiram iniciá-lo. Pode parecer incrível, mas a ABIN, ao longo de vários anos, simplesmente não conseguiu sair da estaca zero, mesmo a missão sendo extremamente simples. Bastaria disponibilizar ao "cientista" e à sua equipe a doutrina de inteligência para que fosse customizada na plataforma computacional.

Por que, então, não deu certo? Porque não haveria como produzir informações de inteligência de alta credibilidade – mesmo com recursos tecnológicos de inteligência artificial – com uma doutrina deficiente.

A partir do momento em que eu e o "cientista" nos conhecemos, demonstrei-lhe objetivamente todas as soluções que até então eram consideradas insuperáveis e afirmei que o projeto poderia renascer e ser concluído rapidamente, com uma TAD de Inteligência Operacional, transformando-o num exitoso e inédito empreendimento de produção de informação e conhecimento, no contexto da inteligência mundial.

Inteligência:
uma contradição em termos

Vou ilustrar alguns casos da comédia de erros dos serviços de inteligência prestados à Presidência da República.

Comecemos com o uso ilimitado dos freelancers que a ABIN mantém, pagos com a verba secreta da agência. No primeiro mandato do Governo Dilma, a verba secreta da ABIN chegou a 24,4 milhões. Em fevereiro de 2008, o Jornal do Brasil teve acesso às planilhas de gastos efetuados pelo mundo da arapongagem durante os três primeiros anos do governo Lula (2003 a 2005). "Os números revelam um vertiginoso crescimento de gastos – 600% – com as despesas secretas. No começo, elas representavam 20% dos gastos com os cartões corporativos da Presidência e hoje ela responde por 68%", verberou o JB.

Continuemos com a página 459, da denúncia oferecida contra Carlos Cachoeira, pelo Ministério Público Federal de Goiás, na Operação Monte Carlo, dissuasivo nuclear que tirou o sono de muita gente. Nela está transcrita uma escuta telefônica em que Idalberto Matias de Araújo, o sargento Dadá, braço direito de Cachoeira, preso na Monte Carlo, e agente recrutado por Protógenes Queiroz, na Operação *Satiagraha*, confessa a interlocutores que estava criando, com amigos, uma empresa de segurança privada chamada *Satiagraha* – justamente o nome da operação que imortalizou Protógenes por ter prendido, temporariamente, o banqueiro Daniel Dantas.

A gravação foi feita a partir das 13h29 minutos, pela PF, no dia 4 de abril de 2011. Durou dez minutos e treze segundos. Na conversa, há trechos como "o negócio de Minas Gerais ainda não fechou. Evaldo tá criando a empresa *Satiagraha*". Fala-se na criação de uma Home Page para a empresa *Satiagraha* e na presença, na futura empresa, de pessoal treinado em Israel, EUA, Iraque e Afeganistão – ou seja, ex-militares dos EUA. Também são mencionados cursos para os demais membros, no Rio de Janeiro, com intuito de "vender segurança para a América do Sul".

Para deixar mais claro a "kriptonita" que esse trecho representa aos heróis das esquerdas, como Protógenes Queiroz, devo destacar o seguinte: ao pedir a CPI da Monte Carlo, Protógenes vai sacrificar dois de seus ex-empregados-arapongas. Ambos foram pegos pela PF na Operação Monte Carlo, por cuja CPI Protógenes passou a lutar.

Um deles é o policial Jairo Martins de Souza, que gravou a fita que detonou, em 2005, o escândalo do Mensalão. Trata-se da cena em que um ex-funcionário dos Correios, Maurício Marinho, aparece recebendo uma propina de R$ 3 mil.

É do conhecimento público que Jairo Martins era um "empregado" da quadrilha de Carlinhos Cachoeira. Recebia R$ 5 mil mensais e tinha a função de cooptar policiais e também levantar informações que pudessem prejudicar os negócios do grupo. Em 2005, na crise do Mensalão, Jairo Martins depôs no Congresso e disse que gravou a fita com Maurício Marinho por "patriotismo". Não se sabe, ainda, se Cachoeira estaria por trás da denúncia.

Saído do Cisa, o serviço secreto da Aeronáutica, justamente para cumprir a missão presidencial da *Satiagraha*, Dadá foi preso pela PF na Operação Monte Carlo. Na *Satiagraha*, foi Dadá quem aproximou Protógenes da ABIN. E foi justamente a participação dos arapongas que acabou por invalidar a operação no Superior Tribunal de Justiça. Obviamente, é o mesmo Dadá que quis criar, para Carlinhos Cachoeira, com arapongas de todo o mundo, a empresa de segurança privada de nome *Satiagraha*.

Em seus primeiros quatro anos de governo, Lula usava a Agência Brasileira de Inteligência para obter antecipadamente informações de corrupção. Todos os dias, meio dia e meia, Lula se reunia com o general Jorge Félix, do gabinete de segurança institucional. Ali lhe eram repassados os nomes dos membros do governo de quem Lula deveria publicamente se afastar. Por isso a ABIN começou a remunerar, com verbas secretas, policiais federais: para saber deles quem do governo iria cair nas mãos das operações da PF. Lula sempre aplaudiu e apoiou publicamente essas operações porque, afinal, já sabia de tudo antes.

Para entender, comece com o que foi declarado publicamente. Na página da ABIN, na internet consta o seguinte extrato:

"Cumprindo promessa formulada em sua campanha presidencial, o Presidente Fernando Collor de Melo, empossado em 1990, extinguiu o SNI, no bojo de ampla reforma administrativa. Para a continuidade do exercício da atividade de Informações, foi criada a Secretaria de Assuntos Estratégicos – SAE. Sua concepção era similar à que orientava as ações do antigo SFICI, ou seja, retornava-se ao modelo composto por um órgão superior intermediário entre os produtos de Inteligência e o Presidente da República. De acordo com o texto da nova lei, a EsNI passou a se chamar Centro de Formação e Aperfeiçoamento de Recursos Humanos (CEFARH). Houve, na realidade, mais uma tentativa de depuração do exercício da atividade de Inteligência, particularmente no caso da produção de conhecimentos sobre a conjuntura interna, buscando-se eliminar questões que envolvessem matérias de natureza ideologica".

O papel do general Jorge Félix com Lula era justamente o de suprir o presidente com informações de corrupção em ministérios, que antigamente brotavam de agentes arapongas lotados, nesses mesmos ministérios, institucional e legalmente por atribuição do SNI – o que Collor justamente extinguiu.

Pois bem, vejamos o caso do ex-assessor de Protógenes. Jairo Martins de Souza, o araponga, teve uma missão no governo Lula: gerar provas contra o partido de Roberto Jefferson. Por quê? Porque o partido não precisava do mensalão petista para sobreviver: viviam das nomeações e sinecuras dos Correios, como aquelas arrumadas para esposas de policiais federais no DNIT, órgão do Ministério dos Transportes. Jairo Martins de Souza teve a missão de grampear Mauricio Marinho, levar essas provas ao general Jorge Felix, e este entregaria ao presidente Lula. Que, por sua vez, obrigaria o PTB a votar com o PT. Mas Jairo Martins de Souza teve uma apoteose mental: confessou que queria "ganhar o prêmio Esso", e entregou o grampo contra Marinho para a revista *Veja*, e não para a ABIN.

No depoimento que prestou à CPI dos Correios, no dia 5 de julho de 2005, o ex-agente da ABIN, Jairo Martins de Souza, confirmou que havia "facilitado" o acesso da mídia à gravação clandestina do diretor dos Correios, Maurício Marinho, no momento em que este recebia propina, fato considerado como o marco inicial do chamado mensalão. Disse que estava afastado da ABIN há quatro anos e que, nesse intervalo, teria buscado uma nova qualificação profissional para ganhar a vida, tendo feito o curso de jornalismo na Faculdade ICESP, em Brasília. Essa informação foi dada à CPI à guisa de justificativa: em vez de agir como espião, Jairo teria agido como "jornalista investigativo, para o bem do Brasil". O comentário levou o deputado José Eduardo Cardozo, hoje ministro da Justiça, a ironizar: "Quer dizer, o senhor não é um jornalista investigativo? É um investigador jornalista?"

O fato é que Jairo Martins de Souza obteve o registro de jornalista profissional, de número 6704/15/147-DF, na Delegacia Regional do Trabalho do Distrito Federal, em 5 de abril de 2006. Ele se filiou ao Sindicato dos Jornalistas Profissionais do DF no dia 21 de agosto de 2007. Em sua ficha no sindicato consta um email curioso: excatorra@ig.com.br.

Outras patacoadas da ABIN, de FHC a Lula

O caso Bagdá

Sob o primeiro mandarinato de Lula na Presidência, a ABIN cometeu uma de suas maiores patacoadas. O engenheiro brasileiro João José Vasconcellos, funcionário da Construtora Norberto Odebrecht, foi sequestrado e morto no Iraque. Inicialmente, queriam apenas dinheiro. Erraram a mão: dispararam 28 tiros contra sua BMW. Ele morreu 3 dias depois. O corpo foi enterrado debaixo da sucata de um automóvel Passat, no Triângulo Sunita. Coube à ABIN coordenar o pagamento do resgate do corpo, numa missão batizada de Operação Retorno.

Um dos maiores policiais do Brasil, formado no FBI, o delegado Mauro Marcelo, diretor da ABIN, era grande amigo do jornalista Claudio Tognolli, que relata um episódio curioso. Tognolli tinha sido orientador do trabalho de conclusão de curso da atriz, modelo e apresentadora Fernanda Lima. Assim que assumiu a ABIN, Mauro Marcelo fez um pedido curioso ao Tognolli: queria saber qual seria o cachê de Fernanda Lima (então apresentadora do programa de namoros "Fica Comigo", na MTV) para que deixasse em seu celular a seguinte mensagem: "Oi, aqui é a Fernanda Lima, você ligou para o celular do diretor da ABIN, Mauro Marcelo. Como ele não pode falar, deixe o seu recado comigo". Obviamente, Tognolli não levou proposta à amiga…

No mesmo clima amistoso de velhos amigos, Mauro Marcelo pediu um favor a Tognolli. Queria que ele fosse ao Iraque negociar a vinda do corpo do engenheiro João José Vasconcellos. Tognolli foi até a sede da ABIN. Foi recebido no gabinete de Mauro, defronte a um espelho gigantesco (em que o delegado colocara uma placa "Sorria, você não está sendo filmado"). Na sala, com mais dois agentes da ABIN, Tognolli ouviu o seguinte relato: deveria ir ao Iraque, com tudo pago pela ABIN, para procurar a organização não-governamental Iraq Institute for Peace e tentar concluir a operação. Essa ONG incialmente vinha pedindo US$ 150 mil pela devolução do corpo do engenheiro.

O craque Ronaldinho havia gravado um pedido em vídeo, traduzido para o idioma Urdu, em que pedia a libertação do engenheiro. Lula o sabia morto, mas a informação era sonegada à família. O vídeo, nesse sentido, era uma farsa. Mesmo assim, foi exibido ao mundo islâmico via TV Al Jazeera.

"Mas, após a exibição, inflacionaram o valor do corpo e passaram a exigir US$ 1 milhão por ele. Com Ronaldinho na parada, supervalorizaram o passe do engenheiro", disse um dos agentes da ABIN a Tognolli.

Tognolli iria, de uma forma não esclarecida, ter de fazer um nanocurso de medicina forense para fazer o exame de DNA do cadáver. A ele foi dito pelos agentes que tanto o US$ 1 milhão como o curso iriam ser providenciados na Arábia Saudita, com apoio de militares dos EUA.

Tognolli voltou a São Paulo com a intenção de ajudar Mauro Marcelo e, sobretudo, a família do engenheiro morto. Botou em pauta que não poderia receber pela tarefa. Mas, disse, aos risos, "jornalista é tudo como o cachorro Mutley, da Corrida Maluca: gostam de "medalha, medalha, medalha!!!". Tognolli estabeleceu que queria um diploma do governo, por serviço de direitos humanos. E um seguro de vida. Ambos lhe foram negados. "Você ganhará de presente o furo jornalístico", disse Mauro Marcelo a Tognolli, em tom triunfal. Tognolli, antes de tomar qualquer decisão, decidiu pedir ajuda a um jornalista baseado em Bagdá.

Cinco anos antes, o repórter Kirk Semple, do The New York Times, havia pedido que Tognolli o orientasse numa reportagem sobre o PCC. Já em São Paulo, Kirk Semple teve de ser evacuado às pressas por Tognolli e Marcio Sergio Christino, promotor que então investigava o PCC. Christino havia detectado uma mensagem enviada da cadeia pelo então líder do

PCC, Geleião. Kirk acabara de entrevistá-lo. Assim que o repórter saiu da cela, Geleião relatou a seus subchefes "esse gringo foi enviado pela CIA para nos sapear, tem de ser eliminado". A ordem de morte, ou "salve", foi dada por uma sublíder do PCC, que fez o comunicado via endereço de e-mail DeboraPCC@bol.com.br.

O endereço estava legalmente monitorado pelo promotor Christino, que avisou Tognolli, que avisou Kirk: este seria morto por um motoqueiro, numa tocaia a ser feita na porta do hotel em que estava o jornalista dos EUA, na Rua Silvia, no bairro da Bela Vista, em São Paulo. Tognolli e Christino salvaram Kirk.

Pois bem: via Skype, Tognolli contactou Kirk, que era então o homem do The New York Times em Bagdá. Ironicamente, Kirk pergunta a Tognolli: "Você tem ainda o corpo todo tatuado em hebraico?". Tognolli responde um seco "é óbvio". E Kirk dispara: "Se você for ao Triângulo Sunita com esssas tatuagens, vira churrasco no primeiro minuto".

Tognolli foi pessoalmente, naquele domingo à noite, janeiro de 2006, comunicar a Mauro Marcelo que não iria para Bagdá. Mauro o recebeu na portaria e, em meia dúzia de palavras medidas, disse que o entendia.

Então seu mais próximo confidente, Tognolli, contou tudo a seu velho amigo, o escritor Marcelo Rubens Paiva. A amizade era muito antiga. Em 22 de setembro de 1977 as irmãs de Tognolli e Paiva, respectivamente Dora e Veroca, haviam sido presas pelo coronel Erasmo Dias, na invasão da PUC de São Paulo. Em 1978, cada um com sua banda, Tognolli e Paiva havia concorrido no Festival MPB, da TV Cultura (aquele que consagrou Arrigo Barnabé). Em 1982, Paiva e Tognolli entraram na mesma turma de jornalismo da ECA USP, na mesma classe de William Bonner.

Pois bem, levando em conta os anos de confidências, Tognolli conta a Marcelo Paiva, detalhe por detalhe, o que seria a missão da ABIN. Seus olhos se enchem de lágrimas ao ouvir o relato. "Você tem obrigação de relatar à família do engenheiro que ele está morto. Não pode fazer o mesmo que fizeram com a minha família, que por mais de vinte anos não tinha nem certidão de óbito de meu pai".

Tognolli devolveu com os seguintes termos: caberia a Paiva contar o caso à família, em sua coluna de sábado, no matutino O Estado de S. Paulo. E assim se fez: Paiva deu o furo no sábado, 4 de fevereiro de 2006.

Paiva contava que a história seria relatada por Tognolli em seu livro "Mídia, Máfias e Rock n Roll", a ser lançado pela editora de Pinky Wainer e Xico Sá, marotamente batizada de Editora do Bispo.

Naquele mesmo sábado, Tognolli deu também a história de presente ao seu melhor aluno, Guilherme Bentana, produtor da TV Record (morto pouco depois num acidente de carro).

A história secreta da ABIN ganhava o Brasil em duas grandes mídias. Naquela noite do dia 4 de fevereiro, Tognolli passa a receber em seu celular uma enxurrada de telefonemas nada amistosos de pelo menos meia dúzia de parentes do engenheiro Vasconcellos. Era por volta da zero hora quando um parente do engenheiro, ligando de Belo Horizonte, lhe diz: "Ele está vivo e você fez isso para ganhar um dinheiro torpe para o Bispo Edir Macedo, porque a história saiu na TV Record e vai sair num livro da Editora do Bispo".

Até o senador Eduardo Suplicy telefonou a Tognolli, dizendo ter informações de que o engenheiro estava vivo. E que era uma vergonha Tognolli fazer aquilo para "enriquecer o Bispo Macedo vendendo uma mentira". Tognolli levou dilatados minutos explicando a Suplicy que a Editora do Bispo era uma criação anarquista de Xico Sá e Pinky Wainer. Um vídeo intitulado "A historinha do Suplicy" foi colocada, por Pinky e Xico, no Youtube.

Marcelo Rubens Paiva também recebera meia dúzia de telefonemas nada amistosos da família do engenheiro, madrugada adentro. Mas como a família do engenheiro dispunha do número de celular de Tognolli e Paiva? Simples: amigo pessoal de ambos, o cantor Leo Jaime passou os números a Edney Silvestre, da TV Globo, que os repasssou à família. Por um ano e meio, Paiva e Tognolli foram tidos como mentirosos. O corpo do engenheiro chegou ao Brasil em outubro de 2007.

Toda essa história para contar a vocês mais um caso de como a ABIN emprega, há anos, métodos nada ortodoxos em suas investigações. Não devemos, porém, pensar que desmandos e incompetência são marcas da ABIN apenas sob o governo petista. Com Fernando Henrique Cardoso não foi diferente.

Tal testemunho pessoal de Tognolli sobre o Caso Bagdá desvela, por si só, a temeridade que é o exercício da Inteligência de Estado da ABIN.

A atuação da cúpula da Agência nesse episódio é de uma incompetência patológica, representativa do "diletantismo irresponsável" reinante na ABIN.

Trata-se de significativo exemplo de tudo o que não pode ser feito por um serviço secreto: todos os pecados de inteligência foram cometidos pela ABIN no episódio. Se a boa notícia nesse caso é que Tognolli teve a inteligência de sobreviver à ABIN, infelizmente o mesmo não se pode dizer do Brasil.

A ABIN de FHC

Os casos na mídia são poucos, mas de grande importância.

Em julho de 2012 o portal Carta Maior revelou que "documentos sigilosos do governo Fernando Henrique Cardoso, abertos à consulta pública no Arquivo Nacional, indicavam que militantes e políticos de esquerda que participavam de seminários, encontros e fóruns contra o neoliberalismo foram monitorados pela Subsecretaria de Assuntos Estratégicos (SAE), o órgão que substituiu o Serviço Nacional de Inteligência (SNI), em 1990, até a criação da Agência Brasileira de Inteligência (ABIN), em 1999".

Segundo o Carta Maior, a ABIN de FHC fazia "espionagem direta." O seminário "Neoliberalismo e soberania", por exemplo, promovido pela Associação Cultural José Marti, a Casa da Amizade Brasil-Cuba, no Rio de Janeiro, de 5 a 9 de setembro de 1999, foi integralmente gravado em 12 fitas cassetes e entregues ao escritório central da SAE.

Em julho de 1996, o serviço deu especial atenção à realização, em Chiapas, no México, do Encontro Internacional pela Humanidade e contra o Neoliberalismo; O II Encontro pela Humanidade e contra o Neoliberalismo que ocorreu em Belém (PA), de 6 a 11 de dezembro de 1999, foi grampeado pela ABIN; o Foro de São Paulo, criado em 1990, pelo PT com o apoio do então presidente cubano Fidel Castro, também teve suas atividades amplamente monitoradas. A 6ª edição, realizada em El Salvador, em julho de 1996, está registrada em relatório sobre as atividades internacionalistas do PT.

Em março de 2002, a então governadora do Maranhão, Roseana Sarney (então PFL), teve um grampo telefônico usado para descobrir a existência de dinheiro em espécie – que ela diz ser cerca de R$ 1,3 milhão – na empresa Lunus Participações, de propriedade dela e de seu marido, Jorge Murad. Para Roseana, quem fez o grampo teria então avisado à Polícia Federal para que fosse realizada uma batida num dia específico, na sede da Lunnus.

O pai de Roseana, o então senador e ex-presidente da República, José Sarney (PMDB-AP) e o também então senador Edison Lobão (PFL-MA) tiveram uma reunião com o presidente Fernando Henrique Cardoso para reclamar da suposta presença de agentes da ABIN na Lunnus. FHC negou e chamou ao encontro o general Alberto Cardoso (Segurança Institucional), que também afirmou ser improcedente a informação.

A ABIN foi acionada para brecar a candidatura de Roseana à Presidência. Coube ao ministro Gilmar Mendes do Supremo Tribunal Federal arquivar, em agosto de 2003, o processo em que Roseana Sarney era acusada dos crimes de formação de quadrilha, estelionato, falsidade ideológica e peculato por meio do empreendimento empresarial Usimar Componentes Automotivos.

Gilmar Mendes criticou a apuração e a denúncia apresentada pelo Ministério Público pela falta de "elementos objetivos que demonstrem o liame entre a atuação da denunciada e os alegados fatos criminosos" e que "a mera participação na reunião que resultou em aprovação do Projeto Usimar não constitui elemento suficiente para se concluir que há indício de conduta criminosa imputável à denunciada. E também não há provas de ter a denunciada se beneficiado, direta ou indiretamente, dos recursos públicos liberados no projeto Usimar".

Até o MPF caiu no conto da ABIN!

ABIN – escola de arapongagem

C omo já foi dito, o "emprego da expertise operacional do sigilo" é a atividade-fim da Inteligência de Estado e, também, seu mais nobre exercício. Serviços secretos sem o segmento de "Operações de Inteligência" são organizações comuns. Os mais eficientes serviços secretos do mundo atraem para seus quadros operacionais o que existe de melhor em termos de recursos humanos, confirmando a máxima do Coronel Walther Nicolai, Chefe do Serviço de Inteligência do Chanceler Bismarck – quando profetizou que "A Inteligência é um apanágio dos nobres. Confiada a outros, desmorona".

A Inteligência de Estado, em todo o mundo, é uma atividade completamente atípica e diferente das demais. Nem melhor, nem pior. Apenas atípica. Porque nela há apenas dois tipos de pessoas: os corruptos e os que "vão à guerra". Infelizmente, a maioria não "vai à guerra".

Por contrariar esses fundamentos, a ABIN é um serviço secreto desvirtuado, cuja ineficiência institucional, além de escabrosa é também criminosa, especialmente no setor operacional. As operações Mídia e *Satiagraha* são um bom exemplo disso.

Afirmo isso com o respaldo de ser uma das maiores autoridades nacionais em Inteligência de Estado e em "Operações de Inteligência".

Portanto, conheço profundamente a realidade dos serviços secretos no Brasil. E com essa base vou revelar, em detalhes, o que de fato acontece na Gerência de Ensino de "Operações de Inteligência" (GE5330) da ESINT da ABIN, no sigiloso "Bloco M", que é o setor responsável pela formação de recursos humanos operacionais no país, não apenas da ABIN, mas também de todo o SISBIN.

Preparem-se, então! A verdade é estarrecedora.

Gerência de Ensino de "Operações de Inteligência" (GE5330) – Bloco M

Instalações e equipamentos

Na ABIN, há dois locais cujos acessos são os mais restritos e sigilosos da agência, por serem os únicos setores que realizam as ações sigilosas operacionais: o Departamento de Operações de Inteligência (DOINT) e a Gerência de Ensino de "Operações de Inteligência" (GE5330) – Bloco M.

O Departamento de Operações de Inteligência (DOINT) é o setor responsável pela condução das ações sigilosas operacionais da ABIN, e é o local em que atua o pessoal operacional da ABIN. O DOINT tem sua sede nas instalações da ABIN em Brasília, de onde são comandadas e centralizadas todas as operações sigilosas da agência, e cada Superintendência Estadual da ABIN detém esse segmento operacional.

A Gerência de Ensino de "Operações de Inteligência" (GE5330), é setor da Escola de Inteligência (ESINT) da ABIN onde são formados os recursos humanos em "Operações de Inteligência" do País, não apenas da ABIN, mas também de todo o Sistema Brasileiro de Inteligência (SISBIN), inclusive de serviços de inteligência estrangeiros.

Eu era o principal instrutor da GE5330, com a maior quantidade de matérias a ministrar e a maior carga horária disponível. Também era responsável pelo planejamento e condução da maioria dos mais complexos exercícios operacionais.

No desempenho de minha função, evidentemente trabalhei em todas as dependências da GE5330, cujas instalações são antigas, oriundas do antigo SNI. Para restringir ainda mais o acesso às suas dependências, o Bloco M é o único da ABIN que possui todo o seu entorno circunscrito com cerca de proteção, com aproximadamente três metros de altura, totalmente revestida de folhagem de vegetação espessa, impedindo a visão interna.

Um integrante da ABIN somente tem acesso ao Bloco M com autorização de Thélio Braun D'Azevedo, Gerente de Ensino de "Operações de Inteligência", e mesmo assim a circulação é controlada e limitada. Há, portanto, uma enorme curiosidade, por parte dos próprios integrantes da ABIN, sobre o que existe de especial e sigiloso na GE5330. Eu tive o raro privilégio de saber. O que existe para justificar tanto cuidado? NADA!

O que há é total abandono e obsolescência. É uma tristeza constatar que nem o legado patrimonial do SNI foi preservado. Na época do SNI a GE5330 desfrutava de grandiosidade e excelência profissional dos seus quadros. O que hoje existe são diversas salas espaçosas, fechadas permanentemente e com cheiro de mofo.

Vários laboratórios fotográficos, que são verdadeiros museus da história do SNI. Em plena era digital, o que se tem na ABIN são laboratórios de um tempo que já ficou para trás, o das fotografias de filmes preto e branco, com diversos equipamentos materiais completamente obsoletos e sem qualquer utilidade.

Um dos setores que tentei reativar na ABIN, pois já havia feito isso no CIE, foi a setor de Disfarce. A sala de disfarce da GE5330 estava fechada e completamente abandonada. O único material existente eram algumas poucas perucas, guardadas ainda desde a época do SNI, deterioradas, mal cheirosas e sem qualquer condição de uso.

Os equipamentos de fotografia e filmagem eram meras improvisações e "gambiarras" mal feitas de máquinas fotográficas e filmadoras comuns, adaptadas dentro de pochetes, que nunca funcionavam, além de serem não operacionais.

Poucos e extremamente simples eram os transmissores de ambiente, que só eram utilizados em exposição e demonstração teórica em sala de aula, pois se fossem utilizados em ambiente operacional, provavelmente não funcionariam.

Existia apenas uma viatura técnica (veículo equipado com diversos equipamentos eletrônicos para o monitoramento sigiloso de alvos no ambiente operacional). Era uma Kombi velha, caindo aos pedaços, desconfortável e sem refrigeração. Nela o agente tinha que ser trancado em trajes sumários em razão das altas temperaturas e não podia esquecer de levar uma garrafa "pet" para urinar. Essa Kombi pegou fogo num dos exercícios. Ou seja, a utilização de viatura técnica na GE5330 da ABIN era encarado como castigo por ser uma verdadeira tortura. Simplesmente ridículo.

Equipamentos de comunicação? Qualquer sistema de segurança de condomínio de classe média tem equipamentos mais novos e confiáveis. Os da GE5330 simplesmente não funcionavam. Os equipamentos rádio veiculares eram velhos, de pequeno alcance e não conseguiam operar em mais de duas frequências.

Os veículos operacionais eram básicos, tinham muitos anos de uso e dependiam de reza forte para funcionar.

Computador portátil (notebook) da GE5330 era só um, e para todos os instrutores e monitores. Como era muito fraco, lento e raramente funcionava, era apelidado de "lentium".

O fato mais grave, porém, não era a penúria, mas sim o descaso. Porque a escassez de recursos tecnológicos da GE5330 da ABIN resolver-se-ia facilmente com a priorização do orçamento da agência, mas o vergonhoso despreparo profissional de seus recursos humanos é uma tarefa de difícil ou impossível solução.

Gerência de Ensino de "Operações de Inteligência" (GE5330) – Bloco M

Recursos humanos

Os recursos humanos da GE5330 tinham a marca da incompetência e, repito, despreparo para operarem em situação real. A exceção, justiça seja feita, eram os militares do Exército e apenas um único integrante da ABIN, a quem cumprimento por sua expertise e coragem moral (ele sabe de quem falo).

Todos os demais não possuíam condições mínimas para atuarem operacionalmente e, menos ainda, para serem instrutores, monitores ou formadores de recursos humanos em "Operações de Inteligência".

Devemos mencionar que existem duas condições sine qua non para se integrar o segmento operacional de serviços de inteligência eficientes:

- Dispor das qualificações básicas e essenciais que são: condição física, tiro e defesa pessoal. Na GE5330, todos já estariam reprovados logo no primeiro requisito da condição física, a começar pelo Gerente de Ensino de "Operações de Inteligência", Thélio Braun D'Azevedo, que é sedentário convicto e fumante compulsivo.

No requisito de tiro não seria menos pior. Como uma "imagem vale mais que mil palavras", segue abaixo o resultado da "competição de tiro operacional na GE5330", na qual eu tirei o primeiro lugar. Quanto aos demais, uma lástima.

Fonte: Arquivo pessoal.

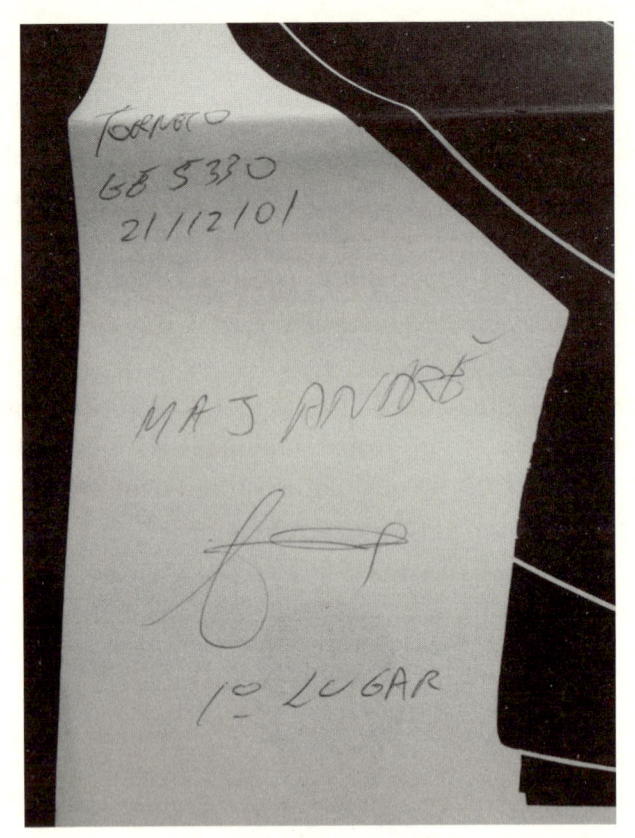

Fonte: Arquivo pessoal.

- Possuir as qualificações subjetivas essenciais que são os atributos axiológicos de personalidade de ordem ética-moral. O leitor logo conhecerá o verdadeiro caráter dos dirigentes da ABIN.

Indispensável, pois, conhecer o histórico dos dirigentes da ABIN. A partir dele, será mais fácil compreender e atribuir responsabilidade pelas graves ilicitudes perpetradas pela agência no país. Ilicitudes que foram denunciadas por mim, inclusive à Presidência da República, como a Operação Mídia e o festival de clandestinidades da Operação Sastiagraha, em 2008.

Vamos conhecer bem o primeiro deles: o Gerente de Ensino de "Operações de Inteligência", GE5330, Thélio Braun D'Azevedo.

Thélio Braun D'Azevedo é oficial temporário do exército (R-2) e oriundo do extinto SNI. No período em que estive na GE 5330, de 2002 a 2003, foi Gerente de Ensino de "Operações de Inteligência" e o principal responsável, juntamente com o Diretor da ESINT, José Olavo Coimbra de Castro, e a Direção-Geral da ABIN, por todas as irregularidades e desvirtuamentos que denunciei. Mesmo após minhas denúncias internas, sobre as irregularidades e desvirtuamentos na GE 5330 (todas devidamente oficializadas), Thélio Braun D'Azevedo foi "promovido" internamente na ABIN e alçado à função de Diretor de Ensino da ESINT, em 2003.

Quando estourou a 1ª crise na Direção-Geral da ABIN, em decorrência das denúncias feitas por mim, a Diretora-Geral da ABIN, Marisa Almeida Del'Isola e Diniz, e o Diretor-Geral Adjunto da ABIN, Joneilton de Assis Monteiro, ficaram com suas "cabeças a prêmio". Para se salvarem, a Direção-Geral da ABIN exonerou sumariamente de suas funções, dentre outros dirigentes da ABIN, o Diretor da ESINT José Olavo Coimbra de Castro e o Diretor de Ensino Thélio Braun D'Azevedo.

Por ser integrante do núcleo-duro da cúpula da ABIN, Thélio ainda foi duplamente "premiado" pela Direção-Geral da ABIN, a despeito de todas as irregularidades que, deliberadamente, cometeu na GE 5330. Primeiro por ter sido mantido na função de Gerente de Ensino de "Operações de Inteligência" da ESINT. O segundo "prêmio" foi por ter sido alçado à função máxima das "Operações de Inteligência" no Brasil, que é a de Diretor do Departamento de Operações de Inteligência da ABIN (DOINT).

Vale ressaltar, que o Diretor do DOINT é uma função de inteligência mais poderosa que a do próprio Diretor-Geral da ABIN. Porque o Diretor do DOINT é o comandante direto de todos os setores operacionais e agentes da ABIN, em todo o Brasil, bem como de todas as operações sigilosas da agência, no território nacional e no exterior.

O Brasil pagou muito caro por esse escabroso desvirtuamento institucional da ABIN. Porque, em 2008, eclodiu no país o festival de clandestinidades da Agência na Operação *Satiagraha* e que foram devidamente condenadas pelo Superior Tribunal de Justiça (STJ), em 2011.

Para deixar claro, reitero as palavras do Exmo Sr. Ministro Adilson Vieira Macabu, no julgamento do Habeas Corpus Nº 149.250 – SP – sobre as gravíssimas ilicitudes cometidas pela Agência Brasileira de Inteligência (ABIN) na Operação *Satiagraha*:

> Jamais presenciei, eminentes Ministros, ao defrontar-me com um processo, tamanho descalabro e desrespeito a normas constitucionais intransponíveis e a preceitos legais.

Peço, agora, a atenção do estimado leitor a duas importantes perguntas que que faço à sociedade brasileira:

1. Qual foi o dirigente da ABIN que perpetrou, dolosamente, as ilicitudes da Operação *Satiagraha*, em 2008, que foram devidamente apuradas no relatório do Inquérito da Polícia Federal o qual, dentre outras coisas, o acusou de falso testemunho?
   Resposta: Thélio Braun D'Azevedo, Diretor do DOINT da ABIN.

2. Quem já havia denunciado, oficialmente, e por escrito, as ilicitudes perpetradas pela Direção-Geral da ABIN e seus dirigentes, que envolvem diretamente Thélio Braun D'Azevedo, como um dos principais responsáveis; tendo ido inclusive pessoalmente à presidência da República em 2004, sobre as clandestinidades perpetradas pela Direção-Geral da ABIN na Operação Mídia?
   Resposta: Tenente-coronel André Soares

Se a Presidência da República tivesse apurado as gravíssimas denúncias sobre clandestinidades perpetradas pelos dirigentes da ABIN, feitas por mim, desde 2004, certamente o Brasil não teria sofrido nenhuma dessas tragédias.

Quando sobrevivi ao "aborto institucional da ABIN", no início de 2002, que descreverei a seguir, eu já estava com minha cabeça a prêmio na agência. Depois de ter literalmente salvo o Curso de Introdução às "Operações de Inteligência", em Palmas/TO, e elaborado um minucioso relatório

a esse respeito, tendo apresentado inclusive diversas sugestões e aperfei-
çoamentos, eu imaginava que, de alguma forma, as escandalosas inefi-
ciências e incompetências na GE 5330 iriam se reduzir. Ledo engano!
A situação só piorou.

Lembremos que, conforme já relatei, eu era o principal instrutor da
GE5330, e também era sempre designado responsável pelo planejamento
e condução da maioria dos exercícios operacionais da ESINT. Assim, foram realizados por mim, na GE5330 da ABIN, ao longo do ano de 2002 e
2003, os mais variados cursos e treinamentos de "Operações de Inteligência", destinados a diversas instituições, como polícias militares, polícias
civis, corpos de bombeiros, exército, marinha, aeronáutica, receita federal,
previdência social, polícia federal, adidos militares, serviços de inteligência
estrangeiros etc.

E em todos eles o que se verificou foi um agravamento crescente e
descontrolado do "aborto institucional da ABIN". O descaso, a inépcia, a
ineficiência, a incompetência, a falta de providências, o descumprimento
de normas, a falta de profissionalismo, o desvirtuamento institucional e,
principalmente, a irresponsabilidade dos dirigentes da ABIN eram tão de-
liberados e dolosos, que eu me vi obrigado a documentar tudo.

Isso acontecia, sistematicamente e em toda a agência, a partir da subcultura deturpada de seus dirigentes. Portanto, ao longo do período em que
permaneci na ABIN, de 2002 a 2004, fui obrigado a produzir uma quantidade enorme de documentos institucionais, até mesmo para me resguardar
em termos de responsabilidade.

Paradoxalmente, uma das minhas mais árduas tarefas, na GE 5330,
era tentar preservar a imagem da ABIN, evitando que chegasse ao conhecimento de alunos das mais insignes instituições do país e do exterior a
caótica realidade da agência. Mas, aquela era uma missão impossível.

Em toda a minha carreira profissional na inteligência, não apenas na
ABIN, mas também no exército, vivenciei várias situações-limite, de crises e
contingências institucionais seríssimas, inclusive de ameaças reais à minha
própria vida, algumas das quais relatarei aqui. Sobrevivi a todas elas, graças à
minha expertise operacional e, evidentemente, por ter sido abençoado pela

sorte. Mas, dentre todas, houve duas situações-limite em que eu me vi obrigado a recorrer a um procedimento jurídico-institucional derradeiro, que representa no Estado Democrático de Direito do país a ultima ratio regis, "o último argumento dos reis". Ou seja, a última alternativa possível.

Trata-se da situação-limite em que um servidor público do estado brasileiro recebe determinação de autoridade institucional superior para que cumpra ordem explicitamente ilegal ou contrária ao ordenamento jurídico vigente do país.

Nesse caso, para preservação da legalidade e da ordem democrática, evitando se tornar um criminoso, resta ao servidor público brasileiro, como sua ultima ratio regis, solicitar à respectiva autoridade que essa ordem lhe seja expedida institucionalmente por escrito. E, em toda a minha vida, essas duas situações-limite que vivenciei aconteceram exatamente no curto período em que estive na ABIN. A primeira ocorreu na GE5330, com Thélio Braun D'Azevedo. A segunda na Coordenação de Contra Espionagem, quando fui coagido e ameaçado de morte para participar das clandestinidades da Operação Mídia, em 2004, como relatarei mais à frente.

O curso que foi um "aborto"

"Não foi um curso e sim um ABORTO"

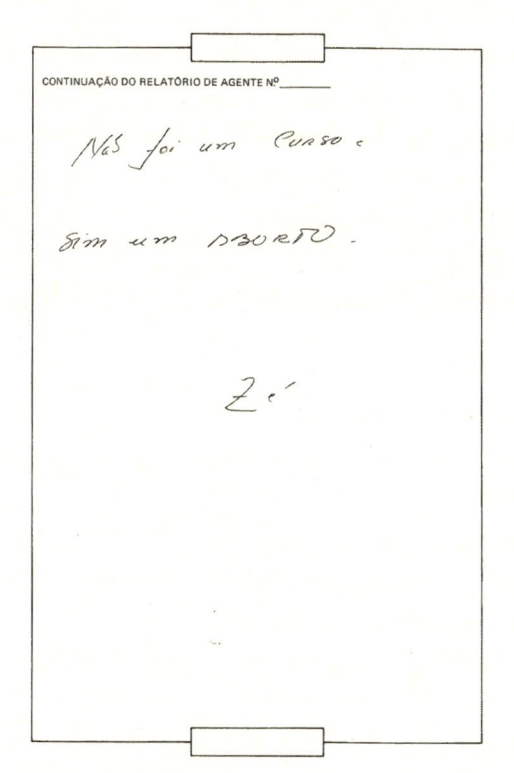

CONTINUAÇÃO DO RELATÓRIO DE AGENTE Nº_____

Nós foi um curso e

sim um ABORTO.

Zé

Fonte: Arquivo pessoal.

Essas foram as palavras de José Carlos de Lacerda Abreu Lima, Diretor da Escola de Inteligência (ESINT), da ABIN, em Relatório de Agente de sua autoria. Ali manifestava opinião sobre o "Curso de Introdução às 'Operações de Inteligência'" da agência, realizado em Palmas, Tocantins, em 2002, e voltado às polícias Militar e Civil daquele estado.

Em 2002, poucos meses após minha apresentação na ABIN, fui designado para chefiar a missão da ESINT que iria realizar aquele curso. Na ABIN, cursos sobre "Operações de Inteligência" são diferenciados dos demais, até porque seus alunos atuam em ambiente operacional. Eu mal sabia o que me aguardava...

"Operações de Inteligência", nos serviços homônimos, não são apenas suas atividades-fim. Constituem o que há de mais relevante nessa área. É o que há de mais sensível: o suprasumo do sigilo e do perigo no universo da Inteligência de Estado. O grau de risco das operações está diretamente relacionado às suas variáveis de incerteza. O desenvolvimento pode se dar sobre alvos hostis e em ambientes operacionais adversos.

Quanto à realização de cursos de "Operações de Inteligência", há outro sério agravante: os agentes, atuando em ambiente próprio, não são profissionais experientes. São apenas alunos em fase de formação e, justamente por isso, não dispõem de experiência na atividade operacional de inteligência – além de constituírem um grupo heterogêneo e sem qualquer adestramento.

Nessas condições, o grau de risco de tais operações é potencialmente maior. Tudo isso é agravado porque, a condição de ser (e se sentir) aluno pode conceder ao discente o perigoso beneplácito do erro.

Sei do que falo, pois fui instrutor de "Operações de Inteligência" das duas principais escolas de inteligência do país: a Escola de Inteligência Militar do Exército (EsIMEx), que funciona no Centro de Inteligência do Exército (CIE), e a Escola de Inteligência (ESINT), da ABIN. E o meu currículo consta a realização de cursos e treinamentos sobre "Operações de Inteligência", para diversas instituições, nacionais e estrangeiras.

Devo dizer que José Carlos de Lacerda Abreu Lima, dirigente da ABIN e ex- Diretor da Escola de Inteligência da (ESINT), foi até benevolente ao dizer que o "Curso de Introdução às 'Operações de Inteligência', em Palmas foi um 'aborto'".

Foi muito pior. Equivaleu a fazer um treinamento para a guerra com armas de plástico e cenários de papelão, como os das óperas bufas. E sem dinheiro, sem apoio, sem comida e sem instalações. Teve o que nunca poderia haver: publicidade abjeta, para que homens de vilarejo aplaudissem, publicamente, a vinda de arapongas à cidade. Foi uma pequena amostra do que é a ABIN, e nos faz lembrar da sinédoque, a parte pelo todo. Vou, porém, me ater à parte que traduz o todo da agência.

O curso foi uma vergonhosa aberração institucional da agência, com o escancaramento de sua incompetência e irresponsabilidade de seus principais dirigentes. Começando por seu Diretor-Geral, passando pelo Diretor da ESINT e culminando no Chefe da Gerência de Ensino de "Operações de Inteligência" (GE5330).

Ficou, mais uma vez, comprovada a incapacidade da ABIN para exercer a Inteligência de Estado. Demandou cerca de dois anos de preparação por parte da ABIN. A autorização para sua realização foi expedida pela Direção-Geral da agência. Os preparativos, ao longo desse período, foram conduzidos, pessoalmente, pelo Diretor da ESINT, José Olavo Coimbra de Castro, pelo Gerente de Ensino de "Operações de Inteligência" (GE 5330), Thélio Braun D'Azevedo, e pelo chefe do escritório da ABIN, em Tocantins, Edison Veres Domingues.

Quando recebi de Thélio Braun D'Azevedo a incumbência de ministrar o curso em Palmas, a informação foi clara: tudo estava devidamente providenciado e todas as tratativas institucionais devidamente autorizadas. Era mentira, como veremos a seguir.

Os transtornos começaram poucos dias antes da partida de Brasília de toda a equipe de instrução, composta por mais cinco integrantes da GE5330 e o chefe do escritório da ABIN em Tocantins, Edison Veres Domingues. Como estavam previstos vários treinamentos operacionais, equipamentos especiais deveriam ter sido providenciados, pela GE5330, chefiada por Thélio Braun D'Azevedo, pelo próprio Domingues.

Às vésperas de partir, com minha equipe de instrução para Palmas, resolvi fazer uma verificação final. Logo percebi que, mesmo após cerca de dois anos para os preparativos, nada havia sido providenciado. O chefe da GE5330, Thélio Braun D'Azevedo, decidiu de última hora, e de forma inconsequente, que todo o material, inclusive o operacional, seria remetido a partir de Brasília – bem como bagagem pessoal dos integrantes da equipe de instrução, em voo comercial. O que era tecnicamente impraticável.

A consequência final da decisão de Thélio Braun D'Azevedo foi o grave comprometimento operacional do curso, antes mesmo que tivesse começado: porque tais deficiências logísticas têm implicações de risco à segurança das "Operações de Inteligência".

O curso foi ministrado no período de 15 a 26 de abril de 2002. Eu e a equipe da GE 5330 embarcamos para Palmas somente na sexta-feira, 12 de abril. Para uma preparação profissional seriam necessárias, no mínimo, duas semanas. Será que Thélio Braun D'Azevedo não sabia disso? Sequer fomos informados onde seríamos alojados, com materiais sensíveis para serem transportados e guardados com segurança. Desconhecíamos até mesmo o local onde aconteceria o curso e não dispúnhamos de tempo para verificações, preparativos e, muito menos, para reconhecimento e planejamento indispensáveis. Medidas de natureza administrativa? Nenhuma!

Como isso poderia dar certo?

O pesadelo, infelizmente, só estava começando. Faltava tudo: viaturas para os deslocamentos da equipe, recursos financeiros para as despesas com nossa alimentação, hospedagem e transporte. E isso é o que, sistematicamente, até hoje ocorre nas rotinas da ABIN. O resultado, claro, é trágico.

Como alguns integrantes da equipe de instrução não tiveram condições financeiras de arcar com suas despesas de alimentação, hospedagem e transporte, eu tive que lhes emprestar dinheiro.

Devo destacar as constantes ligações telefônicas que fiz ao Gerente de Ensino de "Operações de Inteligência" (GE 5330), Thélio Braun D'Azevedo, desde minha chegada em Palmas, solicitando-lhe, em caráter de urgência, que a ABIN tomasse as necessárias providências para resolver aquela crítica situação. Nada, porém, foi providenciado pela ABIN e tudo foi, cada vez mais, piorando.

Cabe aqui, uma citação de Stephen Kanitz, fundamental para "Operações de Inteligência": "Não são os grandes planos que dão certo; são os pequenos detalhes". Porque, no trabalho operacional de inteligência, os detalhes fazem toda a diferença, tanto para o sucesso como para o fracasso. Aquele curso já havia fracassado antes mesmo de começar.

Ao desembarcarmos no aeroporto de Palmas fomos recebidos por Edison Veres Domingues, chefe do escritório da ABIN em Tocantins. Teço considerações sobre o que aconteceu, a partir daquele momento, detendo-me nos detalhes operacionais desprezados.

O primeiro deles: ficamos hospedados num hotel que, evidentemente, não preenchia os requisitos mínimos de segurança operacional para uma equipe em missão de inteligência. Isso porque, em termos de inteligência, hospedagem em hotéis pode vir a ser um suicídio operacional. Os dirigentes da ABIN, sabidamente, são reincidentes em falhas dessa natureza.

Explico: a melhor situação de segurança para uma equipe em missão operacional de inteligência, é aquela feita em instalações do próprio órgão. No caso em questão, a equipe deveria ter sido alojada nas próprias instalações da ABIN, em Palmas. Afinal, a agência mantinha ali um escritório, chefiado por Edison Veres Domingues.

Quando interpelei Edson sobre a logística, a resposta foi seca: "Não temos condições de alojar a equipe nas dependências do escritório da ABIN em Palmas, mesmo que ela seja de apenas seis pessoas..."

Foi ainda pior quando o questionei a respeito da segurança do material operacional: "O escritório da ABIN em Tocantins também não tem condições de realizar a guarda e a segurança do material operacional de inteligência".

Por que as forças locais não poderiam nos instalar? Há inclusive um Batalhão de Infantaria do Exército, sediado em Palmas, que também poderia ter sido acionado nesse sentido. É público e notório que o Exército sempre presta esse tipo de apoio no país inteiro. Incompreensível que isso não pudesse ser realizado pela ABIN.

Para complicar ainda mais, Edison Veres Domingues, também me informou que todas as reservas dos membros da equipe no hotel haviam sido feitas por ele em meu nome. Uma verdadeira estupidez da ABIN. Como pode a agência incorrer em tamanha impropriedade operacional? E isso sem o meu conhecimento e autorização, contrariando todas as normas básicas de contrainteligência e de segurança operaciona!? Isso é endêmico na ABIN. Uma terra de ninguém em que as as próprias responsabilidades são transferidas para terceiros.

Vejam por exemplo essa nota do jornalista Claudio Humberto, em 6 de outubro de 2007:

> Araponga roubado em Caracas
>
> Já não se faz agente secreto como antigamente. Araponga da Agência Brasileira de Inteligência (ABIN) em Caracas, Ceilson Ribeiro, acredita tanto na amizade dos venezuelanos, que acabou se dando mal. Ele é adido de inteligência à embaixada do Brasil no país de Hugo Chávez. Como um 007 à moda antiga, ele não usa cartão de crédito, prefere dinheiro vivo, por isso deixou sua grana no quarto do hotel onde vive. Foi roubado.

É assim que os dirigentes da ABIN exercem a Inteligência de Estado no Brasil.

Naquele quadro caótico o Edison nos informou que eu e minha equipe seríamos transportados ao hotel por uma "viatura caracterizada" (ônibus), da Polícia Militar de Tocantins. Era para rir ou para chorar? Lembrei-me da piada do agente secreto português, carregando uma braçadeira e dragonas em que se lê "Agente Secreto Português! Nossa situação era bem parecida, como nos filmes pastelões sobre serviços secretos incompetentes e agentes secretos trapalhões.

Fiz questão de relembrar ao inepto chefe do escritório local da agência, (considerado como um dos melhores instrutores operacionais da ABIN) que o trabalho operacional de inteligência da agência era doutrinariamente revestido do sigilo institucional. E uma das medidas de segurança operacionais mais elementares de contrainteligência (ensinada em qualquer estágio básico de um serviço de inteligência eficiente) é justamente não chamar a atenção – e muito menos revelar a identidade do pessoal e do órgão de inteligência. O "gabaritado" Edison ia pelo caminho oposto.

Coincidentemente, no mesmo período de realização do curso, em Palmas, houve um fato político nacional que mudou o curso das eleições presidenciais no Brasil, em 2002, e levou Lula a seu primeiro mandato:

o escândalo da apreensão de documentos e dinheiro pela Polícia Federal, no valor de R$ 1,34 milhão em dinheiro vivo, de origem suspeita, no escritório da empresa Lunus Participações, do marido da então candidata à Presidência da República Roseana Sarney, em São Luís.

Tal ação foi ordenada por um procurador de Palmas. E havia fortes especulações de que as informações obtidas que subsidiaram a apreensão no escritório do marido da então candidata à Presidência da República, Roseana Sarney, em São Luís, foram obtidas por meio de espionagem patrocinada pela ABIN a favor do Governo Federal.

Como agravante, a ordem judicial expedida determinou que todo o material apreendido no escritório da empresa Lunus Participações fosse conduzido para a cidade de Palmas. O mais espantoso: no mesmo momento em que eu e a equipe desembarcávamos naquela cidade. Caso a mídia, a opinião pública e o mundo político soubessem da presença de uma equipe de "Operações de Inteligência" da ABIN, em Palmas, operando justamente naquele período, seria crível que se tratava apenas de mera coincidência? É claro que não.

Cabe, então, perguntar: "O que qualquer pessoa, minimamente inteligente, poderia concluir ao saber que uma equipe operacional da ABIN, saindo de Brasília, chegou em um hotel, no centro de Palmas, ao meio-dia de sexta-feira, escancaradamente transportados em uma viatura caracterizada (ônibus) da Polícia Militar de Tocantins? Mais ainda: e que desembarcou, com estadalharço, toda aquela tranqueira de equipamentos de inteligência e as reservas do hotel foram feitas em meu nome?"

Reforço que aquela série de erros da ABIN foi como um meteorito sobre uma quermesse: atraiu a curiosidade de significativa plateia de funcionários e hóspedes do hotel, de moradores próximos e transeuntes do local. Todos, impávidos, ficaram à nossa volta, assistindo, ao vivo e a cores, a anunciada chegada dos arapongas da ABIN em Palmas.

Piorou ainda mais quando ouvi do próprio Edison Veres Domingues que não havia qualquer veículo para o trabalho de nossa equipe de instrução.

— Como não há veículos à disposição para a realização do nosso trabalho? — perguntei. — E os veículos do escritório da ABIN, em Tocantins, sob a sua chefia?

Ele tentou desconversar e, quando insisti, disse simplesmente que não seria possível.

— Como assim, não será possível? E como realizaremos todo o nosso trabalho de duas semanas de curso? — indaguei.

— Eu não sei — respondeu — e, simplesmente, foi embora.

De certa forma, desde Brasília eu já pressentia esse tipo de insídia, sistematicamente praticada pelos dirigentes da ABIN, que preferem "lavar as mãos" a encarar suas responsabilidades. E quando o problema se instala, eles, sem a menor cerimônia, jogam a "batata quente" nas suas mãos e passam a dizer, sarcasticamente, que "o problema é seu". Se houver repercussão negativa, afirmam em uníssono, que não sabiam de nada e se apressam em achar um culpado.

O primeiro a fazer isso foi o chefe Edison Veres Domingues; o Gerente de Ensino de "Operações de Inteligência" (GE 5330) Thélio Braun D'Azevedo; seguido do Diretor da ESINT José Olavo Coimbra de Castro, e por último o Diretor-Geral Adjunto da ABIN, Joneiton de Assis Monteiro, na primeira crise da Direção-Geral da ABIN, que quase lhe custou o cargo, como mais à frente detalharei.

Minha situação, então, era a seguinte: eu era o responsável pela equipe de instrução operacional da ABIN em Palmas e estava completamente abandonado pela agência. Como nem sabíamos qual seria o local do curso, os dirigentes da ABIN afirmaram que somente em 15 de abril de 2002, às 8h teríamos essa informação, antes da aula de abertura do curso. Difícil de acreditar, mas foi exatamente isso que aconteceu.

Inconformado, acionei os integrantes da equipe operacional da ABIN para que saíssemos a campo para "descobrir" onde o curso seria realizado. E "descobrimos". Como "uma imagem vale mais que mil palavras", é melhor mostrar do que descrever. Portanto, seguem abaixo imagens do local que, por seu caótico estado, eu fiz questão de documentar fotograficamente.

Em resumo, as instalações destinadas à realização do curso não eram apenas precárias e inadequadas como salas de aula. Eram simplesmente impraticáveis à ocupação humana. Pareciam o porão do Costa Concordia. Vade a bordo, cazzo, diria eu a Edison, em referência à ordem dada ao capitão que abandonou a nau a pique. Por que Edison não ia a bordo?

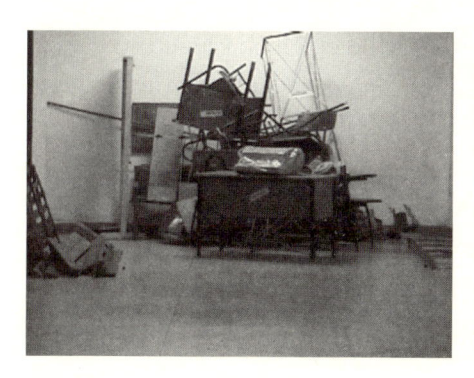

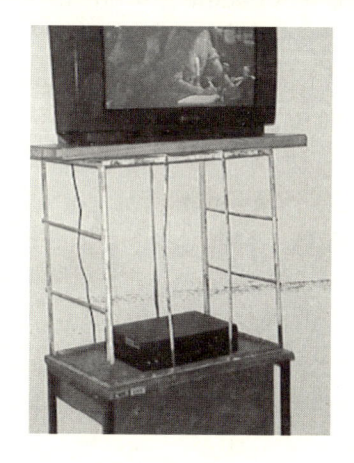

Fonte: Arquivo pessoal.

Imediatamente telefonei para o Gerente de Ensino de "Operações de Inteligência" (GE 5330), Thélio Braun D'Azevedo. Queria informá-lo do caos e da inexistência de salas de aula para que o curso fosse ministrado. Clamei por providências urgentes. E aquela foi uma conversa inesquecível para um profissional de inteligência, até porque a única resposta que recebi do Thélio Braun D'Azevedo, foi: "O problema é todo seu. Se vire!"

Tentei também contato telefônico com o Diretor da ESINT, José Olavo Coimbra de Castro. E aconteceu o que eu já previa: ele já havia desaparecido. A situação, portanto, evoluíra para a crise total: eu era, sozinho, o chefe da equipe operacional da ABIN, representando a agência de Brasília junto ao governo de Tocantins. A culpa de tudo seria minha. Há dúvidas sobre o fim dessa tragédia?

Elaborei um sigiloso plano de operações. Só eu sabia. Ele seria conduzido por partes. O primeiro objetivo era fazer acontecer a abertura e a aula inaugural do "Curso de Introdução às 'Operações de Inteligência'" para a Polícia Militar e a Polícia Civil do estado de Tocantins, custasse o que custasse.

Por quê? Porque era muito estratégico que o curso começasse oficialmente. Eu não poderia permitir que ABIN fizesse "desacontecer" o seu "aborto institucional", eliminando todas as provas e rastros. Assim, graças ao cumprimento desse primeiro objetivo, a sociedade brasileira está tomando conhecimento por meio desta obra da degeneração e metástase institucional da ABIN.

Para que o curso realmente acontecesse, eu precisaria de uma sala de aula. E não seria possível conseguir uma em outro órgão público no final de uma sexta-feira: o expediente em Palmas já estava encerrado.

A única alternativa, portanto, era adaptar aquelas mais que precárias instalações. Mão de obra para isso? Não havia. Passamos, então, todo o sábado e domingo, eu e minha equipe de instrução, carregando material, limpando, varrendo, faxinando e, assim, conseguimos cumprir o primeiro objetivo: haveria a abertura e aula inaugural – o "aborto institucional" da ABIN não iria mais "desacontecer".

Para o primeiro dia da aula do curso fiz algumas reformulações estratégicas nos horários, para viabilizar o terceiro objetivo. Como a ABIN poderia ser tão incompetente? A resposta a essa pergunta viria na segunda-feira, dia 15 de abril. Antes disso, muita coisa ainda iria acontecer.

Toda a culpa desse "aborto institucional" foi exclusivamente da ABIN. Porque as instituições do estado de Tocantins, ao contrário da ABIN, tiveram atuação exemplar.

Abertura e aula inaugural do "Curso de Introdução às Operações de Inteligência" para a Polícia Militar e a Polícia Civil do estado de Tocantins

Às 07:00 do dia 15 de abril de 2002, estávamos eu e minha equipe de instrução prontos para a aula inaugural, aguardando a chegada das autoridades do Governo de Tocantins, Secretaria de Segurança Pública, Polícia

Militar, Polícia Civil, alunos, convidados e, inclusive, a imprensa. A abertura e aula inaugural estavam previstas para às 8h. Às 8hs não havia chegado uma viva alma.

Por volta das 08:30, como niguém havia aparecido, todos os integrantes da equipe de instrução se entreolhavam sem entender o que estava acontecendo. Foi quando ressurgiu das cinzas o desaparecido chefe do escritório da ABIN em Tocantins, Edison Veres Domingues.

Ele estava de olhos arregalados. Até tremia de tão assustado. E, para complicar, trouxe mais uma má notícia. Disse-me, atormentado, que a Polícia Militar e a Polícia Civil não iriam mandar seus alunos para o curso.

— Por quê? — perguntei.

Edison respondeu-me que não haveria mais o curso.

— Quem disse isso? — perguntei tranquilamente.

Edison, magro e grave, reiterou-me que não haveria mais o curso e perguntou, nervosamente, o que eu iria fazer.

—Vou realizar o Curso de Introdução às "Operações de Inteligência", para as polícias Militar e Civil do estado de Tocantins, como previsto — respondi.

E esperei, esperei, esperei.... E, finalmente, começaram a chegar os alunos da Polícia Militar e da Polícia Civil.

Perguntei, então, a Edison:

— Por que você disse que a Polícia Militar e a Polícia Civil não mandariam seus alunos, se estão todos aí? Quem disse que não haveria mais o curso? — perguntei, mas ele simplesmente nada respondeu.

A abertura e a aula inaugural atrasaram uma hora e meia, começando às 09:30. Fizeram uso da palavra: Tenente-coronel Nunes – PM2 da PMTO, representando o Comando Geral da PMTO e o próprio Édison Veres Domingues.

Na sequência ministrei a aula inaugural. Estava assim alcançado o primeiro objetivo do meu planejamento operacional.

Por não entender o grande atraso dos alunos, tentei apurar e deles próprios ouvi que havia sido difundido um boato, atribuído a um agente da ABIN. Este teria afirmado que não haveria mais o Curso de Introdução às "Operações de Inteligência" e ponto final. Porém, como não houve confirmação oficial, as instituições enviaram seus alunos normalmente. O boato fora plantado para liquidar o curso.

Fonte: Arquivo pessoal.

Fonte: Arquivo pessoal.

Então, eu pergunto: Quem, da ABIN, teria divulgado esse boato? Bem, se alguém ainda tiver dúvidas...

Após alcançar o primeiro objetivo do meu planejamento operacional, o segundo, que era fazer acontecer o primeiro dia da aula do curso, já estava em andamento. Passei então ao terceiro objetivo: assumir o comando de tudo.

Mesmo abandonado e traído (aquela seria a primeira de várias outras traições), a partir daquele momento eu era o representante oficial da ABIN de Brasília em Tocantins e a autoridade máxima da agência no curso.

Terminada a aula inaugural mantive os demais instrutores da equipe a par do andamento do curso. Solicitei uma audiência com o Chefe do Estado Maior (CHEM) da PMTO, Cel. Bonfim, sendo atendido às 15h do dia 15 de abril de 2002. Fui muito bem recebido e a ele apresentei as principais necessidades para a realização do curso. Após a reunião, o Cel. Bonfim me encaminhou ao Comandante Geral da PMTO, Cel Exército Brasileiro Siegfried, juntamente com o PM2 e o Adj PM2.

O meu encontro com o Comandante Siegfried foi extremamente oportuno e profícuo, por dois motivos. O primeiro refere-se à conjuntura política nacional. Naquela época a Polícia Militar de Tocantins estava sofrendo paralização por motivo de greve, deflagrada pelos policiais militares. A situação gerou a decretação de intervenção federal no Estado e o comando-geral da PMTO foi entregue ao Exército Brasileiro, cujo cargo de comandante-geral passou a ser exercido pelo Cel Siegfried.

Minha afinidade com o Comandante Siegfried foi imediata e, acredito, por sermos integrantes da Força Terrestre. Outro motivo para essa empatia foi o fato de sermos integrantes do Sistema de Inteligência do Exército (SIEx). Finalmente eu estava diante de um competente profissional de inteligência.

Em nossa audiência, o Comandante-Geral comentou detalhadamente todas as tratativas que envolveram a realização do curso, desde o seu antecessor, Cel PMTO Napoleão, que, àquela época, era Secretário de Segurança Pública de Tocantins. Expus ao Comandante Siegfried as atividades previstas para o curso, deixando claro que não tinha condições de cumpri-las por haver diversas necessidades que a ABIN não havia providenciado. Pedi-lhe, então, que me ajudasse, mesmo sabendo que as providências cabiam exclusivamente à ABIN e não à Políca Militar de Tocantins.

Ele se prontificou a prestar todo o apoio solicitado e colocou seus oficiais, pessoal e material à minha disposição.

Após a audiência dirigi-me à SSP/TO, sendo prontamente recebido pelo Cel. PMTO Napoleão, Secretário de Segurança Pública de Tocantins. Napoleão colocou-se à disposição e apresentou-me à delegada Maria de Fátima Holanda Cavalcante Santos Martins, Diretora-Geral da Polícia Civil/Secretaria de Segurança Pública de Tocantins, que deu todo o apoio que faltava ao curso.

Estava cumprida a missão de realizar o curso de Introdução às "Operações de Inteligência", graças ao apoio que recebi por parte da SSP, PMTO e PCTO.

Não precisei ir ao governador do Estado de Tocantins, que seria meu próximo passo. Mas o caos ainda não havia terminado. Faltava ainda superar a incompetência e o despreparo profissional de alguns instrutores da ABIN.

Incompetência e despreparo

Vou relatar dois fatos frutos da total incompetência e despreparo profissional dos instrutores da ABIN. Eles atestam a gravidade da situação da Inteligência de Estado, particularmente nas "Operações de Inteligência".

O primeiro trata da parte do curso que envolvia treinamento operacional de vigilância móvel transportada, com todos os alunos no ambiente operacional de Palmas, e com o emprego de diversos equipamentos e técnicas operacionais.

O instrutor responsável pelo treinamento era um dos mais consagrados dirigentes operacionais da ABIN. Evidentemente que, nesse caso, qualquer pessoa na função de responsável pelo curso, deveria estar tranquila pela condução do treinamento estar entregue a profissional tão competente. Mas, como minha experiência logo me fez pressentir a incompetência, tratei de verificar, junto ao tal "consagrado" instrutor e, detalhadamente, todo o rito do treinamento antes de sua consecução.

O resultado foi uma lástima e até mesmo um perigo. Dentre outras aberrações que ele cometeu, vale dizer que sequer sabia elaborar o diagrama da rede rádio das turmas de busca e equipes que seriam empregadas em operação.

Quando lhe perguntei sobre o diagrama da rede rádio, ele nem sabia do que se tratava. Muito menos sabia como elaborá-lo. Claro que uma pessoa comum não tem como saber o que é diagrama da rede rádio. Mas, um profissional de inteligência tem, sim, essa obrigação, principalmente se atuar em "Operações de Inteligência". E se for um instrutor de "Operações de Inteligência" de qualquer serviço de inteligência, o desconhecimento é falta ainda mais grave.

Diagrama da rede rádio é um documento fundamental de comunicação e consolida todas as informações e prescrições necessárias ao emprego dos diversos equipamentos de rádio numa determinada operação. Sem ele é simplesmente impossível efetivar as comunicações. E sem estas, claro, qualquer operação fica inviável. É por isso que nas forças armadas do mundo inteiro, inclusive no exército brasileiro, as Comunicações são consideradas uma importante especialidade, tanto que é denominada de "arma do comando".

Não bastasse isso, também perguntei-lhe sobre as "normas de segurança operacional e contrainteligência do exercício", principalmente em relação aos alunos. Ele também sequer sabia do que se tratava. Nem as tinha consigo. Um irresponsável e completo ignorante. Então, eu pergunto: o que qualquer pessoa, mesmo sem experiência operacional de inteligência, acha que aconteceria naquele Curso de Introdução às "Operações de Inteligência"", se o tal "consagrado" instrutor da ABIN desse início ao treinamento operacional de vigilância móvel transportada, com todos os alunos no ambiente operacional de Palmas, sem ter providenciado o diagrama da rede rádio e as normas de segurança operacional e contrainteligência do exercício?

Imediatamente, afastei-o da função. O clima, ficou muito tenso em razão da indignação contra o tal "consagrado" instrutor da ABIN, que foi manifestada pelos instrutores da agência que eram competentes.

Naquela caótica situação eu, encarregado do curso e com outras atribuições superiores tive, de última hora, que assumir as funções do tal "consagrado" instrutor da ABIN que, afastado, ficou desmoralizado e cabisbaixo.

O outro fato também ocorreu na parte do treinamento operacional de vigilância móvel transportada. Por eu ter assumido sua condução, uma de minhas intervenções foi designar alguns instrutores da ABIN para a função de árbitro, no acompanhamento das turmas de busca e equipes de alunos, pois isso não havia sido feito pelo tal "consagrado" instrutor da ABIN.

E isso era fundamental, não apenas quanto ao aspecto didático, mas principalmente para a segurança operacional. Ressalto que a condição de instrutor de "Operações de Inteligência" de qualquer serviço de inteligência eficiente impõe, ao profissional de inteligência, o domínio de toda expertise operacional, tanto no adestramento quanto na demonstração, aos alunos, do emprego das diversas técnicas operacionais e, principalmente, para avaliá-los como árbitros.

Um dos "experientes" instrutores de "Operações de Inteligência" da ABIN, ao se ver como árbitro, simplesmente se negou a fazê-lo, alegando não possuir os conhecimentos necessários para realizar a arbitragem e conduzir a posterior crítica dos trabalhos.

Eu olhei bem firme em seus olhos e disse-lhe: "Você é instrutor de 'Operações de Inteligência' da ABIN há vários anos. Você aceitou participar dessa importante missão operacional. E agora vem me dizer que não sabe e não tem condições de realizar o emprego de 'Operações de Inteligência?'" Ele respondeu que "sim". E, como uma criança, começou a chorar. Acho desnecessário tecer maiores comentários.

Encerramento Do Curso

O encerramento do curso foi realizado às 17h do dia 26 de abril de 2002, com a presença de diversas autoridades da Secretaria de Segurança Pública, Polícia Militar e Polícia Civil do Estado de Tocantins.

Ao retornar à Brasília, elaborei um minucioso Relatório do Curso de Introdução às "Operações de Inteligência" em Palmas/TO – 2002, e o encaminhei às autoridades competentes, principalmente ao Diretor da ESINT, José Olavo Coimbra de Castro, com quem despachei sobre o assunto pessoalmente.

Ao informar ao Diretor da ESINT tudo o que ocorreu no Curso de Introdução às "Operações de Inteligência" em Palmas/TO, olhava firme em seus olhos, e ele transpirava sem parar. Àquela altura eu já sabia que minha cabeça estava colocada a prêmio.

CONFIDENCIAL

PRESIDÊNCIA DA REPÚBLICA
GABINETE DE SEGURANÇA INSTITUCIONAL
AGÊNCIA BRASILEIRA DE INTELIGÊNCIA
ESCOLA DE INTELIGÊNCIA

RELATÓRIO DO CURSO DE INTRODUÇÃO ÀS OPERAÇÕES DE INTELIGÊNCIA EM PALMAS/TO - 2002

1. FINALIDADE
Apresentar um relato dos trabalhos realizados no Curso de Introdução às Operações de Inteligência em Palmas.

2. CONDIÇÕES DE EXECUÇÃO

a. Encarregado do curso
- Instrutor André Costa Soares

b. Período de realização
- 15 a 26 de abril de 2002

c. Município
- Cidade de PALMAS, no estado de TOCANTINS

Fonte: Arquivo pessoal.

Última ratio regis – GE5330

Após mais de um ano na ABIN, vivenciando o caos dentro do próprio caos na GE5330, fui, mais uma vez, designado responsável para a realização de um treinamento operacional de inteligência denominado "Curso de Procedimentos Básicos de Operações de Inteligência (CPBOI)". Já havia decorrido mais de um ano em que eu, além dos numerosos documentos institucionais produzidos, já havia me dirigido, seguindo a hierarquia da ABIN, reiterada e oficialmente a todos os dirigentes da ESINT, tratando daquelas graves questões, inclusive com o Diretor da ESINT, José Olavo Coimbra de Castro.

Evidentemente que, ao longo de todo esse período de mais de um ano, eu também já havia tratado sobre essas questões com todos os integrantes da GE 5330, principalmente os instrutores, que, inclusive, tinham conhecimento de todos os documentos que eu produzi sobre aquelas questões. Portanto, todos eles também eram corresponsáveis pelo desvirtuamento da GE 5330, mesmo que em menor grau. Afinal, aceitavam e perpetuavam aquele caótico estado de coisas, por meio da inação e omissão, bem como fomentando, ativamente, aquele desvirtuamento e, assim, transformando-se em partícipes.

A verdade é que, durante todo o período em que estive na ABIN, lutei rigorosamente sozinho contra a corrupção e as ilicitudes. Nunca, em momento algum, eu tive sequer o apoio de qualquer dos integrantes da ABIN. E todos os seus servidores, principalmente em Brasília, conheciam a minha luta contra a corrupção e as ilicitudes da ABIN, sempre com o objetivo de torná-la uma digna e eficiente instituição de Inteligência de Estado do Brasil da qual a sociedade brasileira pudesse se orgulhar.

Essa, digamos, "apatia" do quadro interno da ABIN, em relação ao combate à corrupção institucional que reina na agência, desde a sua criação, na verdade nunca me fragilizou ou me demoveu dos propósitos cívicos. Confesso, porém, que foi, para o cidadão brasileiro que sou, uma enorme decepção.

Concordo, portanto, com o saudoso político, economista, intelectual e estadista, Roberto Campos, que dizia: "...as instituições não existem. O que existe são as pessoas que nelas estão – os seus integrantes..." Toda e qualquer instituição nada mais é que o retrato fiel de cada um de seus integrantes. No caso da ABIN, a verdade é que todos os seus servidores, no âmbito de suas respectivas esferas de atribuições, são corresponsáveis pela corrupção e desvirtuamento que impera na agência, desde que foi criada, em 1999. Desde que eu coloquei meus pés na ABIN, venho vencendo e destruindo ingentemente – mas completamente sozinho – a comunidade corrupta que comanda os serviços secretos no Brasil. Posso dizer isso com tranquilidade porque, graças à minha atuação, rapidamente fiquei conhecido na ABIN e, externamente, no âmbito do SISBIN. Gosto inclusive de fazer uma brincadeira – mesmo sendo uma completa verdade – dizendo que se reunirem todos os integrantes da ABIN num estádio, como o Maracanã, e perguntarem a todos qual é o nome do Vice-Presidente da República, certamente muitos não saberão responder. Mas, se perguntarem a todos os integrantes da ABIN quem é o Tenente-coronel André Soares, indubitavelmente, todos já ouviram falar de mim.

Se há mais de uma década eu comecei sozinho na ABIN a minha luta contra a comunidade corrupta que comanda os serviços secretos no Brasil, sinto-me feliz em saber que não estou mais sozinho nessa luta.

No Brasil, conforme minha taxonomia personalíssima, existem pessoas "não normais", como eu (lembram?): pessoas inteligentes, que não se corrompem, e que têm a coragem de pensar e agir por si mesmas. Portanto, se você é como nós e adora um "bom combate", seja bem-vindo(a).

Curso de Procedimentos Básicos de Operações de Inteligência (CPBOI)

Estávamos no início de 2003, e desde 2002 eu já havia protocolado uma quantidade fabulosa de documentos sobre o caos da GE 5330, diretamente ao Gerente de Ensino de "Operações de Inteligência", GE5330, Thélio Braun D'Azevedo, e nada havia sido providenciado ou solucionado por ele, ou pela Direção da ESINT.

Como a situação na GE5330 só piorava, evidentemente o momento da última ratio regis aconteceu no Curso de Procedimentos Básicos de Operações de Inteligência (CPBOI), realizado no período de 10 a 28 de março de 2003. O responsável por ele era Alexandre Lima Ferro. Eu era o encarregado do treinamento operacional mais complexo, a ser realizado fora dos muros da ABIN, no ambiente operacional da cidade de Brasília, por 15 alunos do curso, que era constituído de 13 homens e 2 mulheres. Esse treinamento operacional mais complexo abrangia também o exercício final do curso, previsto para o dia 27 de março de 2003, véspera do seu encerramento.

Como não poderia ser diferente, esse curso foi mais um dos vários "abortos institucionais da ABIN", numa sucessão interminável de problemas de todas as naturezas possíveis. Até que chegou o dia 27 de março de 2003 e, como eu já pressentia, nada havia sido providenciado ou solucionado pelo Gerente de Ensino de "Operações de Inteligência", GE5330, Thélio Braun D'Azevedo.

Ficou comprovado que o Curso de Procedimentos Básicos de Operações de Inteligência (CPBOI) não atendia aos pré-requisitos mínimos para a realização de treinamento operacional. Façamos uma analogia, imaginando um cirurgião-médico que, ao partir para a realização de uma séria e complexa cirurgia, não dispõe de anestesista, enfermeiros, auxiliares, sala de cirurgia, equipamentos cirúrgicos, medicamentos, injeções, agulhas, esparadrapo, algodão etc. Mais ainda! A cirurgia também não está autorizada pela direção do hospital. Era isso que estava ocorrendo comigo na GE 5330. Porque eu era o "médico cirurgião." Portanto, havia chegado então o momento derradeiro da ultima ratio regis. E eu não tinha muito tempo porque aquele "aborto institucional" que estava para acontecer em poucas horas. Assim, elaborei um expediente ao Gerente de Ensino de "Operações de Inteligência", e Diretor de Ensino da ESINT, Thélio Braun D'Azevedo, cujo documento está abaixo, que recomendo ao leitor uma leitura atenta.

AGÊNCIA BRASILEIRA DE INTELIGÊNCIA
ESCOLA DE INTELIGÊNCIA
GERÊNCIA DE ENSINO DE OPERAÇÕES DE INTELIGÊNCIA

Parte S/Nr, de 27 de março de 2003

Do: Instrutor da matéria Vigilância
Ao: Gerente de Ensino de Operações de Inteligência e Diretor de Ensino da ESINT
Assunto: SEGURANÇA   DOS   EXERCÍCIOS OPERACIONAIS DA ESINT – normas de segurança e aprovação.
Referência: - Parte S/Nr, de 20 de maço de 2003

Informo-vos que, em atenção ao documento da referência, o servidor FERRO (que está respondendo pela Gerência de Ensino de Operações de Inteligência) informou a este instrutor, verbalmente, o seguinte:

1) Que o Diretor de Ensino THÉLIO BRAUN DE AZEVEDO autorizou a realização dos exercícios operacionais de vigilância do CPBOI-I-2003, em andamento, todos regulados por documentação remetida, oportunamente, por este instrutor, em 13 de março de 2003.

2) Que o Diretor de Ensino THÉLIO BRAUN DE Azevedo determinou que o Gerenciador de Crises seria o próprio Diretor de Ensino THÉLIO BRAUN DE AZEVEDO.

3) Que as normas de segurança reguladoras dos exercícios operacionais estavam sendo refeitas pelo servidor VARELA e que seriam apresentadas oportunamente.

Informo-vos também que este instrutor realizou o "briefing" do exercício de vigilância móvel transportada com o referido curso, nesta data, e os alunos informaram que o servidor FERRO havia feito uma exposição sobre segurança nos exercícios, sem, no entanto, ter distribuído as citadas normas. Disseram, também, não terem sido informados sobre os procedimentos a serem tomados em situações de crise que envolvam comprometimento operacional e quanto às responsabilidades administrativas e legais envolvidas.

Com o intuito de evitar quaisquer situações de crise que gerem comprometimento para a Instituição e oficializar as autorizações citadas nos itens 1, 2 e 3 solicito-vos:

1) Oficializar, por escrito, a autorização para realização dos exercícios regulados nos documentos citados;

2) Oficializar, por escrito, o responsável pelo Gerenciamento de Crises, uma vez que esta atribuição extrapola as atribuições do instrutor da matéria, conforme fundamentado por este instrutor, em documentos constantes da referência;

3) Dirimir as dúvidas ainda existentes no CPBOI-I-2003 citadas neste documento;

4) Solucionar as questões citadas até 1430h de 27 de março de 2003, que é o prazo limite para dar início ao exercício.

Informo-vos que, caso as questões apresentadas não sejam solucionadas e as solicitações feitas por este instrutor não sejam atendidas, este instrutor considera que está configurada uma situação em que não estão sendo atendidas as condições mínimas de segurança para

(continua)

(continuação)

este tipo de trabalho Operacional de Inteligência e a Instituição ESINT/ABIN corre risco de comprometimento. Neste caso não darei início aos exercícios de vigilância fora do complexo da ABIN.

André Costa Soares
Instrutor da matéria Vigilância

2

Fonte: Arquivo pessoal.

O que aconteceu?

Pasmem! Porque a irresponsabilidade dos dirigentes da ABIN não tem limites.

A resposta, por escrito e pessoalmente assinada por Thélio Braun D'Azevedo e transcrita abaixo, merece detida análise:

Despacho do Dir/DE/ESINT, em 27/3/3

1. Durante a ausência do instrutor FERRO, a condução da GE – 5330 está sob a responsabilidade do instrutor José Carlos.
2. Todas as dúvidas e pendências quanto a realização de exercícios, procedimentos e outros serão sanadas pelo Instrutor José Carlos.
3. Para o exercício em tela, o Gerenciador de Crises é o Instrutor José Carlos.

Como vocês puderam comprovar, aconteceu o pior que poderia acontecer num serviço secreto: o seu desvirtuamento e descontrole total. Porque essa é a realidade da ABIN e aí está mais uma prova documental e cabal disso.

A matéria publicada pela revista *Veja*, intitulada Liberdade sob ataque que abordava a questão dos documentos que produzi sobre as clandestinidades da ABIN, afirmava que os mesmos tem valor histórico inestimável. Isso porque ações ilegais dos serviços secretos, como a ABIN, "não deixam rastros nem documentos oficiais." Portanto, as revelações sobre as clandestinidades da ABIN contidas neste livro, e principalmente os documentos probatórios de suas ilicitudes, além do valor histórico, não encontram precedentes na história da inteligência do país e, quiçá, na história contemporânea da inteligência mundial. Portanto, não é difícil entender porque sou considerado o inimigo número um da comunidade criminosa que governa os serviços secretos nacionais e, por isso alvo permanente de operações clandestinas sistemáticas e ameaçado de morte pela ABIN, há mais de dez anos. O documento acima, por exemplo, comprova cabalmente que o Diretor de Ensino da ESINT e Gerente de Ensino de "Operações de Inteligência", Thélio Braun D'Azevedo, determinou, de forma dolosa, a realização de "Operações de Inteligência" da ESINT, completamente aquém dos padrões operacionais mínimos necessários.

[anotações manuscritas no topo do documento]

AGÊNCIA BRASILEIRA DE INTELIGÊNCIA
ESCOLA DE INTELIGÊNCIA
GERÊNCIA DE ENSINO DE OPERAÇÕES DE INTELIGÊNCIA

Parte S/Nr, de 27 de março de 2003

Do: Instrutor da matéria Vigilância
Ao: Gerente de Ensino de Operações de Inteligência e Diretor de Ensino da ESINT
Assunto: SEGURANÇA   DOS   EXERCÍCIOS OPERACIONAIS DA ESINT – normas de segurança e aprovação.
Referência: - Parte S/Nr, de 20 de maço de 2003

Informo-vos que, em atenção ao documento da referência, o servidor FERRO (que está respondendo pela Gerência de Ensino de Operações de Inteligência) informou a este instrutor, verbalmente, o seguinte:

1)   Que o Diretor de Ensino THÉLIO BRAUN DE AZEVEDO autorizou a realização dos exercícios operacionais de vigilância do CPBOI-I-2003, em andamento, todos regulados por documentação remetida, oportunamente, por este instrutor, em 13 de março de 2003.

2)   Que o Diretor de Ensino THÉLIO BRAUN DE Azevedo determinou que o Gerenciador de Crises seria o próprio Diretor de Ensino THÉLIO BRAUN DE AZEVEDO.

3)   Que as normas de segurança reguladoras dos exercícios operacionais estavam sendo refeitas pelo servidor VARELA e que seriam apresentadas oportunamente.

Informo-vos também que este instrutor realizou o "briefing" do exercício de vigilância móvel transportada com o referido curso, nesta data, e os alunos informaram que o servidor FERRO havia feito uma exposição sobre segurança nos exercícios, sem, no entanto, ter distribuído as citadas normas. Disseram, também, não terem sido informados sobre os procedimentos a serem tomados em situações de crise que envolvam comprometimento operacional e quanto às responsabilidades administrativas e legais envolvidas.

Com o intuito de evitar quaisquer situações de crise que gerem comprometimento para a Instituição e oficializar as autorizações citadas nos itens 1, 2 e 3 solicito-vos:

1) Oficializar, por escrito, a autorização para realização dos exercícios regulados nos documentos citados;

2) Oficializar, por escrito, o responsável pelo Gerenciamento de Crises, uma vez que esta atribuição extrapola as atribuições do instrutor da matéria, conforme fundamentado por este instrutor, em documentos constantes da referência;

3) Dirimir as dúvidas ainda existentes no CPBOI-I-2003 citadas neste documento;

4) Solucionar as questões citadas até 1430h de 27 de março de 2003, que é o prazo limite para dar início ao exercício.

Informo-vos que, caso as questões apresentadas não sejam solucionadas e as solicitações feitas por este instrutor não sejam atendidas, este instrutor considera que está configurada uma situação em que não estão sendo atendidas as condições mínimas de segurança para

Fonte: Arquivo pessoal.

O que está ruim sempre pode piorar. Esse é um incontestável paradigma em tudo o que se se refere à ABIN. Reparem atentamente na determinação do Diretor de Ensino da ESINT e Gerente de Ensino de "Operações de Inteligência", Thélio Braun D'Azevedo. Como eu lhe havia oficializado por escrito que não participaria daquela clandestinidade, ele, para perpetrá-la a todo custo, me substitui pelo instrurtor José Carlos, que assumiu todas as funções do curso, ou melhor, do "aborto institucional da ABIN". E José Carlos, mesmo tendo ciência de todas as clandestinidades – já acompanhou todo o processo como instrutor da GE 5330 desde 2002 – acatou e cumpriu rigorosamente todas as "ordens" do Thélio Braun D'Azevedo.

Agora vem mais um importantíssimo detalhe. Vocês se lembram quem é o instrutor José Carlos? Esse nome soa familiar, não é mesmo? Vamos então reproduzir um documento da ABIN, já apresentado anteriormente. Afinal, uma imagem vale mais que mil palavras.

"Não foi um Curso e
Sim um ABORTO"
Zé
(José Carlos de Lacerda Abreu Lima,
ex-Diretor da Escola de Inteligência da ABIN)

Fonte: Arquivo pessoal.

Essas são as palavras de José Carlos de Lacerda Abreu Lima, que foi Diretor da Escola de Inteligência (ESINT) da ABIN, em Relatório de Agente, manifestando sua opinião e revolta sobre o "Curso de Introdução às Operações de Inteligência" da ABIN, realizado em Palmas/TO, em 2002, para a Polícia Militar e Polícia Civil do estado de Tocantins.

O lema "faça o que eu digo, mas não faça o que eu faço" é mais uma grande verdade que se aplica aos dirigentes da ABIN. Pois bem, lado a lado, perpetrando juntos as clandestinidades de mais um "aborto institucional da ABIN", estavam o Diretor de Ensino da ESINT e Gerente de Ensino de "Operações de Inteligência", Thélio Braun D'Azevedo, e o José Carlos de Lacerda Abreu Lima, que foi Diretor da Escola de Inteligência (ESINT).

Apresento o documento que produzi: "Relatório da matéria Vigilância, do Curso de Procedimentos Básicos de Operações de Inteligência – SISBIN – 2003".

CONFIDENCIAL

PRESIDÊNCIA DA REPÚBLICA
GABINETE DE SEGURANÇA INSTITUCIONAL
AGÊNCIA BRASILEIRA DE INTELIGÊNCIA
ESCOLA DE INTELIGÊNCIA
GERÊNCIA DE ENSINO DE OPERAÇÕES DE INTELIGÊNCIA

RELATÓRIO DA MATÉRIA VIGILÂNCIA DO CURSO DE PROCEDIMENTOS BÁSICOS DE OPERAÇÕES DE INTELIGÊNCIA – SISBIN - 2003

---

1. FINALIDADE
Apresentar um relato dos trabalhos da matéria vigilância, realizados no Curso de Procedimentos Básicos de Operações de Inteligência – SISBIN - 2003.

2. REFERÊNCIAS
- Relatório do Curso de Introdução às Operações de Inteligência em Palmas – 2002 – CONFIDENCIAL, de 13 de maio de 2002,
- Relatório Final do Encarregado do Curso de Procedimentos Básicos de Operações de Inteligência – DPF, de 24 de setembro de 2002;
- Propostas para alteração de currículo da matéria vigilância nos cursos da ESINT e Necessidades Operacionais e Administrativas, de 15 de outubro de 2002;
- Parte S/Nr, de 26 de fevereiro de 2003 – Matéria vigilância dos cursos da ESINT- necessidades operacionais, administrativas e propostas;
- Parte S/Nr, de 28 de fevereiro de 2003 – Segurança dos exercícios operacionais da ESINT - propostas;
- Parte S/Nr, de 13 de março de 2003 – Exercício de vigilância móvel a pé CPBOI 2003;
- Parte S/Nr, de 13 de março de 2003 – Exercício de vigilância móvel transportada CPBOI 2003;
- Parte S/Nr, de 20 de março de 2003 - Exercício de vigilância da ESINT – aprovação e normas de segurança;
- Parte S/Nr, de 27 de março de 2003 – Segurança dos exercícios operacionais da ESINT – normas de segurança e aprovação.

3. CONDIÇÕES DE EXECUÇÃO
a. Encarregado do curso
   - Instrutor Alexandre Lima Ferro

b. Período de realização
   - 10 a 28 de março de 2003

c. Equipe de instrução de vigilância:
   1) Da Gerência de Ensino de Operações de Inteligência (GE 5330): Instrutor André Costa Soares
   2) Da Agência da ABIN em RECIFE/PE: Justino Antônio dos Passos Neto

CONFIDENCIAL

(continua)

(continuação)

CONFIDENCIAL 2/8

3) Da Agência da ABIN em SÃO PAULO/SP
   Waldir Michelone

4. EXECUÇÃO
  a. Área de Ensino
    1) Corpo Discente
      O corpo discente foi constituído de15 (quinze) alunos, sendo 13 (treze) homens e 02 (duas) mulheres.

    2) Conhecimentos Específicos
      Em relação ao assunto Operações de Inteligência, a turma era heterogênea, uma vez que alguns alunos não conheciam esta atividade, alguns já a haviam praticado e outros não.

    3) Participação
      Todos os alunos tiveram participação efetiva, demonstrando bastante interesse no assunto ministrado.

    4) Planejamento
      a)) O planejamento desse curso atendeu a solicitação de aumento de carga horária, feita por este instrutor, (item 2 - Proposta de Currículo e Carga Horária da Parte S/Nr, de 15 de outubro de 2002); passando de 13 (treze) para 32 (trinta e dois) tempos de instrução.

      b)) O planejamento do instrutor relativo a todas as ações previstas para a matéria vigilância foi encaminhado à GE 5330 em 13 de março de 2003. Ressalte-se que este instrutor, além de ministrar outras matérias e participar como árbitro em outros exercícios, não dispõe de monitor para auxiliá-lo em suas atribuições relativas à matéria vigilância, que é a matéria de maior conteúdo e carga horária dos cursos operacionais da GE 5330. O exercício de suas atribuições implica em preparação das aulas, planejamento dos exercícios, reconhecimentos no ambiente operacional, levantamento de pessoas para exercerem as funções de árbitros e alvos, internamente e em outras instituições, estabelecimento de ligação com as diversas instituições, preparação e digitação de toda documentação e coordenação com todos os participantes e encarregados.

      c)) O Diretor de Ensino acionou este instrutor a respeito de um dos ofícios destinados a uma Organização Militar do Exército que estava com incorreção. Tal fato foi corrigido.

      d)) A reunião preliminar entre o instrutor, gerenciador de crise, árbitros, alvos e encarregados de material, prevista para 18 de março de 2003, coincidiu com a realização da crítica de um exercício do curso de Entrevista que, também, contava com a presença da maioria desses árbitros. Tal fato dificultou a coordenação de ambos os exercícios.

      e)) O Diretor de Ensino determinou uma alteração no planejamento apresentado, no sentido de que os pontos iniciais do exercício de vigilância móvel a pé não fossem pontos turísticos da cidade e

CONFIDENCIAL

(continua)

(continuação)

3/8

passassem a ser instalações comerciais dos comércios locais de Brasília. Tal determinação foi atendida, por meio da Parte S/Nr, de 20 de março de 2003, que encaminhou o documento para substituição (Anexo B – Quadro de Itinerários à Ordem de Instrução S/Nr, Exercícios de Vigilância (ABC) do CPBOI, de 13 de março de 2003).

f)) A participação de dois servidores externos nos trabalhos relativos à matéria vigilância neste curso era desconhecida por este instrutor. O mesmo só foi informado a respeito em 24 de março de 2003, pelo Chefe da GE 5330 – instrutor FERRO, oportunidade em que já havia iniciado o módulo vigilância (21 de março de 2003). Naquela oportunidade, todas as ações relativas à matéria vigilância para este curso (aulas, planejamento, providências, coordenações, necessidade de pessoal, atribuição de funções, etc) já estavam determinadas e providenciadas. Visando aproveitar a presença e a experiência de ambos, este instrutor inseriu-os como árbitros nos exercícios práticos.

g)) Este instrutor foi informado, na data do exercício de vigilância móvel a pé, que um dos árbitros previstos para este exercício também estava empenhado no curso de Entrevista (em realização). O instrutor providenciou a sua substituição.

b. Área Administrativa
 1) Necessidades Administrativas
  As necessidades administrativas para a condução da matéria vigilância, verificadas durante os cursos operacionais realizados em 2002, foram apresentadas por meio da Parte S/Nr, de 15 de outubro de 2003.
  Para este curso em questão, as referidas necessidades não foram atendidas.

 2) Recursos Financeiros (Gastos Operacionais)
 - Houve atraso na liberação dos recursos financeiros solicitados. Tal liberação ocorreu após a reunião preliminar do instrutor com alvos, árbitros e encarregados de material, ocorrida em 18 de março de 2003, o que dificultou o pagamento dos gastos operacionais antecipadamente.
 - Por determinação do Diretor de Ensino, os gastos operacionais com árbitros e alvos deveriam, sempre que possível, não superar o valor de R$ 10,00.
 - Como não houve informação da participação de servidores externos nos exercícios, não foi feita previsão de gastos operacionais para eles. Apesar disto, este instrutor pagou-os verba operacional.
 - Gastos Administrativos Total = R$300,00 (trezentos reais)

c. Operações de Inteligência - Vigilância
 1) Segurança dos exercícios
  a)) As necessidades operacionais para a condução da matéria vigilância, apresentadas na Parte S/Nr, de 15 de outubro de 2002, constituem deficiências que, além de prejudicar o aprendizado dos alunos, compromete a segurança dos exercícios; especialmente o item g., do referido documento, que trata do Gerenciamento de Crises. Com o objetivo de reiterar essas necessidades, este instrutor acionou a chefia da GE 5330, pessoalmente e por meio dos documentos da referência.

(continua)

(continuação)

Para este curso em questão, as referidas necessidades não foram atendidas.

b)) A necessidade mínima de telefones celulares para a realização do exercício de vigilância móvel a pé, solicitada na Ordem de Instrução que regulava o exercício, era de 12 (doze). Tal meio de comunicação é fundamental na coordenação, controle e segurança dos exercícios, por ser um meio comum, prático, a preço módico e muito eficaz pela oportunidade que proporciona para essas situações. A sua indisponibilidade gera grandes óbices ao cumprimento das atribuições do Gerenciador de Crise, Encarregado de Caso, árbitros e alvos, conforme fundamentado na parte S/Nr, de 15 de outubro de 2002. A GE 5330 disponibilizou 02 (dois) telefones celulares que foram priorizados para o Gerenciador de Crise e um dos árbitros. Em função disto, este instrutor solicitou aos demais participantes do exercício que, caso possuíssem telefones celulares próprios e não fizessem alguma objeção, os utilizassem nos exercícios. Dois árbitros informaram não possuirem telefones celulares próprios.

c)) Conhecimento do Ambiente Operacional

A prática de vigilância, particularmente a de vigilância móvel transportada, exige, como condição básica, o conhecimento do ambiente operacional. O não atendimento desse aspecto inviabiliza a vigilância e compromete a segurança. Nos cursos do SISBIN isso tem sido uma constante, uma vez que a maioria dos alunos é de outras localidades do País e não conhecem Brasília.

Neste curso em questão, apenas dois alunos eram de Brasília, o que trouxe dificuldades para a orientação e o deslocamento na cidade para a maioria deles. A realização do exercício de vigilância móvel transportada exigiu, para a sua viabilização, que um servidor da GE 5330 fosse destacado para integrar uma das equipes de alunos, a fim de orientá-los nos deslocamentos pela cidade, uma vez que esses alunos não tinham conhecimento algum do ambiente operacional.

Essa iniciativa visou envidar todos os esforços possíveis para evitar que esse fato comprometesse o alto padrão do CPBOI-SISBIN, de forma a que todos os alunos participassem dos exercícios operacionais, que são o seu maior conteúdo. Entretanto, cumpre ressaltar, que tais situações extrapolam as atribuições do instrutor.

d)) Carteira Nacional de Habilitação

É, também, uma condição básica para a realização da vigilância móvel transportada a imposição de que todos os alunos possuam a Carteira Nacional de Habilitação. Tem sido uma constante nos cursos CPBOI/SISBIN a existência de alunos que não a possuem, não a trazem, ou estão com a mesma vencida. Neste curso em questão, três alunos não trouxeram ou tinham suas carteiras nacionais de habilitação vencidas. Este instrutor determinou que, para o exercício de vigilância móvel transportada, os referidos alunos estavam impedidos de dirigir. Esta providência teve implicações na constituição das equipes e turmas de busca, de forma a distribuir estes alunos em equipes diferentes, a fim de evitar a inviabilização de alguma delas.

CONFIDENCIAL

(continua)

(continuação)

CONFIDENCIAL 5/8

Essa iniciativa visou envidar todos os esforços possíveis para evitar que esse fato comprometesse o alto padrão do CPBOI-SISBIN, de forma a que todos os alunos participassem dos exercícios operacionais, que são o seu maior conteúdo. Entretanto, cumpre ressaltar, que tais situações extrapolam as atribuições do instrutor.

e)) Conduta de alunos

Este instrutor constatou no corpo discente que um aluno demonstrava comportamento inadequado, principalmente para com sua turma.

Esta constatação ficou bastante evidente durante as aulas, quando das intervenções que o referido aluno fazia. O principal aspecto da sua má conduta, não se devia ao assunto tratado, mas a sua postura em aproveitar todas as oportunidades para criticar, pejorativamente, as instituições ali representadas pelos demais alunos, particularmente as Polícias Militares. Essa atitude gerou desagregação e antipatia no seio da turma, que demonstrava o incômodo causado por ele, além de alguns alunos policiais militares que se consideravam ofendidos.

Como se aproximava a realização dos exercícios práticos, este instrutor considerou que esta situação de animosidade poderia comprometer a segurança dos exercícios, uma vez que o ambiente de trabalho em que os alunos estariam inseridos estabeleceria relações de chefia e subordinação que poderiam potencializar ainda mais esses atritos.

Em função disso, relatei os fatos acima ao Chefe da GE 5330 – instrutor FERRO, na presença do professor JOSÉ CARLOS, colocando-o a par da minha preocupação relativa à implicação deste componente psicossocial na segurança dos exercícios de vigilância; para que a GE 5330 pudesse tomar as providências cabíveis.

f)) Exercício de Vigilância Móvel a Pé

Dois alunos da equipe CHARLIE se perderam do alvo durante o exercício. Como o respectivo árbitro não dispunha de telefone celular, ou outro meio de comunicação, não pôde reorientar esses alunos, uma vez que os alunos não conseguiam estabelecer contato com o árbitro. O instrutor foi contatado pelos alunos que foram reposicionados de forma a continuarem o exercício com toda a equipe.

Uma aluna da equipe ECHO se perdeu do alvo durante o exercício. Apesar de ter estabelecido contato com o instrutor, como ela não conhecia o ambiente operacional, não pôde ser reposicionada no exercício, tendo de aguardar o encerramento do mesmo para ser resgatada.

g)) Exercício de Vigilância Móvel Transportada

A condução de veículos oficiais da ABIN exige a publicação em documento oficial das pessoas autorizadas.

A participação de alvos em exercícios operacionais exige que os mesmos possuam formação & experiência nessa atividade. (Este aspecto foi proposto, por meio do Relatório Confidencial, de 13 de maio de 2002).

Tais exigências impediram a solicitação de alvos de outras instituições e não houve tempo hábil para a GE5330 levantar, na

CONFIDENCIAL

(continua)

(continuação)

ABIN, dois servidores que preenchessem esses requisitos e pudessem auxiliar como alvos o Exercício de Vigilância Móvel Transportada.

Em função disto, foram designados dois servidores da GE 5330 para exercerem o papel de alvos, o que não é o desejável, pelo fato de serem conhecidos pelos alunos.

Quando do término do exercício, a Central de Operações encerrou suas atividades, sem informar o Encarregado de Caso.

Quando do término do exercício e do retorno das equipes, as dependências da GE5330 estavam fechadas. Houve necessidade de o Encarregado de Caso e alguns alunos retornarem ao auditório e o mesmo estava trancado, não havendo servidor designado para atender esta necessidade. Foi verificado, também, que o referido auditório permaneceu trancado com o equipamento IN FOCUS ligado. Não foi possível desligar este equipamento pelo fato de sua dependência estar trancada.

Ao término deste exercício, durante a reunião dos Agentes Principais (AP) com o Encarregado de Caso, o AP da turma de busca a que pertencia o aluno citado como apresentando comportamento inadequado, estava bastante estressado. Durante a reunião, relatou a dificuldade que teve em comandar sua turma de busca, em função da postura desse aluno em querer impor seus pontos de vista, da sua falta de disciplina intelectual, das sucessivas interferências que fez, não permitindo ao AP exercer suas atribuições. Comentou que houve a necessidade do árbitro da turma de busca interferir, para que o referido aluno permitisse ao AP o exercício da sua função.

5. Sugestões
   a. Área de Ensino
      1) Planejamento
         a)) Para que o instrutor da matéria vigilância possa realizar todas as suas atribuições a contento, há a necessidade de que as informações relacionadas à matéria e ao curso a se realizar, sejam encaminhadas ao instrutor com a antecedência mínima de um mês do início do curso.

         b)) O fato relativo ao ofício destinado incorretamente a uma Organização Militar do Exército não se deveu a erro do instrutor e, sim, de digitação. Com o intuito de evitar que tais fatos se repitam, seria interessante instituir a rotina administrativa de retornar os documentos digitados a quem os solicitou, para correção, antes da sua expedição.

         c)) A fim de evitar superposição de atividades e tarefas na GE 5330, principalmente quando da realização de cursos simultâneos, sugere-se a realização de reuniões de coordenação, a cargo da chefia da GE 5330, a serem realizadas com a devida antecedência.

   b. Área Administrativa
      Com o objetivo de proporcionar a estrutura necessária à realização dos exercícios de vigilância, sugere-se atender as necessidades administrativas

---

(continua)

(continuação)

CONFIDENCIAL 7/8

para a condução da matéria vigilância, apresentadas na Parte S/Nr, de 15 de outubro de 2002.

c. Operações de Inteligência - Vigilância

1) Segurança dos exercícios

Com o objetivo de proporcionar as condições de segurança necessárias para a realização dos exercícios operacionais, de forma a evitar o comprometimento da Instituição ABIN/ESINT e resguardar todos os seus participantes, sugere-se atender as necessidades operacionais e administrativas para a condução da matéria vigilância, levantadas na Parte S/Nr, de 15 de outubro de 2002; especialmente item g., do referido documento, que trata do Gerenciamento de Crises;

2) Ambiente Operacional

Com o objetivo de permitir aos alunos dos futuros cursos um conhecimento mínimo do ambiente operacional, necessário para a realização dos exercícios operacionais, sugere-se a previsão em Quadro de Atividades de um exercício de Reconhecimento do Ambiente Operacional, a ser realizado por todos os alunos, no início do curso.

Este exercício consiste em dividir a turma de alunos em equipes, sendo distribuído a cada uma um veículo operacional. Em data anterior ao exercício, estas equipes receberão a missão de se deslocar a vários pontos, localizados em diversos locais da cidade, a fim de responderem a perguntas relativas a esses pontos.

Para cumprir esta missão, as equipes deverão fazer um estudo de situação que implicará em analisar ruas, bairros, endereços e todas as peculiaridades da região de forma a se orientarem e escolherem o itinerário mais apropriado, a fim de chegarem aos pontos predeterminados. Para isso, é necessário fornecer aos alunos mapas da cidade, catálogos turísticos, fotografias aéreas da região, etc.

É importante ressaltar aos alunos, que o mais importante neste exercício não é responder todas as perguntas, mas, sim, observar e conhecer melhor a região para poderem se deslocar sem dificuldade pela cidade.

Como é difícil conhecer toda a cidade neste exercício, os pontos predeterminados devem situar-se nas regiões onde ocorrerão os exercícios. Uma dosagem de duração deste exercício é de, pelo menos, 03 (três) horas.

3) Habilitação para dirigir veículos

A fim de evitar a vinda de alunos que não possuem, não trazem, ou estão com suas carteiras nacionais de habilitação vencidas, sugere-se que esta exigência seja informada às diversas Instituições, quando do oferecimento de vagas para este curso.

4) Conduta dos alunos

A fim de evitar que eventuais comportamentos inadequados de alunos possam influenciar negativamente a realização dos exercícios operacionais, a ABIN/ESINT deve dispor de instrumentos de controle para evitar comprometimentos deles decorrentes.

Este aspecto foi proposto por este instrutor, após a realização do Curso de Introdução às Operações de Inteligência em Palmas, realizado em 2002, por meio do Relatório Confidencial, de 13 de maio de 2002.

CONFIDENCIAL

(continua)

(continuação)

A fim de se antecipar a esse tipo de situação, sugere-se que a ESINT deva prever um sistema de acompanhamento dos alunos que permita identificar condutas inadequadas no decorrer do curso. Este acompanhamento é fundamental durante o CPBOI, pela sua grande carga horária de exercícios operacionais.

DISTRIBUIÇÃO:

Gerência de Ensino de Operações de Inteligência............ 01 (um) exemplar
Total...01(um) exemplar

Brasília/DF, 08 de abril de 2003.

Instrutor da matéria vigilância

CONFIDENCIAL

Fonte: Arquivo pessoal.

A ABIN me
pede desculpas

Vou revelar agora como se deu a 1ª crise na Direção-Geral da ABIN, em 2003, que colocou a prêmio as cabeças de toda a cúpula da agência, a começar pela Diretora-Geral , Marisa Almeida Del'Isola e Diniz, e o Diretor-Geral Adjunto, Joneilton Assis Martins. A direção da agência, visando a encobrir todos os descalabros, expulsou-me ilicitamente, por meio de uma farsa engendrada para induzir a erro a Presidência da República. Houve uma grande reviravolta: e os trambiques da Direção--Geral da ABIN chegaram ao conhecimento do Congresso Nacional. O desfecho da crise gerou a adoção da data 29 de maio de 2003 como o "dia da remissão dos pecados da ABIN" – porque foi quando a Direção--Geral da ABIN me formulou o pedido oficial de desculpas, pelas ilicitudes cometidas. Houve também a exoneração sumária de vários diretores da agência, para "salvar" as cabeças de Marisa Almeida Del'Isola e Diniz e de Joneilton Assis Martins.

No início de 2003, por tudo de caótico que havia ocorrido na GE 5330 e que eu vinha denunciando por escrito na ESINT, dá para imaginar como estava a minha situação ali. Desde o início de 2002 minha cabeça já estava a prêmio.

Após diversas reuniões da Direção-Geral da ABIN, a cúpula da agência decidiu, por unanimidade, que eu deveria ser expulso da ABIN. Mas a minha expulsão era algo simples de fazer. Para isso bastaria a Direção da ABIN me mandar embora. Simples assim. Seria necessário apenas expedir um único ofício de minha apresentação à Presidência da República. Daí, em, no máximo 48 horas, eu estaria longe da ABIN para nunca mais voltar. Poderiam fazê-lo ilegalmente, o que era difícil e criminoso, porque demandava a criação de uma farsa a encobrir minhas denúncias. Optaram pela ilegalidade.

A execução "plano de operações" de ilicitudes da Direção-Geral da ABIN

No dia 9 de maio de 2003 aconteceu um inusitado evento na Gerência de Ensino de "Operações de Inteligência" (GE 5330) da Escola de Inteligência (ESINT) da ABIN.

Foi engendrado um churrasco que contou com a presença do poderoso Diretor da ESINT, José Olavo Coimbra de Castro, que se fez acompanhar do Vice-Diretor da ESINT, Ricardo Dalla Barba, do Chefe da GE 5330, Thélio Braun D'Azevedo, de José Carlos de Lacerda Abreu Lima (que também foi Diretor da ESINT), e de todo o seu "staff". O evento reuniu todos os integrantes da GE 5330, para uma importante comunicação, que seria feita pessoalmente pelo Diretor José Olavo Coimbra de Castro.

Como pairava um clima exacerbado de festa no círculo dos dirigentes, todos os integrantes da ESINT estavam alvoroçados: afinal isso indicava que a importante comunicação que seria feita pelo Diretor da ESINT, José Olavo Coimbra de Castro, se tratava de uma excelente notícia a todos. É sabido que, no mundo político, os altos dirigentes têm enorme preocupação de só se exporem para dar boas notícias. E isso o Diretor da ESINT, José Olavo Coimbra de Castro, fazia muito bem. Mas com um pequeno detalhe: a excelente notícia era apenas para a Direção-Geral da ABIN.

Sexta-feira, 9 de maio de 2003. Por volta das 18h30, o Diretor da ESINT, José Olavo Coimbra de Castro, acompanhado de todo o seu "staff", reuniu todos os integrantes da cúpula. Eu estava entre os presentes e, apesar de não saber do que se tratava, tive um mal pressentimento. Os olhares daqueles caciques se voltavam de esguelha para mim. E ali se entregaram em seus profundos Duping Delights. O termo, na literatura norte-americana é, numa tradução livre, o prazer proveniente do ato de enganar. É um prazer vindo do êxito de uma estratégia ou mesmo da antecipação psicológica desse êxito. E o traço fisionômico de comunicação não verbal mais característico do Duping Delight é aquele incontido sorrisinho de satisfação escondido no canto da boca. Era o que Thélio Braun D'Azevedo exibia naquele dia! Portanto, eu precisava descobrir o que, realmente, estava acontecendo.

O Diretor da ESINT José Olavo Coimbra de Castro discorria, por quase uma hora, sobre a publicação de decretos que tratavam da reestruturação da ABIN. Afirmou que uma das mudanças impostas pela nova legislação era uma significativa redução das gratificações militares: o que implicaria no desligamento dos militares que ficassem excedentes na ABIN. E disse que os critérios de escolha dos militares a serem desligados seriam decididos exclusivamente pela Direção-Geral da agência. Claro que aquele era um assunto importante, mas somente para os militares. E como esse tipo de reestruturação institucional é muito comum no serviço público, não justificava todo aquele alarde, como estavam fazendo naquele ambiente privado. E aquilo me parecia muito sugestivo.

O Diretor da ESINT, José Olavo Coimbra de Castro, falava demais. Levou tempo demais para explicar algo muito simples. Lembrava os intermináveis discursos do presidente de Cuba, Fidel Castro. E qualquer profissional de psicologia sabe que o corrupto e o mentiroso são covardes. Consequentemente, têm medo, muito medo, de serem descobertos. E, no desespero de se livrarem do dolo e da culpa, eles se justificam demais, se explicam demais, falam demais, na tentativa de enganar os incautos.

Assim, quando percebi o desespero do Diretor da ESINT, José Olavo Coimbra de Castro, falando compulsivamente, em sua interminável explanação, eu me dei conta de quanto dolo e culpa estava se tentando encobrir por trás de todo aquele discurso.

Retornei à minha residência preocupado, não com a possibilidade de voltar ao CIE, mas certo que, se acontecesse, haveria muita sujeira por trás de tudo isso. Na segunda-feira seguinte, 12 de maio de 2003, por volta das 16h30, o Diretor da ESINT, Olavo Coimbra de Castro veio conversar comigo. A "montanha veio a Maomé!". Quando ele adentrou minha sala, imediatamente eu já sabia qual era o assunto de sua "cordial" visita: o meu desligamento da ABIN.

Na GE 5330, eu ocupava, sozinho, a maior sala que havia para os instrutores. Era um amplo ambiente, verdadeiro museu dos tempos do SNI, que estava completamente abandonado, onde se encontravam espalhados e jogados por todos os cantos restos de manuais antigos do SNI, sobras de um triste legado. Da minha mesa havia um acesso contíguo para outro ambiente, ainda mais secreto. Era uma sala de entrevista, que foi rigorosamente construída nos mesmos moldes da escola de inteligência da CIA, da década de 1960, e que também estava tão abandonada que nem os integrantes da ABIN sabiam que essa sala existia. Quanto descaso e quanto desperdício com o dinheiro e patrimônio públicos!

Interessante ressaltar que, posteriormente, em 2002, um dos mais renomados instrutores da ABIN, oriundo do antigo SNI, veio compartilhar esta sala comigo. Foi José Carlos de Lacerda Abreu Lima (que também foi Diretor da ESINT). Pois, foi exatamente naquela sala, em sua mesa, à minha frente, que José Carlos de Lacerda Abreu Lima redigiu e assinou de próprio punho o histórico documento "Relatório de Agente" sobre "o aborto institucional da ABIN".

Naquela segunda-feira, 12 de maio de 2003, por volta das 16h30, quando o poderoso Diretor da ESINT, José Olavo Coimbra de Castro, veio pessoalmente à minha sala me dizer que eu estava oficialmente desligado da ABIN, José Carlos de Lacerda Abreu Lima não estava presente.

Diretor da ESINT, José Olavo Coimbra de Castro

O empoderado Diretor da ESINT, José Olavo Coimbra de Castro, sentou-se em uma poltrona que ficava de frente para a minha mesa. E com um tom de voz artificialmente fraternal, quase cândido, tentava demonstrar possuir grande empatia por mim, como se fosse um verdadeiro amigo meu.

Mostrando-se solícito, prontificou-se a atender meu interesse pessoal, dizendo-me ter proposto minha transferência para o Centro de Inteligência do Exército (CIE); afirmando que já havia estabelecido ligação naquele mesmo dia com a chefia do CIE, informando sobre o meu desligamento oficial da ABIN e da Presidência da República.

E, mais uma vez, se justificou demais, se explicou demais, falou demais, no afã de me convencer que o meu desligamento da ABIN era um ato institucional administrativo da agência, totalmente em conformidade com a legislação vigente. Ou seja, lícito. Mas, não era. E eu já sabia disso, pois além "expert" em identificar o "mal cheiro" de ilicitudes, eu fiz o meu "dever de casa", como sempre faço.

Assim, além de saber quem eram todos os militares que serviam na ABIN, nesse curto espaço de tempo, eu me inteirei de toda a legislação que regulamentava a situação dos militares na agência, tornando-me também o melhor "expert" no assunto. Eu já havia descoberto dois fatos incontestes: a despeito da entrava em vigor de nova legislação (Decretos 4692 e 4693, de 8 e 9 de maio de 2003), o quantitativo de militares na ABIN estava correto. Não havia quaisquer excedentes. E mais: a Direção-Geral da ABIN estava usando como pretexto a entrada em vigor desses decretos. Tudo para oficializar falsamente à Presidência da República que, em decorrência deles, a agência passou a ter militares excedentes em seus quadros, quando de fato não havia. A finalidade única dessa fraude administrativa era para a agência poder "justificar" o meu desligamento da ABIN.

Mas a fraude administrativa da Direção-Geral da ABIN perpetrada contra a Presidência da República ainda não estava completa. Faltava à sua direção conseguir "justificar" o porquê de desligar única e exclusivamente a mim. Por que não outro militar? Que critério foi adotado?

Interrompi o Diretor da ESINT, José Olavo Coimbra de Castro em sua verborragia interminável, e perguntei-lhe do critério da Direção-Geral da ABIN adotado para o meu desligamento da agência. José Olavo Coimbra de Castro tinha a resposta na "ponta da língua". Afirmou que foi o fato de eu exercer a função considerada mais prescindível, em relação a todos os demais oficiais da ABIN. O meu desligamento da ABIN já estava oficializado junto à Presidência da República.

Interpelei duramente José Olavo Coimbra de Castro, dizendo que ele estava equivocado em tudo o que dissera. Visto que a situação, de fato e de direito, demonstrava não haver majores excedentes na ABIN, em relação aos Decretos 4692 e 4693, de 8 e 9 de maio de 2003, respectivamente, que regulavam a questão. Informei que o quantitativo previsto nos citados decretos era de 11 (onze) majores e que o mesmo correspondia ao existente e ao oficializado na ABIN. Acrescentei que, em verdade, não havia na ABIN excedente algum quanto aos quantitativos de militares oficiais.

Minha réplica deixou José Olavo, subitamente, nervoso. Toda a sua candura desapareceu por completo, emergindo seu tom de voz autoritário habitual, retrucando que minha argumentação estava errada, sem, porém, fundamentar suas afirmações.

Comunicou-me, secamente, que a decisão do meu desligamento já havia sido tomada pela Direção-Geral da ABIN, e que já havia sido oficializada em reunião da direção da agência, realizada naquele mesmo dia, da qual ele participara. E, dito isso, retirou-se.

Diretor do Centro de Pessoal (CPES) da ABIN, Jaire Brito Prieto

Eu não poderia perder tempo e tinha que ser rápido se quisesse apurar toda aquela farsa da Direção-Geral. Tinha que agir antes que aquelas ilicitudes fossem "desacontecidas" na ABIN.

Naquele mesmo 12 de maio de 2003, por volta das 17h, solicitei audiência e fui recebido pelo Diretor do Centro de Pessoal (CPES) da ABIN, Jaire Brito Prieto, dirigente máximo responsável por todo o pessoal da ABIN. Ou seja, o "operador". Nunca tínhamos nos falado, mas ele, há muito, sabia de mim. O que eu não esperava era ser fulizado por seu olhar, tão logo entrei em sua sala. Ficou evidente toda a hostilidade que nutria por mim. Recebeu-me de pé, obstruindo minha passagem com seu próprio corpo, tal era sua intenção de logo me expulsar dali. Mas eu não iria embora sem suas devidas explicações. E, sem qualquer intimidação, quis saber dos motivos do meu desligamento da ABIN. A resposta se limitou à confirmação das informações prestadas pelo Diretor da ESINT, José Olavo Coimbra de Castro. Mas Jaire Brito Prieto, tinha uma fortíssima carta na manga. Pois, mesmo que, na pior das hipóteses, a Presidência da República questionasse as falsas informações que lhes foram encaminhadas pela Direção-Geral da ABIN, a agência já havia produzido outras falsas informações para "justificar" tudo. Portanto, aquela fraude administrativa da ABIN seria um "crime perfeito".

Jaire Brito Pietro resolveu me enfrentar, mas cometeu um grave erro: não conhecia as "minhas cartas". Disse-me que havia doze oficiais na ABIN, quando o limite máximo era onze. Portanto, havia um oficial excedente, que evidentemente seria eu. E para comprovar isso, sacou uma relação com os nomes dos doze. Ele não me entregou a relação, que segurou firme em suas mãos. Mas eu agucei ao máximo minha observação sobre ela, e o contestei veementemente, porque sabia que a relação era forjada. Então, deixei claro que um dos nomes da relação nunca esteve nem de fato nem de direito nos quadros da ABIN. Ou seja, aquela relação incluía, falsamente, o nome de um oficial nos quadros da ABIN, com o objetivo de ludibriar a Presidência da República de que havia um oficial excedente na agência, quando de fato não havia. O Diretor do CPES, Jaire Brito Prieto sentindo-se pego em flagrante delito por mim, afirmou que o critério da Direção-Geral da ABIN adotado para o meu desligamento da agência foi o fato de eu ser o mais antigo dos majores. Naquele momento, eu o encarei fixamente e lhe disse, com indisfarçável indignação, que isso não era verdade. Isso era impossível. Porque eu não era o mais antigo dos majores. Nervoso, só lhe restou retrucar que a decisão do meu desligamento já havia sido tomada pela Direção-Geral da ABIN, e que a mesma já havia sido oficializada em reunião da direção da agência. Disse que a reunião estava encerrada e mandou que eu me retirasse.

Diretor-Geral Adjunto da ABIN, Joneilton Assis Martins

Ao final daquela segunda-feira, 12 de maio de 2003, eu já havia apurado tudo o que precisava saber. Como bem dizia Sun Tzu: "Se conheceis o inimigo e a si mesmo não precisais temer o resultado de cem batalhas". Portanto, eu estava pronto para o grande momento de enfrentar a Direção-Geral da ABIN.

Produzi o documento de 12 de maio de 2003, à Direção-Geral da ABIN (abaixo), cujo assunto é "Dispensa deste oficial – Oficialização", no qual eu exponho sinteticamente as vulnerabilidades, deficiências e as graves situações de crise ocorridas na GE 5330 e que geraram comprometimento para a ESINT/ABIN, ao longo de todo o ano de 2002 e início de 2003. No dia seguinte, 13 de maio de 2003, uma terça-feira, tão logo cheguei à ABIN, seguindo a hierarquia institucional, comuniquei ao Diretor da ESINT, José Olavo Coimbra de Castro, que me dirigiria à Direção-Geral da ABIN. Em seguida, protocolei oficialmente na secretaria da ABIN, o documento de 12 de maio de 2003, à Direção-Geral da ABIN que havia produzido no dia anterior (abaixo) e, novamente, todos os documentos que eu vinha produzindo na GE 5330, desde 2002.

Solicitei audiência com a Direção-Geral da ABIN, tendo sido informado que seria recebido às 17h30 do mesmo dia.

No horário marcado, cheguei ao famoso Bloco A da ABIN, onde está localizado o gabinete da Direção-Geral da agência. Anunciei-me à secretária da Direção da ABIN, que me disse para aguardar. Depois de uns quinze minutos fui convidado a acompanhá-la até o gabinete do Diretor-Geral Adjunto da ABIN, Joneilton Assis Martins.

Ele sabia do assunto que motivara a audiência, mas, fingindo desconhecimento, perguntou-me do que se tratava. Falei, objetivamente, que gostaria de informar e participar à Direção-Geral da ABIN tudo o que eu já houvera denunciado antes. Complementei afirmando que o assunto que eu queria tratar com a Direção-Geral da ABIN referia-se aos procedimentos legais que oficializaram a minha dispensa e desligamento dos quadros da ABIN e da Presidência da República, bem como sobre o meu desempenho pessoal e profissional na instituição. Informei-lhe também que havia sido comunicado da minha dispensa e desligamento da ABIN pessoalmente pelo Diretor da ESINT, José Olavo Coimbra de Castro, e pelo Diretor do CPES, Jaire Brito Prieto, em 12 de maio de 2003. Ambos alegaram o fato de existirem majores excedentes na ABIN, em relação aos Decretos 4692 e 4693. Argumentei que tal ato era um equívoco, visto que a situação, de fato e de direito, demonstrava não haver majores excedentes na ABIN, em relação aos Decretos 4692 e 4693. Informei, então, que o quantitativo previsto nos citados decretos era de 11 majores e que o mesmo correspondia ao existente e ao oficializado na ABIN.

AGÊNCIA BRASILEIRA DE INTELIGÊNCIA
ESCOLA DE INTELIGÊNCIA
GERÊNCIA DE ENSINO DE OPERAÇÕES DE INTELIGÊNCIA

Parte S/Nr, de 12 de maio de 2003

Do: Major EB André Costa Soares
À: Direção Geral da ABIN
Assunto: Dispensa deste oficial - Oficialização.
Referência: - Decreto Nr 4692, de 08 de maio de 2003
    - Decreto Nr 4693, de 08 de maio de 2003
    - PLANO DE SEGURANÇA ORGÂNICA DA
     ABIN – Diretriz de Segurança Orgânica,
     Norma 19
    - Portaria Nr 70 - ABIN/GSI/PR, de 13 de
     junho de 2002

PROTOCOLO
RECIBO
Em _13_ de _05_ de _2003_
Rdluf _2761_
Hora _11_ : _10_ _HS_

  Em obediência aos princípios da Ética, da Moral, da Legalidade, da Justiça e da Lealdade, que norteiam o compromisso recíproco existente entre a ABIN/GSI/PR e seus servidores, dirijo-me a Vossa Excelência, com o intuito de apresentar-vos algumas considerações, relativas ao meu desempenho funcional na ABIN e à aplicação da Ordem Jurídica vigente, que rege a conduta de todos os seus integrantes.

  Este oficial sente-se honrado pela distinção em ter sido designado para integrar os quadros da ABIN/GSI/PR, em especial para a Atividade Fim da Inteligência, como instrutor da ESINT, numa área sensível da Instituição, que é a formação de recursos humanos em Operações de Inteligência, na qual possuo experiência de vários anos, como instrutor da Escola de Inteligência Militar do Exército (EsIMEx/GabCmtEx).

  Ao longo de pouco mais de um ano de serviços prestados na ESINT, recebi como encargo, dentre outras, a matéria de maior carga horária teórica e prática, tendo sido responsável pela realização da maioria dos exercícios operacionais externos dos cursos operacionais da Escola. Fui honrado, também, com a confiança em mim depositada, ao ser indicado para a missão de chefiar a equipe de instrução que conduziu o Curso de Operações de Inteligência, realizado em Palmas, no ano de 2002, bem como para a Presidência da Comissão de Sindicância que apurou fatos ocorridos no âmbito da ESINT (Portaria Nr 70 - ABIN/GSI/PR, de 13 de junho de 2002).

  Em que pese o empenho e a dedicação de todos os que trabalham nesta atividade, ao longo dessas missões, pude identificar várias deficiências e vulnerabilidades, que comprometiam a segurança desses exercícios operacionais em geral e, por conseguinte, geravam o comprometimento da ESINT/ABIN.

  Tais situações foram informadas oportunamente e pessoalmente às chefias competentes no âmbito da ESINT, sempre acompanhadas de propostas para as suas soluções. Em função da permanência das referidas situações, posteriormente, as citadas deficiências, vulnerabilidades e propostas foram devidamente fundamentadas e oficializadas, conforme documentação anexa.

  Muitas foram as situações de crise, ocorridas durante a condução de exercícios operacionais externos sob a minha responsabilidade, em que este oficial teve de contorná-las pessoalmente, por não haver qualquer providência Institucional prevista.

  A persistência dessa grave situação e a preocupação maior com a preservação da ABIN, levou este oficial a expedir, dentre outros documentos, o Relatório do Curso de Introdução às

(continua)

(continuação)

Operações de Inteligência em Palmas – 2002 – CONFIDENCIAL, de 13 de maio de 2002, a Parte S/Nr, de 27 de março de 2003 (Segurança dos Exercícios Operacionais da ESINT – Normas de Segurança e Aprovação) e a Parte S/Nr, de 09 de maio de 2003 (Designação deste oficial como responsável pela condução de atividades sociais de oficiais de Inteligência estrangeiros de Angola, realizando curso na ESINT, em andamento), dentre outras.

Em 12 de maio de 2003, o Diretor da ESINT comunicou a este Oficial que, por determinação da Direção Geral da ABIN, o mesmo seria dispensado da ABIN/GSI/PR, em atenção aos Decretos da referência, por ter sido considerado, dentre os Oficiais Superiores (Maj), atualmente em serviço na ABIN/GSI/PR, aquele que exerce função mais prescindível.

Os documentos oficiais que tratam dessa questão informam que:

1) O quantitativo de Oficiais Superiores (Maj) previsto para ABIN é 11 (onze) - Decreto Nr 4692 e 4693, de 08 de maio de 2003,

2) Tal determinação é a contar de 09 de maio de 2003, data de entrada em vigor do Decreto,

3) Em 09 de maio de 2003, e até a presente data, a existência oficial de Oficiais Superiores (Maj) na ABIN é 11 (onze) – conforme Diário Oficial da União, correspondendo ao quantitativo previsto nos citados Decretos,

4) A nomeação de Oficiais Superiores (Maj) para a ABIN/GSI/PR depende da existência de vaga.

Salvo desconhecimento de outra documentação que trate do assunto, este Oficial entende que não há, oficialmente, Oficial Superior (Maj) excedente ao quantitativo previsto no referido Decreto.

Tendo em vista o exposto acima, e com o intuito de elucidar o Estado de Direito que envolve os militares atualmente requisitados por esta Instituição, solicito-vos informar o procedimento legal, à luz das legislações e documentos oficiais, relativo a essa situação, particularmente a deste oficial.

Por derradeiro, impende observar que o caso em testilha, que ora Vos apresento, seguiu a estrita observância normativa e disciplinar, não havendo da parte deste Oficial contestação ou discussão das decisões tomadas no âmbito da Direção Geral da ABIN.

Respeitosamente,

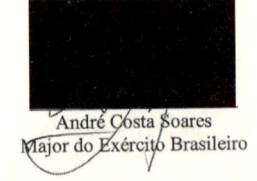

André Costa Soares
Major do Exército Brasileiro

Anexo:
- Relatório do Curso de Introdução às Operações de Inteligência em Palmas – 2002 – CONFIDENCIAL, de 13 de maio de 2002
- Relatório Final do Encarregado do Curso do Curso de Procedimentos Básicos de Operações de Inteligência – DPF, de 24 de setembro de 2002)
- Propostas para alteração de currículo da matéria vigilância nos curso da ESINT e Necessidades Operacionais e Administrativas, de 15 de outubro de 2002
- Parte S/Nr, de 26 de fevereiro de 2003 (Cursos da ESINT – Necessidades Operacionais, Administrativas e Propostas)
- Parte S/Nr, de 28 de fevereiro de 2003 (Segurança dos Exercícios Operacionais da ESINT – Propostas)

2

(continua)

(continuação)

- Parte S/Nr, de 20 de março de 2003 (Exercícios Operacionais de Vigilância da ESINT – Aprovação e Normas de Segurança)
- Parte S/Nr, de 27 de março de 2003 (Segurança dos Exercícios Operacionais da ESINT – Normas de Segurança e Aprovação)
- Parte S/Nr, de 08 de abril de 2003 (Curso de Procedimentos Básicos de Operações de Inteligência – CPBOI-SISBIN-2003)
- Parte S/Nr, de 09 de maio de 2003 (Designação deste oficial como responsável pela condução de atividades sociais de oficiais de Inteligência estrangeiros de Angola, realizando curso na ESINT)
- Nota Nr 447/DJ/ABIN-FA, de 10 de julho de 2002
- Portaria Nr 36/ESINT/ABIN, de 23 de abril de 2003
- Quadro de Atividades do Curso de Angola
- "Atividades Sociais"

Fonte: Arquivo pessoal.

Durante minha exposição, não me surpreendeu o fato do Diretor-Geral Adjunto da ABIN, Joneilton Assis Martins, ter me ouvido pacientemente. Porque enquanto eu lhe falava, suas reações não verbais eram muito semelhantes às do juiz corrupto que, à revelia do julgamento, já condenara antecipadamente o réu que sabe inocente. Eu sabia que ele estava me recebendo apenas para cumprir a última etapa da liturgia da minha "execução sumária".

Ao término de minha exposição, Joneilton (mantendo-se fiel ao "script" da farsa que engendraram contra mim junto à Presidência da República), contou-me, na "ponta da língua", a mesma ladainha mentirosa, que eu já ouvira do Diretor da ESINT, José Olavo Coimbra de Castro, e do Diretor do Centro de Pessoal (CPES) da ABIN, Jaire Brito Prieto. E como todos os dirigentes da ABIN ensaiaram à exaustão toda aquela ladainha mentirosa, o Diretor-Geral Adjunto da ABIN, Joneilton Assis Martins, não se esqueceu de me dizer, grave e direto, o mais importante de tudo: o meu desligamento da ABIN era um ato irrevogável, já devidamente oficializado junto à presidência da república. Irreversível! Impossível voltar atrás!

Fiquei impressionado em constatar o desespero da Direção-Geral da ABIN em me expulsar da agência. Todos os dirigentes da ABIN mentiram, por três vezes consecutivas, porque eu:

1. Não exercia a função mais prescindível da ABIN – conforme afirmado pelo Diretor da ESINT, Cel Castro.
2. Não era o mais antigo dos majores – conforme afirmado pelo CPES, Cel Jaire.
3. E não era o major com maior tempo de requisição na ABIN – conforme afirmado pelo Diretor-Geral Adjunto da ABIN, Joneilton Assis Martins.

Fiz questão absoluta de enfatizar ao Diretor-Geral Adjunto da ABIN, Joneilton Assis Martins, não apenas que a sua justificativa era contraditória em relação à apresentada pelo Diretor da ESINT, José Olavo Coimbra de Castro, e pelo do Diretor do CPES, Jaire Brito Prieto; como também que todas essas "justificativas" eram inverídicas, pois eu não exercia a função mais prescindível da ABIN, não era o mais antigo dos majores, e não era o major com maior tempo de requisição na ABIN.

Desmascará-lo assim em seu próprio gabinete o irritou profundamente. Mas, apesar disso, o Diretor-Geral Adjunto da ABIN, Joneilton Assis Martins, se conteve e não disse nada. Afinal, ele estava apenas aguardando o término da reunião "protocolar" de minha "execução sumária". Mas, eu ignorei sua intenção de encerrar a reunião, e iniciei a sua 2ª parte. Aliás, a mais importante.

Então, eu disse ao Diretor-Geral Adjunto da ABIN, Joneilton Assis Martins, que, em meu desempenho pessoal e profissional na ABIN, ao longo de pouco mais de um ano, desde 2002, eu havia identificado várias deficiências, irregularidades, vulnerabilidades e situações de crise na GE 5330, que geravam comprometimento da ESINT/ABIN/GSI. Disse-lhe que tais situações foram informadas pessoalmente e por meio de documentação oficial, às chefias competentes no âmbito da ESINT, inclusive diretamente ao Diretor da ESINT, José Olavo Coimbra de Castro, em várias oportunidades, sempre acompanhadas de propostas para as suas soluções, devidamente fundamentadas e oficializadas (Parte S/Nr, de 12 de maio de 2003 e anexos).

À medida que eu falava, Joneilton ia se contorcendo desconfortavelmente em sua confortável cadeira. Até que ele não suportou mais e me interrompeu:

— Do que o Sr está falando? perguntou-me ainda mais irritado, fingindo desconhecer o assunto.

— Eu estou falando ao Sr. das graves deficiências, irregularidades, vulnerabilidades e situações de crise que ocorreram na GE 5330, e que geraram comprometimento da ESINT/ABIN/GSI, que eu venho denunciando desde 2002", respondi.

— O quê? Isso que o Sr. está falando não existe na ABIN! — disparou, hirto, começando a se levantar de sua poltrona para encerrar a nossa conversa.

— Existe sim, Sr Diretor — retruquei-lhe de imediato.

— E os problemas que eu venho denunciando na GE 5330 são muito graves. E a direção-Geral da ABIN sabe muito bem disso, porque eu venho participando tudo isso oficialmente há mais de um ano — respondi-lhe, bem calmo, recostado em minha cadeira, demonstrando que nossa reunião não tinha terminado.

Irritado, Joneilton Assis Martins, voltou a sentar-se em sua cadeira e me disse de forma intimidativa:

— O Sr. tome muito cuidado com o que está dizendo sobre a ABIN. A Direção da ABIN não tem conhecimento sobre nada disso e essas suas acusações vão lhe causar sérios problemas... — insinuando claramente que eu sofreria represálias por dizer aquilo. Mas, antes que ele continuasse, eu o interrompi, demonstrando-lhe não estar nem um pouco intimidado, e aprofundei o assunto:

— É impossível que Direção da ABIN não saiba de tudo isso.

E continuei:

— Porque eu também protocolei todos esses documentos na Direção da ABIN hoje pela manhã. E o Sr já deve tê-los recebido. Não recebeu?

Depois calei-me, fazendo uma pausa fitando-lhe no fundo dos olhos, esperando para ver se ele teria a "cara-de-pau" de me dizer que a Direção--Geral não tinha conhecimento sobre os referidos documentos.

— Isso é um absurdo! — bradou colérico, rompendo o silêncio.

E, tentando fugir rapidamente do assunto, encerrou nossa reunião dizendo:

— Essa reunião está encerrada. O Sr pode se retirar.

Mas, antes que ele tentasse se levantar eu o contive dizendo-lhe:

— Se o Sr não tomou conhecimento dos documentos, eu os tenho todos aqui comigo e faço questão de entregá-los pessoalmente ao Sr.

Imediatamente coloquei sobre a mesa, bem à sua frente, um envelope grande contendo cópia de todos os documentos que havia protocolado à Direção-Geral da ABIN.

Joneilton Assis Martins, tomou um enorme susto e se jogou para trás em sua poltrona, afastando-se em manifesta aversão àquele envelope. Em seguida, sua reação passou da intimidação à hostilidade. E começou a proferir ameaças contra mim, baixando o seu volume de voz, como quem quer evitar testemunhas:

— O Sr vai se arrepender por falar assim da ABIN! O Sr vai se prejudicar.... e muito! Ninguém fala assim da ABIN.

Seu olhar era um olhar ardiloso e com um sorrisinho malicioso no canto da boca de Duping Delight, insinuando que coisas muito ruins iriam me acontecer.

Naquele instante, ele se aproximou vagarosamente de sua mesa, indo ao meu encontro e, curvando-se em minha direção, me disse, ameaçadoramente:

— Eu vou fazer uma pergunta muito importante ao Sr.: O que o Sr. tem a dizer sobre a ABIN?

Então, eu me inclinei em sua direção, apoiei meus dois braços sobre sua mesa, aproximei meu rosto a cerca de dois palmos do dele, olhei-o fixamente nos olhos e lhe disse duramente:

— O melhor que eu posso dizer sobre o que acontece na ABIN é um diletantismo irresponsável.

E permaneci encarando-o fixamente.

E essas foram minhas últimas palavras, naquela reunião com o Diretor-Geral Adjunto da ABIN, Joneilton Assis Martins, em seu gabinete, no dia 13 de maio de 2003.

Rapidamente sua fisionomia foi incandescendo e ele explodiu numa reação de ódio contra mim e me expulsou aos gritos do seu gabinete:

— Retire-se imediatamente do meu gabinete!

Em seguida, saltou jogando sua cadeira para o lado e, gesticulando com os braços, partiu para cima de mim, me enxotando do seu gabinete, quase me empurrando fisicamente.

Levantei-me e, lépido, tomei a postura ereta rígida de frente para ele e lhe encarei: sinalizando com o olhar que ele não ousasse encostar em mim.

Essa minha atitude conteve-lhe o ímpeto. Mas, não as palavras injuriosas que passou a despejar aos brados contra mim:

— O Sr., como oficial, é uma vergonha para o Exército! O Sr não é digno de integrar as fileiras do glorioso Exército Brasileiro! O Sr está expulso da ABIN! E o Exército devia lhe fazer o mesmo.

E batendo firmemente os pés no chão dirigiu-se rapidamente à saída do seu gabinete, abriu a porta e bradou:

— O Sr está expulso da ABIN! Desapareça do meu gabinete! Saia já!... saia... saia...saia.... — ficou repetindo.

Permaneci durante todo esse tempo de pé, encarando-o nos olhos, ouvindo suas injúrias, sem lhe dizer uma palavra sequer. Desloquei-me até a porta de saída, sempre o encarando. Ao atravessar a porta e sair de seu gabinete, ainda ouvi o Joneilton bradar-me pelas costas:

— O Sr está expulso da ABIN!

E bateu a porta com força.

Naquelas circunstâncias, vivenciar e sobreviver a toda essa injustiça, assédio moral, intimidação e humilhação, proferidas pela Direção-Geral da ABIN contra mim, exigiu-me um controle emocional e uma força interior sobre-humanos. O preço a pagar por tudo isso é sempre muito alto, inclusive para a própria saúde. Porque passar por tudo isso que passei destrói avassaladoramente seu corpo e sua alma, deixando cicatrizes para o resto de sua vida. E o pior é que eu mal sabia que toda essa desgraça contra mim na ABIN só estava começando.

A reviravolta

Ser expulso do gabinete do Diretor-Geral Adjunto da ABIN, Joneilton Assis Martins, ser expulso da ABIN, e ainda assediado moralmente, intimidado e humilhado em pessoa, foi algo muito forte para mim. Porque a Direção da ABIN fez um estardalhaço em torno da minha expulsão. Afinal, isso foi motivo de júbilo para a direção da agência que, evidentemente, tratou de espalhar a notícia aos quatro ventos.

Passei a aguardar o recebimento do ofício para que eu retornasse ao Exército, que eu sabia que seria expedido em no máximo 48 horas. Mas, havia uma providência importantíssima que eu necessitava tomar imediatamente: falar com meu pai, Waldyr Soares. Em todas as sérias dificuldades e crises pelas quais passei em minha vida profissional, somente em duas delas, as mais graves, eu precisei recorrer ao meu pai, como amigo, confidente e conselheiro. E as duas vezes aconteceram no curto período em que estive na ABIN.

No primeiro momento, quando relatei a ele sobre as circunstâncias e fatos que demandaram minha expulsão da ABIN, sua reação foi de uma revolta e indignação como eu nunca tinha visto. Afinal, meu pai era militar, como eu, e foi Comandante-Geral da Polícia Militar de Minas Gerais e também juiz da Justiça Militar do estado; tendo combatido por toda a vida a criminalidade e a injustiça no país.

Foi muito duro ver seu próprio filho sendo vítima das ilicitudes perpetradas pela criminalidade organizada que comanda os serviços secretos do país. Que fique claro que procurei meu pai porque ele era a única pessoa no mundo com a qual eu poderia compartilhar tudo que eu estava passando.

Era algo muito forte, doloroso, grave e, principalmente, perigoso, afinal, a criminalidade organizada que comanda os serviços secretos do país ameaça até os governantes máximos.

Ao tomar conhecimento de todos os fatos sobre a minha expulsão da ABIN, tamanha foi a revolta e a indignação de meu pai com as ilicitudes perpetradas pela Direção-Geral da ABIN, que ele decidiu tomar providências. Perguntou se eu fazia alguma objeção caso ele denunciasse o que estava acontecendo comigo, pois tudo teria que ser devidamente apurado. Eu lhe disse que não fazia qualquer objeção e que, em caso da devida apuração, além do meu testemunho, eu ainda tinha todos os documentos institucionais da ABIN probatórios que eu havia produzido.

Porque "quem não deve não teme... e não treme".

Pouco tempo depois de falar com meu pai, recebi uma ligação de um importante parlamentar do congresso nacional querendo saber detalhes da minha expulsão, para levar ao conhecimento do parlamento tudo o que estava acontecendo na agência. Eu lhe disse que eu estava à sua disposição.

Convém relembrar uma importante citação do então Ministro-Chefe do Gabinete de Segurança Institucional da Presidência da República, Jorge Armando Félix, em seu depoimento na CPI das escutas telefônicas clandestinas ilegais, em 2007, quando ele revelou ao país dizendo que: "A única forma de evitar grampo telefônico é não abrir a boca". Aquela minha conversa com o renomado parlamentar do Congresso Nacional foi grampeada, embora eu só fosse descobrir isso, algum tempo depois. Eu vivo grampeado (ilegalmente) pela comunidade criminosa que governa os serviços secretos nacionais, desde 2002, quando me tornei uma ameaça à ABIN. E aquele grampo telefônico ilegal do qual eu fui vítima representou uma completa reviravolta quanto à minha expulsão da ABIN.

Porque, obviamente, a Direção da ABIN tomou conhecimento sobre o conteúdo de minha conversa com o parlamentar. Portanto, a direção ficou sabendo o que iria acontecer assim que eu fosse oficialmente desligado do cargo. Ou seja, o Congresso Nacional e, por conseguinte, a sociedade tomariam conhecimento do que estava acontecendo na agência.

Num primeiro momento, a minha única expectativa era receber o mais rápido possível o meu ofício de apresentação ao exército, oficializando meu desligamento da agência, para dar prosseguimento ao que havíamos combinado, eu e o referido parlamentar. Porém, passadas 48 horas de minha expulsão da ABIN, formulada pessoalmente por seu Diretor-Geral Adjunto, Joneilton Assis Martins, eu ainda não havia recebido meu ofício de apresentação no exército, e o meu desligamento da agência ainda não havia sido oficializado.

Já estava afastado de todas as minhas funções, não participava de qualquer atividade interna, os intergrantes da ABIN me discriminavam e me isolavam cada vez mais na agência como persona non grata, e eu não tinha mais qualquer atribuição referente ao meu cargo. Mesmo assim, nada do meu desligamento oficial sair.

A única atividade que eu permaneci realizando na ABIN foi o meu treinamento físico operacional, que eu fazia religiosamente todos os dias. E foram intermináveis 17 dias assim. Até que chegou o histórico dia 29 de maio de 2003, "dia da remissão dos pecados da ABIN". Naquele dia, mais uma vez, eu realizava o meu treinamento físico. Como estava muito quente, além da minha corrida diária, eu também nadei e, como de costume, fui um dos últimos a deixar o parque desportivo da ABIN.

Já havia passado do meio dia, o sol estava escaldante, e eu retornava para a GE 5330, sem camiseta, descalço, apenas de short, segurando o par de tênis em uma das mãos, e molhado por ter saído da piscina. Eu passava pelo estacionamento que fica em frente à biblioteca, e tudo em volta na ABIN parecia um enorme deserto, sem uma viva alma. Apenas eu, naquele enorme espaço vazio, de uma ABIN que parecia abandonada. Eis que surge um veículo, deslocando-se muito lentamente, que só percebi quando entrou no estacionamento por onde eu passava. O veículo só me chamou a atenção porque veio em minha direção, embora tivesse todo o espaço disponível para estacionar. Mesmo assim, não lhe dei a menor importância, provavelmente ele estacionaria em uma vaga qualquer. Mas não foi o que aconteceu. Ele manobrou bem devagar, passando à minha frente. E em seguida parou de chofre, na transversal, bloqueando a minha passagem, do lado do motorista, forçando-me a parar.

Parei e tentei identificar o condutor daquele veículo em atitude estranha, mas isso não foi possível porque seus vidros eram muito escuros. De repente, o vidro do motorista começou a abrir, revelando aos poucos a identidade do seu condutor: era ninguém mais ninguém menos que o Diretor--Geral Adjunto da ABIN, Joneilton Assis Martins. Fiquei ali, encarando-o duramente, em pé, parado, naquele sol escaldante, molhado, pingando, pingando, pingando... E já havia decidido que não lhe diria uma palavra sequer. Acontecesse o que acontecesse. Porque depois de eu ter sido expulso da ABIN, intimidado, assediado e humilhado por ele, da forma como ocorreu em seu gabinete, 17 dias atrás, não havia mais nada para conversarmos.

Joneilton Assis Martins não desembarcou do veículo. Ficou sentado encolhido no banco do motorista, como quem teme ser visto. Com uma fisionomia passiva e evitando me olhar nos olhos, disse-me, de dentro do veículo:

— Sr. Major, eu preciso muito falar com o Sr. — E ficou aguardando uma resposta minha.

Eu nada lhe respondi e permaneci de pé, imóvel, olhando-o fixamente.

Joneilton ficou ainda mais incomodado e insistiu:

— Sr Major, nós precisamos conversar um assunto muito importante e eu gostaria que o Sr. fosse ao meu gabinete hoje à tarde. — E ficou aguardando uma resposta minha.

Eu, novamente, nada lhe respondi e permaneci em pé, imóvel, olhando-o fixamente. Joneilton visivelmente desconcertado insistiu:

— Por favor, Sr Major, venha ao meu gabinete hoje à tarde. É um assunto muito importante que preciso tratar com o Sr. Obrigado!

Eu nada lhe respondi e permaneci de pé, imóvel.

Então ele levantou o vidro do motorista e foi saindo com o seu veículo, tão vagarosamente como chegou.

Eu continuei o meu deslocamento até a GE 5330 pensando no que havia se passado ali.

Mas uma coisa era certa, eu não iria novamente ao gabinete de Joneilton Assis Martins. Porque, a partir do momento em que eu fui expulso da ABIN, pela Direção-Geral da agência, tudo o que fosse referente à agência e à minha pessoa seria tratado em outro fórum: o Congresso Nacional.

Cheguei à GE 5330, pensando sobre tudo isso. Tomei meu banho, vesti o meu terno, fui almoçar mais uma vez sozinho no restaurante da ABIN, que estava quase fechando. Ao retornar à GE 5330, o expediente da tarde havia começado, e havia um reboliço de emissários à minha procura. Do nada um mensageiro assustado da Direção-Geral da ABIN veio falar comigo, dizendo-me que eu estava convocado para uma reunião urgente no gabinete de Joneilton Assis Martins, às 17h30 daquele dia. Obviamente que eu nada lhe respondi.

Ao chegar à GE 5330, logo que adentrei as instalações, todos os servidores pelos quais eu ia passando também me procuravam assustados, me avisando da minha convocação urgente no gabinete , às 17h30 daquele dia.

Mas com uma informação adicional: também estavam convocados o Diretor da ESINT, José Olavo Coimbra de Castro, e o Diretor de Ensino e Gerente de Ensino de "Operações de Inteligência" Thélio Braun D'Azevedo. Calei-me e fiquei pensando sobre tudo isso. Pouco tempo depois, tocou meu telefone. Era a secretária da Direção-Geral da ABIN me convocando para uma reunião urgente no gabinete do Diretor-Geral Adjunto da ABIN, Joneilton Assis Martins, às 17h30 daquele dia. Ela disse que o Diretor-Geral Adjunto da agência havia pedido a confirmação de minha presença. Eu apenas lhe disse "obrigado!", e desliguei o telefone.

Eu já havia decidido que eu não iria a Joneilton Assis Martins. Se a Direção-Geral da ABIN quisesse falar com o Maj. André Soares, isso somente seria possível no Congresso Nacional. Na última hora, contudo, eu resolvi comparecer àquela reunião na Direção-Geral da ABIN.

Hoje, passados mais de dez anos, não tenho dúvidas de que esta foi minha melhor decisão. Em contrapartida, sou obrigado a revelar que o que lá ocorreu foi a maior vergonha que um cidadão digno pode sentir de uma instituição do estado brasileiro, que macula a própria história do Brasil, perante a sociedade e o mundo.

Mais uma vez, no horário marcado, estava eu no famoso Bloco A da ABIN, no gabinete da Direção-Geral da agência. Anunciei-me à secretária da Direção da ABIN, que me pediu para aguardar. Sentei-me na poltrona à sua frente e, pouco depois, chegou o Diretor da ESINT, José Olavo Coimbra de Castro que, ao me ver, tentou fingir naturalidade, conversando insistentemente com a secretária, movimentando-se em pé, de um lado para o outro, em incontida inquietude. Ele estava nervoso, muito nervoso. Minutos após, a secretária nos conduziu ao gabinete do Joneilton Assis Martins.

Sentei-me na mesma cadeira que eu me sentara há 17 dias atrás. Desconfortável, ele iniciou a reunião, dirigindo-se exclusivamente a mim. Eu o olhava fixamente, da mesma forma como houvera feito horas atrás, de pé e molhado sob sol escaldante. Joneilton começou dizendo, em tom de voz bastante afável, que havia convocado aquela reunião comigo, com o Diretor da ESINT, José Olavo Coimbra de Castro, e com o Diretor de Ensino da ESINT e Gerente de Ensino de "Operações de Inteligência", GE5330, Thélio Braun D'Azevedo e que, mesmo sem a presença do Thélio Braun, que não compareceu, faria a reunião.

Prosseguiu frisando, em tom conciliador, que a ABIN havia cometido um erro quanto ao meu desligamento da agência; que quem estava certo era eu, ao afirmar que não havia militares excedentes na ABIN. Fez uma pausa, olhando-me assustado na expectativa de qual seria a minha reação. Eu não disse nada. Apenas levantei as sobrancelhas, balancei a cabeça com expressão de ironia, olhei duramente para o Diretor da ESINT, que fugiu com os olhos, e voltei a olhar firme o Diretor-Geral Adjunto da ABIN, Joneilton Assis Martins, sem nada dizer.

Ele continuou se justificando, alegando que não era o caso de procurar saber qual a origem daquele erro da ABIN, porque o mais importante é que ele havia sido corrigido oportunamente e que eu não estava mais desligado da agência. E fez nova pausa, olhando-me na expectativa de minha reação. Diante do meu silêncio, porém, Joneilton Assis Martins começou a se desesperar. Para mim ficou claro que o grande objetivo da Direção-Geral da ABIN, ao convocar aquela reunião urgente, era me convencer a permanecer na agência, evitando a todo custo um escândalo no Congresso Nacional.

Joneilton, então, passou a adotar comigo a estratégia mais básica e elementar dos medíocres e corruptos, em todo o mundo: a bajulação. Eu nunca fui tão louvaminhado em toda a minha vida, como fui naquela ocasião. Era o mesmo homem que dezessete dias atrás havia me expulsado aos gritos do seu gabinete, e da ABIN, me intimidando, ameaçando e injuriando veementemente, por eu ter denunciado irregularidades e ilícitos da Direção-Geral da ABIN.

O que se seguiu, naquele 29 de maio de 2003, foi a cena mais nojenta e repugnante que uma instituição de estado pode proporcionar ao país: a covardia e a indignidade de seus dirigentes máximos. Joneilton Assis Martins: passou a tecer uma miríade de elogios à minha pessoa, bajulando-me, como se eu fosse um semideus do Olimpo. Era desfecho mais vergonhoso que poderia acontecer a uma instituição de um Estado Democrático de Direito: após esgotar todo o seu arsenal de encômios à minha pessoa e percebendo minha fisionomia impassível, Joneilton formulou, objetivamente, em seu gabinete, um pedido oficial de desculpas da ABIN, por suas ilicitudes cometidas. De forma solene e quase implorando ele disse:

— A Agência Brasileira de Inteligência lhe pede desculpas, Sr. Major André Soares.

E ficou olhando-me com ar de súplica, na expectativa de receber o meu perdão, não porque estivesse arrependido de seus "pecados", mas porque estava aterrorizado pela possibilidade de ter que pagar por eles. Naquele momento, eu me inclinei em sua direção, lhe encarando duramente, e lhe respondi com o meu mais absoluto silêncio.

Vendo-se impotente em alcançar seu principal objetivo, o desespero do Diretor-Geral Adjunto da ABIN, Joneilton Assis Martins, assumiu maiores proporções, principalmente porque ele percebeu que, daquela vez, quem estava para encerrar aquela reunião era eu. E pouco antes de eu me levantar e sair do seu gabinete, sem ter lhe dito uma palavra sequer, Joneilton Assis Martins, me fez um último apelo emocionado:

— Sr Major André, a ABIN gostaria imensamente que o Sr permanecesse conosco. Para nós, seria uma grande honra contar com o Sr. — E ficou me olhando com ar já meio sem esperanças.

Em fração de segundos, um filme futurista passou pela minha mente, enquanto eu olhava fixamente nos olhos do Diretor-Geral Adjunto da ABIN, Joneilton Assis Martins. Então, para sua surpresa, eu pronunciei minhas primeiras palavras naquela reunião: — Por que não?

Foi impressionante a imediata mudança de sua fisionomia. Minha resposta foi para ele o mesmo que um raio de luz iluminando a escuridão, e ele esboçou um largo sorriso de incontida felicidade. Feliz e eufórico, Joneilton propôs a minha transferência para o Departamento de Assuntos Nacionais do Departamento de Inteligência (publicado no Boletim de Serviço – Confidencial, No., 10 de 31 de maio de 2003). Em seguida, tentando aparentar uma postura de legalidade, garantiu-me que determinaria uma apuração rigorosa de todos os fatos relativos às deficiências, vulnerabilidades e situações de crise verificadas na ESINT/ABIN, que eu vinha denunciando oficialmente há mais de um ano, desde 2002.

Aquela histórica e vergonhosa reunião na Direção-Geral da ABIN, realizada em dia 29 de maio de 2003, "dia da remissão dos pecados da ABIN", foi encerrada em clima de comemoração pelo Diretor-Geral Adjunto da ABIN, Joneilton Assis Martins.

Para completar o clima de festa, faltava apenas "varrer toda a sujeira para debaixo do tapete", blindando a Direção-Geral da ABIN, de forma a eximí-la de toda e qualquer responsabilidade pelos ilícitos ocorridos na agência. E isso foi feito no dia seguinte, "cortando as cabeças" de todos os dirigentes da ABIN envolvidos, a começar pelo até então todo-poderoso Diretor da ESINT, José Olavo Coimbra de Castro, do Diretor de Ensino, Thélio Braun D'Azevedo e outros dirigentes; os quais foram todos exonerados de seus cargos na ABIN.

Hoje, passados mais de dez anos, não tenho dúvidas de que a minha decisão de permanecer na ABIN foi a melhor para a Inteligência de Estado no Brasil. Mas também não tenho dúvidas de que foi a pior decisão para a minha vida e, principalmente, de minha família.

Não me arrependo. Mas confesso que carrego comigo a dor de ver que meus familiares sofreram por uma guerra que não era deles. Porque a partir do momento que decidi permanecer na ABIN, eu desvelei toda a "monstruosidade" da comunidade criminosa que governa os serviços secretos no Brasil, tornando-me seu inimigo número um.

Espero, portanto, que pelo menos este livro sirva para recompensar, de alguma forma, todo o sofrimento que, até hoje, minha família enfrenta.

O *modus operandi* oficioso da ABIN

O caso que vou relatar a seguir é real e representativo de uma das variantes do *modus operandi* oficioso, institucionalizado na ABIN, e por meio do qual a agência busca "espionar" os órgãos e instituições públicos do seu interesse, contrariando o ordenamento jurídico e ferindo de morte o próprio regimento interno da ABIN. Nele estão previstos procedimentos de cooperação com os demais órgãos da administração pública direta, indireta ou fundacional, de qualquer dos Poderes da União, dos Estados, do Distrito Federal e dos Municípios, mas que, deliberadamente não são cumpridos pelos dirigentes da agência.

Esse *modus operandi* oficioso da ABIN é empregado sistematicamente por parte da agência em seu relacionamento institucional com os demais órgãos do estado, em detrimento das normas e procedimentos oficiais, que conferem a devida legitimidade, efetividade, eficácia e eficiência na cooperação institucional. Ele é, portanto, a genealogia dos ilícitos cometidos, indiscriminadamente pela agência no país. Isso ocorreu na Operação *Satiagraha*, envolvendo a Polícia Federal, e na Operação Mídia, envolvendo a Presidência da República, como a seguir descreverei.

No caso que relatarei, a vítima foi o Ministério do Planejamento Orçamento e Gestão (MPOG).

Em 2003, eu estava no Departamento de Inteligência (DI). Com a transferência da estação de Segurança Pública para o Departamento de

Contrainteligência (DCI), fui designado para integrar a estação de Políticas Nacionais. Tive como incumbência, entre outras funções, a produção de conhecimentos de inteligência sobre o Programa Nacional de Fortalecimento da Agricultura Familiar (Pronaf), conforme o Pedido de Busca 024/2100/ABIN, de 04 de abril de 2003.

Como descrevi, qualquer pessoa alfabetizada, que diariamente leia um bom jornal, assista aos noticiários e acesse a internet, está mais bem informada que a ABIN. Porque a maioria do conteúdo de todos os relatórios da ABIN que chegam ao presidente da república é extraída das chamadas fontes abertas e, principalmente, da internet. É mera reprodução disfarçada do que já está veiculado na mídia nacional e internacional.

Após levantar todos os dados existentes na ABIN sobre o Pronaf, não apenas na agência central em Brasília, mas em todos os seus demais escritórios espalhados pelo país, verifiquei não haver qualquer informação relevante que já não tivesse sido divulgada pela mídia ou disponível em fontes abertas. O mais grave era que o destinatário final era a própria Presidência da República.

Preocupado, informei ao Coordenador de Assuntos Nacionais, Edmar Fernandes de Camargo que, quanto a esse assunto, não havia conteúdo relevante para levar à presidência da república, por não se configurar a possibilidade de oportunidades e ameaças sob o ponto de interesse do acompanhamento de inteligência, nem possíveis situações de crise que envolvesse o GSI. Sugeri, portanto, que tal conhecimento tivesse difusão interna.

É importante, porém, destacar que a ABIN impunha metas de produtividade aos seus diversos departamentos. O que, em princípio, seria louvável sob o aspecto de gestão organizacional, não fossem essas metas da ABIN serem de natureza prioritariamente quantitativas, em detrimento de critérios qualitativos, como devem ser as metas de produtividade de um serviço de Inteligência, principalmente destinado à assessoria presidencial.

Daí, conforme eu havia verificado, as informações que ABIN dispunha sobre o Pronaf, já eram do conhecimento da presidência da república. Aliás, já eram do conhecimento de todo mundo. A prioridade para a ABIN era atingir as metas quantitativas de produção de relatórios de inteligência (RELINT) a serem difundidos, pela DAN, à Presidência da República.

Quando informei a Edmar Fernandes de Camargo que, quanto ao assunto do Pronaf, não havia conteúdo relevante para difusão, ele mostrou-se profundamente incomodado e não aceitou a minha colocação. Em seguida, ele teve uma atitude que, posteriormente, eu confirmaria se tratar do *modus operandi* clandestino e deletério que impera na subcultura dos dirigentes da ABIN.

O Coordenador de Assuntos Nacionais, Edmar Fernandes de Camargo, sugeriu estabelecer "ligação" com o Ministério do Planejamento, Orçamento e Gestão (MPOG), a fim de levantar mais dados sobre o assunto, no sentido de subsidiar a produção do respectivo relatório da ABIN. E, pouco tempo depois, me informou que minha ida ao referido ministério estava agendada para o dia 31 de outubro de 2003, às 11h, para tratar com os senhores Rafael e Maurício. Nada mais me foi dito.

Com a proximidade da data, questionei reiteradamente Edmar Fernandes de Camargo sobre as providências administrativas e institucionais da ABIN para o estabelecimento da respectiva ligação com o MPOG, no âmbito da presidência da república. Também pedi maiores informações sobre a referida ligação institucional, com os nomes completos e respectivas funções das pessoas que ele havia indicado nominalmente, supostamente chamados Rafael e Maurício, bem como o respectivo ofício da ABIN encaminhando minha apresentação ao MPOG, como é previsto em qualquer ligação institucional, principalmente desse nível governamental; como está cabalmente previsto no regimento interno da ABIN, conforme referenciado em seu Capítulo V – das Disposições Gerais, artigo 96, que versa:

A ABIN somente poderá comunicar-se com os demais órgãos da administração pública direta, indireta ou fundacional, de qualquer dos Poderes da União, dos Estados, do Distrito Federal e dos Municípios com o conhecimento prévio da autoridade competente de maior hierarquia do respectivo órgão, ou um seu delegado.

Significa, óbviamente, que essa "ligação" que o DI estava me mandando realizar com o MPOG deveria ter sido solicitada oficialmente pelo Diretor-Geral da ABIN diretamente ao Ministro do MPOG. Ou será que o Diretor do DI, José Milton Campana, o coordenador-Geral da CGAN, Sylvio Antonio Câmara Lins Filho, e o Coordenador de Assuntos Nacionais,

Edmar Fernandes de Camargo, não conheciam o próprio regimento interno da ABIN?

É claro que conheciam. Portanto, tratava-se de mais uma escancarada oficiosidade institucional da ABIN, alinhada com o clandestino *modus operandi* dos dirigentes da ABIN.

Como agravante, os dirigentes do DI ainda me colocavam propositalmente como "testa de ferro" para que, caso ocorresse algum problema no MPOG, a culpa fosse atribuída a mim e não a eles, os eximindo da responsabilidade por essa clandestinidade que estavam cometendo. Ou seja, "... eu não sei de nada, eu não vi nada..." Portanto, sem rastros e sem provas: é assim que funciona na ABIN.

Apesar de ser inserido à minha revelia num contexto oficioso da ABIN, no qual todas as situações estavam deliberadamente arquitetadas contra mim por seus dirigentes, eu também sabia que, de minha parte, não cometia e nem cometeria qualquer impropriedade.

No dia 31 de outubro de 2003, às 11h, compareci ao Ministério do Planejamento Orçamento e Gestão, na Esplanada dos Ministérios, indo ao Bloco K, onde me identifiquei como sendo da ABIN, e perguntei pelos senhores Rafael e Maurício, que estariam me aguardando. Fui muito bem recebido por ambos, que me conduziram a uma sala isolada, em que fui interrogado por eles por quase uma hora.

Mostraram-se desconfiados e preocupados com a minha presença como integrante da ABIN. Estavam com receio do que poderia estar por trás da minha ida ao MPOG. Eu os compreendia perfeitamente e sabia que eles estavam certos em temer a presença da ABIN no MPOG, algo totalmente oficioso. Isso explicava o porquê do interrogatório a que fui submetido e no qual ficou claro que ambos não sabiam nada do que estava acontecendo na ABIN e do que eu estava fazendo ali. Não sabiam nem mesmo do assunto que seria tratado (Pronaf).

Logo percebi que, apesar de toda a deferência com que fui recebido, não haveria qualquer possibilidade de cooperação institucional do MPOG em termos de informações sobre o Pronaf, pois nenhum deles havia sido oficializado sobre uma eventual cooperação institucional. Portanto, eles estavam absolutamente certos. Em minha avaliação, ambos mereciam elogios do MPOG pela conduta e comportamento exemplares. Já aos dirigentes da ABIN, deveria caber punição por atuarem clandestinamente, contrariando, deliberadamente, o regimento interno da própria agência.

Percebendo a gentileza e o alto nível profissional de ambos, mesmo numa situação oficiosa provocada pela ABIN, fiz questão de deixar clara minha idoneidade e minha intenção de prestar o melhor assessoramento de inteligência possível à Presidência da República sobre o Pronaf. Pedi que desconsiderassem minhas credenciais de oficial de inteligência da ABIN e me identifiquei a ambos como um oficial de carreira do Exército Brasileiro. Foi impressionante como, a partir daquele momento, mudaram de atitude, principalmente em termos de confiabilidade. Saberem que eu era oficial do Exército Brasileiro, nomeado na Presidência da República fez a diferença.

Maurício Carneiro de Albuquerque era Gerente de Projeto do Ministério do Planejamento, Orçamento e Gestão, da Secretaria de Planejamento e Investimentos Estratégicos; e Rafael Ferreira Rocha Monteiro, Analista de Planejamento e Orçamento, do mesmo ministério. Expliquei detalhadamente a ambos, não apenas minha situação funcional na ABIN, mas também a sistemática que demandava à agência produzir informações sobre o Pronaf que, no entanto, também estava afeta ao MPOG, dentre outros órgãos do governo. Também falei minuciosamente da cadeia hierárquica da ABIN e do motivo específico da minha visita. Ficaram tranquilos quando tiveram a certeza de que meu trabalho era de caráter exclusivamente institucional.

Assumi tanto o compromisso pessoal quanto o ético do meu trabalho relativo ao Pronaf, no caso de uma eventual cooperação do MPOG e aventei a possibilidade de cooperação por parte da ABIN, uma vez que ambos demonstraram, objetivamente, como a agência poderia atuar em parceria com o MPOG, conferindo muito mais efetividade e eficiência não apenas ao Pronaf, mas também a diversos outros projetos do MPOG. Maurício acrescentou que, além do Pronaf, o MPOG trabalhava à época com cerca de trezentos programas e projetos nacionais, os quais poderiam contar com a cooperação da ABIN. Ambos foram extremamente solícitos e cooperativos, permitindo-me acesso a diversos relatórios e ao banco de dados do MPOG e também a relatórios específicos do Pronaf. Devo registrar que eles se colocaram à disposição para quaisquer outros esclarecimentos.

Retribuí a deferência com que fui recebido, convidando-os a conhecer a CGAN/DI/ABIN.

Ao retornar a ABIN, participei os fatos ocorridos no MPOG ao coordenador-Geral da CGAN, Sylvio Antonio Câmara Lins Filho, e ao Coordenador de Assuntos Nacionais, Edmar Fernandes de Camargo. Informei a ambos que a CGAN e o DI poderiam vir a desenvolver excelentes parcerias institucionais com o MPOG, em benefício da Presidência da República.

Solicitei tanto ao Sylvio Antonio Câmara Lins Filho como também ao Edmar Fernandes de Camargo, que oficializassem a realização do trabalho sobre o Pronaf junto ao MPOG, estabelecendo, portanto, o devido contato institucional e agradecendo a cooperação que os representantes daquele órgão me emprestaram. Também pedi que formulassem, oficialmente, o convite para que viessem conhecer a ABIN. A reação dos dois foi de descaso e desconsideração. Quando insisti na possibilidade da parceria institucional da ABIN com o MPOG, foi um veemente NÃO!!!

Até onde eu sei, não foi encaminhado sequer um expediente oficial de agradecimento ao MPOG por parte da ABIN. Foi como se não tivesse existido o contato que a agência ordenou que eu fizesse em 31 de outubro de 2003, às 11h, no MPOG, Bloco K, na Esplanada dos Ministérios, com os senhores Maurício Carneiro de Albuquerque e Rafael Ferreira Rocha Monteiro. "Desaconteceu". O verdadeiro objetivo dos dirigentes da ABIN não era a desejada cooperação institucional com o MPOG, mas apenas subtrair suas informações.

Produzi um consistente e completo relatório de inteligência sigiloso sobre o Pronaf, que foi difundido pelo DI à Presidência da República. O material foi muito bem avaliado pelos escalões superiores e considerado resultado da eficiência institucional da ABIN. O que o Presidente da República não soube, mas deveria ter sabido, é que o referido Relint sigiloso sobre o Pronaf, elaborado pela ABIN, de fato não tinha absolutamente nada de sigiloso, e foi produzido exclusivamente com as informações do MPOG porque a ABIN não tinha qualquer informação relevante sobre esse assunto.

Significa que o Presidente da República foi induzido a erro pela ABIN, ao acreditar que as informações sobre o Pronaf, contidas no Relint da ABIN, foram produzidas pela agência, quando, de fato, eram apenas mera reprodução das informações do próprio MPOG, que inclusive já as havia difundido anteriormente. Foram assim caracterizadas diversas impropriedades por parte da ABIN como: superposição institucional inócua sobre temática específica de outra instância governamental, "assunção da origem" de informações, gerando a possibilidade da ocorrência de "falsa confirmação de fonte" e/ou "falsa confirmação de origem". Estes, reafirmo, são erros graves e perigosos na produção do conhecimento de inteligência.

Também devo dizer que o momento mais auspicioso do Departamento de inteligência da ABIN, foi o ano de 2003, quando a sua Direção-Geral recebeu, pessoal e oficialmente, elogios do Ministro de Estado Extraordinário de Segurança Alimentar e Combate à Fome, José Graziano da Silva, pela produção do Relatório de Inteligência No. 0005/2100/ABIN, de 19 de setembro de 2003 – "CONSIDERAÇÕES ACERCA DA IMPLANTAÇÃO DO PROGRAMA FOME ZERO", que foi considerado pela excelentíssimo ministro de excelente qualidade para os trabalhos de seu ministério.

Lembro-me que esse foi um dia marcante de grande comemoração interna na agência, especialmente por toda a cúpula da ABIN.

Nesse momento, aproveito o ensejo deste livro para também agradecer ao excelentíssimo ministro e revelar que o autor que produziu este Relint foi o Major André Soares. E que, a despeito de sua excelente qualidade, todas as suas informações foram obtidas de fontes abertas e principalmente na internet.

00070.005298/2003-71

Aviso n° 161 /MESA

Em 09 de outubro de 2003.

A Sua Excelência o Senhor
General JORGE ARMANDO FÉLIX
Ministro de Estado Chefe do Gabinete de Segurança Institucional
da Presidência da República
Palácio do Planalto, 4° andar, sala 37 - Brasília/DF

Assunto: **Relatório de Inteligência ABIN.**

Senhor Ministro,

1.   Muito agradeço sua atenção por enviar-me o "Relatório de Inteligência n° 0005/2100/ABIN, de 19 de setembro de 2003 – CONSIDERAÇÕES ACERCA DA IMPLANTAÇÃO DO PROGRAMA FOME ZERO".

2.   O referido documento está muito bem elaborado e é de grande proveito para a orientação de nossos trabalhos.

Atenciosamente,

JOSÉ GRAZIANO DA SILVA
Ministro de Estado Extraordinário
de Segurança Alimentar e Combate à Fome

> PRESIDÊNCIA DA REPÚBLICA
> GSIPR - SCH MIL - DGES
> Enc. n° 4494-SCH MIL/DGES
> Ao: Sr. Ch Gab GSIPR
> Encaminho a V. Ex.ª IV. S. o presente
> documento para conhecimento e providências
> julgadas pertinentes.
> Brasília-DF, 9 / OUT / 03
>
> *José Mateus Negrão Nogueira* - Cel
> Diretor de Gestão e de Articulação Institucional
> da Subchefia Militar do GSIPR

Fonte: Arquivo pessoal.

Destruição ilegal de documentos sigilosos

No dia 6 julho de 2012, o jornal Folha de S. Paulo publicou que "um conjunto de 40 relatórios encadernados detalha a destruição de aproximadamente 19,4 mil documentos secretos produzidos ao longo da ditadura militar (1964-1985) pelo extinto SNI (Serviço Nacional de Informações). As ordens de destruição, agora liberadas à consulta pelo Arquivo Nacional de Brasília, partiram do comando do SNI e foram cumpridas no segundo semestre de 1981, no governo de João Baptista Figueiredo (1979-1985)".

Segundo a Folha de S. Paulo, entre os documentos, estavam relatórios sobre personalidades famosas, como o ex-governador do Rio Leonel Brizola (1922-2004), o arcebispo católico dom Helder Câmara (1909-1999), o poeta e compositor Vinicius de Moraes (1913-1980) e o poeta João Cabral de Melo Neto (1920-1999). Algumas das ordens de destruição foram assinadas pelo general Newton Cruz, que foi chefe da agência central do SNI entre 1978 e 1983.

Em 2008, a Folha de S. Paulo já havia noticiado que pelo menos 39 relatórios secretos do Exército e do extinto Emfa (Estado-Maior das Forças Armadas) foram incinerados pela ditadura entre o final dos anos 1960 e o início dos 1970.

Darei, agora, informações inéditas dos bastidores da sistemática destruição de documentos.

A destruição ilegal de documentos sigilosos na ABIN/SISBIN é uma prática corriqueira herdada do período da ditadura militar. Em um país como o Brasil, sem qualquer controle efetivo sobre seus serviços de inteligência, nada poderia ser mais óbvio. A ditadura militar terminou em 1985, uma nova Constituição Federal foi promulgada em 1988, e atualmente o Brasil vive o Estado Democrático de Direito... Menos na ABIN/SISBIN, que constitui a maior caixa-preta do país, completamente incólume ao Estado de Direito e ao controle estatal e que nossos governantes temem desafiar.

Mas onde estão as provas desses ilícitos? Se não há qualquer controle sobre a ABIN, como provar que documentos foram ilegalmente destruídos, se eles não mais existem?

A destruição ilegal de documentos sigilosos na ABIN sempre foi uma grande e escancarada "festa", disseminada entre seus dirigentes protegidos pelo manto do sigilo institucional e da mais desavergonhada impunidade.

Como já relatei, na minha condição de profissional de inteligência na cúpula do SISBIN, há tempos eu já conhecia as obscuridades e ilicitudes patrocinadas pela ABIN, antes mesmo de ser designado para servir na agência. Mas o que me surpreendeu, no exercício de minhas funções na ABIN, foi a agressividade com que fui coagido e obrigado a praticar ilicitudes e, inclusive, fui ameaçado de morte por ter me negado a cumprir determinadas ordens ilegais.

Uma dessas situações ocorreu, em 2003, quando eu era analista da Diretoria de Assuntos Nacionais (DAN) e fui obrigado, sob coação, a destruir, ilegalmente, documentos sigilosos no Departamento de Inteligência (DI) da ABIN. Na época, o Diretor do DI era o José Milton Campana, o coordenador-Geral da CGAN era o Sylvio Antonio Câmara Lins Filho e o Coordenador de Assuntos Nacionais era o Edmar Fernandes de Camargo, aos quais eu estava diretamente subordinado e a quem participei todos os fatos.

Por um período, quando exercia funções na DAN, comecei a receber, de servidores da diretoria, de forma reiterada, ordens para a destruição de documentos sigilosos. Achei muito estranho e disse aos meus interlocutores, em todas aquelas ocasiões, que nenhum analista tinha competência e atribuição legal para destruir documentos sigilosos.

Eles contra-argumentaram com hostilidade e afirmaram que aquele era o procedimento normal da DI/ABIN. Deixaram claro que sempre houve ordens oficiais para a destruição de documentos sigilosos e que eu deveria agir da mesma forma. Ainda tentei explicar várias vezes que, em princípio, o analista de inteligência poderia até emitir algum parecer nesse sentido, mas era ilegal determinar a destruição de documentos sigilosos por não ser atribuição e competência de analistas.

Minhas argumentações com embasamento jurídico deixava a todos irritados e agressivos comigo. A situação começou a ficar insustentável. Como eu já havia deixado claro que, naquelas condições, nunca ordenaria a destruição de quaisquer documentos sigilosos, certamente imaginava que eles deixariam de me incomodar e destruiriam todos os documentos sigilosos da ABIN que quisessem, com a ordem de qualquer outro analista.

Isso não aconteceu. Ao contrário, a situação recrudesceu e passei a ser atormentado, várias vezes ao dia, para ordenar a destruição de vários documentos sigilosos do DI, com intimidações do tipo "se você não ordenar a destruição, você terá problemas sérios na DI/ABIN...".

Mais estranho ainda era o fato de serem documentos que não estavam sob minha custódia. Eram documentos aos quais eu nunca tive acesso e nem tinha conhecimento de onde estavam. Tratava-se, portanto, do cometimento explícito de ilegalidade.

Igualmente estranho e comprometedor era que, segundo os interlocutores do DI, a destruição específica daqueles documentos sigilosos deveria ser, obrigatoriamente, ordenada por mim. Ninguém mais. Ora, por que não buscavam a tal ordem de destruição dos documentos sigilosos com a pessoa do DI que os tinha sob custódia? E por que estavam tão nervosos e agressivos comigo? Por que tanta intimidação ilegal à minha pessoa? Ora, qualquer pessoa – mesmo não sendo jurista ou profissional de Inteligência – facilmente concluiria que era muito grave o que ali acontecia. A realidade ia além do festival de ilicitudes na destruição de documentos sigilosos na ABIN. Era também e, principalmente, uma ação de comprometimento, direcionada à minha pessoa. Eu era o alvo.

Se faz necessário explicar, neste momento, o que é uma ação de comprometimento. Trata-se de uma prática muito empregada por serviços de inteligência, mas contra os inimigos do estado. Nunca contra cidadãos nacionais e honestos, como eu.

Ação de comprometimento consiste em monitorar um alvo no come-timento de ilegalidades ou, caso ele não as cometa, incriminá-lo de algu-ma forma, para poder posteriormente controlá-lo e colocá-lo sob suas ordens, mediante chantagem e extorsão, sob a permanente ameaça de re-velação das provas de supostas ilicitudes cometidas.

Era exatamente isso que queriam fazer comigo no DI e posteriormen-te no DCI. E aqueles interlocutores eram apenas emissários a serviço da ação de comprometimento que estava sendo comandada contra mim pela cúpula da ABIN.

Desde 2002, eu já estava alerta quanto às retaliações internas que viria a sofrer, por denunciar as irregularidades e ilícitos praticados na ESINT – e também depois da 1ª crise da Direção-Geral da ABIN, que culminou com a exoneração de vários diretores, inclusive do Diretor da ESINT, como detalhei anteriormente.

Para defender-me da infernal situação que me era imposta no DI, re-solvi tomar providências e fui falar com o Coordenador de Assuntos Nacio-nais, Edmar Fernandes de Camargo.

Antes, porém, para o leitor entender melhor a questão da destruição de documentos sigilosos na ABIN, farei um retrospecto jurídico começando com a época do SNI, passando pelos eventos na ABIN, em 2002, chegando à atualidade. Embasarei minhas explicações no ordenamento jurídico.

Os principais diplomas legais sobre o assunto são:

DECRETO Nº 60.417, DE 11 DE MARÇO DE 1967

Aprova o Regulamento para a Salvaguarda de Assuntos Sigilosos.

Artigos de 50 a 52 e que foi revogado pelo:

DECRETO Nº 79.099, DE 6 DE JANEIRO DE 1977

Aprova o Regulamento para a Salvaguarda de Assuntos Sigilosos.

Art 70 a 72 e que foi revogado pelo DECRETO Nº 2.134, de 24 de janeiro de 1997 que foi revogado pelo DECRETO Nº 4.553, de 27 de dezembro de 2002 que foi revogado pelo DECRETO No. 7845, de 14 de novembro de 2012.

Atualmente, os principais diplomas legais são:

LEI 8.159, DE 8 DE JANEIRO DE 1991

Dispõe sobre a política nacional de arquivos públicos e privados e dá outras providências.

LEI 12.527, DE 18 DE NOVEMBRO DE 2011

"Lei de acesso à informação".

DECRETO Nº 7.724, DE 16 DE MAIO DE 2012.

DECRETO 7845, DE 14 DE NOVEMBRO DE 2012

Os documentos, de qualquer instituição, e não apenas de serviços de inteligência, sigilosos ou ostensivos, são considerados públicos e, nessa condição, são de propriedade do estado.

LEI 8.159, DE 8 DE JANEIRO DE 1991

Art. 7º – Os arquivos públicos são os conjuntos de documentos produzidos e recebidos, no exercício de suas atividades, por órgãos públicos de âmbito federal, estadual, do Distrito Federal e municipal, em decorrência de suas funções administrativas, legislativas e judiciárias. É importante destacar que juridicamente uma instituição somente tem atribuição e competência para exarar seus documentos. Mas, não tem atribuição e competência para destruí-los.

LEI 8.159, DE 8 DE JANEIRO DE 1991

Art. 9º – A eliminação de documentos produzidos por instituições públicas e de caráter público será realizada mediante autorização da instituição arquivística pública, na sua específica esfera de competência. Portanto, no caso da ABIN, todos os seus documentos, inclusive os sigilosos, somente podem ser destruídos mediante autorização da instituição arquivística pública, na sua específica esfera de competência, que é o Arquivo Nacional.

LEI 8.159, DE 8 DE JANEIRO DE 1991

Art. 17 – A administração da documentação pública ou de caráter público compete às instituições arquivísticas federais, estaduais, do Distrito Federal e municipais.

§ 1º – São Arquivos Federais o Arquivo Nacional, os do Poder Executivo, e os arquivos do Poder Legislativo e do Poder Judiciário. São considerados, também, do Poder Executivo os arquivos do Ministério da Marinha, do Ministério das Relações Exteriores, do Ministério do Exército e do Ministério da Aeronáutica.

Art. 18 – Compete ao Arquivo Nacional a gestão e o recolhimento dos documentos produzidos e recebidos pelo Poder Executivo Federal, bem como preservar e facultar o acesso aos documentos sob sua guarda, e acompanhar e implementar a política nacional de arquivos.

A eliminação de documentos, inclusive sigilosos, é regulamentada pelo CONARQ.

LEI 8.159, DE 8 DE JANEIRO DE 1991

Art. 26 – Fica criado o Conselho Nacional de Arquivos (CONARQ), órgão vinculado ao Arquivo Nacional, que definirá a política nacional de arquivos, como órgão central de um Sistema Nacional de Arquivos (SINAR).

Atualmente, a regulamentação da eliminação de documentos pelo CONARQ está prevista na RESOLUÇÃO No 40, DE 9 DE DEZEMBRO DE 2014 que dispõe sobre osprocedimentos para a eliminação de documentos no âmbito dos órgãos e entidades integrantes do Sistema Nacional de Arquivos – SINAR.

Em 2004, a regulamentação da eliminação de documentos pelo CONARQ estava prevista na RESOLUÇÃO No 7, de 20 de maio de 1997 – que dispõe sobre os procedimentos para a eliminação de documentos no âmbito dos órgãos e entidades integrantes do Poder Público.

Art. 1º A eliminação de documentos nos órgãos e entidades do Poder Público ocorrerá após concluído o processo de avaliação conduzido pelas respectivas Comissões Permanentes de Avaliação, responsáveis pela elaboração de tabelas de temporalidade, e será efetivada quando cumpridos os procedimentos estabelecidos nesta Resolução.

Na época dos fatos ocorridos comigo, na ABIN, o diploma legal em vigor era o DECRETO 4.553, de 27 de dezembro de 2002, Da Avaliação, da Preservação e da Eliminação.

Art. 35. As entidades e órgãos públicos constituirão Comissão Permanente de Avaliação de Documentos Sigilosos (CPADS), com as seguintes atribuições:

III – propor, à autoridade responsável pela classificação ou autoridade hierarquicamente superior competente para dispor sobre o assunto, alteração ou cancelamento da classificação sigilosa, em conformidade com o disposto no art. 9º deste Decreto;

IV – determinar o destino final da documentação tornada ostensiva, selecionando os documentos para guarda permanente; e

Art. 36. Os documentos permanentes de valor histórico, probatório e informativo não podem ser desfigurados ou destruídos, sob pena de responsabilidade penal, civil e administrativa, nos termos da legislação em vigor.

É muito importante ressaltar que desde o DECRETO 2.134, DE 24 DE JANEIRO DE 1997, nenhum documento sigiloso pode ser eliminado enquanto estiver nessa condição.

Obrigatoriamente, todo documento sigiloso deve passar pelo processo de desclassificação. Apenas após esse procedimento, ele pode ser liberado para ser eliminado ou destruído. Deve-se ainda ressaltar que, mesmo após a desclassificação, toda e qualquer documentação deve ser aberta à consulta pública.

A eliminação de documentos sigilosos é a última das etapas e, mesmo assim, eles só poderão ser destruídos se considerados sem utilidade pela respectiva Comissão Permanente de Avaliação de Documentos Sigilosos (CPADS).

DECRETO 4.553, DE 27 DE DEZEMBRO DE 2002

Art. 4º Para os efeitos deste Decreto, são estabelecidos os seguintes conceitos e definições:

V – desclassificação: cancelamento, pela autoridade competente ou pelo transcurso de prazo, da classificação, tornando ostensivos dados ou informações;

A desclassificação de um documento sigiloso só pode ser realizada pela autoridade responsável pela sua classificação ou autoridade hierarquicamente superior competente.

DECRETO Nº 4.553, DE 27 DE DEZEMBRO DE 2002
Da Reclassificação e da Desclassificação
Art. 8º Dados ou informações classificados no grau de sigilo ultrassecreto somente poderão ser reclassificados ou desclassificados, mediante decisão da autoridade responsável por sua classificação.
Art. 9º Para os graus secreto, confidencial e reservado, poderá a autoridade responsável pela classificação ou autoridade hierarquicamente superior competente para dispor sobre o assunto, respeitados os interesses da segurança da sociedade e do Estado, alterá-la ou cancelá-la, por meio de expediente hábil de reclassificação ou desclassificação dirigido ao detentor da custódia do dado ou informação sigilosos. As autoridades responsáveis pela classificação, reclassificação e desclassificação de documentos sigilosos são:

DECRETO Nº 4.553, DE 27 DE DEZEMBRO DE 2002.;
Art. 6º A classificação no grau ultrassecreto é de competência das seguintes autoridades:

I – Presidente da República;
II – Vice-Presidente da República;
III – Ministros de Estado e equiparados; e
IV – Comandantes da Marinha, do Exército e da Aeronáutica.

Parágrafo único. Além das autoridades estabelecidas no caput, podem atribuir grau de sigilo:
I – secreto, as autoridades que exerçam funções de direção, comando ou chefia; e
II – confidencial e reservado, os servidores civis e militares, de acordo com regulamentação específica de cada Ministério ou órgão da Presidência da República.

Portanto, como preconiza a legislação em vigor, nenhum analista de inteligência da ABIN tem qualquer atribuição para desclassificar ou destruir qualquer documento, muitos menos os sigilosos.

Como agravante da coação do DI para que eu destruísse documentos sigilosos na ABIN, devo registrar que todos esses procedimentos legais e jurídicos que acabei de explanar já estavam em vigor desde 1997, antes mesmo da criação da ABIN.

Será que o Diretor do DI, José Milton Campana; o coordenador-Geral da CGAN, Sylvio Antonio Câmara Lins Filho; o Coordenador de Assuntos Nacionais, Edmar Fernandes de Camargo, e todos os dirigentes e integrantes da ABIN desconheciam a legislação que regula as atividades de inteligência no Brasil?

Decidi, como já mencionei, tratar dessa questão com o Coordenador de Assuntos Nacionais, Edmar Fernandes de Camargo. Durante nossa reunião, era indisfarçável sua irritabilidade por ter que discutir esse assunto comigo. Isso porque, durante minha permanência no DI, todas às vezes em que me dirigi ao Diretor do DI; José Milton Campana, ao coordenador--Geral da CGAN; Sylvio Antonio Câmara Lins Filho, e a ele foram para denunciar irregularidades e ilícitos. E não foram poucas.

Solicitei que ele formalizasse a normatização institucional da ABIN sobre a destinação de documentos de inteligência sigilosos, especificamente para eliminação e destruição. Solicitei também a eventual normatização institucional desses procedimentos, atribuindo ao analista da ABIN tal competência. Com profundo desconforto, disse não saber da normatização. Achei incrível e inaceitável essa resposta, sendo ele um dirigente da ABIN.

Em seguida, relatei todo o assédio e intimidação que eu vinha sofrendo na DAN/DI, por parte de seus integrantes, para que eu desse ordem explícita para a destruição de documentos sigilosos internos, sob a argumentação de que era procedimento usual dos analistas da ABIN. Também pedi que me apresentasse uma justificativa ao procedimento claramente ilegal.

Naquele momento, Edmar Fernandes de Camargo, visivelmente irritado, afirmou que eu não estava cumprindo os procedimentos do DI, que eu deveria simplesmente executar tudo o que me fosse recomendado, que eu estava sendo diferente dos demais analistas e que eu estava prejudicando os trabalhos da DAN/DI. Mesmo ele estando extremamente nervoso, fiz questão de, detalhadamente, explicar todos os aspectos jurídicos referentes à destruição de documentos sigilosos. Foi uma aula pela qual nada cobrei.

Informei-lhe sobre a legislação em vigor, especialmente o Decreto 4553, de 27 de dezembro de 2002, lembrando-lhe que todo procedimento da ABIN estava subordinado a essa legislação. E fiz mais. Apresentei-lhe o Memorando 321/DEPC/ABIN, de 23 de setembro de 2002, que era o documento interno da ABIN que tratava do assunto, ressaltando que o seu item 5 estabelecia todos os procedimentos a serem adotados, conforme eu havia descrito.

Ao finalizar, exigi que Edmar Fernandes de Camargo apresentasse uma decisão para os graves problemas expostos. Após um longo silêncio, o Coordenador de Assuntos Nacionais, em clara tentativa de apenas se livrar do problema, propôs que eu tratasseesse do assunto com o Centro de Documentação (CDOC) e que lá eu procurasse o chefe, David Bernardes de Assis.

Disse-lhe, então, que sempre fui receptivo ao debate de questões profissionais, mas que o assunto do qual estávamos tratando era atribuição da chefia. E, como ele era o meu chefe imediato, caberia a ele, e não a mim, tomar as devidas providências quanto à decisão a ser tomada, respeitando-se a legislação em vigor. Naquele momento Edmar Fernandes de Camargo calou-se. Ficou mudo. Depois, levantou-se e foi embora, como se eu não estivesse ali e aquela reunião nunca tivesse acontecido. Ele simplesmente desapareceu.

Resumindo: o Coordenador de Assuntos Nacionais, Edmar Fernandes de Camargo, no exercício de suas funções na DAN, nada fez, nada decidiu. Simplesmente omitiu-se, como já houvera feito inúmeras outras vezes. Aliás, eu já estava acostumado com essa prática dos dirigentes da ABIN. Mas não daria o assunto por encerrado e não permitiria que as ilicitudes ficassem sem a devida apuração institucional. Então, seguindo a orientação diversionista do Coordenador de Assuntos Nacionais, fui ao Centro de Documentação (CDOC), para tratar da questão com o seu chefe, David Bernardes de Assis.

Comecei a percorrer mais uma interminável via crucis, das várias que enfrentei na ABIN, mesmo intuindo que nunca chegaria a qualquer solução. Na reunião com David Bernardes de Assis, falei do que estava procurando deixei claro que estava lá por orientação de Edmar Fernandes de Camargo. Relatei toda a situação da destruição de documentos sigilosos na ABIN. Sua imediata reação foi de indisfarçável animosidade para com a minha pessoa. Não me surpreendi, pois já sabia que David Bernardes de Assis fazia parte da cúpula da ABIN que, clandestinamente, me via como um inimigo. Portanto, com ele não seria diferente. Com ele jamais poderia contar.

Mas, naquela ocasião, estávamos frente a frente e ele tinha a obrigação de me esclarecer toda a sistemática legal, relativa à destruição de documentos sigilosos da ABIN.

Como era de se esperar, David Bernardes de Assis absteve-se de tratar do assunto. Ele estava indisfarçavelmente inseguro e cabisbaixo. Sequer me olhou nos olhos. Ficou mudo. Depois de pensar alguns instantes, para livrar-se do problema, utilizou-se da mesma estratégia diversionista do Coordenador de Assuntos Nacionais propondo-me que eu fosse falar com Verone Gonçalves Cauville, Coordenadora-Geral de Documentação de Inteligência da ABIN, que era uma servidora do CDOC, sua subordinada. Ato contínuo, David Bernardes de Assis, chefe do Centro de Documentação (CDOC) saiu de sua sala. Foi embora, como se eu não estivesse ali. E, mais uma vez, fizeram de conta que a reunião nunca aconteceu.

Resolvi continuar com via crucis e fui tratar do assunto com Verone Gonçalves Cauville. Afinal, de irresponsabilidade em irresponsabilidade por parte dos dirigentes da ABIN, a quem mais eu teria que me reportar?

Para minha surpresa, encontrei em Verone Gonçalves Cauville uma pessoa que, além de muito prestativa, demonstrava possuir conhecimento do assunto e da legislação de inteligência em vigor, concordando integralmente comigo sobre todas as questões jurídicas e institucionais relacionadas à destruição de documentos sigilosos. Mas, a despeito de sua importante função na ABIN nada fez, não tomou qualquer atitude quando solicitei providências oficiais para a questão. Aliás, tomou sim uma atitude: calou-se, como os demais dirigentes da ABIN.

Mas que fim teria essa história, já que o problema persistia? Considero importante reforçar que na prática ilegal da destruição de documentos sigilosos na ABIN, o *modus operandi* clandestino acontece sem que haja qualquer ordem oficial para isso. Os documentos simplesmente desaparecem, sem que qualquer dirigente seja oficialmente responsabilizado por isso.

Então dei cumprimento ao Memorando 321/DEPC/ABIN, de 23 de setembro de 2002 e, em 10 de dezembro de 2003, encaminhando ao CDOC os documentos sigilosos que ordenaram que eu destruisse, conforme o prescrito em seu item 5. Estes documentos estão abaixo relacionados:

- RELINT 26815/ARJ/ABIN de 24/09/2003 e anexo A.

- RELINT 26287/ABA/ABIN de 19/09/2003.

- RELINT 26636/ARJ/ABIN de 23/09/2003 e anexo A.

- RELINT 27558/ABA/ABIN de 02/10/2003.

- RELINT 27061/ARJ/ABIN de 26/09/2003 e anexos (A, B, C, D).

- RELINT 27149/ARJ/ABIN de 29/09/2003 e anexo A.

- RELINT 28434/ABA/ABIN de 10/10/2003.

- RELINT 29588/AMG/ABIN de 22/10/2003 e 01 (um) anexo.

- RELINT 29591/AMG/ABIN de 22/10/2003.

- RELINT 25800/ARJ/ABIN de 16/09/2003.

- RELINT 25236/ABA/ABIN de 10/09/2003.

- RELINT 24953/ABA/ABIN de 08/09/2003 e anexos (A, B, C).

O que aconteceu? Em mais uma escabrosa atitude da ABIN, os referidos documentos encaminhados por mim, em cumprimento ao memorando da ABIN, contrariamente ao que deveria ser feito institucionalmente, sequer foram recebidos no CDOC.

Quando tomei conhecimento dessa impropriedade institucional, dirigi-me imediatamente ao CDOC e fui recebido pelo servidor Luiz Wagner Carvalho Simões. Naquela oportunidade, informei-lhe que o encaminhamento estava rigorosamente em conformidade com o Memorando 321/DEPC/ABIN, de 23 de setembro de 2002. Mesmo assim, ele alegou que não receberia os documentos. Nenhuma justificativa ele deu para assim proceder.

Mas por que Luiz Wagner Carvalho Simões estava cometendo uma infração institucional tão explícita exatamente comigo? Certamente, essas ilicitudes não estavam ocorrendo por acaso. Elas simplesmente faziam parte do *modus operandi* clandestino da ABIN.

Os próximos capítulos da destruição ilegal de documentos sigilosos na agência culminaram em nova crise da Direção-Geral da ABIN.

Segunda crise na Direção-Geral da ABIN

A partir da histórica data de 29 de maio de 2003, "dia da remissão dos pecados da ABIN", passei a ser visto como um verdadeiro pop star na agência, por ter derrotado a sua mais alta cúpula, de forma humilhante e vexatória aos olhos de todos. Aquele era o sinal mais claro de que a guerra contra mim só estava começando. Porque a vingança de meus inimigos não tardaria.

Como o desvirtuamento da ABIN é institucional, as deficiências, irregularidades e ilícitos recrudesceram no Departamento de Inteligência (DI). Além disso, a Direção-Geral da ABIN trataria de "desacontecer" todo o histórico de acontecimentos que demandaram o "dia da remissão dos pecados da ABIN". Nada mais óbvio.

Portanto, eu estipulei a mim mesmo um prazo limite: seis meses a partir de 13 de maio. Em 13 de novembro de 2003 protocolei pedido de vistas aos dados sobre minha situação funcional e apurações sobre o que eu denunciara, solicitando, oficialmente à Direção-Geral os seguintes esclarecimentos institucionais:

"...Decorridos seis meses, não fui informado sobre os procedimentos legais que oficializaram a minha dispensa e desligamento dos quadros da ABIN/GSI, ocorrido em 12 de maio de 2003, e comunicado oficial e pessoalmente pelo Diretor da ESINT, Cel Castro, pelo Diretor do CPES, Cel Jaire e pelo Diretor-Geral Adjunto, Sr. Joneilton; conforme solicitado na Parte S/Nr, de 12 de maio de 2003.

Até o momento, não fui convocado, comunicado, ou informado sobre os procedimentos, os resultados e as implicações das apurações realizadas a respeito dos fatos e situações participados por este oficial (Parte S/Nr, de 12 de maio de 2003 e anexos); determinadas pelo Diretor-Geral Adjunto, Sr. Joneilton, em 29 de maio de 2003.

Quanto ao meu desempenho profissional, cumpre ressaltar tratar-se da execução e emprego das "Operações de Inteligência" na ABIN, área sensível da Inteligência Institucional no nível Federal, em que meu currículo, minha experiência e formação advogam a máxima doutrinária da SEGURANÇA X EFICIÊNCIA.

Quanto ao exposto, é importante destacar que:

1. O desempenho dos militares do Exército Brasileiro requisitados na ABIN é observado e avaliado, pessoal e profissionalmente, pelos respectivos chefes da cadeia hierárquica funcional da ABIN, a que estão submetidos. Acresça-se o fato de que tais avaliações têm grande repercussão na carreira militar dos militares do Exército.

2. Os fatos e situações ocorridos referem-se à ação institucional da ABIN na gestão administrativa e funcional dos servidores requisitados, particularmente dos militares.

3. Os fatos e situações ocorridos referem-se à ação institucional da ABIN na orientação e aplicação das Ações de Inteligência, notadamente na execução e emprego das "Operações de Inteligência".

4. As ações e decisões da ABIN, relativas aos fatos e situações ocorridos, acarretam consequências que afetam, direta e indiretamente, pessoal e profissionalmente, este oficial.

Tendo em vista o exposto e o compromisso com os princípios da Ética, da Moral, da Legalidade, da Justiça e da Lealdade; objetivando elucidar os fatos e situações apresentados, à luz da Ordem Jurídica vigente, solicito-vos oficializar, a este oficial, por escrito:

1. Esclarecimentos sobre os procedimentos legais que acarretaram a minha dispensa e desligamento dos quadros da ABIN/GSI, ocorrido em 12 de maio de 2003; conforme solicitado na Parte S/Nr, de 12 de maio de 2003.

2. Informações sobre os procedimentos, resultados e implicações das apurações determinadas pelo Diretor-Geral Adjunto, Sr. Joneilton Assis Martins, em 29 de maio de 2003, a respeito dos fatos e situações participados por este oficial, bem como as conclusões quanto à conduta dos envolvidos.

3. Dados e Informações da ABIN sobre o desempenho pessoal e profissional deste oficial."

Este meu documento, encaminhado diretamente à Direção-Geral da ABIN, repercutiu como uma "bomba atômica" na agência. E a sua primeira consequência foi uma repreensão duríssima da Direção-Geral ao Diretor do Departamento de Inteligência, José Milton Campana. Afinal, aquela era uma história proibida na ABIN, que deveria ter sido "desacontecida". Portanto, o documento nunca poderia ter sido protocolado oficialmente na agência.

Por reação em cadeia, o Diretor do Departamento de Inteligência, José Milton Campana, por sua vez, também fez uma repreensão duríssima ao Coordenador-Geral da CGAN, Sylvio Antonio Câmara Lins Filho; que, por sua vez, também repreendeu, no mesmo tom, o Coordenador de Assuntos Nacionais, Edmar Fernandes de Camargo... E este, por sua vez, iria fazer o quê? Estava então instaurada a 2ª crise na Direção-Geral da ABIN, cuja única solução possível seria a cúpula da agência me convencer a concordar em "desacontecer" tudo.

Isso seria possível? A Direção-Geral da ABIN se engajou, pessoalmente daquela impossível missão. Em 18 de dezembro de 2003, fui convocado, juntamente com o Diretor do DI, José Milton Campana, para uma reunião, às 09h30, na Direção-Geral da ABIN, com o agora preocupadíssimo Diretor-Geral Adjunto, Joneilton Assis Martins, para tratar dos assuntos do meu ofício S/Nr, de 13 de novembro de 2003.

Aquela seria a terceira e última vez que eu trataria das ilicitudes da ABIN diretamente na Direção-Geral. Porque a próxima crise da Direção-Geral da ABIN seria sobre as clandestinidades da Operação Mídia, alguns meses depois. Mas seria também uma grave crise que comprometeria o próprio estado brasileiro. E eu trataria dela, pessoalmente, na Presidência da República, no Palácio do Planalto, como descreverei mais à frente.

1/4

AGÊNCIA BRASILEIRA DE INTELIGÊNCIA
DIRETORIA DE INTELIGÊNCIA
COORDENAÇÃO-GERAL DE ASSUNTOS NACIONAIS

Oficio S/Nr, de 13 de novembro de 2003

Do: Major EB André Costa Soares
À: Direção-Geral da ABIN
Assunto: 1) Situação do Maj André Costa Soares na ABIN;
       2) Conclusão das apurações determinadas pelo Diretor-Geral Adjunto, Sr. Joneilton Assis Martins;
       3) Desempenho pessoal e profissional do Maj André Costa Soares na ABIN.

Em obediência aos princípios da Ética, da Moral, da Legalidade, da Justiça e da Lealdade, que norteiam o compromisso recíproco existente entre a ABIN/GSI/PR e seus servidores e com base na legislação da referência, dirijo-me a Vossa Excelência, para solicitar-vos esclarecimentos, à luz da Ordem Jurídica vigente, sobre a situação deste oficial na ABIN, relativa aos fatos e situações constantes nos documentos da referência, especialmente quanto aos procedimentos legais que oficializaram a minha dispensa e desligamento dos quadros da ABIN/GSI, ocorrido em 12 de maio de 2003 (solicitado na Parte S/Nr, de 12 de maio de 2003); quanto à conclusão das apurações determinadas pelo Diretor-Geral Adjunto, Sr. Joneilton Assis Martins, em 29 de maio de 2003; e quanto ao meu desempenho pessoal e profissional na ABIN.

Em 09 de maio de 2003 (sexta-feira), por volta das 1830 horas, durante um churrasco realizado na Gerência de Ensino de Operações de Inteligência (GE 5330) da Escola de Inteligência (ESINT), o Diretor da ESINT, Cel José Olavo Coimbra de Castro, acompanhado do Vice-Diretor da ESINT, Sr. Ricardo Dalla Barba, do Chefe da GE 5330, Sr. Thélio Braun D'Azevedo e do Sr. José Carlos de Lacerda Abreu Lima, reuniu todos os presentes, especialmente os militares requisitados na GE 5330, para uma comunicação.

Durante longa explanação, o Diretor da ESINT, Cel Castro, informou sobre a publicação de decretos que tratavam da reestruturação da ABIN. Afirmou que uma das mudanças impostas pela nova legislação era uma significativa redução das gratificações militares, o que implicaria no desligamento dos militares que ficassem excedentes na ABIN. Informou que os critérios de escolha dos militares a serem desligados seriam decididos pela Direção-Geral da ABIN.

Em 12 de maio de 2003 (segunda-feira), por volta das 1630 horas, fui comunicado, pessoalmente, pelo Diretor da ESINT, Cel Castro, na GE 5330, que eu havia sido dispensado e desligado, por haver vários oficiais majores excedentes na ABIN. Informou que o critério da minha escolha foi o fato de eu exercer função considerada mais prescindível, em relação aos demais oficiais majores. Na oportunidade, informei que tal ato estava equivocado, visto que a situação de fato e de direito demonstrava não haver majores excedentes na ABIN, em relação aos Decretos 4692 e 4693, de 08 e 09 de maio de 2003, respectivamente, que regulavam a questão. Informei que o quantitativo previsto nos citados decretos era de 11 (onze) majores e que o mesmo correspondia ao existente e ao oficializado na ABIN. Acrescentei que, em verdade, não havia na ABIN excedente

31 836

(continua)

(continuação)

2/4

algum quanto aos quantitativos de militares oficiais. O Cel Castro afirmou que minha argumentação estava errada e comunicou que a decisão do meu desligamento já havia sido tomada pela Direção-Geral da ABIN e oficializada em reunião realizada naquele dia, da qual participara (Parte S/Nr, de 12 de maio de 2003). Prontificou-se a atender meu interesse pessoal, propondo minha transferência para o Centro de Inteligência do Exército (CIE). Nesse sentido, estabeleceu ligação, nesse mesmo dia, com o CIE, informando o meu desligamento da ABIN e do Gabinete de Segurança Institucional (GSI).

Em 12 de maio de 2003, por volta das 1700 horas, solicitei audiência e fui recebido pelo Diretor do Centro de Pessoal (CPES) da ABIN, Cel Jaire Brito Prieto. O Diretor do CPES, Cel Jaire, confirmou as informações prestadas pelo Diretor da ESINT, Cel Castro. Na oportunidade, informei que o meu desligamento da ABIN estava equivocado, visto que a situação de fato e de direito demonstrava não haver majores excedentes na ABIN, em relação aos Decretos 4692 e 4693. Informei que o quantitativo previsto nos citados decretos era de 11 (onze) majores e que o mesmo correspondia ao existente e ao oficializado na ABIN. Acrescentei que, em verdade, não havia na ABIN excedente algum quanto aos quantitativos de militares oficiais. O Diretor do CPES, Cel Jaire, afirmou que minha argumentação estava errada e apresentou uma relação com 12 (doze) nomes de oficiais majores requisitados na ABIN. Informei que um dos majores, cujo nome constava na relação, não estava, nem de fato nem de direito, requisitado pela ABIN/GSI, o que significava não haver excedente de majores. O Diretor do CPES, Cel Jaire, comunicou que a decisão do meu desligamento já havia sido tomada pela Direção-Geral da ABIN e oficializada em reunião realizada naquele dia, da qual, também, participara. Disse que este oficial havia sido desligado por ser o mais antigo dos majores, fato que afirmei não corresponder à realidade.

Em 13 de maio de 2003 (terça-feira), após comunicação ao Diretor da ESINT, Cel Castro, protocolei todos os documentos da referência na secretaria da ABIN e solicitei audiência com a Direção-Geral da ABIN, tendo sido informado que seria recebido às 1730h do mesmo dia.

Na audiência, fui recebido pelo Diretor-Geral Adjunto, Sr. Joneilton Assis Martins. Afirmei, inicialmente, que havia solicitado a referida audiência para informar e participar à Direção-Geral da ABIN, pessoalmente, o que já havia feito por meio de vasta documentação, devidamente protocolada no âmbito da ESINT durante o ano de 2002 e 2003 e que, também, a havia protocolado e encaminhado à Direção-Geral da ABIN, nesse mesmo dia (13 de maio de 2003). Informei que o assunto em questão tratava dos procedimentos legais que oficializaram a minha dispensa e desligamento dos quadros da ABIN/GSI e do meu desempenho pessoal e profissional na Instituição. Informei que havia sido comunicado da minha dispensa e desligamento da ABIN pessoalmente pelo Diretor da ESINT, Cel Castro, e pelo Diretor do CPES, Cel Jaire, em 12 de maio de 2003. Argumentei que tal ato estava equivocado, visto que a situação de fato e de direito demonstrava não haver majores excedentes na ABIN, em relação aos Decretos 4692 e 4693. Informei que o quantitativo previsto nos citados decretos era de 11 (onze) majores e que o mesmo correspondia ao existente e ao oficializado na ABIN. Informei que o Diretor do CPES, Cel Jaire, havia apresentado uma relação com 12 (doze) nomes de oficiais majores requisitados na ABIN, sendo que um deles não estava, nem de fato nem de direito, requisitado pela ABIN/GSI, o que significava não haver excedente de majores. Acrescentei que, em verdade, não havia na ABIN excedente algum quanto aos quantitativos de militares oficiais. O Diretor-Geral Adjunto, Sr. Joneilton, afirmou que minha argumentação estava errada e comunicou-me que o meu desligamento havia sido decidido em reunião da qual participara com o Diretor da ESINT, Cel Castro e com o Diretor do CPES, Cel Jaire, para cumprimento dos citados decretos. Informou que o critério da minha escolha foi o fato de eu ser o oficial major com maior tempo de requisição na ABIN; fato que afirmei não corresponder à realidade. O Diretor-Geral Adjunto, Sr. Joneilton, afirmou tratar-se de ato irrevogável, já devidamente oficializado.

Quanto ao meu desempenho pessoal e profissional na ABIN, informei ao Diretor-Geral Adjunto, Sr. Joneilton, que, ao longo de pouco mais de um ano, havia identificado várias

(continua)

(continuação)

3/4

deficiências, vulnerabilidades e situações de crise, que geravam comprometimento da ESINT/ABIN/GSI. Disse que tais situações foram informadas oportunamente, pessoalmente e por meio de documentação oficial, às chefias competentes no âmbito da ESINT, inclusive diretamente ao Diretor da ESINT, Cel Castro, em várias oportunidades, sempre acompanhadas de propostas para as suas soluções, devidamente fundamentadas e oficializadas (Parte S/Nr, de 12 de maio de 2003 e anexos).

Em 29 de maio de 2003 (quinta-feira), fui comunicado pela GE 5330 de uma convocação, às 1730h, para uma reunião com a Direção-Geral da ABIN, juntamente com o Diretor da ESINT, Cel Castro e o Diretor de Ensino da ESINT e Chefe da GE 5330, Sr. Braun.

A reunião foi presidida pelo Diretor-Geral Adjunto, Sr.Joneilton, com a presença deste oficial e a do Diretor da ESINT, Cel Castro. Durante a reunião, o Diretor-Geral Adjunto, Sr. Joneilton, informou que havia sido cometido um erro quanto a minha dispensa e desligamento da ABIN/GSI. Quanto aos fatos apresentados na Parte S/Nr, de 12 de maio de 2003 e anexos, relativos às deficiências, vulnerabilidades e situações de crise verificadas na ESINT/ABIN, disse ser esta a razão da convocação e da presença do Diretor da ESINT, Cel Castro. O Diretor-Geral Adjunto, Sr. Joneilton, comunicou que determinou a apuração dos fatos e situações participados por este oficial, com a apresentação de explicação e fundamentação, por escrito, por parte dos envolvidos. Propôs a minha saída da ESINT e sugeriu a minha designação para o Departamento de Assuntos Nacionais do Departamento de Inteligência (publicado no Boletim de Serviço - Confidencial, Nr 10 de 31 de maio de 2003).

Decorridos seis meses, não fui informado sobre os procedimentos legais que oficializaram a minha dispensa e desligamento dos quadros da ABIN/GSI, ocorrido em 12 de maio de 2003 e comunicado oficialmente e pessoalmente pelo Diretor da ESINT, Cel Castro, pelo Diretor do CPES, Cel Jaire e pelo Diretor-Geral Adjunto, Sr. Joneilton; conforme solicitado na Parte S/Nr, de 12 de maio de 2003.

Até o momento, não fui convocado, comunicado, ou informado sobre os procedimentos, os resultados e as implicações das apurações realizadas a respeito dos fatos e situações participados por este oficial (Parte S/Nr, de 12 de maio de 2003 e anexos), determinadas pelo Diretor-Geral Adjunto, Sr. Joneilton, em 29 de maio de 2003.

Quanto ao meu desempenho profissional, cumpre ressaltar tratar-se da execução e emprego das Operações de Inteligência na ABIN, área sensível da Inteligência Institucional no nível Federal, em que meu currículo, minha experiência e formação advogam a máxima doutrinária da SEGURANÇA X EFICIÊNCIA.

Quanto ao exposto, é importante destacar que:

1) O desempenho dos militares do Exército Brasileiro requisitados na ABIN é observado e avaliado, pessoal e profissionalmente, pelos respectivos chefes da cadeia hierárquica funcional da ABIN, a que estão submetidos. Acresça-se o fato de que tais avaliações têm grande repercussão na carreira militar dos militares do Exército.

2) Os fatos e situações ocorridos referem-se à ação institucional da ABIN na gestão administrativa e funcional dos servidores requisitados, particularmente dos militares;

3) Os fatos e situações ocorridos referem-se à ação institucional da ABIN na orientação e aplicação das Ações de Inteligência, notadamente na execução e emprego das Operações de Inteligência;

4) As ações e decisões da ABIN, relativas aos fatos e situações ocorridos, acarretam conseqüências que afetam, direta e indiretamente, pessoal e profissionalmente, este oficial.

(continua)

(*continuação*)

4/4

Tendo em vista o exposto e o compromisso com os princípios da Ética, da Moral, da Legalidade, da Justiça e da Lealdade; objetivando elucidar os fatos e situações apresentados, à luz da Ordem Jurídica vigente, solicito-vos oficializar, a este oficial, por escrito:

1) Esclarecimentos sobre os procedimentos legais que acarretaram a minha dispensa e desligamento dos quadros da ABIN/GSI, ocorrido em 12 de maio de 2003; conforme solicitado na Parte S/Nr, de 12 de maio de 2003;

2) Informações sobre os procedimentos, resultados e implicações das apurações determinadas pelo Diretor-Geral Adjunto, Sr. Joneilton Assis Martins, em 29 de maio de 2003, a respeito dos fatos e situações participados por este oficial, bem como as conclusões quanto à conduta dos envolvidos;

3) Dados e Informações da ABIN sobre o desempenho pessoal e profissional deste oficial.

Por derradeiro, impende observar que o caso em testilha, que ora Vos apresento, seguiu a estrita observância normativa e disciplinar, não havendo da parte deste Oficial contestação ou discussão das decisões tomadas no âmbito da Direção-Geral da ABIN.

Respeitosamente,

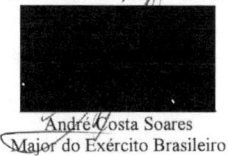

André Costa Soares
Major do Exército Brasileiro

Referência:
- Constituição Federal;
- Parte S/Nr, de 12 de maio de 2003 (deste oficial) e anexos:
- Relatório do Curso de Introdução às Operações de Inteligência em Palmas – 2002 – CONFIDENCIAL, de 13 de maio de 2002;
- Relatório Final do Encarregado do Curso do Curso de Procedimentos Básicos de Operações de Inteligência – DPF, de 24 de setembro de 2002)
- Propostas para alteração de currículo da matéria vigilância nos curso da ESINT e Necessidades Operacionais e Administrativas, de 15 de outubro de 2002
- Parte S/Nr, de 26 de fevereiro de 2003 (Cursos da ESINT – Necessidades Operacionais, Administrativas e Propostas)
- Parte S/Nr, de 28 de fevereiro de 2003 (Segurança dos Exercícios Operacionais da ESINT – Propostas)
- Parte S/Nr, de 20 de março de 2003 (Exercícios Operacionais de Vigilância da ESINT – Aprovação e Normas de Segurança)
- Parte S/Nr, de 27 de março de 2003 (Segurança dos Exercícios Operacionais da ESINT – Normas de Segurança e Aprovação)
- Parte S/Nr, de 08 de abril de 2003 (Curso de Procedimentos Básicos de Operações de Inteligência – CPBOI-SISBIN-2003)
- Parte S/Nr, de 09 de maio de 2003 (Designação deste oficial como responsável pela condução de atividades sociais de oficiais de Inteligência estrangeiros de Angola, realizando curso na ESINT)
- Nota Nr 447/DJ/ABIN-FA, de 10 de julho de 2002
- Portaria Nr 36/ESINT/ABIN, de 23 de abril de 2003
- Quadro de Atividades do Curso de Angola
- "Atividades Sociais"

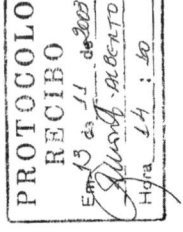
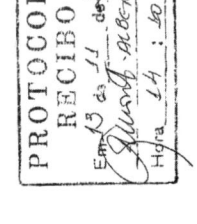

Fonte: Arquivo pessoal.

Portanto, em 18 de dezembro de 2003, às 09h30, estava eu no famoso Bloco A da ABIN, no gabinete do Diretor-Geral Adjunto da ABIN, Joneilton Assis Martins, para uma reunião com a presença do Diretor do Departamento de Inteligência, José Milton Campana. Sentei-me na mesma cadeira em que sentara nas outras duas ocasiões. O Diretor do Departamento de Inteligência, José Milton Campana, sentou-se à minha direita. Joneilton Assis Martins novamente estava desconfortável e iniciou a reunião, dirigindo-se a mim. Mas, daquela vez, sua conduta seria diferente, pois o objetivo da cúpula da agência era me convencer a aceitar o "desacontecimento" de tudo. A estratégia foi a de contemporizar os fatos. Queriam negociar.

Joneilton conduziu a reunião navegando, à deriva, sobre superficialidades, na expectativa de que eu "abrisse a guarda" e "sinalizasse" a possibilidade de uma "negociação" que fosse, digamos, "bastante favorável" a todos. Ele ficou discorrendo sobre a importância da cooperação, do aperfeiçoamento da doutrina de inteligência e dos procedimentos institucionais da ABIN, aos quais eu vinha prestando significativa contribuição, num interminável blábláblá.

E o Diretor do Departamento de Inteligência, José Milton Campana? Bem, este não disse uma palavra sequer durante toda a reunião. Comportou-se exatamente da mesma forma que o Diretor da ESINT, José Olavo Coimbra de Castro, na reunião anterior, da qual saiu exonerado da função. Mas, houve um único e especial momento em que o Diretor do Departamento de Inteligência, José Milton Campana, se manifestou. Foi quando ele gemeu.

Exatamente isso.

E a julgar por sua expressão de sofrimento, a dor foi intensa. Isso aconteceu quando Joneilton Assis Martins, em sua estratégia de contemporizar os ilícitos que eu denunciara, tentava "desacontecer" tudo, fugindo da responsabilidade da Direção da agência de apurá-los, como havia dito que faria, na reunião de 29 de maio de 2003.

Eu lhe reafirmei a gravidade daqueles ilícitos e da necessidade de apuração. Aproveitando, ressaltei que eu também havia identificado outros ilícitos, daquela feita, no Departamento de Inteligência.

Naquele instante fui interrompido, abruptamente, pelo alto barulho do gemido do Diretor do Departamento de Inteligência, José Milton Campana que, "acusando o golpe" em "nocaute", se encolheu escorregando ligeiramente para baixo em sua cadeira, semelhante à posição fetal, dizendo assustado logo em seguida, em alto e bom tom: "Ai, meu Deus!", como quem assume uma confissão em ato falho e pensa em seu íntimo: "Agora, eu estou ferrado de vez!"

Joneilton Assis Martins, e o "nocauteado" Diretor do Departamento de Inteligência, José Milton Campana, entreolhavam-se temerosos dos novos ilícitos que eu teria a denunciar na ABIN. Seco, Joneilton Assis Martins encerrou aquela reunião. Ficou claro que todas as ilicitudes cometidas pela cúpula da ABIN que eu denunciara ao longo de quase dois anos, desde 2002, estavam definitivamente "desacontecidas". Também ficou evidente que a vingança sangrenta de meus inimigos contra mim estava cada vez mais próxima. E eles estavam sedentos de meu sangue.

Eu não poderia ficar sentado, esperando o iminente ataque inimigo. Precisava tomar providências urgentes. Assim, decidi preparar um "presente de Natal" para a Direção da ABIN. Afinal, estávamos há uma semana da grande data em que a humanidade compartilha oferendas e votos de um mundo melhor. Eu faria ainda mais, presenteando a Direção da ABIN com a oportunidade de iniciar uma nova era na agência, no contexto da Tríade da Inteligência, sob os pilares fundamentais do Sigilo e principalmente da Legalidade de da Ética.

Tão logo sai da reunião na Direção-Geral da ABIN, naquele 18 de dezembro de 2003, produzi o expediente abaixo, com 8 páginas, relatando todas as irregularidades e ilicitudes ocorridas no DI, que o Diretor-Geral Adjunto da ABIN, Joneilton Assis Martins, me havia impedido de relatar. E, com fervoroso espírito natalino, o protocolei no dia 23 de dezembro de 2003. Tenho certeza que este foi o melhor e mais importante presente de Natal que a ABIN já recebeu em toda a sua história. Depois entrei de férias, com a esperança de que ao regressar, no novo ano de 2004, pudesse encontrar uma nova ABIN, que atuasse rigorosamente sob a égide da Tríade da Inteligência.

1/8

AGÊNCIA BRASILEIRA DE INTELIGÊNCIA
DEPARTAMENTO DE INTELIGÊNCIA
COORDENAÇÃO-GERAL DE ASSUNTOS NACIONAIS

Parte S/Nr, de 18 de dezembro de 2003

Do: Major EB André Costa Soares
À: Coordenação-Geral de Assuntos Nacionais
Assunto: 1) Legislação de Inteligência e regulamentações
2) Doutrina de Inteligência
3) Procedimentos internos da CGAN/DI/ABIN
4) Oficio S/Nr, de 13 de novembro de 2003

"A ABIN é o órgão da Presidência da República, que, na posição de órgão central do Sistema Brasileiro de Inteligência (SISBIN), tem a seu cargo planejar, executar, coordenar, supervisionar e controlar as atividades de inteligência do País, obedecidas à política e às diretrizes superiormente traçadas nos termos da Lei. Compete, ainda, a ABIN, entre outras, planejar e executar a proteção de conhecimentos sensíveis, promover o desenvolvimento de recursos humanos, da doutrina de inteligência e o aprimoramento da atividade de inteligência (Lei Nr 9883, de 07 de dezembro de 1999); baixar atos normativos sobre a organização e o funcionamento da ABIN e aprovar manuais de normas, procedimentos e rotinas" (Portaria Nr 19/ CH/GSIPR, de 1 de julho de 2003 - Regimento Interno da ABIN).

A Inteligência é uma atividade especializada, cujo exercício na ABIN/GSI/PR exige profissionais competentes, com formação e experiência em inteligência, "exercendo-a com zelo, dedicação, observando as normas regulamentares e pautando-se pelos princípios da legalidade, impessoalidade, eficiência, moralidade e probidade" (Decreto N° 4.081, de 11 de Janeiro de 2002 - Código de Conduta Ética dos Agentes Públicos em exercício na Presidência e Vice-Presidência da República).

Este oficial sente-se honrado pela distinção em ter sido designado para integrar os quadros da ABIN/GSI/PR, em especial para a Atividade Fim da Inteligência, como responsável pela produção do conhecimento de Inteligência, área sensível da Instituição, na qual possuo experiência como instrutor e analista do Centro de Inteligência do Exército (EsIMEx/CIE/GabCmtEx).

Em obediência aos princípios acima referenciados, ciente da grande responsabilidade e do sentimento profissional dos servidores da ABIN, apresento-vos considerações importantes, que objetivam a cooperação e o aperfeiçoamento institucional, particularmente no contexto da atual conjuntura, em que a ABIN vem sendo alvo de exposição na mídia, sob a especulação de possibilidade de greve e de vazamentos de conhecimentos sigilosos (Nota da Direção-Geral da ABIN à Revista Isto É, de 18 de novembro de 2003; Reunião do Departamento de Inteligência, realizado na DAN, em 18 de novembro de 2003).

Em 29 de maio de 2003, fui transferido pela Direção-Geral da ABIN, da Escola de Inteligência (ESINT) para a Diretoria de Assuntos Nacionais (DAN) (publicado no Boletim de Serviço - Confidencial, Nr 10 de 31 de maio de 2003).

Decorridos seis meses como analista da CGAN, produzi vários documentos e conhecimentos de inteligência, pesquisei na minha esfera de atribuições e competência, debati com assessores, analistas e servidores, questões relevantes da Legislação de Inteligência, da Doutrina de

(continua)

(continuação)

2/8

Inteligência, bem como a normatização e regulamentação de procedimentos adotados, os quais tenho acatado integralmente.

Seguindo a cadeia hierárquica institucional, solicitei audiência com o Coordenador-Geral da CGAN, Sr. Sylvio Antonio Câmara Lins Filho, em 25 de novembro de 2003, para tratar de questões relativas ao exercício da Atividade de Inteligência na CGAN/DI/ABIN, verificadas no meu desempenho funcional.

Fui recebido pelo Coordenador-Geral da CGAN, Sr. Sylvio, em 26 de novembro de 2003, às 0800h, oportunidade em que apresentei as referidas questões, comprometendo-me a registrá-las por escrito.

Seguem-se os principais assuntos tratados:
1) Doutrina de Inteligência da ABIN – oficialização.

Quando da minha apresentação na DAN, fui designado para exercer a função de analista da estação de Segurança Pública. Objetivando o bom desempenho da função, solicitei ao superior imediato ao qual estava subordinada a estação de Segurança Pública, Coordenador de Assuntos Nacionais, Sr. Edmar Fernandes de Camargo, a informação e o fornecimento de toda a legislação de Inteligência, regulamentações e demais documentos, em vigor, relativos ao exercício da Atividade de Inteligência, no âmbito da ABIN, do Departamento de Inteligência (DI) e da DAN, referentes ao desempenho profissional da função de analista, para fins de minha atualização e conhecimento.

Na oportunidade, o Coordenador de Assuntos Nacionais, Sr. Edmar informou que quaisquer dúvidas e informações pertinentes ao desempenho da função de analista, que eu necessitasse, poderiam ser dirimidas por ele e pelos demais analistas da DAN.

Na segunda semana, como analista da estação de Segurança Pública da DAN, recebi a designação da Coordenação-Geral da DAN de representar a ABIN, no Seminário "Integração Operacional dos Serviços de Segurança Pública no Distrito Federal", realizado pela Polícia Militar do Distrito Federal (PMDF), em 25 de junho de 2003, participando do Painel "O Plano Nacional de Segurança Pública e a Integração Operacional dos Órgãos Governamentais nas Unidades da Federação: Tendências e Perspectivas", debatendo com o painelista Doutor George Felipe Dantas (Ofício 495/2003, de 12 de junho de 2003).

Agradeci a confiança em mim depositada, pela responsabilidade em representar a ABIN em evento institucional, sobre assunto de tamanha importância e repercussão nacional, principalmente por ser um analista recém-chegado e tendo sido escolhido entre outros quatro analistas experientes e com mais tempo na estação de Segurança Pública, além dos assessores e coordenadores da CGAN, profundos conhecedores da conjuntura nacional.

Na minha preparação para o evento, solicitei à Coordenação-Geral da DAN informações atualizadas sobre o SISBIN, tendo sido encaminhado à assessoria da Direção-Geral da ABIN.

Na assessoria da Direção-Geral da ABIN, fui recebido pelos assessores Sr. Paulo Roberto Moreira e Sr. Carlos Alberto Ataídes Trindade, que prestaram esclarecimentos sobre o SISBIN. Aproveitei a oportunidade para solicitar informações sobre a Doutrina de Inteligência da ABIN, em vigor, para fins de minha atualização e conhecimento, objetivando o bom desempenho da minha função. Fui informado pelos assessores que tal informação seria fornecida pelo Centro de Desenvolvimento Doutrinário (CDC) da ESINT, sob a responsabilidade da Sra. Olívia Leite Vieira.

No CDC da ESINT, fui recebido pela Sra. Olivia Leite Vieira. A Sra. Olívia informou que a Doutrina de Inteligência da ABIN estava em processo de reformulação. Solicitei que me disponibilizasse, então, a documentação oficial, em vigor, que trata do assunto. A coordenadora do CDC, Sra. Olívia informou não tê-la no momento, mas que a providenciaria, posteriormente. Informou, também, que a DAN/DI dispunha dessa documentação.

Ao solicitar ao Coordenador de Assuntos Nacionais, Sr. Edmar a documentação doutrinária, citada pela Sra. Olívia, fui informado que a DAN não a possuía.

(continua)

(continuação)

Até o momento, não tive acesso à documentação oficial, em vigor, da Doutrina de Inteligência da ABIN. Cumpre destacar a fundamental importância desse conhecimento para o desempenho profissional da função de analista e para o exercício da atividade de inteligência.

Abaixo estão listados alguns assuntos essenciais da doutrina de inteligência, de permanente aplicação no desempenho da função de analista:

- ❑ Metodologia científica da produção do conhecimento de Inteligência;
- ❑ Conhecimentos de Inteligência: tipos (Informe, Informação, Apreciação Estimativa) características, diferenças, emprego, produção;
- ❑ Comunicado - embasamento doutrinário;
- ❑ Técnica de Avaliação de Dados, sistemas de avaliação;
- ❑ Documentos de Inteligência: tipos de documentos de Inteligência (Relint, Relesp, Pedido de Busca, Ordem de Busca, Relatório de Missão, Plano de Operações de Inteligência Memória, Comunicado e outros), características, diferenças, emprego, elaboração.

2) Legislação de Inteligência e regulamentações

Ao longo desse período, como analista da CGAN, fui orientado, verbalmente, pelo Coordenador de Assuntos Nacionais, Sr. Edmar, por assessores, analistas e servidores, quanto à adoção de procedimentos institucionais, tendo-os acatado integralmente.

Entretanto, ao longo desse período, tenho solicitado, dentro da cadeia hierárquica da ABIN, reiteradamente, a informação da oficialização de procedimentos que são adotados no exercício da Atividade de Inteligência na CGAN/DI/ABIN, os quais implicam atribuição de competências, responsabilidade pessoal e funcional e necessitam respaldo normativo-institucional (Portaria Nr 19/CH/GSIPR, de 1 de julho de 2003 - Regimento Interno da ABIN).

Cumpre destacar a fundamental importância dessa questão para o desempenho profissional da função de analista e para o exercício da atividade de inteligência.

Abaixo estão listadas algumas questões de permanente aplicação no desempenho da função de analista, relativas à legislação de Inteligência e regulamentações decorrentes:

- ❑ Plano de Inteligência (Diretrizes) da ABIN/GSI/PR;
- ❑ Elementos Essenciais de Informação (EEI);
- ❑ Canal técnico de inteligência e regulamentação.
- ❑ Regulamentações específicas e instruções complementares da ABIN/GSI/PR sobre a Legislação de Inteligência;
- ❑ Regulamentações do Decreto 4553, de 27 de dezembro de 2002;
- ❑ Atribuições e competências das funções exercidas na ABIN não constantes do Regimento Interno, particularmente a de analista;
- ❑ Atribuições e competências quanto a: produção, classificação, expedição, tramitação, custódia, difusão, arquivamento, implantação e eliminação de documentos, particularmente os sigilosos.

3) Destruição e Eliminação de documentos sigilosos – procedimentos internos

Tenho sido orientado a determinar a destinação de documentos de inteligência sigilosos, particularmente para eliminação e destruição. Solicitei ao Coordenador de Assuntos Nacionais, Sr. Edmar, a normatização institucional desses procedimentos, que atribui ao analista tal competência.

Informei que a destinação de documentação, particularmente sigilosa, é atribuição de autoridade constituída, a quem cabe a competência e a responsabilidade para tal. Informei que a legislação federal de inteligência define essas competências e que a mesma não considera a destruição de documentos sigilosos. Informei que os documentos sigilosos antes de serem eliminados devem ser desclassificados. Tal atribuição compete à autoridade responsável pela classificação ou autoridade hierarquicamente superior competente para dispor sobre o assunto, por proposta da Comissão Permanente de Avaliação de Documentos Sigilosos (CPADS). Informei,

(continua)

(continuação)

4/8

também, que tais competências dependem de regulamentações previstas no Decreto 4553, de 27 de dezembro de 2002 (artigos 6º e 67º). Lembrei que todo procedimento interno está subordinado a essa legislação.

Apresentei-lhe o Memorando 321/DEPC/ABIN, de 23 de setembro de 2002, que me fora informado por uma servidor(a) da CGAN e que, até aquele momento, era o documento interno, a que tive acesso, que tratava do assunto. Informei que o item 5 estabelece os procedimentos a serem adotados conforme este oficial havia descrito e de acordo com o prescrito no Decreto 4553, de 27 de dezembro de 2002, apesar do documento em questão não fazer alusão específica a documentos sigilosos.

O Coordenador de Assuntos Nacionais, Sr. Edmar propôs que este oficial procurasse mais informações a respeito no Centro de Documentação (CDOC) e sugeriu que falasse com o Sr. David Bernardes de Assis. Informei estar disposto a debater questões profissionais, mas que, quanto ao caso em testilha, o seu esclarecimento era uma atribuição de chefia, à qual caberia a decisão e a solução, respeitados os níveis hierárquicos institucionais. Mesmo assim, prontifiquei-me a conversar com o Sr. David.

Ao procurá-lo, o Sr. David designou a Sra. Verone Gonçalves Cauville para tratar do assunto. A Sra. Verone foi muito prestimosa e demonstrou profundo conhecimento do assunto e da legislação de inteligência em vigor.

Em 10 de dezembro de 2003, encaminhei documentos sigilosos ao CDOC (RELINTs Nr: 26815, 26287, 26636, 27558, 27061, 27149, 28434, 29588, 29591, 25800, 25236, 24953, anexos), conforme o prescrito no item 5 do Memorando 321/DEPC/ABIN, de 23 de setembro de 2002; sendo que os referidos documentos não foram recebidos. Em conversa com o servidor do CDOC, Sr. Luiz Wagner Carvalho Simões, informei que o encaminhamento estava em conformidade com o referido memorando. Como o Sr Wagner alegou não poder receber os documentos citados, sugeri que informasse tal fato ao seu chefe imediato a fim de que, em ligação com o Coordenador-Geral de Assuntos Nacionais, solucionassem a questão.

Essa questão está pendente e há outros documentos sigilosos aguardando destinação. Até o presente momento, não recebi ordem, nem fui informado quanto ao procedimento institucional a ser tomado, por parte da Coordenação-Geral de Assuntos Nacionais.

4) Destinação de documentos sigilosos – procedimentos internos

Fui orientado a determinar a destinação de documento de inteligência sigiloso, produzido pela CGAN/DI/ABIN, o qual foi difundido ao GSI (RELINT 30917/DAN de 04/11/2003, anexo). Solicitei, a norma institucional desse procedimento que atribui ao analista tal competência, o que não foi informado.

A Nota da Direção-Geral da ABIN à Revista Isto É, de 18 de novembro de 2003 ressalta: "...Cabe destacar que o conhecimento produzido pela ABIN não pertence a ela ou a seus servidores, mas ao Estado...". Tal citação ilustra a explanação anterior da legislação de inteligência, de que o conhecimento produzido na ABIN é institucional, nos seus diversos níveis e sua destinação é atribuição e competência de autoridade constituída.

5) Ligação institucional da ABIN com outros órgãos.

Com a transferência da estação de Segurança Pública para o Departamento de Contra-Inteligência (DCI) fui designado para integrar a estação de Políticas Nacionais. Recebi como encargo produzir conhecimentos de inteligência sobre os seguintes temas: Programa Fome Zero, Fundo Nacional de Desenvolvimento do Ensino Fundamental e Valorização do Magistério (Fundef), infra-estrutura de transportes, Programa Nacional de Fortalecimento da Agricultura Familiar (Pronaf), Saneamento Básico (Pedido de Busca 024/2100/ABIN, de 04 de abril de 2003).

Quando da produção do conhecimento de inteligência sobre o assunto Pronaf, após proceder a fase da coleta com os meios a mim disponibilizados, informei ao Coordenador de Assuntos

(continua)

(continuação)

Nacionais, Sr. Edmar, não haver, quanto a esse assunto, dentro do meu nível de acesso, conteúdo relevante para difusão ao GSI, por não se configurar a possibilidade de oportunidades e ameaças sob o ponto de interesse do acompanhamento de inteligência, nem possíveis situações de crise que envolvesse o GSI. Sugeri, portanto, que tal conhecimento tivesse difusão interna.

O Coordenador de Assuntos Nacionais, Sr. Edmar sugeriu ligação com o Ministério do Planejamento (MP), a fim de levantar mais dados sobre o assunto. Agendou a minha ida ao referido ministério no dia 31 de outubro de 2003, às 1100h, para tratar com os senhores Rafael e Maurício.

Nesse dia, compareci ao MP e fui recebido pelas pessoas citadas. Verifiquei tratar-se de Rafael Ferreira Rocha Monteiro e Maurício Carneiro de Albuquerque, Gerente de Projeto.

Ambos me entrevistaram demoradamente, demonstrando precaução com a minha presença. Solicitaram várias informações sobre mim e a ABIN e detalhes sobre o motivo da visita. Identifiquei-me como oficial do Exército Brasileiro, do GSI, designado na ABIN. Informei-os quanto à cadeia hierárquica da ABIN à qual estava vinculado e prestei-lhes as informações solicitadas. Tranqüilizei-os quanto ao motivo da visita e disse tratar-se de trabalho institucional. Comprometi-me quanto ao aspecto Ético, pessoalmente e em nome da ABIN, no caso de uma eventual cooperação do MP e correspondi com a possibilidade de cooperação mútua por parte da ABIN. A partir daí, os Srs Maurício e Rafael foram extremamente cooperativos e me permitiram acesso a relatórios e banco de dados do MP. O Sr Maurício acrescentou que, além do Pronaf, o MP o trabalha com cerca de trezentos programas e projetos nacionais, os quais poderiam contar com a cooperação da ABIN. O Sr. Rafael prestou-me informações detalhadas, forneceu-me relatórios específicos sobre o Pronaf e colocou-se à inteira disposição para quaisquer esclarecimentos. Retribui a deferência com que fui recebido, convidando-os a conhecer a CGAN/DI/ABIN e ambos manifestaram o desejo de retribuir a visita.

Ao retornar a ABIN, participei os fatos ocorridos ao Coordenador de Assuntos Nacionais, Sr. Edmar e disse que, em função da receptividade conquistada por este oficial, a CGAN poderia vir a desenvolver excelente parceria institucional com o MP.

Entretanto, informei ao Coordenador-Geral da CGAN, Sr. Sylvio que, em função da apreensão com que fui inicialmente recebido no MP pelos Srs Maurício e Rafael, não sabia se as tratativas preliminares previstas no artigo 96 do Regimento Interno da ABIN, relativas às ligações institucionais da ABIN com outros órgãos, haviam sido tomadas.

6) Situação deste oficial na ABIN e Avaliação do seu desempenho profissional

Destaquei, ao Coordenador-Geral da CGAN, Sr. Sylvio, que a minha situação é a de oficial do Exército Brasileiro, do GSI, exercendo na ABIN função de natureza militar (conforme Decretos 4692 e 4693, de 08 e 09 de maio de 2003, respectivamente). Isso implica estar submetido às atividades que envolvem os militares da ativa, podendo, inclusive, utilizar uniformes regulamentares.

Ressaltei que o desempenho dos militares do Exército Brasileiro, designados na ABIN, é observado e avaliado, pessoal e profissionalmente, pelos respectivos chefes da cadeia hierárquica funcional da ABIN, a que estão submetidos.

Quanto a mim, reafirmei os princípios anteriormente citados e o compromisso de servir à ABIN/GSI/PR.

7) Ofício S/Nr, de 13 de novembro de 2003

Em 13 de novembro de 2003, este oficial protocolou na secretaria da instituição o ofício pessoal acima referenciado, para a Direção-Geral da ABIN.

Em 19 de novembro de 2003, fui chamado pelo Coordenador de Assuntos Nacionais, Sr. Edmar para tratar desse assunto. O Coordenador de Assuntos Nacionais, Sr. Edmar disse que a Direção-Geral da ABIN havia acionado o Diretor do DI, Sr. José Milton Campana, que por sua vez o acionou sobre este documento, que ambos desconheciam.

(continua)

(*continuação*)

Sobre o referido documento, informei ao Coordenador de Assuntos Nacionais, Sr. Edmar, o seguinte:

1) O seu conteúdo não trata de assuntos relativos à CGAN ou DI;
2) Tais assuntos são antecedentes a minha transferência para o DI/CGAN e referem-se a questões ocorridas durante o período em que estive designado na ESINT;
3) Há outro documento, anterior ao Ofício S/Nr, de 13 de novembro de 2003, tratando do mesmo assunto e protocolado por este oficial na secretaria da instituição. O Ofício S/Nr, de 13 de novembro de 2003 seguiu o mesmo procedimento e faz referência a esse documento anterior;
4) O conteúdo do Ofício S/Nr, de 13 de novembro de 2003, trata de várias questões, dentre elas de deficiências, vulnerabilidades e situações de crise verificadas na ESINT. Tais situações estão sendo apuradas pela Direção-Geral da ABIN;
5) Quanto ao exposto no item 4, considerei os princípios de segurança orgânica e Contra-Inteligência de: compartimentação, necessidade de conhecer e acesso. Compartimentação por tratar-se de deficiências, vulnerabilidades e situações de crise de outro Departamento (ESINT). Por não haver questão que envolve o DI/CGAN, não havia, de sua parte, necessidade de conhecer, nem necessidade de acesso;
6) O contexto da conjuntura em que a ABIN estava inserida naquela oportunidade (véspera da reunião da Associação dos servidores da ABIN (ASBIN) em que se discutiria a situação de greve), como alvo de exposição na mídia e sob a especulação de possibilidade de greve e de vazamentos, sugeria o máximo de restrição ao acesso ao conteúdo do documento em questão, por parte dos vários servidores que, lotados na cadeia administrativa, burocrática e funcional da CCGAN, DI e Direção-Geral da ABIN, naturalmente teriam acesso ao referido documento;
7) Todas essas considerações foram levadas em conta ao protocolar Ofício S/Nr, de 13 de novembro de 2003 na secretaria da instituição. Entretanto, este oficial deixou claro que, em caso de norma, procedimento interno, ou determinação em contrário da Coordenação-Geral da CGAN ou DI, protocolaria de imediato o referido documento na CGAN/DI.

O Coordenador de Assuntos Nacionais, Sr. Edmar, considerou meu procedimento correto. Afirmei que, ao transmitir as informações ao Diretor do DI, Sr. Campana, informasse estar à disposição para quaisquer esclarecimentos.

Na reunião de 26 de novembro de 2003, transmiti as informações acima ao Coordenador-Geral da CGAN, Sr. Sylvio. Este oficial deixou claro que, em caso de norma, procedimento interno, ou determinação em contrário da Coordenação-Geral da CGAN, protocolaria de imediato o referido documento na CGAN/DI. O Coordenador-Geral da CGAN, Sr. Sylvio, considerou meu procedimento correto.

Em 27 de novembro de 2003, fui chamado pelo Diretor do DI, Sr. Campana para tratar desse assunto. Informei que havia prestado os esclarecimentos ao Coordenador de Assuntos Nacionais, Sr. Edmar e transmiti ao Diretor do DI, Sr. Campana, naquela oportunidade, as informações acima. Este oficial deixou claro que, em caso de norma, procedimento interno, ou determinação em contrário da Direção do DI, protocolaria de imediato o referido documento na CGAN/DI.

O Diretor do DI, Sr. Campana, considerou meu procedimento correto. Afirmei que, ao transmitir as informações à Direção-Geral da ABIN, informasse estar à disposição para quaisquer esclarecimentos.

Em 18 de dezembro de 2003, fui convocado, juntamente com o Diretor do DI, Sr Campana, para uma reunião, às 0930h, na Direção-Geral da ABIN, com o Diretor-Geral Adjunto, Sr. Joneilton Assis Martins, para tratar dos assuntos do ofício S/Nr, de 13 de novembro de 2003. Na reunião, foi ressaltada a importância da cooperação, do aperfeiçoamento da Doutrina de Inteligência e dos

(*continua*)

(continuação)

7/8

procedimentos institucionais, oportunidade em que este oficial informou sobre os trabalhos que tem desenvolvido com a CGAN nesse sentido, sintetizados nesse documento.

Quanto ao exposto, é importante destacar que:

1) Este oficial considera o alto nível profissional dos servidores da ABIN, razão pela qual, ao longo desse período, tem acatado integralmente todas as orientações verbais que tem recebido.

2) Este oficial esgotou ações, no seu nível de competência, no sentido de obter a oficialização institucional dos esclarecimentos solicitados.

3) A Portaria Nr 19/ CH/GSIPR, de 1 de julho de 2003 - determina a ABIN baixar atos normativos sobre sua organização e funcionamento e aprovar manuais de normas, procedimentos e rotinas.

4) Todo procedimento, determinação institucional, inclusive verbal, deve estar previsto, amparado e ter o devido respaldo nos atos normativos, manuais de normas, procedimentos e rotinas, determinados no item anterior.

5) Os fatos e situações apresentados, além das considerações feitas, constituem aspectos importantes da Contra-Inteligência e da salvaguarda institucional.

Tendo em vista o exposto, ciente da grande responsabilidade e do sentimento profissional dos servidores da ABIN, objetivando a cooperação e o aperfeiçoamento institucional, visando a elucidação dos fatos e situações diretamente ligados ao desempenho da minha função, solicito-vos providências no sentido de informar:

1) A documentação oficial, em vigor, que regula a Doutrina de Inteligência da ABIN, em especial os assuntos listados no item 1.

2) Os atos normativos, manuais de normas, procedimentos e rotinas, em vigor, sobre a organização e funcionamento da ABIN, especialmente quanto aos assuntos listados no item 2.

3) A solução das questões apresentadas nos itens 3 e 4, relativas à destinação de documentos sigilosos.

Por derradeiro, impende observar que o caso em testilha, que ora Vos apresento, seguiu a estrita observância normativa e disciplinar, não havendo da parte deste Oficial contestação ou discussão das decisões tomadas no âmbito da CGAN/DI/ABIN.

Respeitosamente,

André Costa Soares
Major do Exército Brasileiro

Referência:
- Lei Nr 9883, de 07 de dezembro de 1999;
- Decreto Nº 4.081, de 11 de Janeiro de 2002 - Código de Conduta Ética dos Agentes Públicos em exercício na Presidência e Vice-Presidência da República;
- Decretos 4692 e 4693, de 08 e 09 de maio de 2003, respectivamente;
- Portaria Nr 19/ CH/GSIPR, de 1 de julho de 2003 - Regimento Interno da ABIN;
- Pedido de Busca 024/2100/ABIN, de 04 de abril de 2003;
- Memorando 321/DEPC/ABIN, de 23 de setembro de 2002;

(continua)

(continuação)

8/8

Anexos:

- Boletim de Serviço - Confidencial, Nr 10 de 31 de maio de 2003;
- Ofício 495/2003, de 12 de junho de 2003 – SPAD 15448 PMDF, de 13 de junho de 2003
- Nota da Direção-Geral da ABIN à Revista Isto É, de 18 de novembro de 2003;
- Reunião do Departamento de Inteligência, realizado na DAN, em 18 de novembro de 2003.

- RELINT 30917/DAN/ABIN de 04/11/20032003 e anexos (A, B)
- RELINT 26815/ARJ/ABIN de 24/09/2003 e anexo A
- RELINT 26287/ABA/ABIN de 19/09/2003
- RELINT 26636/ARJ/ABIN de 23/09/2003 e anexo A
- RELINT 27558/ABA/ABIN de 02/10/2003
- RELINT 27061/ARJ/ABIN de 26/09/2003 e anexos (A, B, C, D)
- RELINT 27149/ARJ/ABIN de 29/09/2003 e anexo A
- RELINT 28434/ABA/ABIN de 10/10/2003
- RELINT 29588/AMG/ABIN de 22/10/2003 e 01 (um) anexo
- RELINT 29591/AMG/ABIN de 22/10/2003
- RELINT 25800/ARJ/ABIN de 16/09/2003
- RELINT 25236/ABA/ABIN de 10/09/2003
- RELINT 24953/ABA/ABIN de 08/09/2003 e anexos (A, B, C)
- RELINT 25014/ACE/ABIN de 08/09/2003 e anexos (A, B, C, D, E, F, G/H/I, J, K, L, M)

Fonte: Arquivo pessoal.

Mas infelizmente não foi isso que aconteceu.

Ao retornar de férias, no dia 4 de fevereiro de 2004, deparei-me com um reboliço na ABIN. Eu já era Tenente-coronel e em toda a agência todos estavam atrás de mim. O ambiente estava péssimo. Tudo isso porque o meu presente de Natal foi outra "bomba atômica" na ABIN.

Justamente por isso, durante o meu período de férias, a Direção-Geral da ABIN havia se reunido para, mais uma vez, me expulsar da agência. De novo? Eu, mais uma vez expulso da ABIN? É claro que não! Porque a Direção da ABIN estava mais que traumatizada por ter tentado isso anteriormente e, portanto, não cometeria esse mesmo erro duas vezes. O que fizeram então?

Transferiram-me para o Departamento de Contrainteligência. Em 4 de fevereiro de 2004, por volta das 16h30, fui convocado para uma reunião com o Diretor do Departamento de Inteligência (DI), José Milton Campana que me comunicou que a Direção-Geral da ABIN havia determinado a minha transferência da Coordenação-Geral de Assuntos Nacionais (CGAN) do DI para a Coordenação de Contraespionagem do Departamento de Contrainteligência (DCI), a partir daquela data.

Logo em seguida, conduziu-me para uma reunião com o Diretor do DCI, Ronaldo Martins Belham e com o Coordenador de Contraespionagem João Noronha Neto, oportunidade em que fui apresentado para a assunção da nova função.

Assim, mais uma vez, a Direção-Geral da ABIN "desacontecia" os ilícitos cometidos pela comunidade criminosa de inteligência que governa os serviços secretos no Brasil.

Brasil – sonho de consumo das organizações terroristas

O sonho de consumo das organizações terroristas internacionais é conseguir um passaporte brasileiro, pois este é extramente valioso para o sucesso de um ato ou ação terrorista, em qualquer lugar do mundo. Por quê? Porque brasileiro não é raça. É povo. A nossa identidade étnica é a miscigenação, branco, negro e índio, com todas as demais etnias do planeta, ao longo de mais de quinhentos anos de história.

Imagine uma organização terrorista internacional que queira realizar um atentado em qualquer lugar do mundo como, por exemplo, nos EUA, Inglaterra, França, Alemanha, ou em qualquer outro país. Evidentemente, ela terá que infiltrar seus terroristas no país-alvo. Não apenas os que realizarão o atentado, mas também aqueles que deverão residir no país e, assim, cuidarem dos preparativos preliminares.

Um dos objetivos das organizações terroristas, tanto da preparação quanto da execução, é não chamar a atenção. Países desenvolvidos que, por terem histórico de atentados, estão sempre em alerta, especialmente no controle de suas fronteiras. Dessa forma, terroristas internacionais precisam dissimular sua verdadeira nacionalidade, caso sejam oriundos, principalmente, de países que abrigam essas organizações, como Síria, Iraque, Irã, Arábia Saudita etc. Tentam apresentar outra nacionalidade que seja convincente e coerente com seus traços fisionômicos e etnia.

Imagine, por exemplo, um terrorista do Oriente Médio, que pretenda ingressar num país-alvo, com passaporte europeu, africano ou asiático. Provavelmente chamará a atenção das autoridades, por não possuir os traços étnicos desses países.

É por isso que o passaporte brasileiro é tão cobiçado por organizações terroristas internacionais. Afinal, o Brasil abriga todas as etnias. Qualquer terrorista, seja qual for a sua etnia, portando um passaporte brasileiro, tem enorme chance de passar despercebidamente em qualquer lugar do mundo.

A comunidade internacional, os países desenvolvidos e principalmente os EUA, Inglaterra, França, Alemanha, que são alvos permanentes das organizações terroristas, sabem muito bem disso. E o fato de brasileiros não serem bem-vindos nesses países não se deve apenas à questão previdenciária, como é alardeado por nossos governantes. A principal causa é o terrorismo internacional. Nesse campo tem havido fortes pressões internacionais contra o governo brasileiro, mas as principais são realizadas silenciosamente pelos serviços de inteligência.

Uma delas ocorreu em 2004, quando um importante país europeu, emitiu em verdadeiro ultimatum contra o governo brasileiro. Se as relações internacionais no âmbito diplomático são sutis, no âmbito da inteligência, muitas vezes, são bastante veementes, contundentes e inclusive hostis.

Isso ficou claro na reunião, convocada em caráter de urgência, do Brasil com esse importante país da Europa. Na reunião, inicialmente, o oficial de inteligência do país estrangeiro realizou uma longa e minuciosa exposição de motivos sobre as ameaças do terrorismo internacional contra o seu país e sua especial preocupação com a emissão e com a vulnerabilidade à falsificação que o passaporte brasileiro apresentava. Exibiu dados e informações oriundas de seu serviço de inteligência e, em contrapartida, solicitou informações da ABIN sobre imigração brasileira em seu país e sobre a emissão e falsificação de passaporte brasileiro.

A ABIN, por sua vez, não prestou uma informação sequer, mesmo após as reiteradas solicitações do oficial de inteligência estrangeiro. A recusa peremptória, por parte da ABIN, de prestar informações irritou profundamente o oficial de inteligência estrangeiro que evidentemente considerou a atitude uma prova de descaso e má vontade por parte da agência brasileira. O que ele não sabia é que a ABIN nada informou porque, em sua escabrosa ineficiência, não possuía quaisquer informações a respeito do assunto.

Depois de ver fracassar todas as possibilidades de cooperação por parte da ABIN, o oficial de inteligência, de forma dura e incisiva, deixou claro que seu país estava dando um ultimato ao governo brasileiro para que reformulasse urgentemente o passaporte nacional, deixando-o em nível satisfatório de segurança contra falsificações. Caso contrário, o Brasil sofreria retaliações diretas do seu país e também da comunidade internacional. Ponto final. Não por acaso, poucos meses depois, o passaporte brasileiro foi totalmente reformulado, com a versão oficial de que se tratava da eficiência governamental.

Brasil – o paraíso do terrorismo internacional

"**O** pior cego é aquele que não quer ver....ou não sabe ver." Porque, há tempos, o Brasil é o paraíso do terrorismo internacional. E parece que apenas eu e os principais serviços secretos do mundo e os terroristas sabemos!

Os presidentes Fernando Henrique Cardoso, Luis Inácio Lula da Silva e Dilma Rousseff, são unânimes em garantir que o Brasil está a salvo do terrorismo internacional. Principalmente porque – afirmam – as organizações terroristas não estão presentes no território brasileiro.

Isso é uma inverdade perigosíssima. Essas afirmações são feitas, exclusivamente, a partir dos inócuos relatórios de inteligência da ABIN, que querem dar credibilidade a essa mentira. Garantem que as operações sigilosas de contraterrorismo nunca identificaram terroristas ou suas organizações em solo brasileiro. Um bom exemplo disso são as declarações do Diretor de Contraterrorismo da ABIN, Luiz Alberto Sallaberry, em janeiro de 2015, negando veementemente que haja células terroristas no Brasil.

Como eu venho alardeando há anos, a metástase institucional da ABIN já está em fase terminal. Serviços secretos estrangeiros como o FBI (EUA), a CIA (EUA), o MOSSAD (Israel) bombardeiam permanentemente a ABIN com informações sobre o terrorismo internacional no Brasil. Mas então poderiam perguntar:

"Como as "eficientes" operações sigilosas de contraterrorismo da ABIN nunca identificaram organizações terroristas no território nacional?"

Para saber isso, basta relembrarmos algumas das incontáveis contingências sofridas no Brasil, decorrentes da total incompetência da ABIN em identificá-las, como:

- O trágico afundamento da plataforma da Petrobras P-36, em 2001, maior plataforma marítima de exploração de petróleo do mundo, implicando um prejuízo de US$ 354 milhões e a morte de 11 funcionários.

- A trágica explosão que destruiu o foguete brasileiro VLS-1, no Centro de Lançamento de Alcântara/MA, em 2003, com ingentes prejuízos nunca divulgados e o comprometimento do estratégico projeto aeroespacial brasileiro, matando 21 técnicos civis.

- O caos da aviação brasileira que comprometeu a segurança dos voos no país, entre 2006 e 2007.

- A ocupação da usina hidrelétrica de Tucuruí, que vulnerabilizou o abastecimento nacional de energia.

- A destruição de centros de pesquisa da Embrapa, que comprometeu o nosso desenvolvimento científico-tecnológico.

- Os ataques terroristas da organização criminosa Primeiro Comando da Capital (PCC), que dominou e atemorizou completamente todo estado de São Paulo, em 2006.

- A onda de ataques do crime organizado no Rio de Janeiro, em 2010, que demandou a urgente mobilização e emprego das forças armadas.

O atual escândalo de corrupção da Petrobras, maior empresa nacional, muito bem alcunhado de "Petrolão" e "Petropina", cujos vultosos recursos financeiros desviados não encontram precedentes na história mundial.

Ainda sobre a escabrosa ineficiência institucional da ABIN, também é importante relembrarmos que na ocasião do caos da aviação brasileira, entre 2006 e 2007, o então presidente Lula se convenceu definitivamente de que não podia contar com a Agência Brasileira de Inteligência. Esta não o informou sobre a ameaça de motim dos controladores de voo, tendo sido o Presidente da República novamente surpreendido pelos fatos. Lula, na ocasião, perguntou colérico: "Para que serve essa porcaria?", referindo-se à ABIN.

A ABIN, ao contrário de prevenir e combater ameaças ao Brasil, perpetrou criminosamente algumas das mais graves contingências sofridas pelo país, como:

- O escândalo do mensalão, em 2005, cuja genealogia foi a participação da ABIN na filmagem clandestina, envolvendo o deputado federal Roberto Jefferson (PTB-RJ), na qual o chefe do Departamento de Contratação e Administração de Material dos Correios, Maurício Marinho, foi filmado negociando propina com empresários, interessados em participar de licitação nos Correios.

- O grampo ilegal que vitimou o então Presidente do Supremo Tribunal Federal (STF), Gilmar Mendes, em 2008, que ameaçou as instâncias máximas dos poderes da República, e que o próprio Presidente do STF, Gilmar Mendes, denunciou pessoalmente ao presidente Lula.

- O festival de clandestinidades que a agência perpetrou na Operação *Satiagraha*, em 2008, empregando ilicitamente uma centena de seus agentes; cujos crimes da ABIN foram devidamente condenados pelo Superior Tribunal de Justiça (STJ), em 2011.

- As clandestinidades da Operação Mídia da agência, ferindo de morte o ordenamento jurídico vigente, e que foi denunciado pela revista *Veja*, em 2013, em sua matéria "Liberdade sob ataque" dentre outras.

São fatos que colocam em dúvida a existência das operações sigilosas de contraterrorismo da ABIN. Mas elas existem. Porém, o que eu revelarei sobre elas é muito mais que grave, em termos de Segurança Nacional. Nossos governantes desconhecem inteiramente a trágica situação da ABIN. O mesmo se pode dizer das organizações terroristas internacionais.

O Brasil está totalmente vulnerável à ação de organizações terroristas internacionais. Eu não sou o único especialista a dizer isso. Cito, por exemplo, Gabriel Weimann, Professor do Departamento de Comunicação da Universidade de Haifa, em Israel, autor do livro *Terrorismo no espaço Cibernético: A nova geração*, que destacou: "...o Brasil é um dos países menos protegidos contra o terrorismo no mundo."

Por que, então, não acontecem atentados terroristas no Brasil? Simplesmente porque as organizações terroristas internacionais não querem e porque não lhes é vantajoso.

A verdade é que as organizações terroristas internacionais não cometem atentados no Brasil apenas porque o país é o paraíso delas. No dia em que isso mudar, os homens-bomba, as explosões, as mortes e o pânico vão começar a acontecer no país.

Outro fato que deveria ser considerado com muita atenção é que, mesmo o Brasil não sendo inimigo direto do terrorismo, as organizações terroristas internacionais têm em nosso território inúmeros alvos de interesse.

Só para dar um exemplo da gravidade dessa questão, lembro que os EUA são um dos principais inimigos do terrorismo internacional na atualidade e, por isso, alvos permanentes das organizações terroristas. Quantos alvos norte americanos (pessoas, organizações públicas e privadas dos EUA), de interesse do terrorismo internacional estão no Brasil? Surge, então, a pergunta inevitável: onde seria mais fácil atingir os americanos, nos EUA ou no Brasil?

De tão lógica a resposta, já passo à pergunta seguinte: por que, então, as organizações terroristas internacionais não atacam seus inimigos em território brasileiro? Repito enfaticamente: isso não acontece porque o Brasil é o paraíso do terrorismo internacional e, dessa forma, as organizações terroristas evitarão ao máximo atentados em nosso país, não comprometendo a tranquilidade e a segurança que desfrutam em solo brasileiro.

O Brasil é um verdadeiro hospedeiro de organizações terroristas internacionais. O terrorismo internacional agradece. Se por um lado o discurso oficial do país é contrário ao terrorismo internacional; por outro lado a efetividade de sua atuação, principalmente da ABIN, o favorece em nosso país. Se não por sua ação, certamente por sua omissão.

Ainda em relação à ABIN, afirmo que eu não tenho dúvida de que a agência nunca identificou qualquer organização terrorista no Brasil, por meio da realização de suas "eficientes" operações de contraterrorismo. Seguramente afirmo isso por dois motivos: primeiro porque em se tratando de ABIN, certas "operações" são realizadas com a precípua missão de não serem cumpridas. Significa que certas "operações" nunca chegarão a qualquer resultado efetivo. É por isso que a ABIN, ao longo de sua existência, nunca identificou e nunca identificará qualquer organização terrorista e seus integrantes em solo brasileiro. A prisão de um integrante da alta hierarquia da Al Qaeda, em São Paulo, em 2009, nada teve a ver com a ABIN; foi efetuada pela Polícia Federal, em operações de âmbito internacional, com o FBI e o grupo americano antiterrorismo.

O segundo motivo é que somente serviços de inteligência de altíssimo nível e comprovada eficiência, sobretudo em termos operacionais, são capazes de atuar sobre alvos do terrorismo internacional. Portanto, no caso da ABIN, isso está completamente fora de cogitação.

Como já relatei anteriormente, impus à ABIN uma condição quando me convidaram para integrar seus quadros: a de que não aceitaria trabalhar no Departamento de Operações de Inteligência (DOINT). Em hipótese alguma!

Isso porque a realidade daquele segmento operacional é ainda pior, não apenas quanto ao desvirtuamento institucional, mas também, e principalmente, quanto à sua não operacionalidade. Além de ser autoridade nacional em "Operações de Inteligência", eu também atuei em "Operações de Inteligência" durante vários anos, como instrutor da Escola de Inteligência Militar do Exército (EsIMEx) e da Escola de Inteligência (ESINT) da ABIN, na Gerência de Ensino de "Operações de Inteligência" (GE 5330), tendo formado centenas de recursos humanos de todo o SISBIN, de serviços de inteligência estrangeiros de vários países e, também, do DOINT.

Querem saber sobre a eficiência operacional dos recursos humanos do DOINT da ABIN? É o caos dentro do próprio caos. Portanto, não há qualquer dúvida em afirmar que, para o bem do Brasil, nossos governantes deveriam proibir a ABIN de realizar "Operações de Inteligência". Imediatamente!

O próximo atentado terrorista no Brasil

Isso mesmo: estou falando do próximo atentado terrorista no Brasil. E digo próximo porque nosso país já foi alvo de um evidente e grave atentado terrorista, e os nossos governantes e a ABIN foram rápidos em mobilizar toda a estrutura estatal e de comunicação social para enganar a sociedade, não permitindo que viesse à tona o fato de que se tratava de uma ação terrorista. E os incautos cidadãos brasileiros acreditaram.

Estou me referindo ao denominado "massacre da escola de Realengo", ocorrido em 2011, em uma escola do Rio de Janeiro, onde um "lobo solitário" ceifou a vida de 12 crianças e deixou várias outras feridas. Em sua ação, engenhosamente premeditada, foram utilizadas várias armas de fogo. O trágico episódio causou comoção nacional. Eu fui a única autoridade nacional a vir a público para contestar o governo e denunciar a gravidade do "massacre da escola de Realengo", exatamente por se tratar de um clássico e inequívoco caso de atentado terrorista. Publiquei um artigo a esse respeito, intitulado "Perfil de um terrorista" e recorri aos principais meios de comunicação, muitos dos quais já publicaram artigos de minha autoria, a fim de que o publicassem, para esclarecer a sociedade sobre a real gravidade daquele atentado terrorista no Brasil.

Mas o resultado disso foi um silêncio total. Tudo bem, mais uma vez eu fiz a minha parte.

Se tivessem me dado atenção naquela oportunidade e acatado minhas sugestões sobre esse assunto, os governantes e a ABIN não estariam, hoje, aterrorizados com a grande probabilidade da onda de "lobos solitários" cometerem atentados terroristas no Brasil, principalmente com a proximidade dos Jogos Olimpícos de 2016.

Serve de adicional alerta o atentado terrorista ao jornal Charlie Hebdo, em 2015, o pior na França em mais de 50 anos. Relembrando, em 07 de janeiro de 2015, dois irmãos terroristas, Cherif Kouachi e Said, encapuzados e armados com fuzis AK-47, invadiram a redação do jornal satírico Charlie Hebdo e começaram a atirar nos cartunistas e funcionários, deixando 12 mortos e 11 feridos, em retaliação às publicações do jornal consideradas ofensivas ao Profeta Maomé. A autoria do atentado foi disputada pelas principais organizações terroristas internacionais: Al Qaeda e o Estado Islâmico (EI).

Os irmãos terroristas, Cherif Kouachi e Said, são de nacionalidade francesa, filhos de pais argelinos. Ou seja, são cidadãos naturais do estado francês, onde nasceram. Não eram terroristas estrangeiros, mas, sim, terroristas nacionais, nascidos e criados em solo francês. Outra constatação importante é que esse atentado terrorista foi integralmente planejado por eles e não por uma organização terrorista, patrocinadora.

Esse é o perfil e o *modus operandi* do que se denomina atualmente de "lobo solitário", que nada mais é que o "terrorista independente", que atua por conta própria, independentemente do comando de uma organização terrorista. E o Brasil está repleto deles. Tenho afirmado, oficialmente, desde 2011.

Operação de Contraterrorismo da ABIN

Claudio Tognolli me trouxe informações sobre uma determinada Operação de Contraterrorismo da ABIN. Ouvi o relato do coautor dessa obra e concluí ser outra daquelas levas impropriedades e ilícitos graves.

Plano de Operação de Inteligência de contraterrorismo, elaborado pelo Diretor do Departamento de "Operações de Inteligência". Nele, pessoas sem ligação com a ABIN (colaboradores a soldo espartano, a princípio...) seriam recrutadas para infiltração em organizações consideradas sensíveis no Brasil. A finalidade era se aproximar de uma determinada pessoa-alvo, considerada, pelos serviços secretos dos EUA, importante dirigente da Al Qaeda no Brasil.

Foi designado, para tal operação, um integrante de uma das Secretarias Estaduais da ABIN. Ele ficou responsável pela condução de toda a operação, inclusive dando treinamento e realizando a infiltração de pessoas – que, notem, receberam pagamento por seus serviços, com a famosa verba secreta da ABIN. Ocorre que pelo menos um dos contratados para a operação de contraterrorismo, recrutado para infiltração, segundo Tognolli, era ninguém mais que um parente, em linha direta, do próprio responsável pela operação. Que fica registrado: nepotismo com verba secreta para se chegar a alguém considerado, pelos serviços secretos dos EUA, importante dirigente da Al Qaeda no Brasil.

Registre-se também que as fontes humanas daquela operação, (principalmente o parente do integrante da Secretaria Estadual da ABIN) receberam valores finais superiores àqueles pagos pela agência a seus agentes especiais em ocasiões nada menos especiais. Nada espartano... Tais impropriedades são rigorosamente proibidas pela doutrina de inteligência. E também pelo próprio Regimento interno da ABIN, bem como manuais internos de contraterrorismo e "Operações de Inteligência" da agência. Nesses casos, o que é preconizado pela doutrina e legislação de inteligência é o seguinte:

1. É proibida a participação de parentes de integrantes da ABIN diretamente em suas "Operações de Inteligência", bem como o seu pagamento com verba sigilosa.

2. Somente em casos excepcionalíssimos, devidamente comprovados, nos quais tais situações sejam imprescindíveis, é que tais operações podem ser aprovadas, desde que o eventual integrante da ABIN, envolvido diretamente nessas operações e que tenha parentesco com uma ou mais fontes, seja imediatamente substituído por outro servidor da agência; a exemplo do que ocorre na justiça, quando um magistrado deve obrigatoriamente declarar-se impedido ao receber um processo para julgamento em que um dos envolvidos seja um parente seu.

3. Proibições de nepotismo não existem por acaso e são preconizadas também nos serviços de inteligência mais eficientes de outros países, em função dos vários e graves desvirtuamentos – principalmente corrupção e ineficiência – que essa prática invariavelmente provoca.

Destaco ainda que, a despeito de terem ciência dessas impropriedades e proibições da própria ABIN, o Diretor-Geral e o Diretor do Departamento de "Operações de Inteligência" aquiesceram aquelas ilicitudes. Tudo com protocolar elaboração e posterior aprovação, em 2006.

Em 2008, o novo Diretor de Contraterrorismo da ABIN, ao assumir sua função e tomar conhecimento dessas impropriedades, instaurou sindicância interna na ABIN. As acusações eram de nepotismo e malversação de recursos públicos. Foi salientado o abuso que era pagar os "colaboradores" acima dos valores praticados na agência. O integrante responsável pela condução da operação defendeu-se argumentando que o respectivo plano de operação havia sido elaborado pelo Diretor do Departamento de "Operações de Inteligência" e devidamente aprovado pelo Diretor-Geral da ABIN, em 2006, e que ambos tinham conhecimento de tudo. Portanto, ele não havia cometido qualquer ilicitude. O imbróglio se agravou ainda mais.

Porque, posteriormente, o integrante responsável pela condução da operação de contraterrorismo, por interesse próprio, solicitou à Direção da ABIN afastamento remunerado de suas funções na agência, no que foi autorizado e, pasmem: seu pedido foi acolhido!

O Diretor de Contraterrorismo da ABIN determinou que o afastado transferisse a condução das operações de contraterrorismo para outro integrante da ABIN que fora designado. Ele não obedeceu, afirmando que, afastado oficialmente da agência, isso não lhe cabia. Mas completou dizendo que "mesmo afastado, continuava conduzindo, normalmente, as operações de contraterrorismo".

Parece piada, não? E nada foi feito pela direção da ABIN.

Mas o imbróglio agravou-se ainda mais. Varado de indignação e sentindo-se desrespeitado, o Diretor de Contraterrorismo da ABIN determinou verbalmente o cancelamento das operações de contraterrorismo. E suspendeu os pagamentos das fontes humanas e, evidentemente, do seu parente.

É importante enfatizar que nem o Diretor de Contraterrorismo da ABIN, nem qualquer outro dirigente pode ordenar a abertura ou o cancelamento de qualquer operação de inteligência. Somente o Diretor-Geral da ABIN. Mas, nas "Operações de Inteligência" da ABIN é assim: cada um faz o que quer.

A história, no entanto, não se esgota aqui. Face a suspensão dos pagamentos com verba sigilosa, os prejudicados e, principalmente seu parente, foram reclamar com o integrante da ABIN que estava afastado de suas funções. Ele decidiu, então, arcar pessoalmente com os custos dos pagamentos das fontes humanas das operações de contraterrorismo da ABIN, conduzindo-as completamente à revelia da diretoria-geral da agência.

Passados alguns meses, e ainda com as operações de contraterrorismo da ABIN sobre a Al Qaeda no Brasil em completa ilicitude, o tal integrante da ABIN estava pessoalmente endividado. E começou a reclamar, oficialmente e por escrito, ao Diretor de Contraterrorismo da ABIN, e também ao Diretor-Geral. Cobrava deles o ressarcimento dos valores que ele pagou às fontes humanas, incluindo juros, IOF, etc dos seus endividamentos pessoais.

Em expedientes ao Diretor-Geral da ABIN ele faz gravíssimas acusações, dentre elas: que determinado superintendente Estadual da ABIN, faltou com a verdade, promovendo calúnia e difamação contra ele, não merecendo pertencer aos quadros de dirigentes da ABIN; que o diretor de contraterrorismo e a ABIN abandonaram fontes humanas em operações de Inteligência sensíveis, criando vulnerabilidades para o Estado brasileiro, deixando de cumprir as normas regulamentares da ABIN no que diz respeito à condução das "Operações de Inteligência", que se reserva o direito de peticionar em outras esferas superiores do Estado brasileiro, e que fazia os registros para proteger sua integridade física e moral.

Essa operação foi aprovada em 2006 na gestão do Diretor-Geral da ABIN, Márcio Paulo Buzanelli, cujas ilicitudes perpassaram também pela gestão dos seguintes Diretores-Gerais da ABIN, que o sucederam: Paulo Lacerda e Wilson Roberto Trezza.

Fica claro que a ABIN tem muitas contas a prestar, perante o ordenamento jurídico e as instituições fiscalizadoras da atividade de inteligência no Brasil.

O meu encontro com terroristas internacionais

O discurso oficial do governo brasileiro e da ABIN é que não há organizações terroristas internacionais em solo brasileiro. Enquanto o país e a sociedade brasileira não forem vitimados pela grave ameaça do terrorismo internacional, essa perfídia prevalecerá no Brasil. É lamentável que tenha que ser assim, pois o fato da ABIN nunca ter encontrado organizações terroristas no Brasil não significa que eles não estejam no país.

A ABIN nunca os encontrou, mas eu os encontrei. E não foi difícil... Vou relatar uma história que vivi pessoalmente com terroristas no Brasil.

Algumas verdades precisam ficar bem explícitas, desde já, principalmente porque eu integrei a Coordenação-Geral de Contraespionagem e Análise do Terrorismo da ABIN, dentre várias outras atividades que desempenhei na inteligência no país.

1. É preciso que fique bem claro que, oficialmente, eu sou obrigado a dizer que essa história nunca envolveu qualquer serviço de inteligência nacional.

2. Tudo que vou relatar sobre meu contato com terroristas internacionais aconteceu, exclusivamente, por minha iniciativa pessoal, por minha própria conta e risco.

3. Por motivos óbvios, detalhes específicos sobre essa história nunca serão revelados. Morrerão comigo.

É importante aprender que um agente secreto nunca deve operar contando com a sorte, embora ela seja sempre bem-vinda. Digo isso porque minha vida na Inteligência Operacional me proporcionou vivenciar certas situações nas quais eu realmente poderia ter sido morto. E o medo da morte iminente é o sentimento mais aterrorizante que existe.

E quando uma situação dessas acontece, dificilmente a sorte virá em seu resgate. Portanto, sobreviver, na maioria das vezes, será para um agente secreto o resultado de pequenas, mas importantes sutilezas para as quais ele atentou. Porque "não são os grandes planos que dão certo, são os pequenos detalhes" (Stephen Kanitz), lembram?

Poderia ter morrido no meu encontro com terroristas. Isso só não aconteceu porque, apesar dos graves erros cometidos, de minha parte, eu fiz o meu "dever de casa" e, devo confessar, também tive muita sorte.

A próxima questão importante a aprender é que um agente secreto deve operar sempre com base em minucioso planejamento. Nunca um agente deve operar uma missão secreta sob planejamento de quem não não seja melhor do que ele. Se assim proceder, vai se dar irremediavelmente mal.

E foi isso que aconteceu no meu primeiro encontro com terroristas. Na verdade, eu acabei entrando em uma grande "roubada". Fui obrigado a confiar em certos contextos e planejamentos operacionais, que só posteriormente descobri serem de total incompetência.

O fato concreto é que eu estabeleceria contato pessoal com uma fonte humana que teria muitas informações a dar sobre organizações terroristas no Brasil. Tratava-se de um informante. Bem, pelo menos, foi o que me disseram...

Aliás, devo registrar também que em momento algum me foi dito que o contato pessoal seria com terroristas. Apenas quando o encontro aconteceu, foi que descobri que estavam errados em praticamente tudo. Eles também não sabiam que havia terroristas de verdade "na jogada".

— Quem seria a fonte humana? — perguntei ao tomar contato com o plano.

Minha pergunta disparou uma série de invectivas vagas.

— É uma pessoa que tem informações importantes sobre organizações terroristas no Brasil. É só isso que você precisa saber.

— Mas é homem ou mulher? Qual a idade?... Que dados você tem? —insisti.

— Não se preocupe. Na hora você vai ver. É tudo muito simples.

— Mas como eu vou identificar essa pessoa? — perguntei, obviamente.

— Isso já está resolvido. Preste atenção como será feito. Você não precisa saber quem é porque a fonte humana será apresentada a você por um "colaborador"nosso.

— Colaborador? Que colaborador? — perguntei.

— É um colaborador nosso que conhece a fonte humana e vai te apresentar a ela.

— Quem é esse colaborador? — perguntei, novamente.

— É uma pessoa que trabalha conosco há algum tempo. É só isso que você precisa saber.

— Qual o nome dele? — perguntei.

Só me deram seu codinome.

Mas eu insisti:

— Quem é esse colaborador? Dê mais informações sobre ele!

— Não se preocupe. Ele é de confiança. Fique tranquilo.

— Então, porque ele não está aqui? Ele é colaborador ou informante?

— Ele é um contato muito importante que nós temos. Por isso, ele não vem aqui.

— Quando vou conhecê-lo?

— Quando você for fazer o trabalho, você vai pegá-lo no caminho e ele vai te guiar e orientar até o local. É ele quem vai te apresentar à fonte humana. Deixe tudo com ele.

Bem, o contato pessoal seria realizado por mim, na tríplice fronteira, já fora do território brasileiro, exigência dessa fonte.

Não devemos esquecer que o terrorismo internacional está presente em toda a extensa fronteira brasileira, e não apenas nas tríplices fronteiras. Isso nos traz mais um importante ensinamento: terroristas são excelentes agentes em termos operacionais e, consequentemente, são exímios planejadores em operações, diferentemente do que ocorre nos serviços de inteligência nacionais. Terroristas dificilmente cometem erros.

Segundo o planejamento, eu encontraria o tal colaborador num determinado ponto do meu itinerário e ele me conduziria para além da fronteira do Brasil, onde eu teria o contato pessoal com a tal fonte. Ou seja, eu estava indo num trabalho operacional sobre o qual nada sabia. Aliás, nem eu, nem "eles" que planejaram esse "aborto" operacional. Porque, na verdade, tudo estava nas mãos desse tal colaborador e da desconhecida fonte humana.

Aproveito esse relato real sobre terrorismo para destacar um gravíssimo erro operacional que é frequentemente cometido tanto na ABIN, quanto nos demais serviços de inteligência nacionais. Trata-se da falta de controle sobre a condução de suas "Operações de Inteligência", e também a falta de controle sobre as diversas fontes não orgânicas (informantes, colaboradores, recrutados etc). Estas passam a manipular o próprio serviço de inteligência ao sabor de seus interesses pessoais.

Retorno ao relato. Desde o início, me desagradava muito a forma como tudo estava sendo conduzido e só resolvi prosseguir porque havia outras questões envolvidas que, como já mencionei, não posso revelar. Digo isso porque o aprendizado sobre atuação de um agente secreto baseia-se no seguinte axioma lógico:

1. Como pode terminar tudo que começa bem?
   Resposta: Tudo que começa bem pode terminar bem ou mal.
2. E como pode terminar tudo que começa mal?
   Resposta: Bem, tudo que começa mal, só pode terminar mal.

Portanto, em casos como aquele que eu estava vivendo, não é necessário muito faro operacional para saber que a história só poderia terminar mal.

Antes de partir para o trabalho perguntei qual seria a minha EC.

Explico: Estória Cobertura (EC) É a técnica operacional que trata dos procedimentos usados para encobrir a realização das ações sigilosas operacionais de inteligência e para preservar também o sigilo dos órgãos de inteligência patrocinadores das ações de busca e das operações autorizadas, da identidade do pessoal e material envolvidos. Ou seja, EC é a estória mentirosa que eu iria contar à fonte para convencê-la de que eu sou quem de fato não sou.

— Sua EC será de jornalista porque a fonte está interessada em conversar com a mídia. Aí, você fala que é jornalista, diz que vai publicar tudo, e aproveita para entrevistá-la obtendo o máximo de informações possíveis. Pergunte tudo.

— Mas minha EC é que eu sou jornalista de que jornal? — perguntei preocupado.

— Tanto faz... diz qualquer coisa... improvisa....como a fonte vai saber? Não complica!

E concluiu:

— Para esse trabalho é bom você ir armado, e use esse equipamento de filmagem e gravação sigilosa (áudio e vídeo) no contato pessoal com a fonte para gravar tudo. E recebi um revólver e o equipamento eletroeletrônico.

Portanto, quando parti para a realização do trabalho, eu já pressentia a catástrofe. Porque prossegui? Porque outro importante aprendizado sobre a atuação de um agente secreto é que essa é uma atividade de risco significativo e inevitável, por melhor que seja o planejamento operacional.

E, mesmo assim, tudo sempre pode mudar radicalmente, quando menos se espera. Nessa atividade é imprescindível saber enfrentar o risco real, mas só avançar até o ponto em que a segurança permitir, sabendo também o momento exato de parar, antes que seja tarde demais. Com esse foco, parti para o trabalho.

Durante meu itinerário, encontrei o tal colaborador, conforme havia sido combinado por eles. Era um homem na faixa de 60 anos, magro, uns 60 quilos, 1,65m, e praticamente calvo (não tinha a cabeça raspada, mas possuía poucos cabelos em todo o couro cabeludo). Sua postura era curvada para frente (não tinha problema ortopédico postural – era sua postura habitual) e falava sempre muito baixo, como se tivesse algo a esconder. Nunca olhava de frente, sempre esgueirava o interlocutor com o canto dos olhos. Era ardiloso, falso, tinha uma energia péssima. Não valia nada (sou especialista em decifrar pessoas). Mas era inteligente e manipulador. Era um agente duplo, como eu suspeitava e confirmaria mais tarde.

O agente duplo é o pior tipo de pessoa que existe, em termos de confiança e credibilidade. Mas serviços secretos tem que aprender a lidar com eles. E é dificílimo. Porque o agente duplo não serve a dois senhores. Ele trai a ambos, manipulando-os e jogando um contra o outro, tirando o máximo proveito disso. Normalmente, esse proveito é financeiro, com recebimento de ambas as folhas de pagamento. Em geral, os agentes duplos são muito mais "espertos" que aqueles dos serviços de inteligência para quem, supostamente, "trabalham". Devo dizer que os serviços de inteligência no Brasil estão repletos deles.

Já em território estrangeiro, logo depois da fronteira, o colaborador nos conduziu a um centro comercial bastante movimentado. Parecia a Rua 25 de Março, em São Paulo, em dias de maior aglomeração, só que em proporções bem menores. Afinal, era uma cidade limítrofe ao Brasil na tríplice fronteira. Descemos do carro e começamos a caminhar em meio àquela multidão. Eu estava em outro país, não sabia para onde estava indo e ainda tinha que confiar em alguém que, com certeza, não valia nada! Mas ainda não era hora de parar. Aquele ambiente operacional, em termos gerais, me era favorável sob o aspecto de segurança. A não ser que o colaborador estivesse me conduzindo a uma fonte que fosse um homem-bomba. Porque, como homens-bomba sempre buscam vitimar o máximo de pessoas, aquele era um lugar perfeito. Quando pensei isso, senti um enorme arrepio pelo corpo.

Mas logo em seguida me tranquilizei: não faria sentido me atrair como alvo de um atentado porque eu, seguramente, não era uma personalidade importante. Eu não valeria todo esse trabalho e o estraçalhamento de um homem-bomba. Temos, aqui, um importante ensinamento: tornar-se uma pessoa "inexistente" e totalmente descartável, como eu sou, tem muitas vantagens.

Chegamos então a uma região de vários bares, tipo praça de alimentação de shopping center, completamente lotada. Conseguimos uma mesa, eu e o maldito colaborador. Ele, muito tranquilo; eu, muito ansioso. Quando eu lhe perguntei sobre a fonte, ele disse que chegaria a qualquer momento e que eu ficasse tranquilo.

Mantive-me calmo porque sabia que o ambiente operacional me era favorável. Isso, porém, era apenas sob o aspecto de minha segurança física. Deduzia que seria da mesma forma para a fonte. Por outro lado, era um excelente ambiente para eu monitorá-la, e vice versa. Pois, se por um lado eu não a estava monitorando ela poderia estar me monitorando. E, naquele local, seria quase impossível que eu descobrisse. Os terroristas poderiam estar seguros à minha volta, e eu não teria condições de descobri-los. E era exatamente isso que estava acontecendo.

Cerca de quinze minutos depois de nossa chegada, alguém se aproximou da nossa mesa e nos abordou. Percebi pela expressão corporal e troca de olhares entre o colaborador e essa pessoa que ambos se conheciam. Olhei fixamente para o colaborador e ele me sinalizou com o olhar que se tratava da fonte. Só não gostei do olhar sarcástico do colaborador que se mostrava à vontade demais, feliz, como se estivesse em casa. E isso era um péssimo sinal. Senti que estava sendo entregue "de bandeja" por ele. Mas continuei calmo, até porque sabia que nada de grave aconteceria ali.

A fonte era homem, tinha cerca de 30 anos, 1,75 de altura, compleição média, cerca de 80 quilos, cor parda clara, cabelos castanhos escuros volumosos, e o que mais me chamou a atenção foi que, certamente ele era brasileiro, pela forma como falava o português.

Então ele, que ficou em pé, ao lado da nossa mesa (não havia como ele se sentar), disse com bastante naturalidade: —Tudo bem?

— Tudo bem — respondemos, mais ou menos juntos, eu e o colaborador

— Muito cheio aqui, não é? — comentou a fonte, tentando puxar assunto.

— É — respondi laconicamente.

Então, perguntou, despretensiosamente, se éramos jornalistas?

Naquele instante, o colaborador simplesmente me denunciou com seu olhar acusador. A fonte olhou para mim e disse:

— Você é o jornalista?

Eu confirmei balançando levemente com a cabeça.

Eu esperava que ele providenciasse uma cadeira para se sentar e conversar conosco. Mas não foi assim. Ele continuou em pé, olhando em volta por alguns instantes, como se procurasse pessoas conhecidas, e depois ordenou:

— Vamos conversar em outro lugar.

Eu olhei imediatamente para o colaborador, que evitou meu olhar e ficou calado. Tentei ganhar tempo e disse: — Como assim?

A fonte olhou para mim e repetiu:

— Vamos conversar em outro lugar.

— Que lugar? — perguntei.

— Em outro lugar — foi a resposta.

Como nada disso havia sido combinado ou planejado, a adrenalina começou a subir. Nessas situações tudo acontece muito rápido, você não tem tempo para pensar e não há margem para erros. Meu alerta de segurança acendeu a luz vermelha: era hora de parar. Aquela mudança inopinada, mas deliberada, do lugar do encontro previamente marcado é uma das estratégias operacionais mais empregadas com a finalidade de se detectar uma eventual vigilância que esteja sofrendo e/ou despistar uma vigilância já identificada. Mais ainda, a estratégia é sempre utilizada quando se pretende alguma ação adversa contra determinado alvo.

Aquela conduta revelava várias coisas, como:

1. A fonte não era um informante qualquer e dispunha de certo nível de adestramento operacional.
2. A medida de segurança operacional por parte dele demonstrava que o contexto era reconhecidamente perigoso; razão pela qual a estava adotando.
3. O fato do nosso encontro ter sido marcado naquele local tumultuado foi deliberadamente planejado pela fonte para poder espalhar e disfarçar seus "agentes" no local e, ao mesmo tempo, assinalar a mim e ao colaborador, bem como para tentar identificar um ou mais agentes meus que, disfarçadamente, estivessem me acompanhando.

Eu e a fonte estávamos "empatados". E aquele era um dos motivos pelo qual eu permanecia relativamente tranquilo enquanto estavámos naquele movimentado local. Partir para outro ponto de encontro (unilateralmente escolhido por ele) seria, para mim, uma desvantagem avassaladora em termos de segurança. Uma verdadeira "roleta russa", caso aceitasse. Luz vermelha em meu alerta de segurança. Hora de parar.

A decisão de parar e desistir do trabalho naquele momento seria complicada em termos de segurança porque teria que me evadir daquele local, fugir de meus algozes. E havia ainda o agravante de estar em território estrangeiro. A salvo só estaria mesmo se conseguisse chegar em território brasileiro. E eu tive que decidir tudo isso em frações de segundos porque o homem estava olhando para mim, aguardando minha resposta. Se eu insistisse em conversarmos onde estávamos, certamente ele não aceitaria e deduziria que estava sendo monitorado. Estando em território estrangeiro não deveria contrariar e irritar a fonte. Por isso, desisti de minha estratégia.

Sob os aspectos doutrinários de emprego operacional, havia chegado o momento de parar. Ponto final. Mas não foi isso que eu fiz. Resolvi prosseguir.

Naquele momento, decidi fazer algo praticamente impossível: conquistar a confiança dele. E, naquelas circunstâncias, isso era o mais importante a fazer, inclusive para a minha própria segurança, como será verificado mais à frente. Vejamos os motivos de minha decisão:

1. Caso eu não aceitasse, minha atitude certamente o deixaria convencido de que eu o estava monitorando. E eu não estava. Assim, minha negativa me alçaria definitivamente à condição de inimigo. E eu poderia me dar mal por causa disso.

2. Como eu já mencionei, "quem não deve não teme......e não treme". Significa que, naquele exato momento, eu não poderia transparecer qualquer tipo de receio ou medo. Afinal, eu não era apenas um jornalista em busca de uma matéria?

3. Eu iria arriscar, "pagar prá ver", porque, mesmo fora daquele lugar, eu sabia que enquanto me mantivesse em local com grande circulação de pessoas, eu ainda teria condições de me evadir. Isso mesmo que tivesse que lutar com a fonte, pois fui muito bem treinado para essas situações.

4. Eu não estava sozinho, mesmo que minha companhia fosse aquele maldito colaborador.

Firme em minha decisão, peguei no braço do colaborador, forçando-o a se levantar juntamente comigo, para não dar chance dele vacilar, e disse à fonte: "Então, vamos!"

Eis que aconteceu o que não poderia acontecer. A fonte foi rápida em dizer: " Seu amigo fica aqui, é só você que vem".

Entrei em choque e pensei comigo: "Agora, fudeu!"

Não havia mais como voltar atrás e, a partir daquele momento, eu estava definitivamente sozinho.

A fonte saiu na minha frente e eu o segui à retaguarda. À medida que me afastava daquele local, eu via o colaborador refastelado em sua cadeira me olhando com expressão de regozijo por eu ter entrado numa "roubada".

Tentei memorizar o itinerário que estávamos fazendo a pé, mas era impossível. Além do local estar tomado de pessoas, eu não conhecia nada daquele lugar.

Portanto, rapidamente me perdi. E, sem saber onde estava, como eu conseguiria voltar? Tentei identificar a equipe de "agentes" da fonte, que, certamente, estava nos seguindo, mas com tanto tumulto, não consegui.

Minha última cartada seria fugir, sair correndo. Porque certamente não viriam atrás de mim e, mesmo assim, teriam que ser muito bons para me pegar. Mas não fiz isso porque, de alguma forma, eu sentia que o havia impressionado com minha atitude ao não hesitar em acompanhá-lo.

Não andamos muito. Cerca de cinco ou dez minutos, no máximo. Ou seja, o local não era muito distante de onde antes estávamos. E não foi necessário irmos de carro. Tivesse sido essa a decisão, teria fugido: nunca entraria num carro com essa pessoa.

Paramos então num local que era um centro comercial, mas já estava bem menos tomado de pessoas. Começava a escurecer e estávamos diante de uma porta que dava acesso a uma construção geminada de dois andares. Todo o quarteirão era assim. Caminhávamos em direção a uma porta e eu tinha de decidir, rapidamente, se eu entraria ou não, pois uma coisa é você estabelecer contato pessoal em local público, onde há varias outras pessoas; outra, bem diferente, é estabelecer contato pessoal em local privado e fechado. Ou seja, no território inimigo.

Sob os aspectos doutrinários de emprego operacional, havia chegado o segundo momento crucial de parar, pois eu também nunca entraria naquele local. Mas, não foi isso que eu fiz. Resolvi prosseguir porque, naquele momento, aconteceram, em rápida sequência dois fatos que decretariam definitivamente o meu destino.

Antes, porém, deixo claro que sabia que se eu fosse desmascarado pelos terroristas, morreria e nem o meu corpo seria mais encontrado. Agora os fatos.

O primeiro – que fez o meu coração e minha adrenalina dispararem com força total – foi a pergunta que a fonte humana me fez, antes de entrarmos por aquela pequena porta, naquele local apertado e escuro e olhando-me diretamente nos olhos:

— Você está armado?

E eu estava, mas, mesmo assim, não hesitei:

— Não, não estou!

A fonte humana, então, fez outra pergunta:

— Você está gravando nossa conversa?

E eu também estava, não é mesmo? Mas, de novo, respondi firme:

— Não!

Se eu tivesse respondido positivamente às perguntas, estaria desmascarado e morto.

Depois que o homem abriu a porta, subimos apenas um lance de escadas estreitas e demos em uma sala. A fonte bateu na porta e, segundos após, apareceu um homem forte, cerca de 30 anos, cabelo curto, barbudo, 1,80 m e cerca de 100 quilos.

E, então, aconteceu o segundo fato que me deixou ainda mais tenso: a fonte se posicionou atrás de mim (eu fiquei entre os dois homens) e me falou ao ouvido:

— Vamos revistar você.

E me revistaram. Mas a forte sensação que me dominou foi a de alívio!

Eu havia decidido, na última hora, retirar o revólver e os equipamentos de filmagem e escuta – que determinaram que usasse – e os deixei no carro.

Fiz o meu "dever de casa". Afinal, como dito, "não são os grandes planos que dão certo, são os pequenos detalhes" (Stephen Kanitz). Foi a minha salvação. Se estivesse com o revólver e os equipamentos, esse livro, certamente, não teria sido escrito.

Mesmo sob forte e constante risco, alcancei o objetivo de conquistar a confiança da fonte. E, agora sim, iríamos conversar.

Mas houve, ainda, uma grande reviravolta. Após a minha revista, a fonte humana me disse: — Você vai aguardar aqui. Em seguida, desceu as escadas, abriu a porta, saiu e fechou-a. Então, eu fiquei totalmente confuso porque a pessoa com quem eu iria conversar simplesmente foi embora.

Em seguida, o homem forte, que não falou uma palavra sequer durante todo o tempo, abriu a porta da sala e gesticulou indicando para que eu entrasse, oferecendo-me uma cadeira. Era um cubículo de aproximadamente 4m x 4m. Devia ser um escritório, mas estava tudo empilhado e não me pareceu que funcionava normalmente.

Depois, sentado de costas para a porta, vi o homem forte sair, me deixando sozinho no cubículo. Novamente, meu coração e a adrenalina dispararam. Instantes depois, a porta se abriu atrás de mim e entraram duas pessoas: o homem forte e a pessoa que realmente iria conversar comigo, o "líder".

O homem forte se posicionou de pé, bem atrás de mim; o "líder" sentou-se de frente para mim, do outro lado da mesa. Digo "líder" porque ele não era apenas um terrorista, posso garantir. Ele era um dirigente de organização terrorista. Mais ainda: era engenheiro (técnico) de bombas, que é o especialista dessas organizações responsável pela montagem ou construção dos artefatos explosivos, empregados em atentados terroristas pelos homens-bomba e carros-bomba. Como já afirmei, algumas informações morrerão comigo, mas, entre elas, destaco duas: a descrição do líder (aspectos físicos) e como eu cheguei a saber de tudo isso.

Eu não estava diante de uma "fonte humana", informante qualquer, mas sim frente a frente com um dirigente operacional de uma organização terrorista internacional. O "líder" compreendia bem o português, mas tinha forte sotaque estrangeiro, oriundo dos povos do oriente médio. Falava pausadamente, mas tinha tom de voz firme e olhar penetrante, que era a sua característica mais marcante.

Ao longo de nossa conversa, que durou cerca de dez minutos, tive a oportunidade de identificar nele raros atributos da legítima liderança. É por esse motivo que o denomino assim. Era muito convicto de suas ideias, mas não era um fanático, ao contrário do que pensa a maioria das pessoas a respeito de líderes terroristas. Era muito inteligente e persuasivo, pela forma convincente e argumentação consistente com que justificava e defendia seus pensamentos. Era politizado e estava atualizado com a conjuntura internacional, principalmente no tocante às relações entre países. Era intelectualmente muito preparado e teria condições de debater com maestria sobre essas questões com qualquer político ou intelectual renomados. Tive oportunidade de avaliar tudo isso porque nossa conversa foi muito mais um monólogo por parte dele, que um diálogo comigo. Ele falou por todo o tempo. Eu só o ouvia atentamente.

Afinal, naquelas circunstâncias, eu iria perguntar ao "líder", o quê? Seu nome completo? Qual a sua organização terrorista? Que atentados estava planejando realizar? Posteriormente, descobri o que realmente havia acontecido comigo. O "líder" sempre esteve no comando de todas as ações que me levaram até ele, porque havia planejado e conduzido tudo meticulosamente, até a minha ridícula EC de jornalista. É claro que o "líder" sabia que eu não era jornalista coisíssima nenhuma. O mais importante era descobrir qual o verdadeiro propósito do "líder". Afinal, ele se dispôs a se encontrar comigo. Isso significava que eu tinha alguma importância para ele, pois se não fosse asssim, o "líder" não estaria ali, correndo riscos também.

Outro destaque na linha dos ensinamentos importantes para os agentes secretos: o esforço para se tornar uma pessoa especial, pelo menos perante líderes terroristas, tem muitas vantagens.

Mas qual era o verdadeiro propósito do "líder"? Conversar comigo. Porque somente conversando pessoalmente comigo, o líder teria condições de tentar me persuadir, para a consecução dos seus reais propósitos; que, evidentemente, ele não me diria, como não disse. Mas eu sabia quais eram.

Por mais paradoxal que possa parecer, naquele exato momento a situação se inverteu entre mim e o "líder", porque se antes o meu objetivo era conquistar a confiança da fonte humana (e eu consegui), agora era o "líder" que precisava conquistar a minha confiança. Afinal, ele não queria me persuadir? E isso, certamente, não é tarefa fácil. Mas ele também alcançou seu objetivo. E fez isso usando a mesma estratégia que eu: a verdade. A mentira pode ser poderosa em algumas circunstâncias, mas sempre por breve tempo. A verdade é sempre avassaladora. Portanto, em seu monólogo, o assunto foi: "terrorismo internacional no Brasil".

Inicialmente discorreu brevemente sobre as ameaças do terrorismo internacional no Brasil, para logo em seguida afirmar que os terroristas internacionais e suas organizações estão em território brasileiro. Citou várias organizações e destacou vários nomes de terroristas que estão em solo brasileiro. Fez mais. Entregou-me os nomes dos terroristas e suas respectivas organizações, por escrito, evidentemente em papéis apócrifos. Vou revelar apenas que uma das cidades brasileiras em que o "líder" destacou que a cúpula das organizações terroristas internacionais tem forte presença e atuação no Brasil é São Paulo.

Ele me assinalou que seu objetivo era contribuir com o estado brasileiro e, para tanto, esperava que eu pudesse ajudá-lo. Então, praticamente em minha única manifestação, agradeci sua prestimosa colaboração e assegurei-lhe que suas importantes informações chegariam aos governantes do país.

Nosso contato pessoal estava chegando ao fim. Confesso que, naquele momento, o meu sentimento íntimo foi de satisfação pessoal em estar ali conversando com o "líder". E, em contrapartida, arrisco dizer que a recíproca foi igualmente verdadeira.

Os desdobramentos do meu encontro com ele? O primeiro deles é que sobrevivi. O segundo é que, atualmente, o Brasil, além de hospedeiro, se transformou na colônia de férias oficial do terrorismo internacional, estando muito mais vulnerável à sua ação e não possuindo sequer uma legislação que defina o que é terrorismo. E, como comentei anteriormente, o ex-presidente Lula, tinha toda a razão quando, referindo-se à ABIN, perguntou colérico: "Para que serve essa porcaria?".

Desvio de verba sigilosa na ABIN: crime perfeito

Muito se pergunta no país sobre a administração da denominada verba secreta, ou verba sigilosa, nos serviços secretos nacionais, especialmente na ABIN. A resposta é simples: uma roubalheira total. E o que vou dizer agora é uma verdade que será muito útil aos políticos e dirigentes corruptos desse país:

"Se você é um político ou dirigente corrupto e quer desviar verba pública para interesses espúrios e pessoais, de partidos políticos, ou do que quer que seja e, evidentemente, não quer correr qualquer risco de ser descoberto, então roube os cofres públicos por meio da verba sigilosa. Porque este é o crime perfeito."

Posso até ensinar como fazer isso. E é facílimo. Aliás, farei melhor. Vou relatar um caso real da ABIN.

Ao contrário do discurso oficial, não existe controle algum sobre os serviços secretos nacionais, principalmente no nível operacional, onde se enquadra a verba sigilosa. E qualquer afirmação nesse sentido é a mais pura mentira. Os dirigentes de serviços secretos do país sabem muito bem disso e adoram essa situação. Porque sabem que têm total liberdade para roubarem os cofres públicos, sob o manto do sigilo institucional e da mais completa impunidade. E o que mais surpreende e revolta o cidadão digno e honesto é que são justamente as instituições responsáveis pelo controle externo da atividade de inteligência brasileira que nada fazem.

Ao longo dos meus quase trinta anos de inteligência, o desvio de verba sigilosa nos serviços secretos sempre foi a regra, mas com um aspecto extremamente peculiar. Como essa roubalheira é indiscriminada internamente no âmbito dessas organizações, os próprios dirigentes dos serviços secretos não conseguem realizar o controle efetivo da verba sigilosa. Portanto, o resultado final é que todo mundo rouba de todo mundo. O caso que vou relatar da ABIN é um exemplo típico. Mas antes vamos às principais modalidades de desvio de verba sigilosa:

1. Na "cara-dura".
2. Por meio de uma "operação de fachada".

Modalidade "cara-dura"

Nessa modalidade, a verba sigilosa é desviada diretamente pelo dirigente ou agente operacional, sem o emprego de qualquer artifício. É necessário a existência de um "operador", apenas na eventual necessidade de se fazer uma "prestação de contas" que, de fato, nunca existe efetivamente. E, nesse caso, basta apenas o "operador" carimbar a expressão "gastos operacionais" e pronto. Tudo está justificado.

Um exemplo típico dessa modalidade empregada pela ABIN foi na Operação *Satiagraha*, em que a Direção-Geral da ABIN cometeu um festival de clandestinidades, sem qualquer prestação de contas e, apesar de condenada pelo Superior Tribunal de Justiça (STJ), em 2011, segue impune. Ela é também muito utilizadada por operadores do segmento operacional que "metem a mão" descaradamente na verba sigilosa a pretexto de ações sigilosas que muitas vezes sequer realizam.

Modalidade "operação de fachada"

Nessa modalidade, a verba sigilosa é desviada por meio de uma "operação de fachada", nos mesmos moldes como se realiza a lavagem de dinheiro. Mas se por um lado a lavagem de dinheiro é uma operação complexa;

contrariamente, o desvio de verba sigilosa por meio de uma "operação de fachada" é extremamente simples. Não há qualquer fiscalização ou controle das atividades de inteligência no país, principalmente da ABIN.

Como é feito o desvio de verba sigilosa? Basta, com muita facilidade, instaurar uma "operação de fachada", que é uma operação de inteligência legitimamente constituída, a falso pretexto de qualquer dos inúmeros assuntos de interesse da inteligência, apenas para se justificar, formalmente, o recebimento da verba sigilosa. Uma vez instaurada oficialmente a "operação de fachada" e recebida a sua respectiva verba sigilosa, a mesma é desviada e gasta em diversos fins espúrios. Posteriormente, a "operação de fachada" é encerrada normalmente, mesmo sem apresentar qualquer resultado. É a modalidade mais usual nos serviços de inteligência brasileiro e um crime perfeito contra o estado e o erário público.

Relatarei um caso da ABIN como exemplo típico dessa modalidade, mas também com um sério agravante: a "operação de fachada" foi reaberta apenas para novo desvio de verba sigilosa. E quantas outras vezes não terá sido?

Essa foi mais uma das muitas clandestinidades da ABIN que presenciei quando eu estava no Departamento de Contrainteligência, na Coordenação de Contraespionagem.

No primeiro semestre de 2004, o Coordenador de Contraespionagem, João Noronha Neto, chamou-me em sua sala e determinou que eu emitisse "parecer favorável" para dar continuidade a determinada operação de inteligência da ABIN. Disse-me apenas isso.

O processo de abertura e encerramento de "Operações de Inteligência" é bastante simples. Vale ressaltar que a verba sigilosa de uma operação é dimensionada para que a mesma viabilize integralmente o cumprimento de suas missões. Ou seja, ao término de uma operação de inteligência, suas missões deverão ser cumpridas e dentro do orçamento de verba sigilosa previsto. E mais: no caso da verba sigilosa não haver sido gasta integralmente, o valor restante deve ser devidamente devolvido, mediante rigorosa prestação de contas.

É evidente que, por causa de minha larga experiência, eu senti que havia aldo de muito errado naquela determinação do João Noronha Neto. E fui investigar. Naquele caso específico, a operação já havia sido autorizada formalmente pela Direção-Geral da ABIN e, portanto, sua verba sigilosa já havia sido paga. Verifiquei também que seu prazo de encerramento estava próximo e toda a sua verba sigilosa já havia sido gasta, sem que tivesse havido qualquer prestação de contas oficial a respeito. Apenas a simples informação de que o dinheiro dessa operação fora utilizado. Um detalhe muito importante: a determinação que eu recebi do Coordenador de Contraespionagem era muito clara: Emitir "parecer favorável" para dar continuidade à referida operação da ABIN. Porém, eu jamais faria aquilo sem antes investigar.

Levantei todos os documentos existentes sobre aquela operação e os analisei. Mas existia pouca coisa, uns três documentos apenas. Algo extremamente suspeito para uma operação que durou vários meses. Devo ainda frisar que o assunto sigiloso daquela operação era um dos mais sensíveis à Segurança Nacional, de maior vulnerabilidade em termos de graves contingências nacionais. E mesmo que a verba destinada à operação tenha sido extremamente vultosa, nada, em termos de conteúdo, foi produzido por ela. Enfatizo: nada de conteúdo foi produzido! E os dirigentes da ABIN ainda queriam mais recursos para aquela operação? Queriam, sim, e o solicitado era o mesmo do valor inicial, o que dobrava o gasto da operação.

Fiquei indignado com tudo aquilo e tomei algumas providências. Primeiramente fui falar com João Noronha Neto e lhe relatei tudo isso. Ele, por sua vez, esboçou um ar de reprovação à minha conduta. Porque ele havia sido bem claro comigo, que não era para eu investigar nada. O que eu tinha que fazer era muito simples e claro: emitir "parecer favorável" para dar continuidade à referida operação da ABIN.

Com um ar de abjeta complacência, disse-me, com o intuito de me convencer, que era muito importante que eu emitisse "parecer favorável" para dar continuidade àquela operação da ABIN porque ela era muito importante para a segurança nacional e blábláblá...

Agora, chegou o momento de eu fazer uma pergunta básica ao estimado leitor:

Por que o Coordenador de Contraespionagem, João Noronha Neto, determinou que eu emitisse "parecer favorável" para dar continuidade à referida operação da ABIN, quando ele mesmo poderia tê-lo feito? Porque, como eu venho dizendo, no mundo corrupto da comunidade criminosa que governa os serviços secretos nacionais a partir da ABIN, seus dirigentes evidentemente nunca sujam as mãos.

Então, eu disse ao coordenador algo que ele não gostou, mas que não quis objetar. Afinal, ele estava preocupadíssimo em não "sujar suas mãos". Eu afirmei que cobraria explicações dos dirigentes responsáveis pela operação. E assim fiz. Solicitei aos responsáveis pela operação que informassem, num único documento, tudo o que havia realmente sido produzido de relevante naquela operação durante todos os meses de sua duração. Posteriormente, recebi em resposta um relatório mal redigido, de no máximo duas páginas, sem qualquer conteúdo relevante, mas com o destaque de requerer mais verba sigilosa.

Retornei ao gabinete do Coordenador de Contraespionagem, João Noronha Neto, e disse que, se ele me ordenasse para que eu emitisse um parecer sobre aquela operação, eu oficializaria à Direção-Geral da ABIN duas questões institucionais:

1. Meu parecer seria contrário em razão da total improdutividade e ineficiência da operação.
2. Solicitaria a instauração de sindicância para apurar responsabilidades por sua improdutividade e ineficiência, bem como para apurar, com rigor, sua prestação de contas.

A fisionomia do coordenador estampava toda a sua raiva. Ele, porém, não pronunciou uma palavra sequer. Eu simplesmente saí do seu gabinete e fui embora.

Dias depois, a Direção-Geral da ABIN aprovou a continuidade da referida operação, e nova verba sigilosa lhe foi destinada, para a alegria de João Noronha Neto, e dos dirigentes responsáveis por ela.

Com a palavra a Controladoria-Geral da União (CGU), o Tribunal de Contas da União (TCU) e a Comissão de Controle das Atividades de Inteligência do Congresso Nacional (CCAI).

O espião alemão no Brasil

As clandestinidades perpetradas pela Direção-Geral e pela mais alta cúpula da Agência Brasileira de Inteligência (ABIN) contra o estado brasileiro condenariam seus dirigentes à prisão perpétua ou à pena capital, caso estes integrassem os serviços de inteligência das principais potências mundiais.

Vale registrar que, ao contrário do que se imagina, a pena de morte existe no Brasil, vigindo no Código Penal Militar, previsto para os crimes cometidos em tempo de guerra, por favorecimento ao inimigo, como o crime de traição (Art 355 a 362). E nesse caso, mesmo no Brasil, os dirigentes da ABIN não escapariam da pena capital.

O agente duplo é uma escória da humanidade, é um traidor da pátria. E os serviços de inteligência no Brasil estão repletos deles, inclusive na ABIN.

O Claudio Tognolli vem investigando a presença de agentes estrangeiros de inteligência plotados na ABIN. E trouxe-me a informação sobre o "Projeto Linha Azul", assunto que é um dos maiores tabus da ABIN.

Tognolli sustenta que o Projeto Linha Azul é o codinome de todo o imbróglio que é a atuação desse espião alemão no Brasil. A ABIN nem sabe como ele veio parar aqui porque não tem controle das coisas. O caso teve até um responsável pela apuração, que foi o diretor adjunto da ABIN, Ronaldo Belhan.

Vou relatar o que Tognolli me informa do espião alemão neste capítulo, mais a frente. Mas quero contar algo que presenciei e que indica como tal descontrole é praxe na ABIN.

Denunciei pessoalmente um caso escabroso na ABIN que testemunhei.

O que aconteceu? Com o agente duplo da ABIN, evidentemente, NADA.

Comigo, bem, a essa altura, já é até fácil deduzir. Porque, ao contrário do que ocorre nos melhores serviços secretos do mundo, na ABIN, casos de dirigentes e agentes duplos e corruptos são "desacontecidos", continuando a ser o crime perfeito, acobertado pela cumplicidade, omissão e inação do seu público interno, que conhece muito bem esses casos.

A partir das revelações de Tognolli, comento agora mais uma clandestinidade da ABIN. Tamanha a sua gravidade que, evidentemente, foi "desacontecida", diversas vezes, pela Direção-Geral da agência, ao longo de vários anos. Ela envolve vários diretores-gerais, inúmeros dirigentes da agência, inclusive autoridades governamentais com espionagem patrocinada contra o Brasil.

A questão ainda mais grave e inaceitável é que o estado brasileiro, seja por intermédio de presidentes da República, que são os comandantes-em-chefe da ABIN, seja pela Comissão de Controle da Atividade de Inteligência (CCAI) do Congresso Nacional, que têm a atribuição de fiscalizá-la, nunca soube dessas ilicitudes, que perduram no Brasil há décadas. Trata-se de uma monstruosa história de espionagem contra o país, patrocinada pela ABIN, e que saiu completamente do controle da agência, transformando-se num festival interminável de clandestinidades e crises internas.

Vamos então contar a história dessa espionagem no Brasil, pegando como "ponta do iceberg" as ilicitudes da ABIN na Operação *Satiagraha*, que foram investigadas pela Comissão Parlamentar de Inquérito (CPI) das interceptações telefônicas, em 2008, em cuja conclusão denunciou toda a cúpula da ABIN pela prática de crimes, conforme transcrição abaixo:

> Não se pode deixar de indicar ao Ministério Público – responsável pelo ajuizamento das ações civis públicas de improbidade administrativa – que busque punir as omissões ilegais dos seguintes agentes públicos:

a. Jorge Armando Félix, Ministro Chefe do Gabinete de Segurança Institucional da Presidência da República;

b. Paulo Fernando da Costa Lacerda, antigo Diretor-Geral da Agência Brasileira de Inteligência – ABIN;

c. Protógenes Pinheiro Queiroz, Delegado de Polícia Federal;

d. José Milton Campana, antigo Diretor-Adjunto da Agência Brasileira de Inteligência – ABIN;

e. Paulo Maurício Fortunato Pinto, antigo Diretor do Departamento de Contrainteligência da Agência Brasileira de Inteligência – ABIN;

f. Idalberto Martins de Araújo, Terceiro-Sargento da Força Aérea Brasileira;

g. Nery Kluwe, agente da ABIN;

h. Márcio Seltz, agente da ABIN;

i. Renato da Porciúncula, Delegado da Polícia Federal e ex-Assessor Especial do Diretor-Geral da ABIN.

Tais servidores, caso verificadas as práticas de improbidade administrativa, estarão sujeitos às penas descritas no inciso III do art. 12 da Lei nº 8.429/92, quais sejam:

"III – na hipótese do art. 11, ressarcimento integral do dano, se houver, perda da função pública, suspensão dos direitos políticos de três a cinco anos, pagamento de multa civil de até cem vezes o valor da remuneração percebida pelo agente e proibição de contratar com o Poder Público ou receber benefícios ou incentivos fiscais ou creditícios, direta ou indiretamente, ainda que por intermédio de pessoa jurídica da qual seja sócio majoritário, pelo prazo de três anos".

Essas possíveis práticas de improbidade administrativa e sua caracterização não impedem que os mesmos fatos sejam objeto de persecução criminal, quando forem tipificados. Os fatos investigados pela CPI podem ser enquadrados em pelo menos cinco tipos penais. Há indícios da prática de cinco crimes por parte dos investigados no inquérito parlamentar que ora se encerra: condescendência criminosa, violação de sigilo profissional, falso testemunho, exercício arbitrário ou abuso de poder e, finalmente, interceptação telefônica ilegal ou divulgação de material obtido em escutas judicialmente deferidas. Os crimes acima mencionados são tipificados da seguinte maneira pelo Código Penal e pela Lei nº 9.296, de 24 de julho de 1996: Condescendência criminosa Art. 320 – Deixar o funcionário, por indulgência, de responsabilizar subordinado que cometeu infração no exercício do cargo ou, quando lhe falte competência, não levar o fato ao conhecimento da autoridade competente: Pena – detenção, de quinze dias a um mês, ou multa. Violação de sigilo funcional Art. 325 – Revelar fato de que tem ciência em razão do cargo e que deva permanecer em segredo, ou facilitar-lhe a revelação: Pena – detenção, de seis meses a dois anos, ou multa, se o fato não constitui crime mais grave. § 1º Nas mesmas penas deste artigo incorre quem:

I – permite ou facilita, mediante atribuição, fornecimento e empréstimo de senha ou qualquer outra forma, o acesso de pessoas não autorizadas a sistemas de informações ou banco de dados da Administração Pública; II – se utiliza, indevidamente, do acesso restrito.

§ 2º Se da ação ou omissão resulta dano à Administração Pública ou a outrem:

Pena – reclusão, de 2 (dois) a 6 (seis) anos, e multa. Falso testemunho ou falsa perícia Art. 342. Fazer afirmação falsa, ou negar ou calar a verdade como testemunha, perito, contador, tradutor ou intérprete em processo judicial, ou administrativo, inquérito policial, ou em juízo arbitral: Pena – reclusão, de um a três anos, e multa. Exercício arbitrário ou abuso de poder Art. 350 – Ordenar ou executar medida privativa de liberdade individual, sem as formalidades legais ou com abuso de poder: Pena – detenção, de um mês a um ano. Parágrafo único – Na mesma pena incorre o funcionário que: I – ilegalmente recebe e recolhe alguém a prisão, ou a estabelecimento destinado a execução de pena privativa de liberdade ou de medida de segurança; II – prolonga a execução de pena ou de medida de segurança, deixando de expedir em tempo oportuno ou de executar imediatamente a ordem de liberdade; III – submete pessoa que está sob sua guarda ou custódia a vexame ou a constrangimento não autorizado em lei; IV – efetua, com abuso de poder, qualquer diligência. Lei nº 9.296/96: Art. 10. Constitui crime realizar interceptação de comunicações telefônicas, de informática ou telemática, ou quebrar segredo da Justiça, sem autorização judicial ou com objetivos não autorizados em lei.

Pena: reclusão, de dois a quatro anos, e multa. Confrontando os fatos apurados na CPI, descritos neste voto e no relatório do Deputado Nelson Pellegrino, e os dispositivos acima transcritos, podem ser imputadas condutas delituosas às seguintes pessoas, as quais deverão ser investigadas e processadas pelas autoridades competentes, se assim entenderem: a) Jorge Armando Felix; b) Paulo Fernando da Costa Lacerda; c) José Milton Campana; d) Paulo Maurício Fortunato Pinto; e) Idalberto Martins de Araújo; f) Nery Kluwe; g) Márcio Seltz; e h) Renato da Porciúncula; Em especial, no que toca ao Delegado Protógenes Queiroz, os indícios reunidos pela Comissão já são objeto de inquérito policial, que resultará, se for o caso, na formalização de ação penal perante o juízo competente.

Sala da Comissão, 29 de abril de 2009.

Dentre os dirigentes da cúpula da ABIN denunciados pela CPI pelo cometimento de crimes na *Satiagraha*, está José Milton Campana, que era o Diretor-Geral Adjunto da ABIN. Não foram apenas essas as ilicitudes cometidas por ele na CPI. Há outras irregularidades que a CPI não conseguiu apurar. Vale ressaltar que omitir a verdade em depoimento configura crime de falso testemunho.

CP – Decreto Lei nº 2.848 de 07 de Dezembro de 1940.

Art. 342. Fazer afirmação falsa, ou negar ou calar a verdade como testemunha, perito, contador, tradutor ou intérprete em processo judicial, ou administrativo, inquérito policial, ou em juízo arbitral: (Redação dada pela Lei nº 10.268, de 28.8.2001).

Nesse contexto, José Milton Campana negou e calou a verdade perante a CPI sobre a sua relação e da ABIN com o alemão Bernhard Jankowski, quando lhe foi perguntado a respeito.

Vejam abaixo a transcrição de sua resposta na CPI:

Fonte: Arquivo pessoal.

CPI – Escutas Telefônicas Clandestinas.

Audiência Pública N°: 1259/08 DATA: 03/09/2008.

O SR. DEPUTADO VANDERLEI MACRIS – Muito obrigado, Sr. Presidente.

Dr. Campana, muito obrigado pela sua presença para colaborar conosco na investigação. Eu queria fazer algumas perguntas e que V.Sa. as considerassem como simplesmente uma questão de conjunto de informações que precisamos para caminhar nas nossas investigações. Absolutamente nada de ordem pessoal.

O SR. JOSÉ MILTON CAMPANA – Perfeitamente.

O SR. DEPUTADO VANDERLEI MACRIS – Eu queria só fazer algumas perguntas. A Associação Brasileira de Imprensa divulgou, em outubro de 2006, uma série de denúncias de operações clandestinas de espionagem envolvendo membros da ABIN, entre os quais, o senhor também. Ontem, aqui na CPI, o General Jorge Félix negou que a ABIN tenha realizado, em caráter institucional, qualquer interceptação de telefonemas de Ministro do Supremo. Ele não descartou, porém, a participação de funcionários da ABIN no grampo ilegal. "Não descartamos nenhuma hipótese nem mesmo essa. A ABIN como instituição é uma coisa, mas servidores da ABIN são seres humanos e sujeitos a erros e acertos" — afirmou o Dr. Félix.

Quero fazer 3 perguntas, depois dou continuidade, se V.Sa. puder responder.

O senhor tem conhecimento do teor dessas denúncias? Elas envolviam a realização de escutas telefônicas? O senhor já acompanhou, teve conhecimento ou autorizou "Operações de Inteligência" em países sul-americanos? O senhor conhece Bernhard Jankowski, que, segundo a Associação Brasileira de Imprensa, é um agente internacional que ele tem como principal contato no Brasil? Essas são as primeiras perguntas e gostaria de suas respostas, por favor.

O SR. JOSÉ MILTON CAMPANA – Bem, com relação a denúncias, o senhor... Perdão, Deputado Vanderlei Macris, em primeiro lugar, eu gostaria de agradecer a V.Exa. a sua manifestação de respeito à minha pessoa anteriormente apresentada.

São denúncias sobre? O senhor me pergunta...

O SR. DEPUTADO VANDERLEI MACRIS – Sobre operações clandestinas de espionagem envolvendo membros da ABIN, entre os quais o senhor também teria sido incluído.

O SR. JOSÉ MILTON CAMPANA – Não, não.

O SR. DEPUTADO VANDERLEI MACRIS – Não? Não tem.

O SR. JOSÉ MILTON CAMPANA – O teor das escutas telefônicas sobre?

O SR. DEPUTADO VANDERLEI MACRIS – A Associação Brasileira de Imprensa divulgou, em outubro de 2006, uma série de denúncias de operações clandestinas de espionagem, envolvendo membros da ABIN, entre os quais o senhor. O senhor não teve conhecimento disso?

O SR. JOSÉ MILTON CAMPANA – Não me recordo.

O SR. DEPUTADO VANDERLEI MACRIS – O senhor nem tem conhecimento do teor dessas denúncias, portanto. Elas envolviam a realização de escutas telefônicas. O senhor já acompanhou, teve conhecimento ou autorizou "Operações de Inteligência" em países sul-americanos?

O SR. JOSÉ MILTON CAMPANA – Não, senhor.

O SR. DEPUTADO VANDERLEI MACRIS – Não. O senhor conhece esse Bernhard Jankowski?

O SR. JOSÉ MILTON CAMPANA – Sim. Eu vou dizer ao senhor de quem se trata. Os adidos de inteligência... A ABIN tem interligação com mais de 70 serviços de inteligência estrangeiros. Alguns deles estão sediados no Brasil, alguns representantes desses serviços de inteligência estrangeiros. Podemos citar por ordem alfabética: Alemanha, Argentina, Estados Unidos, França. Outros têm por sua responsabilidade a América do Sul, como no caso do Canadá. Eu explico porque o Canadá não está sediado no Brasil, está sediado em Buenos Aires. Por ocasião da invasão da Embaixada do Japão no Peru, lá se vão, 1990, o senhor não era nem nascido. Bem, por ocasião da invasão da Embaixada no Peru, pelo, acho, Sendero Luminoso, uma organização terrorista peruana, a encarregada do serviço de inteligência canadense estava no Brasil. Para ela se deslocar para Lima, necessitava de quase 24 horas; porque de Brasília ela deveria ir para São Paulo ou Rio fazer conexões para poder chegar a Lima. Quando descobriram, quando verificaram, quando perceberam que de Buenos Aires ela estava a 3 horas. E aquele caso era muito importante para o serviço canadense acompanhar, e deslocou esse posto para Buenos Aires, em função da facilidade de deslocamento de seus agentes.

O SR. DEPUTADO VANDERLEI MACRIS – Foi aí que o senhor conheceu o Sr. Bernhard Jankowski?

O SR. JOSÉ MILTON CAMPANA – Então, com o Bernhard Jankowski tivemos contatos. Ele era um dos oficiais de inteligência sediados no Brasil. Ele esteve no Brasil por longa data.

O SR. DEPUTADO VANDERLEI MACRIS – Está bem, só para sua informação, em 1990, eu tinha 40 anos, já era Deputado há 20 anos — Deputado Estadual em São Paulo.

Um sábio paradigma nos adverte que "uma meia verdade pode ser muito pior que uma mentira". Pois foi exatamente isso que cometeu José Milton Campana em seu depoimento na CPI – Escutas Telefônicas Clandestinas, em 2008. Ou será que os eminentes parlamentares da CPI, bem como o ilustre leitor, acreditaram nessa história ridícula e esfarrapada, apresentada por José Milton Campana, de que ele havia tido apenas um contato fortuito com o alemão Bernhard Jankowski, supostamente para intermediar uma estranha, enrolada e confusa viagem de escalas para o Peru da encarregada do serviço de inteligência canadense que estava no Brasil?

Seria difícil que mesmo um tolo acreditasse nisso! Porque a verdade sobre as relações de José Milton Campana com o alemão Bernhard Jankowski, bem como os fatos que envolvem a ABIN, são gravíssimos.

Para entender tudo isso, inicialmente é necessário saber quem é o alemão Bernhard Jankowski. Teoricamente, seria um oficial de inteligência do BND, que é o serviço secreto alemão. Mas, na verdade, Bernhard Jankowski é um espião que atua no Brasil há décadas, espionando clandestinamente, sob os auspícios da ABIN e tendo como seu controlador, nada mais nada menos que José Milton Campana, que foi Diretor-Geral Adjunto da ABIN.

Além de ser totalmente ilegal a permanência no Brasil de espiões (como em qualquer país do mundo), o caso de Bernhard Jankowski foi agravado por esse ilícito ser patrocinado pela própria ABIN que, ao longo de todos esses anos, passou por diversas crises internas, no âmbito da própria Direção-Geral, que foram, simplesmente "desacontecidas".

A síntese estarrecedora: ABIN, principal serviço secreto nacional, cuja missão precípua é combater a espionagem que vitima o Brasil, abriga e protege ilegalmente, em território nacional, a permanência do espião alemão Bernhard Jankowski, espionando o nosso país. Tudo isso sob o controle

clandestino de quem menos que José Milton Campana, que foi o Diretor-
-Geral Adjunto da ABIN. Dá para acreditar? Metaforicamente falando, o
que a ABIN está fazendo no país, há décadas, é "colocar a raposa dentro do
nosso galinheiro".

Não bastasse patrocinar ilegalmente um espião estrangeiro atuando
em nosso próprio país, a ABIN perdeu completamente o controle efetivo
(ainda que ilegal) sobre espião alemão Bernhard Jankowski no país. Ou
seja, um país que tem um serviço de inteligência como a ABIN, não precisa de inimigos!

Importante destacar que esses fatos já foram revelados anteriormente pela
Associação Brasileira de Imprensa (ABI), em 25/10/2006, em matéria intitulada "Guerra nos bastidores da ABIN"; e pelo jornalista Lucas Figueiredo, no
jornal Estado de Minas, em 07/01/2007, na matéria "ABIN x Patrocínio de
operações ilegais".

Abaixo a matéria divulgada pela Associação Brasileira de Imprensa
(ABI), sobre as graves denúncias de espionagem envolvendo seus principais dirigentes, entre eles:

- Diretor-Geral Adjunto da ABIN, José Milton Campana.
- Diretor do Departamento de "Operações de Inteligência", Thélio
  Braun D'Azevedo.
- Diretor da ABIN, Ronaldo Martins Belham.
- Diretor da ABIN, Carlos Cabral Calvano.

Guerra nos bastidores da ABIN

Há uma guerra nos bastidores da Agência Brasileira de Inteligência
(ABIN) — órgão de inteligência da Presidência da República — como
demonstra um dos setores envolvidos numa provável disputa, que divulga
pela internet informações que visam enfraquecer a facção no poder no órgão.
Entre as instituições alcançadas por esse trabalho de divulgação figura a
ABI, que recebeu mensagem anônima acusando o Diretor-adjunto da ABIN,

José Milton Campana, o Diretor do Departamento de Operações de Inteligência do órgão, Thélio Braun D'Azevedo, e os Diretores Carlos Cabral Calvano e Ronaldo Martins Belham de "conduzirem operação ilegal e clandestina de espionagem no Brasil e em países da América do Sul, patrocinadas pela ABIN".

A mensagem encaminhada à ABI diz que a espionagem é executada pelo agente duplo Bernhard Jankowsky, do serviço de inteligência da Alemanha (BND), que, de acordo com a denúncia anônima, "foi mantido ilegalmente no Brasil pela cúpula da ABIN".

O comunicado registra também movimentação financeira nas contas bancárias 301740-0 e 301669-2, do Banco do Brasil, em São Paulo, que pertenceriam a Bernhard Jankowsky, cujo principal contato no país seria José Milton Campana.

Fonte: Arquivo pessoal.

Abaixo a matéria do jornalista Lucas Figueiredo:

> [...] Segundo apurou o Estado de Minas, no ano passado o setor de contrainteligência da ABIN começou a monitorar o alemão Bernhard

Jankowsky, suspeito de ser um espião alemão radicado no Brasil. Numa das missões, o agente da ABIN encarregado de vigiar Jankowsky viu o alemão se encontrando com o número dois da ABIN, o diretor-adjunto da agência, José Milton Campana.

Essa foi apenas uma dentre várias investigações internas da ABIN, ao longo dos anos, sobre esse caso de espionagem, na qual fica configurado a relação clandestina e promíscua entre o espião alemão Bernhard Jankowsky com José Milton Campana, que gerou sérias crises internas, exatamente porque toda essa situação é ilegal. Numa das crises mais graves, o Superintendente Estadual da ABIN em São Paulo, que sucedeu José Milton Campana quando ele foi transferido para Brasília no ano de 2000, se negou peremptoriamente a assumir de Campana o controle do espião alemão Bernhard Jankowsky, justamente por ser ilegal (nesse período, o espião alemão Bernhard Jankowsky atuava clandestinamente em São Paulo).

O que fez então a Direção-Geral da ABIN?

Ao invés de encerrar essas ilicitudes de espionagem no país e apurar as devidas responsabilidades de seus dirigentes, aquiesceu as clandestinidades de José Milton Campana, com o espião alemão Bernhard Jankowsky, e fez mais: promoveu José Milton Campana ao cargo de Diretor do Departamento de Inteligência, em Brasília.

Mas os absurdos não param aí. Posteriormente, essa situação fora de controle recrudesceu em nova crise interna na ABIN e foi instaurada pela Direção-Geral nova operação de contrainteligência para tentar descobrir as espionagens que o espião alemão Bernhard Jankowsky fazia pelo país.

Na ocasião, não foi difícil para o DOINT descobrir o espião alemão Bernhard Jankowsky no Brasil. Porque, de tantas operações já realizadas, sabiam sobejamente como proceder: bastava fazer vigilância sobre o então Diretor de Inteligência da ABIN, José Milton Campana. Porque ambos são unha e carne. E assim foi feito. Ou seja, o Diretor de Inteligência da ABIN, em Brasília, José Milton Campana, era suspeito e alvo de uma operação de contrainteligência da agência, em razão dos longos anos de espionagem no Brasil perpetradas junto ao espião alemão Bernhard Jankowsky, e sabem qual foi o resultado de tudo isso? O Diretor de Inteligência da ABIN, José Milton Campana, a despeito das graves suspeições a seu respeito, que eram de conhecimento da Direção-Geral da ABIN, foi promovido ao cargo de Diretor-Geral Adjunto da ABIN.

Evidentemente que as consequências para o país foram as piores possíveis. Porque, José Milton Campana, uma vez na condição de Diretor-Geral Adjunto da ABIN, comandou e perpetrou na agência, em 2008, o festival de clandestinidades patrocinadas pela ABIN na Operação *Satiagraha*, condenadas pelo Superior Tribunal de Justiça (STJ), em 2011, cujos crimes não encontram precedentes na história contemporânea dos serviços secretos no mundo.

Se a sociedade brasileira alcançou a maturidade para investigar e conhecer a sua própria história, deverá ter a coragem para quebrar a maior caixa-preta do país que são os serviços secretos nacionais, cujo órgão central é a ABIN.

Nesse livro, o que estamos oferecendo aos governantes e à sociedade brasileira é a verdade. Nada mais. Porque é um erro querer salvar um país de si mesmo. Assim, se o Brasil está realmente vocacionado a grandes auspícios, oferecemos aqui nosso voto de confiança à sociedade brasileira, paraque construa o futuro alvissareiro, destruindo a comunidade criminosa que comanda os serviços secretos no país, a partir da ABIN.

Da mesma forma que a "Operação Lava-jato", que descortinou ao país o escândalo inimaginável do "Petrolão" ou "Petropina", teve como "ponta do iceberg" uma despretensiosa investigação sobre lavagem de dinheiro; a investigação sobre as clandestinidades da ABIN na Operação Mídia, que detalharei a seguir, certamente conduzirão a um destino semelhante com relação à agência.

Significa também que, na mesma linha, as ilicitudes da ABIN em relação ao espião alemão Bernhard Jankowsky vão muito além da sua relação promíscua com o Diretor-Geral Adjunto da ABIN, José Milton Campana.

Caso o estado e a sociedade brasileira estejam prontos para vencer esse desafio, Tognolli nos revela mais alguns elementos:

1. O atual Diretor-Geral Adjunto da ABIN, Ronaldo Martins Belham, dentre vários outros dirigentes da ABIN, tem muito a explicar ao país sobre essa espionagem no Brasil.

2. Vale investigar a fundo e desvelar os segredos indevassáveis da ABIN sobre o denominado "Projeto Linha Azul (PLA)".

Evidentemente que tudo foi "desacontecido" pela ABIN.
Mas, creiam, as provas ainda existem.

Operação Mídia

Em 09/11/2013, a revista *Veja* publicou a matéria intitulada "Liberdade sob ataque". Sua base é o documento da ABIN que produzi sobre a Coordenação-Geral de Contraespionagem e Análise do Terrorismo. Veja abaixo o destaque."

Fonte: Arquivo pessoal.

"Liberdade sob ataque"
Um ex-analista do Departamento de Contrainteligência da Abin revela que no governo Lula a agência foi usada para espionar jornalistas e donos de empresas de comunicação
(Robson Bonin) – 09/11/2013

André Soares, Diretor-Presidente de Inteligência Operacional, em entrevista à Revista *Veja*.

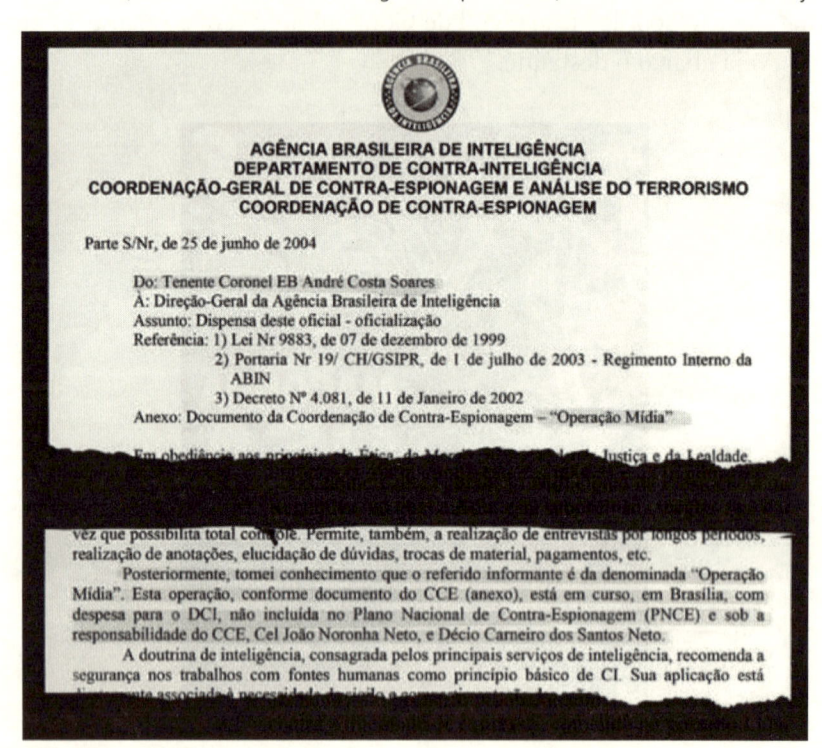

Fonte: Arquivo pessoal.

Um documento da Agência Brasileira de Inteligência (ABIN), que descreve detalhes de uma queda de braço travada entre um agente e seus superiores durante o governo Lula, tem valor histórico inestimável. Esse documento, hoje arquivado, é a evidência oficial mais forte até aqui de algo que agentes confidenciavam a jornalistas, mas não podiam provar: o governo Lula espionou a imprensa. O texto revela que houve uma "Operação Mídia", ação clandestina de espionagem de jornalistas e donos de empresas jornalísticas. *Veja* teve acesso ao documento de seis páginas no qual o Tenente-coronel André Soares revela a existência da operação ilegal.

Soares trabalhava como analista de informações da agência havia dois anos. Estava lotado na área de contrainteligência, encarregada de vigiar suspeitos de ligação com grupos terroristas e de monitorar a ação de espiões estrangeiros em território brasileiro. Antes de chegar à ABIN, tinha passado pelo Centro de Inteligência do Exército (CIE). No documento, o oficial relata que foi convocado à sala do chefe em um fim de expediente em 2004. Lá, recebeu a missão de procurar um determinado informante. Tudo o que o chefe lhe passou foi o codinome do informante, sua profissão, o lugar do encontro e, o mais importante, o título e o objetivo da missão: "Operação Mídia".

O Tenente-coronel Soares conta que foi chamado à sala do coordenador de contrainteligência da agência, coronel João Noronha Neto, no dia 18 de junho de 2004. Por ser um analista interno, ele estranhou a determinação para participar de uma operação de campo e resolveu pedir a ordem por escrito. As missões do serviço secreto são, por definição, confidenciais. Isso é totalmente diferente de serem clandestinas, ilegais e até criminosas. Desconfiado da ilegalidade da missão que acabara de receber verbalmente, Soares pediu que a ordem fosse formalizada. A negativa foi peremptória. A informalidade e o segredo se justificavam, corno Soares descobriu mais tarde, pelo fato de a "Operação Mídia" ser clandestina. Ele se sentiu manipulado e encaminhou uma denúncia aos seus superiores em que escreveu: "Tomei conhecimento que o referido informante é da denominada 'Operação Mídia'. Esta operação, conforme documento do CCE (Coordenação de Contra-Espionagem), está em curso, em Brasília, com despesa para o DCI (Departamento de Contra-Inteligência), não incluída no Plano Nacional de Contra-Espionagem (PNCE)". Soares protocolou o documento no Gabinete de Segurança Institucional (GSI) da Presidência da República. Dois dias depois ele foi confrontado com as consequências de sua denúncia: foi demitido da ABIN.

Passados quase dez anos do episódio. André Soares foi localizado por *Veja* em Belo Horizonte. Ele se recusou a dar detalhes da história, mas confirmou o teor do documento. "A operação tinha como alvo a imprensa. Não tenho condições de afirmar em que proporções, mas a imprensa era o alvo", disse. Formado pela escola militar, o oficial tem um currículo extenso na área de inteligência. Ele fez carreira no Centro de inteligência do Exército, em Brasília, tornou-se oficial de inteligência no GSI e, em 2002, foi designado para a ABIN. Em quase três anos de agência, foi instrutor no curso de formação de espiões e passou por cargos importantes no Departamento de Inteligência e no Departamento de Contra-Espionagem. André Soares conhece como poucos as entranhas do serviço secreto brasileiro, mas reluta em revelar detalhes do que viu ou ouviu na ABIN: "Tenho documentos que provam que essa operação estava em curso em Brasília. Em vários documentos internos que devem estar arquivados na ABIN eu detalho todos esses fatos". Soares agiu como um servidor público exemplar. Ao suspeitar da legalidade da missão recebida, deixou tudo registrado por escrito, dificultando, assim, que seus responsáveis fiquem impunes para sempre. Diz Soares: "Operações clandestinas não deixam rastros, muito menos documentos oficiais". Para reforçar sua indignação lavrada nos documentos, Soares conta que fez a mesma denúncia pessoalmente ao general Wellington Fonseca, adjunto do então ministro-chefe do GSI, Jorge Félix. Qual foi a reação do general? "Ele lamentou o episódio, mas, até onde eu sei, não tomou nenhuma providência."

O Gabinete de Segurança Institucional da Presidência da República, ao qual a ABIN está subordinada, negou-se a dar informações sobre o caso. Limitou-se a afirmar em nota que "não se manifesta, publicamente, sobre o conteúdo de documentos da Agência Brasileira de Inteligência". A ABIN igualmente se recusou a prestar esclarecimentos. Os documentos que comprovam a "Operação Mídia", porém, estão arquivados. Eles poderiam vir à luz em uma eventual investigação do Congresso sobre o que parece ser mais um atentado — o primeiro produzido com chancela oficial — contra a liberdade de expressão cometido no governo Lula. É sobejamente conhecida a incapacidade de governos que tendem para o populismo autoritário de conviver com a liberdade de expressão. Esses governos vivem da ignorância, da manipulação das massas e da impunidade dos poderosos. Por isso, para eles, a imprensa é sempre um inimigo perigoso.

A repercussão da matéria de *Veja* foi avassaladora. Na ABIN, chegou como um terremoto. Porque "nunca antes na história desse país" havia sido divulgado um documento oficial da agência, relatando ilicitudes cometidas com tamanha gravidade. Mas a revelação da revista era apenas a ponta de um iceberg sobre ilícitos da ABIN e desconhecidos do público. Os governantes temem investigar o tema, mas irei fundo em meus relatos e denúncias.

Minha chegada ao Departamento de Contrainteligência se deu a 4 de fevereiro de 2004. Foi marcada por uma reunião entre mim, o Diretor do Departamento de Contra-Inteligência, Ronaldo Martins Belham e o Coordenador de Contraespionagem, coronel João Noronha Neto. É importante conhecer o histórico desses protagonistas para uma melhor compreensão das ilicitudes geradas pela Operação Mídia que, de resto, contou com a participação direta do Diretor do Departamento de Contrainteligência, Ronaldo Martins Belham e do Coordenador de Contraespionagem, coronel João Noronha Neto .

O coronel João Noronha Neto veio do Centro de Inteligência do Exército (CIE), onde servimos juntos. Recordo-me muito bem dele quando, no CIE, eu servia na Escola de Inteligência Militar do Exército (EsIMEx) e o coronel João Noronha Neto servia na antiga DOPI, posteriormente denominada de DPI.

Como já mencionei, o setor operacional da ABIN que realiza as ações sigilosas é o Departamento de Operações de Inteligência (DOINT), a mais sigilosa área de qualquer serviço secreto. Da mesma forma que na ABIN, o setor congênere do CIE era a antiga Divisão de Operações de Inteligência (DOPI), cuja denominação é praticamente idêntica à da ABIN e onde servia o coronel João Noronha Neto. Posteriormente, o CIE mudou a denominação da Divisão de Operações de Inteligência (DOPI) para Divisão de Pesquisa e Investigação (DPI), embora suas atribuições e atividades operacionais tenham permanecido as mesmas.

Foi uma estratégia semântica, muito empregada no SISBIN, para dissimular a verdadeira natureza operacional desses setores. Apesar de legítimo, considero procedimento institucional deletério, praticado pela maioria dos serviços de inteligência no país e tem como finalidade encobrir a natureza operacional das atividades sigilosas praticadas nesses setores. Tudo é, digamos, semelhante à atitude de quem se sabe imoral, ilegal, ou antiético e que, consequentemente, tem vergonha, medo, ou receio de que sejam reveladas suas reprováveis ações.

É um traço depreciativo da Inteligência de Estado no Brasil. Demonstra claramente o paradoxo ético-moral que atormenta os dirigentes e integrantes dos serviços secretos do país. Em contraste, admiro singularmente a postura ética do MOSSAD, perante o estado de Israel e toda a comunidade internacional. Porque quando perguntam ao MOSSAD sobre o que é essa organização e o que ela faz, sua resposta oficial é precisa: "Somos o Serviço Secreto de Israel". E seus dirigentes e integrantes têm orgulho de dizerem o que realmente fazem e são; bem como o estado de Israel.

O coronel João Noronha Neto integrou, por longos anos, o setor sigiloso operacional do CIE (DOPI/DPI), sendo um profundo conhecedor do ordenamento jurídico vigente e das normas institucionais que regem as "Operações de Inteligência" no Brasil.

Recordo-me, inclusive, que ele era um dos poucos oficiais instrutores do CIE que tinham acesso a um dos assuntos institucionais mais sigilosos do Exército. Tratava-se de um Documento Sigiloso Controlado (DSC) do CIE, com classificação sigilosa de SECRETO, denominado: "Normas Reguladoras das Operações de Inteligência (NOROI). As NOROI constituem documentos tão importantes e secretos do CIE que a maioria dos militares do exército (inclusive aqueles que integram e labutam há anos no Sistema de Inteligência do Exército (SIEx)), sequer imaginam que existam.

Por tudo isso, podemos afirmar que João Noronha Neto, era um dos maiores especialistas sobre esse assunto no Brasil. Dominava, como ninguém, e com elevada expertise, todos os aspectos jurídicos e operacionais das atividades de inteligência no país.

Em 2004, estávamos na ABIN, eu e o coronel João Noronha Neto, no Departamento de Contrainteligência, na Coordenação-Geral de Contraespionagem e Análise do Terrorismo. Ele era meu chefe direto, como Coordenador-Geral de Contraespionagem. Eu era o analista. Apesar de sermos ambos militares do Exército, termos servido juntos no CIE e posteriormente na ABIN, nós não éramos próximos.

Durante todo aquele tempo, apenas nos cumprimentávamos cordialmente. Porque, evidentemente, por tudo que eu sabia, de minha parte, nunca seríamos amigos...Conversamos, longamente, uma única vez. Na ocasião, foi ele quem me procurou. Claro que por seu indisfarçável interesse em obter informações "privilegiadas" de que eu dispunha. Foi em 2003, na ABIN, logo depois da 1ª crise na Direção-Geral. Procurou-me pouco antes do horário de almoço. Foi logo após a minha sessão de treinamento físico operacional, que eu realizava todos os dias.

Registro que meu treinamento diário na ABIN era algo tão marcante na agência (estranho, não?) que todos sabiam sobre a atividade, mesmo a maioria dos integrantes que nem me conheciam. Há que perguntar: como uma atividade física rotineira chamava tanto a atenção, singularmente em um ambiente militar, dado a tais práticas?

Era porque tal fato incomodava profundamente a Direção-Geral da agência. Saibam que sofria retaliações por causa do treinamento ministrado. Isso porque exercício físico, na ABIN, é uma anomalia nas rotinas da agência. Estranho, não? Especialmente porque a agência, a despeito de dispor de uma área verde e instalações desportivas privilegiadas, é um serviço de inteligência integrado por uma maioria de sedentários. O culto institucional à atividade física só existe em seu discurso oficial. Este, aliás, sempre acima do peso... Essa lastimável realidade da ABIN é consequência direta de sua subcultura desvirtuada de Inteligência de Estado que se fortalece no péssimo exemplo dado por seus próprios dirigentes sedentários e letárgicos (muitos são obesos e sem higidez física e orgânica).

No setor operacional da ABIN, integrado pela GE5330 e o DOINT, temos outro preocuopante desvirtuamento funcional. Ali, dentre outras aberrações, inexiste a obrigatoriedade do treinamento físico operacional, em padrões avançados de desempenho, que comprometem, até com risco de morte, creiam, a eficiência das "Operações de Inteligência" no país.

Quando a ABIN for instada a empregar seu setor operacional no enfrentamento de graves e reais contingências no país (como por exemplo no combate ao terrorismo internacional), a atuação do DOINT da ABIN será uma tragédia grega: uma vergonha em maiúsculas proporções.

Quando precisavam, todos na ABIN sabiam onde e quando me encontrar, inclusive o Diretor-Geral da ABIN: no horário da educação física, praticando o treinamento físico militar nas instalações desportivas. Foi assim que o Diretor-Geral Adjunto da ABIN, Joneiton de Assis Monteiro, conseguiu me encontrar pessoalmente, quando estava com sua cabeça a prêmio, conforme relatei na 1ª crise da Direção-Geral.

E foi dessa mesma forma que o Coordenador de Contraespionagem, coronel João Noronha Neto me procurou, em 2003, abordando-me de "emboscada", ao lado da piscina da ABIN, em frente à biblioteca e ao restaurante. Noronha estava muito ansioso, tremendo dentro dos sapatos, com a perspectiva de me "entrevistar" e, assim, descobrir informações "privilegiadas" sobre a 1ª crise da Direção-Geral, que estava repercutindo por toda a agência. Mesmo visivelmente nervoso, ele não conseguia disfarçar sua admiração por mim. Queria, insistentemente, saber como eu havia conseguido vencer a Direção-Geral da ABIN, exonerado vários diretores e o poderoso Diretor da Escola de Inteligência (ESINT), José Olavo Coimbra de Castro. E ele não foi o único dirigente da ABIN a me procurar querendo sondar os meus códigos de comportamento.

— Como você fez tudo isso, sozinho? — perguntou finalmente, com ar de admiração.

Eu, em trajes desportivos e suado pelo término de minha corrida, olhei para ele e não disse uma só palavra. Apenas sorri. Essa foi minha resposta na única "conversa" que tivemos antes de ele se tornar meu chefe imediato, na Contraespionagem, em 2004.

A breve abordagem era apenas, vocês verão, uma epígrafe, um tiro de aviso, nos moldes do "decifra-me ou te devoro"... Tais incertas sempre ali se dão à meia-luz da razão...

Diretor do Departamento de Contrainteligência, Ronaldo Martins Belham

Em 2004, o Diretor do Departamento de Contrainteligência era Ronaldo Martins Belham, que ingressou no SNI na década de 1980, antes da criação da ABIN e do primeiro concurso do órgão. Atualmente ele é o Diretor-Geral

Adjunto da ABIN, o 2º posto da hierarquia da agência, sendo o sucessor imediato do Diretor-Geral, Wilson Roberto Trezza, em seus afastamentos e impedimentos.

Como Diretor-Geral Adjunto, Ronaldo Martins Belham é tido como o dirigente todo-poderoso da ABIN. Isso porque ele é, nada mais nada menos, que filho do General Belham. E quem é o General Belham? O General José Antônio Nogueira Belham era o chefe do Destacamento de Operações de Informações – Centro de Operações de Defesa Interna (DOI-Codi), no Rio de Janeiro, durante a ditadura militar, na época em que o ex-deputado federal Rubens Paiva foi assassinado, após ser preso e levado para o departamento.

A Comissão Nacional da Verdade (CNV) recentemente concluiu em seu relatório final, entregue à presidente Dilma Rousseff, que o general Belham se envolveu na morte do ex-deputado paulista Rubens Paiva, que teria ocorrido em 21 de janeiro de 1971. Não por acaso, em junho de 2013, o presidente da Comissão Estadual da Verdade do Rio de Janeiro e da Comissão Nacional de Direitos Humanos da OAB, Wadih Damous, defendeu a demissão do diretor adjunto da ABIN, Ronaldo Martins Belham: "Conforme o Correio revelou ontem, ele é filho do general da reserva José Antônio Nogueira Belham, que comandou o DOI-Codi do Rio na época em que o ex-deputado federal Rubens Paiva foi assassinado, após ser preso e levado para o departamento. Ainda que ele nada tenha a ver com os episódios, hoje sob investigação, de torturas e desaparecimentos ocorridos à época da ditadura, a suspeição é evidente pelas funções que exerce atualmente" – disse Damous.

Para ele, Belham tem acesso a informações privilegiadas sobre a época em que o pai atuava como dirigente do DOI-Codi do Rio, conhecido como um dos órgãos de repressão mais fortes da ditadura. "Não temos que estigmatizá-lo por ser filho do general, mas a posição que ele ocupa cria a suspeição".

O escritor Marcelo Rubens Paiva, filho do ex-deputado, cujo corpo continua desaparecido até hoje, questiona a posição de destaque do filho de Belham na estrutura da agência. Causa-me desconforto e estranheza saber que ele é filho do general Belham, mesmo que seja isento. Como, numa posição de destaque na ABIN, ele vai facilitar a revelação de informações secretas que comprometam o pai?, justifica.

Se fundadas suspeições quanto à atuação, tanto do General José Antônio Nogueira Belham, como de seu filho Ronaldo Martins Belham, nos serviços secretos nacionais, as reivindicações são pertinentes e relevantes.

A esta altura deste livro não é necessário ser um excepcional analista de inteligência para perceber nitidamente o quadro plural de clandestinidades perpetradas pelos morubixabas e caciques da ABIN. Vejamos: "Quem foram os principais dirigentes da ABIN, protagonistas envolvidos nas ilicitudes da agência, cometidas na Operação *Satiagraha*, em 2008, que foram devidamente condenadas pelo Superior Tribunal de Justiça (STJ), em 2011?"

- Diretor-Geral da ABIN, Paulo Lacerda.

- Diretor-Geral Adjunto da ABIN, José Milton Campana.

- Diretor do Departamento de Operações de Inteligência (DOINT), Thélio Braun D'Azevedo.

E quem foram os principais dirigentes da ABIN, envolvidos nas obscuras denúncias de espionagem ilegal, divulgadas pela Associação Brasileira de Imprensa (ABI), em 25/10/2006, intitulada "Guerra nos bastidores da ABIN; e pelo jornalista Lucas Figueiredo, no jornal Estado de Minas, em 07/01/2007, na matéria "ABIN x Patrocínio de operações ilegais, apresentadas anteriormente?"

- Diretor de Contrainteligência da ABIN, Ronaldo Martins Belham.

- Diretor do Departamento de Inteligência da ABIN, José Milton Campana.

- Diretor do Departamento de Operações de Inteligência (DOINT), Thélio Braun D'Azevedo.

Quais foram os principais dirigentes da ABIN, oficialmente, por mim denunciados, de 2002 a 2004, inclusive à Presidência da República, em Brasília, sobre a Operação Mídia, que estou relatando neste livro?"

- Diretor de Contrainteligência da ABIN, Ronaldo Martins Belham.

- Diretor do Departamento de Inteligência da ABIN, José Milton Campana.

- Diretor da Gerência de Ensino de "Operações de Inteligência" (GE 5330) da ABIN, Thélio Braun D'Azevedo.

A verdade é que se todas as minhas denúncias sobre a ABIN, comprovadas com documentos, tivessem sido apuradas (como solicitei pessoalmente à Presidência da República, em 2004) os desmandos cometidos mais à frente, pela cúpula da ABIN, (sobretudo na Operação *Satiagraha*, em 2008) não teriam acontecido, pois todos os principais dirigentes da ABIN envolvidos são rigorosamente os mesmos que, desde 2002, eu venho denunciando.

Se a atuação do General José Antônio Nogueira Belham, como chefe do DOI-Codi, está sendo alvo de investigação, tanto pela CNV, como pelo Ministério Público Federal, por suspeita de participação no assassinato do ex-deputado federal Rubens Paiva, em 1971, semelhante investigação deveria também ser realizada pela Polícia Federal, Ministério Público Federal e Justiça Federal sobre a atuação de seu filho Ronaldo Martins Belham, como Diretor do Departamento de Contrainteligência da ABIN, em relação às clandestinidades que denunciei na Operação Mídia e pelos fatos apresentados nesta obra.

O que vou relatar a seguir sobre a Operação Mídia envolve diretamente Ronaldo Martins Belham, João Noronha Neto, bem como toda a Direção-Geral da ABIN.

O dia em que fui ameaçado de morte na ABIN

No dia 18 de junho de 2004, uma sexta-feira, por volta da 17h30, fui chamado pelo Coordenador de Contraespionagem, coronel João Noronha Neto, à sua sala. Mal entrei, ele começou a falar, hirto e grave, sobre dados que disse ter recebido pessoalmente de um espião da ABIN. De cara, achei tudo muito estranho. Porque dados fornecidos pessoalmente por espiões da ABIN são um contexto operacional cujas atividades e atribuições são afeitas exclusivamente ao DOINT. Nunca a um analista de inteligência, como era a minha função, muito menos ao Coordenador de Contraespionagem, coronel João Noronha Neto, conforme preconiza o regimento interno da ABIN. E tanto eu quanto ele éramos especialistas nesse assunto.

Disse-me também que havia agendado um almoço com o tal espião da ABIN e fez questão de destacar: "num dos restaurantes mais caros de Brasília". Foi marcado para o dia 21 de junho de 2004, uma segunda-feira. Seríamos três: porque Noronha ordenou que eu também fosse, visto que "o espião da ABIN tinha informações muito importantes sobre terrorismo internacional". Convém lembrar que assuntos sobre terrorismo não eram de minha competência, uma vez que estava lotado na Coordenação-Geral de Contraespionagem, sem atribuições ligadas ao terrorismo. Estes eram atribuição específica da Coordenação-Geral de Análise do Terrorismo, à qual nem eu nem o coronel João Noronha Neto pertencíamos. E ele sabia muito bem disso.

Foi algo muito grave: o Coordenador de Contraespionagem, àquela ocasião, estava ordenando, à "queima-roupa", no fim do expediente de sexta-feira, que eu participasse de um almoço tecnicamente ilegal, com ele e com um espião da ABIN. Minha longa experiência na atividade de inteligência e seus atores, me fez, rapidamente, concluir que se tratava de uma ação clandestina. Ou seja, prática de ilicitude. Crime! Decidi que não iria participar daquela ação clandestina, fosse o que fosse. Ora: nesse tipo de situação você é envolvido em ilicitudes de forma sorrateira, sem perceber e, assim, é gradativamente corrompido. E, ato contínuo, não se consegue mais sair porque fica envolvido "até o pescoço", tecnicamente comprometido.

Nesse *modus operandi* de ilicitudes, o coronel João Noronha Neto foi cientificamente breve e lacônico comigo. E não me disse mais nada. Encerrou a conversa, para que eu não tivesse tempo de reagir. Almoço marcado e fim de papo! Porém, fui mais rápido e evitei o término da conversa. Estiquei o assunto o máximo que pude. Afinal, ele estava com pressa de ir embora, após o término de expediente de sexta-feira. Solicitei informações detalhadas sobre o tal espião da ABIN. Ele relutou. Fez-se vago, impermanente, irresignado, ante à minha perduração da conversa. Mas eu insisti. E mesmo contrariado, ele disse que o espião da ABIN era um jornalista, com acesso dilatado e infiltrado em importantes setores do governo federal. O jornalista era recrutado e pago pela ABIN. O coronel Noronha disse-me apenas o seu codinome. Em seguida, encerrou definitivamente nossa conversa e retirou-se.

Retornei à minha residência preocupadíssimo com aquela ação clandestina da ABIN. E passei todo o final de semana elaborando a justificativa que daria ao coronel João Noronha Neto, na segunda-feira, para não participar do tal almoço com o espião da ABIN, "num dos restaurantes mais caros de Brasília". Afirmo com convicção: em operações e ações clandestinas e ilícitas, como aquela, a primeira vítima é a verdade.

Na segunda-feira, 21 de junho de 2004, eu e o coronel João Noronha Neto, iniciamos normalmente o expediente na ABIN. Ele estava fundamentalmente certo de que em poucas horas estaríamos almoçando com o tal espião da ABIN, "num dos restaurantes mais caros de Brasília", com o encontro regado às mais excitantes e novas informações sobre terrorismo no Brasil. Mas, por volta das 10h30, dirigi-me à sua sala e disse-lhe que lamentava profundamente, mas por força de situação particular, eu estava impedido de participar do tal almoço. Afinal, convenhamos, horário de almoço não é horário de expediente institucional, não é mesmo? O encontro com o espião da ABIN era ato de serviço? É claro que não!   Ao contrário, era uma ação clandestina criminosa. Tudo isso ficou claramente subentendido quando declinei do "convite" do Coordenador de Contraespionagem.

O coronel João Noronha Neto, permaneceu sentado em sua cadeira e não disse uma palavra sequer. Mas sua fisionomia externava profunda irritação comigo; fuzilava-me com os olhos. Retirei-me da sala e voltei aos meus afazeres, na certeza de que havia conseguido me livrar de participar de ação clandestina e criminosa.

Após alguns minutos o coronel João Noronha Neto saiu de sua sala e veio à minha mesa. Queria retomar o tema. Disse que tudo bem com o cancelamento do almoço, até porque havia acabado de ligar para o misterioso espião jornalista da ABIN, cancelando o almoço naquele dia. Foi remarcado para o dia seguinte (terça-feira, 22 de junho de 2004). Óbvio que isso foi feito para garantir minha presença. O coronel me encarou com expressão de "vitorioso".

No mundo da Inteligência Operacional há certos erros que não podem ser cometidos. Sabia que aquela situação em que estava sendo inserido à revelia pelo coronel João Noronha Neto, era de uma ação clandestina escabrosa. Mas eu me perguntava, embora no meu íntimo eu já soubesse a resposta: Por que a obsessão do Coordenador de Contraespionagem, coronel João Noronha Neto, para que justamente eu participasse daquela ação clandestina, com ele? Por que tinha que ser especificamente eu, o Tenente-coronel André Soares, com tantos outros analistas da ABIN que o Coordenador de Contraespionagem, poderia "convidar"; e que disputariam "a tapa" a oportunidade de perpetrá-la, especialmente "num dos restaurantes mais caros de Brasília? Era, realmente, muito estranho. Havia muito mais por trás disso tudo.

Como declarado na apresentação deste livro, infelizmente eu não posso revelar aqui tudo o que eu sei sobre as ilicitudes da ABIN e seus dirigentes, algumas das quais comprometem a fundo a própria segurança nacional. E por que não revelo tudo o que sei? Garanto que não é por medo, até porque, desde 2004, vivo sob permanente ameaça de morte por parte da comunidade criminosa que governa os serviços secretos no Brasil. Denunciei os dirigentes da ABIN à Presidência da República. Portanto, coragem eu tenho de sobra. E a ABIN sabe disso.

O motivo para que eu não revele tudo o que sei sobre as clandestinidades da ABIN é saber que, na Inteligência de Estado no Brasil, o estado corrupto é muito mais poderoso que o Estado Democrático de Direito.

Uma vergonha inadmissível para o Brasil que ainda seja assim. E sou forçado a concordar com a afirmação do grande filósofo Maquiavel: "cada povo tem o governo que merece". Por analogia, eu também digo que "cada povo tem a inteligência que merece".

Daí meu axioma, "a ABIN é a cara do Brasil". Se não no que o país tem de melhor, certamente no que tem de pior. Afinal, onde já se viu um Coordenador de Contraespionagem da ABIN, levar à tira-colo o analista de Contraespionagem da ABIN, para ambos se encontrarem "fraternalmente" com um espião recrutado e pago pela ABIN, infiltrado em setores importantes do governo federal, para almoçarem todos juntos "num dos restaurantes mais caros de Brasília", reunindo-se assim publicamente para receberem, supostamente, informações operacionais sigilosas sobre terrorismo internacional?! É assim que se faz Inteligência de Estado no Brasil? Nem o "Agente 86" faria isso. Ele podia ser estúpido, não irresponsável, muito menos criminoso.

Com a palavra a Presidência da República, o Congresso Nacional, o Ministério Público Federal, a Polícia Federal e a Justiça Federal.

A ação clandestina a que eu fui coagido e ameaçado por não querer participar é ilicitude praticada cotidianamente pelos dirigentes da ABIN, desde a sua criação, com total aquiescência de sua Direção-Geral. Tais clandestinidades da ABIN são gravíssimas à Segurança Nacional. Quando raramente descobertas, nunca ninguém é punido pela Direção-Geral da agência, não importando a gravidade e repercussão do ato ilícito. Um bom exemplo é o caso de um dirigente da ABIN que estava se encontrando com um agente da CIA.

Vejamos a reportagem publicada no *Estadão*, em novembro de 2013:

Diretor de espionagem contraria em declaração no Senado versão de ministro; brasileiro teria repassado dados à CIA.

O diretor-geral da Agência Brasileira de Inteligência (ABIN), Wilson Trezza, admitiu ontem no Senado a exoneração por "quebra de confiança" de um funcionário do órgão que teve encontros com um agente secreto dos EUA. O general José Elito, ministro do Gabinete de Segurança Institucional e chefe imediato de Trezza, sustentava que esse funcionário foi exonerado por ter cumprido tempo de aposentadoria. Também presente na audiência pública, Elito limitou-se a "passar a palavra" para seu subordinado.

O caso envolvendo os espiões da ABIN e da CIA, o serviço secreto americano, foi revelado dia 27 pelo Estado. Os encontros entre os agentes ocorreram até agosto de 2012, no Paraná. A ABIN demitiu o seu funcionário, identificado como "oficial de inteligência 008997", sem instaurar sindicância ou processo administrativo.

Depois, a agência tentou abafar o caso. Após a divulgação do episódio, Elito esforçou-se para associar a exoneração do funcionário do cargo como superintende da ABIN em Manaus como um caso de rotina.

A ABIN percebeu que seu funcionário, um agente que atuava na região de Foz do Iguaçu, encontrava-se com o agente da CIA, numa operação de contraespionagem. Trezza e Elito estiveram ontem numa Comissão Mista de Inteligência nas dependências do Senado. Aos parlamentares, Trezza evitou dar detalhes sobre as conversas entre os dois espiões. "Nós não estaríamos aqui se não fosse minha determinação de abertura de operação de contrainteligência", afirmou. "Inicialmente, esse tipo de situação é do conhecimento apenas do diretor-geral e de duas ou três outras pessoas.", completou.

Trezza deixou claro que a exoneração ocorreu porque o agente cometeu desrespeito à hierarquia. "No entanto, os dados que recebi não me convenceram de que havia elementos de ilegalidade que justificassem a abertura de um processo disciplinar". Depois, o diretor-geral da ABIN confirmou que adotou a sanção mais dura contra um funcionário público, a demissão. "Quem demite 14 pessoas, como eu demiti, não teria razão para não demitir a 15a.", disse. A conta de Trezza incluiu demitidos por irregularidades de sua gestão, que começou em 2008.

Trezza ainda confirmou que a ABIN realizou uma operação para verificar uma possível sabotagem na explosão da base de lançamento de satélites em Alcântara, no Maranhão, em 2003, e o monitoramento de diplomatas estrangeiros no Brasil na mesma época. A *Folha de S.Paulo* revelou que a agência investigou funcionários franceses. Ainda segundo Trezza, a operação foi inconclusiva.

Em relação a esses fatos, a investigação mais elementar feita pelo Congresso Nacional, Polícia Federal, Ministério Público Federal, ou pela Justiça Federal, sobre as clandestinidades que eu denunciei da Operação Mídia, desencadeará imediatamente na ABIN escândalo institucional no país de proporções semelhantes ao do "Petrolão" ou, como muitos preferem, "Petropina".

E um próximo escândalo da ABIN ainda será mais grave para o Brasil que o da Petrobrás. Isso porque a Petrobrás sempre foi e continua sendo uma instituição eficiente. Coisa que a ABIN nunca foi.

Voltemos, então, ao motivo pelo qual o Coordenador de Contraspionagem, coronel João Noronha Neto, tinha verdadeira obsessão para que apenas eu participasse daquela ação clandestina. Existia uma missão urgentíssima da Direção-Geral do ABIN: "comprometer o Tenente-coronel André Soares"

Isso já havia sido tentado anteriormente, no Departamento de Inteligência. Mas fracassaram, lembram? Naquela ocasião eles empreenderiam uma nova tentativa. Não haveria outra oportunidade e a cúpula da ABIN sabia que em breve a "casa iria cair".

Recordem sobre o que relatei anteriormente sobre a "Destruição ilegal de documentos sigilosos na ABIN", que eu também denunciei à Direção-Geral da agência, em 2004. Naquele caso eu era o alvo, e essa foi a 1ª ação de comprometimento, direcionada especificamente contra a minha pessoa. Reitero que uma ação de comprometimento consiste em monitorar um alvo no cometimento de ilegalidades ou, caso ele não as cometa, incriminá-lo de alguma forma, para poder posteriormente controlá-lo e colocá-lo sob suas ordens, mediante chantagem e extorsão, sob a permanente ameaça de revelação das provas de suas ilicitudes cometidas. Mas, poderiam perguntar:

Por que tanta urgência da Direção-Geral em tentar me comprometer, novamente? Porque, em poucos meses, eu sairia da ABIN. Minha comissão na ABIN, como oficial do exército, era de três anos. Portanto, eu estava há poucos meses de terminar meu tempo na ABIN. Era o que eu mais desejava, e estava em ansiosa contagem regressiva, para que esse dia logo chegasse.

Obviamente, que a Direção-Geral da ABIN sabia disso e estava preocupadíssima. A cúpula da ABIN sabia que eu levaria comigo uma miríade de documentos comprometedores da Direção-Geral da agência, probatórios das graves crises internas que relatei, e que eu tive todo o cuidado e a atenção de protocolá-los oficialmente. Portanto a Direção-Geral da ABIN necessitava me comprometer urgentemente, antes que eu desaparecesse da agência. Eu sempre soube disso: e para tanto me preparei.

Assim, quando coronel João Noronha Neto, me encarou com expressão de "vitorioso" e foi enfático em me dizer que o nosso encontro com o espião da ABIN estava de pé e ocorreria no dia seguinte (22 de junho de

2004, terça-feira), eu percebi nitidamente que o cerco sobre mim era uma verdadeira emboscada.

No meio de tantas adversidades, e ciente das graves ilegalidades daquela ação clandestina, disse-lhe, com bastante fidalguia, que, em princípio, eu não tinha compromisso para o dia seguinte, mas que fazia sérias ressalvas em participar daquele encontro com o espião da ABIN, como ele estava me determinando.

Ele tomou um susto com minha atitude. Não imaginava que haveria recusa de minha parte. E, visivelmente contrariado, perguntou-me, asperamente e em tom de voz elevado, quais eram os meus motivos, com a indisfarçável intenção de me intimidar.

Com a atitude truculenta do coronel João Noronha Neto eu percebi que, a partir daquele momento, eu já estava correndo sérios riscos. Só não imaginaria que instantes depois seria ameaçado de morte dentro da própria ABIN e pessoalmente pelo Noronha.

Resolvi ser persuasivo e passei, literalmente, a "ensinar-o-padre-a-rezar-a-missa", sendo bastante didático e pedagógico. Afinal, havia chegado o momento de ensinar aos dirigentes da ABIN que a Inteligência de Estado no Brasil se faz sob a égide da Tríade da Inteligência, lastreada nos pilares do sigilo e, principalmente, da legalidade e da ética.

Respondi-lhe, calmamente e com destacada urbanidade, que pelo fato do referido encontro ser com um espião recrutado e pago pela ABIN tratava-se obviamente da aplicação da Técnica Operacional de Recrutamento, cujo trabalho deve ser realizado exclusivamente pelo segmento de "Operações de Inteligência".

Como ele sabia muito bem, no caso da ABIN, tudo isso era de responsabilidade do Departamento de Operações de Inteligência (DOINT). Lembrei-lhe também que eu estava designado na ABIN para o exercício da função de analista de inteligência da Coordenação de Contraespionagem, portanto, completamente fora da área de atribuições relativas às "Operações de Inteligência".

Naquele momento, a fisionomia e toda a comunicação não verbal do coronel João Noronha Neto, eram de ódio contra mim. Mas continuei ensinando-lhe Inteligência de Estado e, mais especificamente, "Operações de Inteligência". Recordei-lhe que a doutrina de inteligência preconiza, no Recrutamento Operacional, a função do Recrutador e do Controlador, que são aqueles que têm ligação com o recrutado, que nesse caso específico era um espião da ABIN. Destaquei que nessas duas funções, o único a estabelecer contato pessoal direto com o recrutado – no caso o espião da ABIN – era o Recrutador. E que, portanto, em hipótese alguma eu poderia participar daquele encontro.

Foi quando, para agravar ainda mais as responsabilidades e o dolo do Coordenador de Contraespionagem, ele, na tentativa de se furtar a elas, confessou que essa ação clandestina era prática corriqueira na ABIN. E, com naturalidade, disse que já havia levado vários analistas para almoçar com o espião da ABIN "num dos restaurantes mais caros de Brasília". Incluiu na leva de comensais oficiais do CIE, o que comprova toda a clandestina promiscuidade que reina no SISBIN.

É evidente que eu já conhecia isso a fundo. Estava decidido a não participar daquela ação clandestina da ABIN. Mas também tinha convicção da necessidade de evitar o conflito, o enfrentamento, a crise, e até mesmo aquela discussão (para mim completamente desnecessária). Afinal, eu só queria ir embora daquele inferno de ABIN. Faltavam apenas poucos meses para o meu retorno ao CIE. Por que não me deixavam em paz?

Para evitar tudo aquilo, bastaria o Coordenador de Contraespionagem, coronel João Noronha Neto, "convidar" no meu lugar qualquer analista do "batalhão" de analistas da ABIN que disputariam "a tapa" aquele almoço com um espião da ABIN, "num dos restaurantes mais caros de Brasília". Mas, o que já sabemos agora, é que isso não era tão simples assim para o próprio coronel. A missão que ele recebera da Direção-Geral era comprometer-me a qualquer custo.

Continuei a "ensinar-o-padre-a-rezar-a-missa", sendo bastante didático. Sugeri ao coronel João Noronha Neto, que o referido contato pessoal com o espião da ABIN ocorresse nas próprias instalações da ABIN. Ele, simplesmente, bradou enraivecido, que minha proposta era um verdadeiro absurdo, justamente por se tratar de um espião:

— Você está me propondo um encontro com um espião da ABIN, dentro das instalações da ABIN? Isso é um completo absurdo! Afinal, ele é um espião! Você está maluco? — disse, aos gritos.

Tive, então, o prazer de fazer o coronel João Noronha provar do próprio veneno dizendo que se ele mesmo reconhecia a enorme vulnerabilidade do estabelecimento de contato pessoal com o espião, dentro da própria ABIN, fora de lá e, em especial, em um restaurante (local público e ostensivo) a situação seria muito mais grave.

Houve uma longa pausa. João Noronha Neto nada dizia porque ele não sabia o que fazer. E a musculatura do seu rosto, na altura dos olhos, tremia involuntariamente de raiva e ódio de mim, enquanto ele me encarava, "querendo me matar". Mas só depois viria, explícita e verbalmente manifestar sua intenção.

Percebi então que o coronel João Noronha estava completamente obcecado. E não iria desistir de minha participação naquela ação clandestina. Pois, caso ele fracassasse naquela sua missão, recebida da Direção-Geral, certamente ele sofreria retaliações da comunidade de inteligência que governava a ABIN. Significava que o futuro dele e o de sua carreira na ABIN e no SISBIN estavam em jogo.

Então passei à estratégia de dissuadi-lo. Para tanto, o melhor seria amedrontá-lo, assinalando-lhe as graves consequências das ilicitudes que ele deliberadamente sabia que cometeria naquela ação. Pedi que me fornecesse maiores informações sobre o referido espião da ABIN: nome completo, idade, local de trabalho, residência etc. Já que iria me encontrar com um espião da ABIN, principalmente como analista da Contraespionagem da ABIN, era fundamental que soubesse quem ele era. Noronha Neto, interrompeu-me e bradou colérico: "Não interessa saber!"

Lembrei-lhe da conjuntura institucional – extremamente delicada – em que a ABIN naquele momento se encontrava, não sendo recomendável qualquer ação cuja vulnerabilidade pudesse gerar comprometimento institucional. Da mesma forma, estava em andamento, no Gabinete de Segurança Institucional (GSI) uma sindicância para investigação de uma situação idêntica àquela que Noronha Neto estava determinando a mim. Os indiciados eram o Diretor e um coordenador do DOINT. Todos esses fatos também estavam diretamente relacionados à espionagem da ABIN junto à Presidência da República e ao governo do presidente Lula. Também foi em vão a minha estratégia de dissuadir Noronha Neto, a não me obrigar a partcipar daquela ação clandestina.

Mas ao contrário de ficar com medo e desistir de me obrigar a fazer parte da ação, ele se irritou ainda mais. Vociferou-me, num estado intempestivo, que eu teria de participar daquela ilicitude juntamente com ele. Ponto final! Assunto encerrado!

Foi minha vez de fazer uma longa pausa. Olhando bem no fundo dos seus olhos. Nós dois a sós em seu gabinete, eu de pé, de frente para ele em sua mesa, que estava sentado refastelado em sua poltrona – como se fosse um poderoso e sanguinário ditador a condenar à morte seus opositores. Parecia ser o pior dos terríveis pesadelos que eu vinha sofrendo na ABIN. Mas era a mais pura realidade. Tão terrível que jamais esquecerei. Nunca poderia imaginar que, servindo na Presidência da República, na cúpula do órgão máximo dos serviços secretos nacionais isso aconteceria comigo. Ser obrigado por sua Direção-Geral e seus superiores hierárquicos – e contra o ordenamento jurídico vigente – a praticar crimes contra o meu próprio país. O que deve fazer um cidadão numa situação crítica como aquela? Deveria capitular e aceitar? Afinal, inúmeros dirigentes da ABIN sempre a perpetravam, sob o manto institucional da mais completa impunidade. Aliás, na ABIN, era uma verdadeira "honra" participar, com seus dirigentes de ações clandestinas com espiões, por todo o Brasil. Deveria aceitar que a realidade dos fatos é sempre mais forte que tudo e todos e parar de lutar contra a corrupção da agência? E o que ganhei lutando contra a corrupção e as ilegalidades da ABIN? Só inimigos e a desgraça, em minha vida e na vida de meus familiares.

Governantes e a ABIN, esses são os mais poderosos inimigos do nosso país. E os primeiros temem o segundo. Então é de se perguntar: para que lutar contra a ABIN, que é um inimigo muito mais poderoso do que o próprio Estado Brasileiro?

Seria um ato insano, afirmariam muitos. Um suicídio, tragédia que também atingiria a família do morto. Então, não seria melhor e mais simples ir àquele maldito almoço com o Coordenador de Contraespionagem, coronel João Noronha Neto, e o espião da ABIN? E em poucos meses eu estaria longe do inferno que é a ABIN e desfrutaria de uma vida feliz, ao lado de minha família...

Perguntei-me: Então, o que você decide?

Já decidi há muito tempo, desde que nasci. Disse e reafirmo: não me corrompo; como meu amado e saudoso pai, Waldyr Soares, jamais se corrompeu. Fui, como sempre, fiel a mim mesmo. É isso e assunto encerrado!

E assim, mesmo sabendo do grande poder do estado corrupto que comanda a ABIN, disse muito tranquilamente, mas firme, ao Coordenador de Contraespionagem: "Coronel Noronha, em se tratando de determinação institucional da ABIN, quanto a eu ir juntamente com o senhor, a esse encontro com o espião da ABIN, seria de todo conveniente a sua oficialização".

Ao ouvir isso o coronel levantou-se energicamente de sua cadeira. Inclinou-se para a frente em minha direção, como se fosse me esbofetear e, apontando e gesticulando seu dedo em riste a milímetros do meu rosto, gritou enfurecido, a plenos pulmões, respingando sua saliva em mim: "A oficialização dessa determinação institucional da ABIN é a minha ORDEM VERBAL!".

Ao ouvir isso, respondi imediatamente e sem qualquer hesitação: "Então, Coronel Noronha, eu solicito essa determinação institucional da ABIN por escrito." E calei-me, olhando-o fixamente no fundo dos seus olhos. Pude, facilmente, perceber seu ódio e sua vontade de me agredir fisicamente. Meu coração disparou, mas me mantive calmo, como sempre consigo fazer em momentos críticos. Eu já estava preparado para ser agredido fisicamente, a qualquer instante, pelo coronel João Noronha Neto. Sabia que eventualmente enfrentá-lo numa luta corporal não seria qualquer problema para mim. O pior, porém, ainda estava por vir... O coronel João Noronha Neto, passou a despejar impropérios contra mim, ofensas, injúrias e até mesmo ameaça de morte:

"Na ABIN não se trabalha assim", disse sarcasticamente e passou a fazer considerações pejorativas sobre minha pessoa e sobre meu desempenho profissional na ABIN e no Exército.

"Você é um oficial muito fraco e problemático, desde o CIE. Você vive causando problemas, por onde passa. Desde que veio para a ABIN, ninguém mais aguenta trabalhar com você. A Direção-Geral da ABIN já se reuniu várias vezes para te mandar embora daqui.Você é insuportável. Ninguém na ABIN te aguenta mais. Mas, agora, eu vou te expulsar da ABIN. E não pense você, que você vai poder voltar para o CIE.

Porque eu vou te expulsar também do CIE e do Sistema de Inteligência do Exército. Nunca mais você voltará para a inteligência do exército, porque eu vou te foder. Eu vou foder também toda a sua carreira no exército."

Foi então que interrompi o coronel João Noronha Neto e perguntei-lhe claramente:

—O senhor está me ameaçando, Coronel Noronha?

— Estou sim, seu merda, respondeu furioso.

E repetiu: "Estou te ameaçando sim, seu merda, porque é isso que você é: um merda. E sabe o que mais vai acontecer com você? Porque ninguém enfrenta a direção da ABIN, como você vem fazendo. E agora você vai pagar muito caro por isso. Porque "nós" (referindo-se à Direção-Geral da ABIN) vamos foder a sua vida. Porque o pessoal "barra pesada" da ABIN que faz o nosso "trabalho sujo" (referindo-se à Direção-Geral da ABIN) está louco para te "apagar", desde que você chegou aqui. É isso que vai acontecer com você agora, seu babaca. Você vai morrer!"

Faço questão de registrar, por ser muito importante, que absolutamente todas essas ameaças contra mim, posteriormente se confirmaram integralmente.

A única delas que efetivamente ainda não se confirmou é a ameaça contra a minha vida, até por ser mais difícil para ABIN. Mas venho sofrendo, desde então, outras ameaças de morte, diretamente da cúpula da ABIN, todas denunciadas oficialmente e por escrito, diretamente aos seguintes governantes máximos do país, como demonstrarei documentalmente mais à frente:

1. Presidente do Brasil, Dilma Rousseff.
2. Presidente do Congresso Nacional, Senador José Sarney.
3. Presidente do Supremo Tribunal Federal, Ministro Joaquim Barbosa.
4. Procurador-Geral da República, Roberto Monteiro Gurgel Santos.

Naquele momento, em que eu fui ameaçado de morte pela ABIN, na pessoa do Coordenador de Contraespionagem, coronel João Noronha Neto, tive que me controlar para não partir para cima dele. Foi um esforço sobre-humano para me conter, manter a calma e conseguir fazer o que é o mais difícil nesses momentos em que se vive situações-limite, como eu estava acostumado a vivenciar na ABIN.

Ser ameaçado de morte pela cúpula da ABIN, dentro da Coordenação de Contraespionagem da agência, me colocou em uma delicada e irreversível situação. Não havia mais o que discutir. Somente tomar as providências cabíveis que o caso, urgentemente, exigia. Imediatamente, informei ao coronel João Noronha Neto que, como ele não havia atendido a minha solicitação de oficialização por escrito da sua ORDEM VERBAL, reafirmei-lhe o meu compromisso em cumprir determinações institucionais da ABIN, por constituir-se dever de todos os servidores da agência. Comuniquei-lhe que seguiria a cadeia hierárquica institucional da ABIN e participaria todos os fatos ocorridos e diretamente ao Diretor do DCI, Ronaldo Martins Belham, uma vez que o Coordenador-Geral de Contraespionagem e Análise do Terrorismo Internacional (CGCET), Carlos Marino Cabral Calvano, estava afastado da função, em viagem, por motivo particular.

Dito isso, retirei-me de sua sala e dirigi-me à sala do Diretor do DCI, Ronaldo Martins Belham, encontrando-o no corredor. Ao abordá-lo, solicitei-lhe audiência urgente para tratar de um assunto importante. Ele que, evidentemente, ainda não sabia do que se tratava, disse que me receberia no início da tarde.

Em 21 de junho de 2004, por volta das 14h30, fui recebido por Ronaldo Martins Belham, em seu gabinete. Mas a àquela altura, claro, ele já sabia do que se tratava. Sua fisionomia havia mudado completamente: estava tensa, contraída. E, demonstrando estar imensamente incomodado com a minha presença, disse-me para relatar os fatos.

Nossa reunião no gabinete do Diretor do DCI, Ronaldo Martins Belham, foi muito rápida. Cerca de dez minutos, no máximo, até porque ele nada disse. Não esclareceu absolutamente nada sobre tudo que eu lhe perguntei. Parecia o criminoso que, pego em flagrante no cometimento de crime, exerce rigorosamente seu direito de ficar calado porque "tudo que você disser poderá ser usado contra você no tribunal".

Depois de relatar-lhe tudo o que aconteceu quanto às ameaças que o Coordenador de Contraespionagem, coronel João Noronha Neto, fez à minha pessoa, por eu não concordar em participar de uma ação clandestina envolvendo um espião da ABIN, quis saber da licitude e oficialização institucional da ABIN relativas àquela "ordem" que eu havia recebido. O silêncio foi a resposta de Ronaldo Martins Belham.

Perguntei-lhe, então, sobre todos os aspectos operacionais, normativos e jurídicos... E, de novo, o silêncio como resposta. Não desistindo, perguntei se ele, como Diretor do DCI, confirmava ser institucional da ABIN a ordem que eu havia recebido do coronel João Noronha Neto. A resposta foi a mesma: silêncio total. Só eu falava. Era como se o Diretor do DCI fosse um surdo-mudo.

Durante toda a minha exposição dos fatos e indagações, eu olhava no fundo em seus olhos e ele desviava o olhar e cerrava os lábios, como quem se proíbe dizer alguma coisa. Se Ronaldo Martins Belham era o Diretor do DCI, responsável direto por tudo o que acontece ou deixa de acontecer em todo o Departamento de Contrainteligência, inclusive na Coordenação de Contraespionagem, poderia proceder daquela forma? Afinal, não era difícil saber o que ele tinha que fazer: instaurar, conforme determina o Regimento Interno da ABIN, sindicância interna, para apurar rigorosamente minhas gravíssimas denúncias.

E o que fez Ronaldo Martins Belham? Absolutamente nada. Nada me perguntou. Nada me esclareceu. Nada me disse. Nenhuma providência tomou.

Vejamos o que diz o Regimento Interno da ABIN:

Art. 104. O Secretário de Planejamento e Coordenação, o Chefe de Gabinete, os Diretores de Departamento, os Coordenadores-Gerais das Agências Regionais e o Diretor da Escola de Inteligência têm competência para instaurar sindicâncias e processos disciplinares quando o objeto de apuração se restringir às respectivas unidades.

O absoluto silêncio de Ronaldo Martins Belham, só foi quebrado quando ele encerrou, rapidamente, afirmando, em tom grave, que eu deveria "aguardar". Depois, levantou-se e, célere, saiu do seu gabinete. Fiquei abandonado em sua própria sala.

Eu já sabia o que seria feito por parte da Direção-Geral da ABIN, do Diretor do DCI, Ronaldo Martins Belham, e do Coordenador de Contraespionagem, coronel João Noronha Neto: fariam tudo aquilo que havia ocorrido sobre a ação clandestina da Operação Mídia, simplesmente, "desacontecer".

Eu não permitiria isso. E não fiquei apenas "aguardando" a inação do Diretor do DCI, Ronaldo Martins Belham e da Direção-Geral da ABIN, até porque sabia que o ato seguinte daquela tragédia estaria em consonância com a linha de comportamento da Direção-Geral da ABIN, de fazer tudo simplesmente "desacontecer".

E assim fez. No dia 24 de junho de 2004 (quinta-feira), por volta das 14h30, o Diretor do DCI, Ronaldo Martins Belham, procurou-me para informar pessoalmente, e com indisfarçável satisfação íntima, que eu estava "expulso", quer dizer, desligado da ABIN. E fez questão de ressaltar, com destacada soberba, que se tratava de decisão irrecorrível da Direção-Geral da ABIN, juntamente com o Gabinete de Segurança Institucional (GSI) da Presidência da República.

Devo enfatizar que, ao longo daquele período, produzi vários documentos sobre o ocorrido e os protocolei oficialmente na Direção-Geral da ABIN e, principalmente, junto ao Diretor do DCI, Ronaldo Martins Belham. Naqueles relatos oficiais, faço uma descrição minuciosa de tudo o que ocorreu: das ameaças que sofri, apresentação detalhada das ilicitudes cometidas, dos desvirtuamentos e do vilipêndio das normas e regulamentações internas da doutrina de inteligência, bem como do ordenamento jurídico. A seguir a íntegra:

> Em 24 de junho de 2004 (quinta-feira), por volta das 14h30, o Diretor do DCI informou a este oficial que o mesmo estava desligado da ABIN. Disse tratar-se de decisão da Direção-Geral da ABIN, juntamente com o GSI.
>
> O Departamento de Contrainteligência (DCI) possui a Coordenação-Geral de Contraespionagem e Análise do Terrorismo Internacional (CGCET). Esta, por sua vez, possui duas coordenações:

a Coordenação de Contraespionagem e a Coordenação de Análise do Terrorismo Internacional. Este oficial está designado no DCI na Coordenação de Contraespionagem (CCE). Não procede, portanto, a alegação do CCE da necessidade da presença deste oficial no contato pessoal com o referido informante por tratar-se de temas ligados ao terrorismo, uma vez que este assunto, além de não ser especialidade e competência deste oficial, é atribuição da Coordenação de Análise do Terrorismo Internacional, que não é a coordenação deste oficial (Coordenação de Contraespionagem).

Até 18 de junho de 2004, este oficial nada sabia sobre o informante em questão. As únicas informações prestadas pelo CCE foram feitas nesta data, dizendo tratar-se de um jornalista, informante, que tinha acesso a setores do governo, recrutado e pago pela Agência Brasileira de Inteligência (ABIN), que ele (CCE) havia trazido do Centro de Inteligência do Exército (CIE). Quando este oficial solicitou, em 21 de junho de 2004, maiores informações sobre o informante, o CCE disse que não interessava saber. Não foi informado, nem mesmo, a existência de relação com alguma operação oficial da ABIN.

Cumpre destacar que a ABIN vem sofrendo exposição na mídia, sendo alvo de denúncias desabonadoras e situações constrangedoras, como as acusações de prostituir-se com serviços de inteligência estrangeiros, feita pelo ex-chefe do FBI no Brasil, Carlos Costa, na revista Carta Capital; como as circunstâncias da exoneração a pedido da Diretora-Geral; como as denúncias de espionagem no Palácio do Planalto, envolvendo o Diretor do Departamento de Operações de Inteligência (DOINT) e um Coordenador-Geral desse departamento (revista *Veja*) e pela sindicância sobre o caso, instaurada pelo Gabinete de Segurança Institucional (GSI).

Ressalta-se que a acusação escopo da sindicância do GSI, ainda não concluída, refere-se ao suposto envolvimento e ligação do Diretor do DOINT e de um Coordenador-Geral do DOINT com informante, jornalista, recrutado e pago pela ABIN, que estaria obtendo informações dentro do próprio Governo Federal, para fins políticos.

É evidente a semelhança da ação proposta pelo CCE a este oficial, com a que está sendo investigada pela sindicância em curso no GSI. Avaliando-se a essa questão, apenas sob o aspecto político-conjuntural, o contato pessoal com informante nas condições propostas a este oficial pelo CCE era, no mínimo, inoportuno. A sua consecução, sob a avaliação técnica de inteligência (como será descrita), caracteriza elevado grau de comprometimento da ABIN, cujo insucesso ou denúncia (a exemplo do caso em investigação) potencializaria graves consequências não apenas para a ABIN, mas também para o GSI e o Governo Federal.

Este oficial procurou minimizar o comprometimento da questão, propondo ao CCE que a realização desse contato pessoal ocorresse em instalações da ABIN. A exemplo dos principais serviços de inteligência, instalações para esse tipo de situação são previamente preparadas, tanto nas suas sedes, como no ambiente operacional, proporcionando, inclusive, economia de recursos. Apesar de não ser a situação concebida pelo CCE, ela proporciona elevado grau de segurança uma vez que possibilita total controle. Permite, também, a realização de entrevistas por longos períodos, realização de anotações, elucidação de dúvidas, trocas de material, pagamentos etc.

Posteriormente, tomei conhecimento de que o referido informante é da denominada "Operação Mídia". Esta operação, conforme documento do CCE (anexo), está em curso, em Brasília, com despesa para o DCI, não incluída no Plano Nacional de Contraespionagem (PNCE) e sob a responsabilidade do CCE, Cel João Noronha Neto, e Décio Carneiro dos Santos Neto.

A doutrina de inteligência, consagrada pelos principais serviços de inteligência, recomenda a segurança nos trabalhos com fontes humanas como princípio básico de CI. Sua aplicação está diretamente associada à necessidade de sigilo e compartimentação das ações.

Essas imposições de CI implicam na necessidade do emprego de Técnicas Operacionais de Inteligência no trabalho com fontes humanas, motivo pelo qual sua responsabilidade é dos segmentos de "Operações de Inteligência" dos serviços de inteligência. Na ABIN, este trabalho é realizado pela Coordenação-Geral de Fontes Humanas (CGFH) do DOINT, conforme prescrição do seu Regimento Interno – Art 37º (Portaria Nr 19/ CH/GSIPR, de 1 de julho de 2003): "À Coordenação-Geral de Fontes Humanas (CGFH) compete gerenciar os processos de obtenção, treinamento e controle das fontes humanas para a ABIN."

Das várias técnicas operacionais empregadas nesse trabalho, destacam-se a Estória Cobertura (EC) e as Comunicações Sigilosas (COMSIG). A primeira objetiva, entre outras, a preservação da identidade do agente, o sigilo da operação e a salvaguarda da instituição e do país. A segunda objetiva proporcionar a troca de dados e materiais entre fontes e serviços de inteligência com segurança. Dos vários tipos de COMSIG, o Contato Pessoal é um dos mais eficientes, sendo, em contrapartida, o de maior vulnerabilidade, por expor a fonte e o agente, gerando elevado grau de comprometimento.

O controle de fontes humanas, realizado pelos segmentos operacionais, é exercido, entre outros, pelo trabalho do Controlador e do Recrutador. Este, normalmente sob EC, é quem estabelece, quando necessário, contato pessoal com suas fontes. Por imposições de CI, somente o Recrutador deve estabelecer contatos pessoais com suas fontes, não sendo usual, nem desejável, a presença de outras pessoas, salvo em situações excepcionais.

O estabelecimento de comunicação com o informante em questão, nesse caso, enseja o acionamento da CGFH/DOINT e o emprego de outras formas de COMSIG, em lugar do contato pessoal. A situação determinada pelo CCE ainda é agravada pelo fato de realizar-se em local público, ostensivo, em Brasília, sem EC, revelando a identidade pessoal e profissional do CCE e deste oficial, quebrando o sigilo da operação da ABIN. Destaca-se que o contato pessoal com o referido informante deva ser realizado exclusivamente pelo seu recrutador, evitando-se o envolvimento de outras pessoas.

Cumpre ressaltar que a realização desse contato pessoal da forma determinada pelo CCE (com a presença e participação deste oficial) significaria, além do comprometimento da ABIN e do GSI, o da minha pessoa e da instituição que represento – o Exército Brasileiro. Quanto ao exposto, é importante destacar que:

1. Este oficial do GSI exerce na ABIN cargo de natureza militar. O desempenho dos militares do Exército Brasileiro, requisitados na ABIN, é observado e avaliado, pessoal e profissionalmente, pelos respectivos chefes da cadeia hierárquica funcional da agência, a que estão submetidos. Acresça-se o fato de que tais avaliações têm grande repercussão na carreira militar dos militares do Exército.

2. Os fatos e situações ocorridos referem-se à ação institucional da ABIN na orientação e aplicação de suas Ações de Inteligência.

3. As ações e decisões da ABIN, relativas aos fatos e situações ocorridos, acarretam consequências que afetam, direta e indiretamente, pessoal e profissionalmente, este oficial.

4. Este oficial esgotou ações, em seu nível de competência, no sentido de obter a oficialização institucional e os esclarecimentos necessários.

5. A Portaria Nr 19/ CH/GSIPR, de 1 de julho de 2003 – determina a ABIN baixar atos normativos sobre sua organização e funcionamento e aprovar manuais de normas, procedimentos e rotinas.

6. Todo procedimento, determinação institucional, inclusive verbal, deve estar previsto, amparado e ter o devido respaldo nos atos normativos, manuais de normas, procedimentos e rotinas, determinados no item anterior.

7. Os fatos e situações apresentados, além das considerações feitas, constituem aspectos importantes da contrainteligência e da salvaguarda institucional.

Tendo em vista o exposto e o compromisso com os princípios da Ética, da Moral, da Legalidade, da Justiça e da Lealdade; objetivando elucidar os fatos e situações apresentados, à luz da Ordem

Jurídica vigente, solicito-vos providências no sentido de oficializar a este oficial, por escrito:

a) A determinação para este oficial estabelecer contato pessoal com o referido informante, caso constitua determinação institucional da ABIN.

b) Os atos normativos, procedimentos e rotinas, em vigor, sobre a organização e funcionamento da ABIN, especialmente quanto ao estabelecimento de Contato Pessoal com informante (fontes humanas).

c) As providências cabíveis referentes ao caso.

d) Informações sobre os procedimentos, resultados e implicações das apurações, a respeito dos fatos e situações ocorridos, bem como as conclusões quanto à conduta dos envolvidos.

e) Esclarecimento(s) sobre o(s) motivo(s) da dispensa e desligamento deste oficial dos quadros da ABIN/GSI, em 24 de junho de 2004.

Por derradeiro, impende observar que o caso em testilha, que ora Vos apresento, seguiu a estrita observância normativa e disciplinar, não havendo da parte deste Oficial contestação ou discussão das decisões tomadas no âmbito da Direção-Geral da ABIN.

Respeitosamente,

André Costa Soares
Tenente-coronel do Exército Brasileiro

A ABIN é uma agência de inteligência que se prostitui

Vejamos agora o contexto nacional da época de tais ilicitudes da ABIN, junto à Presidência da República e ao governo do presidente Lula. Comecemos por um fato sobre a ABIN de grande repercussão nacional: a matéria publicada pela Revista Carta capital, em 24 de março de 2004, intitulada "A hora da autópsia", uma entrevista com o ex-chefe do FBI no Brasil, Carlos Alberto Costa, que chefiou o FBI no Brasil por quatro anos.

Na entrevista ele afirmou – entre outras coisas – que "a ABIN é uma agência de inteligência que se prostitui". Naquela época, eu estava na Coordenação-Geral de Contraespionagem da ABIN – poucos dias antes de ser ameaçado de morte pela Direção da ABIN – e pude constatar que as declarações do ex-chefe do FBI no Brasil caíram como uma "bomba atômica" na Presidência da República e, internamente, na ABIN. Devo apenas acrescentar que Carlos Alberto Costa foi até benevolente ao dizer que a ABIN é uma agência de inteligência que se prostitui. É muito pior que isso.

A repercussão que essas declarações tiveram em todo o país fizeram a agência tremer de indignação. Afinal, uma instituição de estado que se preze não pode deixar passar incólume declarações caluniosas e difamatórias sobre sua atuação, como supostamente estava acontecendo com a ABIN.

A Direção-Geral da ABIN estava pressionada por todos os lados no sentido de dar a devida contrapartida e demonstrar cabalmente à sociedade brasileira a suposta leviandade das "ofensas" à agência, do ex-chefe do FBI no Brasil, e dele exigir, no mínimo, uma retratação pública, independentemente das sanções penais cabíveis.

Mas, o que de fato aconteceu na ABIN? O setor da ABIN que recebeu a missão da Direção-Geral da agência de contestar as declarações, foi a Coordenação de Contraespionagem. Portanto, eu estava lá. E presenciei uma das mais vergonhosas cenas patrocinadas pela ABIN, que vilipendia e desonra a Inteligência de Estado no Brasil.

Em meio a todo o alvoroço, causado pela repercussão das declarações sobre a ABIN, adentrou repentinamente à Coordenação de Contraespionagem o seu chefe: coronel João Noronha Neto. Estava visivelmente aflito e carregava em suas mãos a edição recém-lançada da revista Carta Capital, com as declarações sobre a ABIN, feitas pelo ex-chefe do FBI no Brasil, Carlos Alberto Costa.

Um tanto esbaforido por sua correria, o coronel João Noronha Neto dirigiu-se feito uma bala em direção ao analista da Coordenação que era o responsável por todos os assuntos de contraespionagem relativos aos Estados Unidos da América (EUA). Aquele analista era a maior autoridade do Brasil em contraespionagem em relação aos EUA, que são, também, a maior potência mundial em serviços de inteligência e espionagem internacional.

Ao chegar diante daquele analista, o coronel João Noronha Neto jogou sobre sua mesa a revista Carta Capital e lhe perguntou rispidamente o que ele sabia sobre a referida matéria. Ao ser abordado assim de supetão, o referido analista tomou um susto e respondeu prestimosamente que só havia tomado conhecimento do que havia sido publicado na revista. Nada mais.

Então o coronel perguntou o que ele sabia sobre o ex-chefe do FBI no Brasil, Carlos Alberto Costa. A resposta do analista foi de que nada sabia. O coronel João pediu, impaciente, que o analista informasse, imediatamente, tudo que havia na ABIN de contraespionagem relacionada ao ex-chefe do FBI no Brasil, ao FBI, ou sobre qualquer assunto relativo aos EUA e mencionado na matéria da Carta Capital.

O analista, tristemente, olhou para o coronel e disse: "Não há nada".

Irritado, o Coordenador de Contraespionagem ordenou que o analista apurasse tudo e levantasse todas as informações de contraespionagem sobre os EUA, para que a ABIN pudesse "contra-atacar" o ex-chefe do FBI no Brasil, Carlos Alberto Costa, e neutralizar suas declarações sobre a ABIN. E mais: que ele tinha até o final do expediente para produzir aquele documento que, urgentemente, seria entregue à Direção-Geral da ABIN, que o encaminharia à Presidência da República. E foi embora, deixando com o analista apenas o exemplar da revista.

Ao analista, inteiramente perdido, só restou vir se aconselhar comigo. Quis saber o que deveria fazer, já que na ABIN não existia "absolutamente nada" sobre contraespionagem relativa aos EUA. Menos ainda sobre o FBI ou sobre seu ex-chefe no Brasil, Carlos Alberto Costa.

E o que fez aquele analista para cumprir a "missão impossível" que lhe foi imposta pela ABIN? Sem qualquer alternativa, foi obrigado a consultar o google e outras ferramentas da internet para a elaboração de seu "documento secreto" para a Direção-Geral da ABIN e, também, para ser urgentemente entregue à Presidência da República. Ou seja: ao velho estilo do SNI de Golbery, que já nos anos 1960 recortava tudo dos jornais. Certamente, a Presidência da República não tem conhecimento desse "método" da ABIN.

Caçada aos espiões da ABIN: eu os encontrei

Continuemos na análise da conjuntura nacional da época, começando com o Governo do presidente Lula, marcado pela presença de agentes secretos diretamente relacionados às ilicitudes da ação clandestina da Operação Mídia. Especial atenção deve ser dada à cronologia dos seguintes fatos sobre a ABIN.

Na mesma ocasião em que eu fui ameaçado de morte na ABIN, por me negar a participar de ação clandestina da Operação Mídia, a revista *Veja*, de 16 de junho de 2004, publicou matéria intitulada "Caçada ao espião do Palácio", com a seguinte manchete: "A ABIN tenta descobrir o nome do jornalista que faz arapongagem contra José Dirceu e Marta Suplicy".

Sugestivo, não? Coincidência? Claro que não! Muito mais que isso.

Então, vejam a matéria de *Veja*.

Caçada ao espião do Palácio
A ABIN tenta descobrir o nome do jornalista que
faz arapongagem contra José Dirceu e Marta Suplicy
Policarpo Junior

No Palácio do Planalto, há um graduado funcionário que leva uma vida profissional dupla. Durante o dia, no papel de assessor ministerial, ele participa de reuniões do coração do poder, acompanha os bastidores de tudo o que acontece no governo e auxilia seus superiores a montar estratégias de ação. À noite, assume sua outra função, repassando a terceiros tudo o que captou ao longo do dia – informações sigilosas e, principalmente, intrigas do poder. Há dois meses, o governo tenta descobrir a identidade do funcionário, que vem sendo chamado de "espião", depois que se descobriu que ele trabalha para a Agência Brasileira de Inteligência (ABIN). Quem centraliza as informações sobre a caça ao espião é a Casa Civil, do ministro José Dirceu. Ali, já se sabe que o funcionário é um jornalista, trabalha no 4º andar do Palácio do Planalto, recebe um bônus mensal pelo trabalho secreto e foi recrutado por uma ala da ABIN integrada por arapongas do velho SNI, o centro de bisbilhotagem da ditadura militar que antecedeu à ABIN. Há seis suspeitos ao todo. Dois deles estão sob vigilância. A existência de um espião no coração do governo gerou um alvoroço no Palácio do Planalto assim que foi descoberta, em abril passado. Um agente da ABIN soube que dois colegas seus, ambos lotados no departamento de operações da agência, embarcavam todos os fins de semana para o mesmo destino e tinham suas passagens aéreas bancadas pela verba secreta da ABIN – um pedaço do orçamento que a agência pode usar sem dar explicações públicas sobre seu destino. Descobriu que, oficialmente, um dos agentes, o araponga Ceílson Ludolf Ribeiro, estava inspecionando o escritório da ABIN em São Paulo, e o outro, o araponga João Carlos Sanches, vinha cuidando de questões pessoais na capital paulista. Estranhando as informações oficiais, o agente aprofundou a investigação. Descobriu então que, nas viagens a São Paulo, os dois arapongas mantinham contatos secretos com adversários políticos do ministro José Dirceu e da prefeita Marta Suplicy. Descobriu, ainda, que os dois arapongas seguiam orientações fornecidas por um funcionário instalado no 4º andar do Palácio do Planalto.

SOB A MIRA
Marta Suplicy, prefeita de São Paulo:
dois agentes faziam contato
com seus inimigos

DAS DUAS, UMA
José Dirceu, da Casa Civil:
entre espiões chantagistas e
a teoria da conspiração

Por fim, descobriu também que o tal funcionário fora recrutado no início do ano. Ganhou 10.000 reais, supostamente para pagar dívidas vencidas e passou a receber uma bagatela para esse tipo de serviço – 2.500 reais por mês. Em troca, devia bisbilhotar informações sobre José Dirceu e Marta Suplicy. As descobertas acerca do espião foram levadas ao conhecimento do secretário executivo da Casa Civil, Swedenberger Barbosa. Quando soube da notícia, o ministro José Dirceu disse que "já imaginava". Desde então, por orientação da cúpula da ABIN, o ministro mudou seus hábitos. Antes, costumava despachar coletivamente, com assessores e com ministros. Agora, só faz despachos individuais e, além disso, registra o assunto tratado com cada assessor e ministro num computador – para, caso o assunto venha a vazar, dispor de uma pista segura para seguir. Procurado por *Veja* para comentar o caso, o ministro José Dirceu mandou dizer que não quer se envolver na história.

O principal suspeito tem 46 anos e, segundo os registros da ABIN, estava inscrito no Serviço de Proteção ao Crédito por causa da emissão de um cheque sem fundo contra o Unibanco e de duas dívidas – uma de 1.078,39 reais com a Credicard e outra de 2.185,87 reais com uma empresa telefônica de Brasília. O que chamou a atenção dos agentes é que, em março, quando a espionagem teria entrado em operação, as dívidas sumiram. O outro suspeito sob vigilância tem 48 anos, um passado de militante de esquerda, como é comum entre os integrantes do governo atual, e não possuía dívidas. Os dois suspeitos prestaram serviços para o tucano José Serra, o que deu fôlego a uma teoria conspiratória dentro do governo.

Fonte: Arquivo pessoal.

A ABIN não conseguiu esclarecer as razões da bisbilhotice. Na Casa Civil, trabalha-se com duas hipóteses. Uma delas sugere que os arapongas estariam querendo fisgar segredos importantes e, com isso, galgar postos na administração pública – tática chantagista de arapongas sem escrúpulos, que aliás já foi aplicada em outros governos. A outra hipótese é barroca: os arapongas estariam, na verdade, a serviço do tucanato.

Foto: Ana Nascimento/ABr

ENTROU
Lima e Silva, futuro chefe da ABIN: convite pessoal do presidente

SAIU
Marisa Del'Isola, que deixou o comando da ABIN: Lula se irritou

Espionando José Dirceu, os espiões poderiam ter informações relevantes sobre um auxiliar próximo do presidente. Espionando Marta Suplicy, poderiam ajudar os tucanos a ganhar a prefeitura paulistana. A ideia de que os tucanos estariam por trás da espionagem parece paranoia persecutória, já que não há nenhum indício concreto disso, mas a sugestão de que José Dirceu é um dos alvos da espionagem apoia-se em dados mais sólidos. Os arapongas fiéis ao governo descobriram que reuniões de um ex-assessor da Casa Civil, Marcelo Sereno, vinham sendo gravadas clandestinamente. Sereno, que trocou a Casa Civil para tomar conta da área de comunicação social do PT, vinha encontrando-se com um grupo de empresários da construção civil num hotel de Brasília. Os bisbilhoteiros conseguiram, segundo o relato que chegou à Casa Civil, registrar mais de vinte horas de gravações. Não se conhece o conteúdo das fitas, mas comenta-se nos corredores da espionagem que as reuniões seriam comprometedoras para um empresário mato-grossense que alardeia amizade com o presidente Lula.

A presença do espião, aliada ao constante vazamento para a imprensa de divergências dentro do governo que deveriam ser mantidas em sigilo, produziu um tenso clima de desconfiança entre os principais assessores do presidente. Antes de saber que um araponga anda à solta no palácio, o presidente Lula chegou a reclamar com assessores de que conversas reservadas entre ele e ministros chegavam à imprensa horas depois de acontecerem. Imaginou-se a possibilidade de existir uma escuta ambiental na sala do presidente. O Gabinete de Segurança Institucional chegou a pedir uma varredura em todos os ambientes utilizados por Lula, mas nada foi

NENHUM...
FHC, que teve
telefonema grampeado

...DELES...
Itamar, que também sofreu
escuta ilegal

...ESCAPOU
Figueiredo: grampo
no gabinete

encontrado. "Existe um clima de muita insegurança aqui no Palácio", revela um graduado assessor do presidente. Depois que se soube do espião, acabaram as dúvidas sobre as razões dos vazamentos, mas a desconfiança entre os assessores palacianos aumentou. "Vou sair da sala para depois não dizerem que fui eu quem vazei", disse, recentemente, Gilberto Carvalho, chefe de gabinete do presidente, ao deixar uma reunião em cuja pauta constava um assunto sobre o qual Lula queria reserva.

A descoberta sobre o périplo impune de um espião pelo Palácio do Planalto antecipou a demissão da diretora da ABIN, Marisa de Almeida Del'Isola, anunciada no fim do mês passado. Sua saída estava sob cogitação desde o escândalo Waldomiro Diniz, tendo em vista que uma das atribuições da ABIN é elaborar um relatório biográfico sobre os indicados para cargos de confiança no governo. No caso de Waldomiro Diniz, que trabalhava como assessor de José Dirceu, a ABIN nada informou sobre seu envolvimento com bingos e bicheiros, embora tivesse conhecimento desse passado desde 2002. Quando soube que a ABIN omitira a informação da ficha de Waldomiro, o presidente Lula ficou irritado. No mês passado, ao ser informado sobre o espião da ABIN que circulava pelo palácio, o presidente perdeu a paciência e mandou acelerar as mudanças no órgão. O sucessor de Marisa Del'Isola foi uma escolha pessoal de Lula. O futuro diretor da ABIN, delegado Mauro Marcelo Lima e Silva, da Polícia Civil de São Paulo, é um especialista em crimes cometidos pela internet.

Convidado pelo presidente, de quem ficou amigo desde que solucionou o sequestro de um afilhado de Lula há doze anos, Lima e Silva terá a missão de reformular a ABIN e tentar evitar a sobrevivência de facções contra e a favor do governo. A agência tem apenas 1.600 funcionários, dos quais só 500 trabalham como arapongas, mas sua capacidade de gerar problemas é inversamente proporcional ao seu diminuto contingente. Desde que o país passou a viver o processo de abertura política e os bisbilhoteiros começaram a perder sua primazia, as histórias se sucedem. Até o general João Baptista Figueiredo, o último presidente militar, descobriu uma escuta clandestina em seu gabinete. O ex-presidente Fernando Collor, que extinguiu o velho SNI, manteve os arapongas como almas penadas, até descobrir que estavam mais vivos do que nunca, gravando telefonemas de sua ministra da Economia e vigiando seu sócio Paulo César Farias. Os ex-presidentes Itamar Franco e Fernando Henrique tiveram, ambos, conversas telefônicas grampeadas por gente do serviço de espionagem.

Ceílson Ludolf Ribeiro, que vinha fazendo contato com adversários de José Dirceu e Marta Suplicy, é um agente dos velhos tempos. Foi chefe da ABIN em Vitória no governo tucano e, antes, trabalhou por vários anos no Rio de Janeiro. É dessa época o fato mais marcante de sua biografia – que, por coincidência, também se refere a um jornalista recrutado pela arapongagem. Nos anos 1980, Ceílson Ribeiro foi destacado para vigiar o jornalista Alexandre von Baumgarten, que depois de trabalhar a soldo do velho SNI passou a ameaçar revelar segredos do serviço secreto e acabou morrendo num assassinato até hoje não solucionado. Nessa vigilância, Ceílson ligou para o apartamento de Baumgarten pouco antes de seu assassinato e deixou um recado na secretária eletrônica, falando seu nome e telefone. A gravação seria uma evidência das ligações do SNI com o assassinato do jornalista. Ceílson foi então orientado a arrombar o apartamento de Baumgarten e retirar a fita. Até hoje não se sabia por que raios Baumgarten tinha uma secretária eletrônica sem fita.

Também é da maior importância a nota da Assessoria de Comunicação do GSI, sobre a espionagem da ABIN no Palácio do Planalto, publicado pela Agência Brasil.[11]

---

[11] Disponível em: <http://memoria.ebc.com.br/agenciabrasil/noticia/2004-06-15/gabinete-de-seguranca-abre-sindicancia-para-apurar-espionagem-no-planalto>.

Gabinete de Segurança abre sindicância para apurar espionagem no Planalto
15/06/2004 – 21h14

Brasília, 15/06/2004 (Agência Brasil – ABr) – O ministro-chefe do Gabinete de Segurança Institucional da Presidência da República (GSI), general Jorge Armando Félix, mandou instaurar sindicância para apurar a veracidade da reportagem publicada na revista *Veja* desta semana e o envolvimento e a responsabilidade de servidores da Agência Brasileira de Inteligência (ABIN) e do Palácio do Planalto.

Segundo a *Veja*, um funcionário do Palácio do Planalto e dois servidores da ABIN estariam fazendo espionagem para prejudicar o ministro da Casa Civil, José Dirceu, e a prefeita de São Paulo, Marta Suplicy (PT).

De acordo com nota da Assessoria de Comunicação do GSI, o presidente Luiz Inácio Lula da Silva concordou com as providências tomadas pelo Gabinete e recomendou apuração rigorosa dos fatos.

O general Jorge Félix se reuniu hoje, no fim da tarde, no Palácio do Alvorada, com o presidente Lula para discutir quais providências poderiam ser tomadas sobre a suposta atuação de um espião no Palácio do Planalto.

A ABIN é subordinada ao Gabinete de Segurança Institucional, órgão responsável pela segurança presidencial e pela apuração e informações sigilosas de interesse da presidência da República.

A íntegra da nota divulgada pela Asessoria de Comunicação do GSI:

"Em complemento à informação anteriormente divulgada sobre a matéria publicada na revista *Veja*, edição 1858, com o título 'Caçada ao Espião do Palácio', o Ministro Chefe do Gabinete de Segurança Institucional da Presidência da República (GSIPR) mandou instaurar, em 14 de junho de 2004, Sindicância para, no âmbito do GSIPR e da Agência Brasileira de Inteligência (ABIN), apurar a veracidade da reportagem e, se for o caso, o envolvimento e a responsabilidade de servidores dos mencionados órgãos.

> Durante despacho ocorrido hoje, o Senhor Presidente da República concordou com as providências até então tomadas e recomendou apuração rigorosa dos fatos."

Então, eu pergunto: existe conexão entre a revelação da *Veja* sobre a espionagem feita pela ABIN, cujo alvo era a Presidência da República, e o governo Lula, e para tanto foi utilizado o espião jornalista, pago pela agência e infiltrado na Presidência da República – e a ação clandestina da ABIN que denunciei e (sendo, por isso, ameaçado de morte) que envolvia um espião pago pela ABIN, que era jornalista e que estava infiltrado na Presidência da República? Uma única e simples resposta: total conexão!

No ápice do escândalo de espionagem da ABIN, na Presidência da República, revelado pela *Veja*, eu estava denunciando, oficialmente e por escrito, os desdobramentos dessas mesmas ilicitudes da ABIN, ainda que desconhecidas. Portanto, fica ainda mais claro o porquê de eu ter sido ameaçado de morte pela ABIN. Os dirigentes da ABIN estavam desesperados para evitar, a qualquer custo, que minhas denúncias fossem devidamente apuradas. Seria o fim da agência e a condenação de seus dirigentes corruptos. A comunidade de inteligência criminosa que comanda a ABIN, em polvorosa, acionou, com força total, o estado corrupto contra mim.

Naquele momento, eu me tornara, e continuo a ser, o pior inimigo das organizações criminosas que governam a ABIN. É por isso que vivo sob permanente ameaça de morte e sujeito a operações sistemáticas clandestinas da comunidade criminosa que comanda a ABIN/SISBIN.

Mas os fatos vão além disso. Quando eu fazia essas graves denúncias, a então Diretora-Geral da ABIN, Marisa Del'Isola, estava sendo repentina e misteriosamente exonerada. Por que ela teria sido exonerada? Na versão oficial, ela própria "pediu" sua exoneração. Mas isso é uma grande mentira!

Contarei agora como foram as denúncias que eu fiz, pessoalmente, à Presidência da República, no palácio do planalto, deixando devidamente claro que o governo Lula tomou conhecimento de todas as minhas denúncias.

O governo Lula sabia das clandestinidades da Operação Mídia

Ser ameaçado de morte é sempre terrível. Mas, ser ameaçado de morte pela ABIN, o órgão central dos serviços secretos brasileiro, como eu fui e continuo sendo, é viver aterrorizado, no pior dos infernos. E quando isso acontece no contexto da contraespionagem e terrorismo internacional, como no meu caso, significa que as ilicitudes da ABIN, a serem encobertas, são da maior gravidade possível para o país.

Era, portanto, meu dever cívico – não apenas como oficial de inteligência da Presidência da República, mas também como oficial do Exército Brasileiro, e principalmente como cidadão brasileiro – denunciar as gravíssimas ilicitudes da ABIN na ação clandestina da Operação Mídia, pessoalmente na Presidência da República. E foi isso que eu fiz. Antes que tudo fosse "desacontecido" pela ABIN. Mas antes de ir pessoalmente à Presidência da República, eu tive o cuidado de protocolar oficialmente na ABIN os diversos documentos probatórios da Operação Mídia e das demais ilicitudes anteriormente cometidas pela agência. Dessa forma, quando fui à Presidência da República, denunciar as graves ilicitudes da Direção-Geral da ABIN, pessoalmente ao General Wellington do GSI, eu – além do meu testemunho pessoal – apresentava um extenso dossiê de documentos institucionais da ABIN oficial e devidamente protocolados.

No Palácio do Planalto, fui recebido pelo General Wellington Fonseca do GSI, uma vez que na minha condição de militar do exército eu estava diretamente subordinado ao GSI, cujo ministro chefe era o general Jorge Armando Félix.

O General Wellington logo quis saber qual era o assunto de nossa reunião. Ao dizer-lhe que se tratava de graves ilícitos ocorridos na Direção-Geral da ABIN, de imediato, sua fisionomia fez-se tensa. E não era para menos. É oportuno lembrar que naquela mesma época a Presidência da República vivia o epicentro da exoneração repentina e misteriosa da Diretora-Geral da ABIN, Marisa Del' Isola e Diniz; e da sindicância sobre a espionagem da ABIN no Palácio do Planalto, envolvendo o Diretor do Departamento de Operações de Inteligência (DOINT) e um Coordenador-Geral desse departamento, feita por um espião pago pela ABIN, que era jornalista, conforme revelado pela *Veja*.

A reunião, com o General Wellington do GSI, durou cerca de 50 minutos, nos quais fiz uma síntese das ilicitudes da ABIN desde 2002 e detalhei a ação clandestina na Operação Mídia, para a qual recebi ordens de participar e, por ter recusado, fui ameaçado de morte. Fiz questão de ressaltar que o motivo de eu estar denunciando tais ilicitudes na Presidência da República, não era para o GSI tomar a minha defesa, mas sim para que fosse determinado a instauração do devido inquérito policial e que fosse procedida a mais rigorosa apuração daqueles fatos, com todos os culpados na ABIN rigorosamente punidos, sem exceção.

Na medida em que avançava em meu minucioso relato, também constatava sua expressão de profunda irritação em tomar conhecimento de tantos problemas causados à Presidência da República pela ABIN. A irritação do General Wellington chegou a tal ponto que, em determinado momento, quando falei da ação clandestina da ABIN pela qual fui ameaçado de morte, ele não se conteve e interrompeu minha fala abruptamente com uma manifestação pessoal de aborrecimento contra a Direção da ABIN. Era um desabafo pessoal.

Quando pude retomar o relato, afirmei que todas as minhas denúncias estavam devida e oficialmente documentadas e que colocava-me à inteira disposição para – a qualquer hora – fornecê-las ao inquérito policial que, incisivamente, eu solicitara que fosse instaurado.

Ao término de minhas denúncias perguntei ao General Wellington do GSI o que ele faria. Ele respondeu-me, bastante aborrecido, que iria apurar minhas denúncias e que para isso convocaria a Direção-Geral da ABIN. Saí da reunião na Presidência da República, esperançoso de que finalmente as ilicitudes da ABIN na Operação Mídia seriam devidamente apuradas. Mais uma vez, eu estava enganado. Porque, até onde sei, isso nunca aconteceu. E minha vida começou a cair em desgraça a partir daí.

Vários dias após aquela reunião, na Presidência da República, com General Wellington do GSI, fui expressa e urgentemente convocado por ele para uma nova reunião. Achei que aquilo fosse um bom sinal. Pensei que o General Wellington do GSI estava me convocando para me oficializar que o inquérito policial para a apuração das ilicitudes da ABIN teria sido instaurado e para arrolar aos autos do inquérito o meu depoimento pessoal, bem como todos os contundentes documentos probatórios institucionais da ABIN que eu havia produzido. Mas eu estava, novamente, enganado.

Ao chegar à Presidência da República, no Palácio do Planalto, fui recebido pelo General Wellington à porta do seu espaçoso gabinete. À queima-roupa, ele me apresentou um pedaço de papel, perguntando se eu tinha algum conhecimento sobre aquilo. Eu ainda estava de pé, mal havia entrado em seu gabinete, e não entendi absolutamente nada do que estava acontecendo.

Enquanto o General Wellington permanecia em silêncio, comecei então a ler, de pé mesmo, o tal pedaço de papel que ele me entregara. Era uma folha única, com cerca de dez a quinze linhas, apenas isso. Li o seu conteúdo muito rapidamente, que se referia, em linhas gerais, às ilicitudes ocorridas na ABIN, referentes à Operação Mídia. E me recordo, pelo menos, da citação dos nomes do Diretor do DCI, Ronaldo Martins Belham, e do Coordenador de Contraespionagem, coronel João Noronha Neto, sendo apontados como responsáveis por aqueles ilícitos.

Não tive tempo de observar melhor o tal papel porque o General Wellington tomou-o de volta rapidamente e perguntou-me o que eu achara daquele papel. Disse-lhe, então, com bastante tranquilidade, que se referia genericamente às denúncias da ABIN, que eu havia relatado na nossa reunião anterior. Foi então que o General Wellington afirmou que se tratava de uma denúncia anônima que havia sido encaminhada à Presidência da República, sugerindo que poderia ter sido enviada pela mídia. E, assim, encerrou nossa segunda e última reunião, que durou, no máximo, cinco minutos. Antes de sair perguntei o que ele faria sobre aquele tal papel; a resposta foi que mandaria apurar.

Saí de reunião relâmpago com a esperança de que, finalmente, as ilicitudes da ABIN, na Operação Mídia, seriam devidamente apuradas. Afinal, parecia-me que a notícia sobre as clandestinidades da ABIN na Operação Mídia haviam chegado à mídia. E eu imagino como isso possa ter acontecido. Porque 21 de junho de 2004, data em que fui ameaçado de morte na Coordenação de Contraespionagem da ABIN, foi um dia histórico e marcante para o Departamento de Contrainteligência e para toda a ABIN. A agência ficou, literalmente, de "pernas para o ar", com todos os seus integrantes tomando conhecimento do que acontecera. A começar pelos membros da Coordenação de Contraespionagem e do Departamento de Contrainteligência que viram a imensa e atípica movimentação no DCI, tanto de minha parte, como do Coordenador de Contraespionagem, coronel João Noronha Neto, e do Diretor do DCI, Ronaldo Martins Belham.

Portanto, imediatamente, todos perceberam que algo de muito grave havia acontecido. E o que fizeram? Todos vieram falar comigo, é claro! E, evidentemente, eu lhes contei tudo o que havia acontecido. E tive que repetir essa história por várias vezes. Por dois motivos: Primeiro, porque como eu já disse: "Quem não deve não teme....e não treme"; segundo, porque quando se é ameaçado de morte, principalmente nas circunstâncias em que eu fui, quanto mais pessoas souberem, melhor para a sua segurança pessoal, e melhores são as chances de apuração das ilicitudes. Portanto, tudo isso que aconteceu comigo na Coordenação de Contraespionagem da ABIN, espalhou-se pela agência rapidamente.

Uma de minhas primeiras providências institucionais foi participar, oficialmente, todo o ocorrido ao CIE, minha organização militar de origem. Lá estive e relatei minuciosamente todo o ocorrido na ABIN. Era necessário dificultar, para a Direção-Geral da ABIN, o "desacontecimento" de todas as suas ilicitudes relativas à ação clandestina da Operação Mídia. Isso porque as ameaças de morte que sofri ocorreram no dia 21 de junho de 2004 e o meu desligamento da ABIN somente em 24 de julho de 2004, como já relatei. Assim, a Direção-Geral da ABIN teve mais de um mês para fazer "desacontecer" todas as ilicitudes relativas à ação clandestina da Operação Mídia, que eu havia denunciado, pessoalmente, à Presidência da República.

Durante todo aquele período, o escândalo da ABIN ricocheteou pelos principais serviços de inteligência do país, até chegar à mídia. Daí podemos concluir que, se a mídia estava cobrando informações à Presidência da República sobre as clandestinidades da Operação Mídia, segundo me deu a entender o General Wellington, o presidente Lula tomou conhecimento desse assunto, não apenas por intermédio do GSI, mas também pela mídia.

Ou o presidente Lula não foi informado dos fatos pelo GSI? Sinceramente, eu não creio nessa hipótese. Porque as denúncias que eu fiz à presidência da República, pessoalmente ao General Wellington do GSI, em reunião no seu gabinete, sobre as clandestinidades da ABIN na Operação Mídia eram gravíssimas. E os militares do Exército Brasileiro, notadamente os oficiais generais, são extremamente ciosos de suas obrigações e nunca deixariam de participar ao presidente da República ilicitudes tão graves como aquelas de que o General Wellington tomou conhecimento, feitas por mim, que também era oficial de inteligência da Presidência da República.

Não há dúvida de que o presidente Lula foi informado pelo GSI sobre as gravíssimas clandestinidades da ABIN na Operação Mídia. Se, como tudo leva a crer, o presidente Lula tomou conhecimento das gravíssimas denúncias por que, então, não fez nada?

Sinceramente – mesmo quando tudo aponta nessa direção – eu não creio que ele tenha tomado conhecimento das denúncias de ilícitos e clandestinidades da ABIN, na Operação Mídia, pois se isso tivesse ocorrido ele teria ordenado uma rigorosa apuração. Digo isso porque o presidente Lula teve conduta exemplar quanto às apurações de clandestinidades da ABIN, em 2008, na época do escândalo da participação ilegal da ABIN na Operação *Satiagraha*. Lembremos que, naquela oportunidade, o presidente Lula não hesitou em afastar imediatamente toda a cúpula da ABIN, a partir do seu Diretor-Geral Paulo Lacerda, e determinou a imediata instauração de inquérito na Polícia Federal.

O certo mesmo é que, mesmo depois de mais de dez anos, ainda existem seríssimas questões a serem apuradas sobre esse assunto, no âmbito da Presidência da República.

Com a palavra o Congresso Nacional, Ministério Público, Polícia Federal e Justiça Federal.

Minha desgraça anunciada

A pós sair da minha reunião no Palácio do Planalto, onde denunciei a ação clandestina na Operação Mídia, conclui, imediatamente, que quase todas as ameaças feitas contra mim pelos dirigentes da ABIN, se confirmaram. Exceção feita à ameaça contra a minha vida, que ainda não se efetivou.

Como eu frisei anteriormente, não tenho medo e nem me arrependo de enfrentar sozinho essa guerra contra a comunidade criminosa que governa os serviços secretos no Brasil, e nem estou me lamuriando pelo fato de minha vida ter caído em desgraça por causa disso. É claro que preferiria que os meus desígnios me reservassem um destino mais auspicioso. Mas, como combatente do "bom combate", conheço e aceito que este é o ônus da guerra.

Este livro é a prova cabal de que eu a venci. Porque a minha vitória contra a comunidade criminosa que governa os serviços secretos no Brasil já é uma realidade inexorável. Confesso trazer comigo a dor de que meus familiares tenham sofrido em desgraça por uma guerra que não era deles; e que este livro sirva pelo menos para recompensar de alguma forma todo o sofrimento que minha família vive até hoje.

É muito importante que a sociedade tenha conhecimento do ônus que essa guerra impôs a mim e a minha família. Também que conheça melhor o *modus operandi* sorrateiro e criminoso de que se utiliza a comunidade criminosa que governa os serviços secretos no Brasil, a partir da ABIN.

Quando se chega a esse ponto, é necessário ter em mente que para um agente secreto o maior e principal patrimônio não é a sua vida, mas sim a vida e a segurança de sua família. Porque, no mundo dos serviços secretos, seus inimigos não titubearão em atingi-lo por intermédio dela. E mesmo que, na melhor das hipóteses, seus inimigos não consigam atingi-la diretamente, sua família sofrerá ingentemente todas as consequências negativas que lhe forem demandadas. E é exatamente esse infortúnio que minha família vem sofrendo desde que desafiei a comunidade criminosa que governa os serviços secretos no Brasil.

Para proteger minha família, fui obrigado a "desacontecê-la". E esse "mal necessário" causa danos cruéis irreparáveis em toda a estrutura familiar, principalmente de natureza psicossocial, emocional e afetiva. Em termos práticos, significa que a família de um agente secreto não pode existir, não pode ter amigos, não pode ter vida social, não pode ter residência conhecida. Deve ter o domínio de procedimentos operacionais de contrainteligência, contravigilância etc.... E o que é o mais doloroso e traumático: um agente secreto deve ensinar à sua família que um agente secreto não pode ter família.

Portanto, ao tomar conhecimento do mundo de desgraças que se abateu sobre minha vida, por ter desafiado a comunidade criminosa que governa os serviços secretos no Brasil, o leitor terá uma pequena noção da enorme força que tem a minha família, que é o que eu mais amo e o que há de mais importante em minha vida, e da qual tenho muito orgulho.

Centro de Inteligência do Exército (CIE) e Sistema de Inteligência do Exército (SIEx)

O Centro de Inteligência do Exército (CIE) era a minha organização militar de origem, na qual eu servia há vários anos. Tive o orgulho de ser um dos oficiais de carreira, oriundo da Academia Militar das Agulhas Negras (AMAN), que mais tempo serviu no CIE, ininterruptamente. Além disso, ao longo de todo esse tempo, mesmo depois de eu já ter sido promovido a Major e a Tenente-coronel, eu ainda era carinhosamente tratado pelos oficiais superiores mais antigos, como o "aspirante no CIE", que foi a alcunha que me deram quando lá me apresentei muito jovem, ainda como capitão.

A partir do momento em que eu fui ameaçado de morte na ABIN, por ter me recusado a participar e ter denunciado a ação clandestina na Operação Mídia, as portas do CIE se fecharam completamente para mim. Passei a ser considerado persona non grata, não apenas no CIE, mas também em todo o Sistema de Inteligência do Exército (SIEx). Recordo-me de, no CIE, ter presenciado o general chefe do Centro – que outrora se irmanava com o "aspirante no CIE" nos círculos mais restritos dessa organização – fugir de mim como o diabo foge da cruz, quando foi informado às pressas e com grande alarde por seus assessores que eu havia chegado ao CIE e estava em seu gabinete para falar com ele.

Lembro-me dele refugiando-se no único local onde imaginou que eu não o encontraria: junto à casinha dos patos e gansos, mascotes do CIE, que fica ao lado do laguinho de peixes, recôndito junto à cerca limítrofe de suas instalações. Que ridículo: o chefe do CIE, uma importante autoridade, com diversos compromissos e despachos referentes à inteligência do exército, ficar circulando sozinho para me evitar. Eu assisti de camarote a tudo isso, do segundo piso do CIE, exatamente ao lado do gabinete do chefe do CIE, que tem uma vista panorâmica privilegiada de toda a frente do centro, principalmente do laguinho e da casinha dos mascotes do CIE, onde se refugiou solitário o general Chefe do CIE. Depois de cerca de meia hora observando a tudo isso, resolvi ir embora. Ademais, a preservação da saúde do general também me preocupava, porque naquela época do ano e naquele horário, em que o sol estava escaldante em Brasília, aquela indevida exposição certamente não lhe faria bem.

Não bastasse ter me tornado *persona non grata* no CIE e em todo SIEx, também passei a ser discriminado, não apenas no âmbito da inteligência do exército, mas também em todo o Exército Brasileiro. Fui, inclusive, humilhado e assediado moralmente por superiores. Mas este é um capítulo à parte, a cargo da "Força Divina" que, sempre prevalecendo contra o mal, é implacável em fazer cumprir que "aqui se faz, aqui se paga".

Quanto ao exército, não foi apenas a minha brilhante carreira na Inteligência Militar que foi completamente destruída, mas também toda a minha carreira militar na Força Terrestre. Naquela época, com mais de 25 anos de serviço, o meu currículo de oficial do exército brasileiro era excelente, a ponto de ter sido brindado com a honra de ser convidado para servir não apenas no Gabinete do Comandante do Exército, como também na própria Presidência da República, cuja distinção somente é concedida aos militares mais conceituados de toda a Força Terrestre, mediante uma seleção e competição rigorosíssimas.

Vale ressaltar que, por todo o meu histórico pessoal e profissional, eu possuía inclusive credenciais de excelência para concorrer ao generalato, como já estão promovidos a este mais alto posto da hierarquia militar os meus colegas contemporâneos de farda.

As operações clandestinas sistemáticas contra mim já haviam sido instauradas pela comunidade criminosa que governa os serviços secretos no Brasil. E como todos já sabem, a cúpula dessa organização criminosa é constituída majoritariamente por militares de ultradireita, oriundos do antigo SNI. Portanto, ao retornar ao exército, continuei a viver o inferno na terra. Porque, além destruírem completamente minha carreira militar, meus inimigos foram e continuam obstinados em destruir em mim o que há de mais precioso na dignidade de uma pessoa: a reputação.

Fui e continuo a ser vítima de um avassalador "assassinato de reputação", perpetrado pela comunidade criminosa que governa os serviços secretos no Brasil, cujo *modus operandi* é muito semelhante ao desvelado por Romeu Tuma Junior, em sua obra Assassinato de Reputações – um Crime de Estado, durante o governo Lula.

Meus inimigos foram incansáveis em destruir e violentar a minha reputação, não apenas no âmbito da Presidência da República, ABIN e Exército Brasileiro, mas também em toda a estrutura estatal, onde alcançam os tentáculos da comunidade criminosa que governa os serviços secretos no Brasil. Portanto, ao retornar ao exército, eu passei a ser objeto dos principais comentários e fofocas internas e principalmente de discriminação no círculo dos oficiais superiores, que se afastavam de mim com repulsa como se eu fosse uma doença contagiosa.

Mais doloroso ainda foi a discriminação, discreta e velada, que sofri por parte dos militares hierarquicamente inferiores a mim, principalmente de meus subordinados diretos. Apesar de estar trajando garbosamente a minha farda no meu dia a dia na caserna, o sentimento que me invadia era o de como se eu estivesse vestindo o uniforme de um presidiário. Esse é um sofrimento insuportável para um militar honrado e digno como eu.

Não tive alternativa e fui obrigado a encerrar prematuramente minha carreira militar no exército brasileiro, aposentei-me em 2006, antes mesmo de ser promovido a coronel.

Já na reserva remunerada (aposentadoria), criei uma empresa de inteligência.

Para enfrentar essa realidade, lancei mão de duas armas poderosas, a comunicação e a verdade. Porque a verdade é sempre avassaladora e indestrutível. Para citar um bom exemplo: uma das incisivas ameaças de morte que eu recebi da comunidade criminosa que governa os serviços secretos no país a partir da ABIN, dentre as que continuo a receber, ocorreu em 2011, quando eu publiquei o artigo O destino da ABIN. Quando esse artigo foi publicado no Jornal do Brasil e no Estado de Minas, fui imediatamente alertado por vários amigos de Inteligência Operacional, que labutam em todo o SISBIN, não apenas sobre as urgentes reuniões que ocorreram na cúpula de diversos serviços de inteligência, como também sobre as operações clandestinas que haviam sido determinadas para literalmente me "caçarem" pelo país. Inclusive, não posso deixar de registrar um fato muito positivo e motivador dessa minha incansável luta pessoal contra essa comunidade criminosa: alguns integrantes do SISBIN que, como agentes operacionais, receberam a "missão" clandestina de "caçar" a mim, se negaram a cometer essa ilicitude e me avisaram.

"Justiçamento" jurídico

A comunidade criminosa que comanda os serviços secretos no Brasil mobiliza-se para instaurar, injustamente, sucessivos inquéritos policiais contra mim, sob os mais improcedentes motivos, transformando minha vida em um inferno, sob todos os aspectos. Existe, ainda, o agravante risco real de eu ser condenado injustamente. Porque, onde reina o estado corrupto, evidentemente não há justiça.

Atualmente, até onde eu tenho conhecimento, sou alvo de três inquéritos policiais de retaliação jurídica, totalmente impróprios e improcedentes, como faço questão de aqui relatar:

Inquérito Policial Militar Nº 0000008-10.2013.7.04.0004.
Indiciado: Tenente-coronel André Soares.
O comandante da 4ª Região Militar, General de Divisão Ilído Gaspar Filho, em 05 de outubro de 2012, determinou a instauração do Inquérito Policial Militar Nº 0000008-10.2013.7.04.0004; por meio da portaria 64316.015033/2012-25.
Encarregado do IPM: Coronel Ary Jorge Basto Brasileiro.

Vou revelar agora os fatos que demandaram a instauração deste IPM, no qual sou, como Tenente-coronel R1, Diretor-presidente de Inteligência Operacional, indiciado e acusado injustamente pelo Comando da 4ª Região

Militar, pelo cometimento de diversos crimes e várias transgressões disciplinares. Este IPM foi posteriormente arquivado pela Justiça Militar, que em sua decisão final concluiu não haver cometimento de qualquer ilicitude por minha pessoa.

A pergunta que surge naturalmente: por que o Tenente-coronel, André Soares, Diretor-presidente de Inteligência Operacional foi indiciado e acusado injustamente do cometimento de diversos crimes e várias transgressões disciplinares pelo Comando da 4ª Região Militar, se ele era completamente inocente?

Porque, certamente, algo de muito grave deve ter acontecido, não é mesmo?

E esta é a verdade! Este IPM tem mais de seiscentas páginas que revelam exatamente que, ao contrário, a vítima do cometimento de ilicitudes sou eu e o Estado Democrático de Direito do país, cuja genealogia de ilicitudes envolve toda a comunidade criminosa que comanda o serviço secreto brasileiro.

A verdade sobre esse IPM é de todo estarrecedora, pois está relacionada às clandestinidades patrocinadas pela Direção-Geral da ABIN e é do conhecimento dos governantes máximos, inclusive, da Presidente Dilma Rousseff.

Vamos começar então pelo meu indiciamento neste IPM.

Sabem por que fui indiciado neste IPM e, injustamente, acusado do cometimento de diversos crimes e várias transgressões disciplinares pelo Comando da 4ª Região Militar? Por dois motivos:

1. Por ter protocolado expediente de 14 de junho de 2012 (com treze páginas), no Comando da 4ª Região Militar do Exército Brasileiro, requerendo por escrito acesso à informação daquele órgão público, rigorosamente conforme preconiza a Constituição da República Federativa do Brasil (Art 37º); e a "Lei de Acesso à Informação" (Lei nº 12.527, de 18 de novembro de 2011).
2. Por ter republicado, em 02 de setembro de 2012, o artigo de minha autoria A tropa é o espelho do chefe, publicado originalmente, em 25 de abril de 2009 (abaixo transcrito).
   "A tropa é o espelho do chefe".

"A tropa é o espelho do chefe" é uma inexorável e universal máxima sobre a carreira das armas. Quem souber empregá-la conseguirá avaliar com precisão e rapidamente o poder militar de qualquer tropa, organização militar, ou forças armadas, sem necessitar de uma investigação aprofundada. Porque todos os militares subordinados, sem exceção, ficam inescapavelmente aprisionados sob a influência da pessoa e valor dos seus comandantes, em tudo. Nos atos de heroísmo e bravura, mas também na incompetência e na corrupção. Isso decorre da vida profissional totalizante a que os militares estão submetidos, sob os rigores absolutos da hierarquia e disciplina militares. Outra máxima militar nos ensina que "as palavras convencem, mas o exemplo arrasta", inclusive o mau exemplo. Portanto, seja qual for o efetivo, valor, ou situação de emprego das forças militares de qualquer natureza, estar-se-á sempre diante do retrato mais fiel da pessoa do seu comandante.

Nessa linha de raciocínio, citamos A psicologia da incompetência dos militares, uma obra rara, densa e primorosa, de natureza científico-acadêmica, de autoria de Norman F. Dixon, que desvela com especial maestria o perfil psicológico dos comandantes incompetentes que arrastam as instituições militares sob seu comando para a ineficiência. Serve de diagnóstico minucioso do perfil dos comandantes das forças armadas brasileiras e sua cúpula, que são os principais responsáveis pelo quadro de falência que afeta as forças armadas brasileiras; e não os governantes do país, que são injustamente condenados por eles, veladamente junto ao seu público-interno.

A realidade é que as forças armadas brasileiras são ineficientes no cumprimento de sua missão constitucional de defesa nacional porque são não operacionais, a exemplo de seus comandantes. Essa grave deficiência do poder militar do país também inviabiliza a sua pretensão de conquistar assento no Conselho de Segurança da ONU, como membro permanente. Pois, é pura ingenuidade imaginar que o seleto grupo das maiores potências bélicas do mundo (China, França, Rússia, Reino Unido e EUA), aceitará o ingresso de um país com poder militar não operacional, como o Brasil.

Essas são verdades proibidas e dissimuladas porque, reveladas, expoririam a incapacidade de nossas forças armadas de vencer guerras. Isso porque as estruturas militares se tornam ineficientes quando se desvirtuam de sua atividade-fim que é o emprego em combate. Prova cabal de autoria e materialidade desse flagrante delito cometido contra a defesa nacional está paradoxalmente nos extensos currículos dos comandantes e a cúpula das forças armadas. Pois, atestam que eles, em suas longas carreiras militares, nunca combateram ou vivenciaram o "bom combate"; diferentemente dos nossos corajosos e esquecidos "pracinhas" da Força Expedicionária Brasileira (FEB) que lutaram e morreram defendendo o Brasil na Segunda Guerra Mundial. O quadro de profissionalismo militar dos comandantes das forças armadas brasileiras é o da incompetência, congênere à do engenheiro que nunca construiu, ou à do cirurgião que nunca operou.

Nessa conjuntura atual, a carreira das forças armadas tornou-se profissão desprestigiada no país, porém muito disputada por ter se transformado num excelente emprego, sendo dominada pelos carreiristas de gabinete, preterindo os verdadeiramente vocacionados para a vida castrense. Isso é o que vem ocorrendo há décadas. A crescente e grave evasão de jovens promissores de suas fileiras é hemorragia que os atuais comandantes militares conseguem esconder, mas não estancar. Portanto, confirmando a máxima inexorável, as forças armadas brasileiras são exatamente o retrato mais fiel da personalidade de seus respectivos comandantes. Se qualquer pessoa em sã consciência e voluntariamente não habitaria com sua família uma residência construída por um engenheiro que nunca construiu, e não submeteria qualquer de seus familiares a uma cirurgia realizada por um cirurgião que nunca operou, a triste verdade é que a defesa nacional está entregue a comandantes militares que nunca combateram. Quando a nação brasileira conclamar nossas forças armadas ao derradeiro combate em defesa do país, estaremos confiando a eles o destino do Brasil e a vida de nossos filhos. Mesmo assim, nossos comandantes das forças armadas ostentam medalhas, muitas medalhas.

Não é estranho a perplexidade causada pelo fato de eu ter sido indiciado em IPM e acusado do cometimento de diversos ilícitos e numerosas transgressões disciplinares pelo Comando da 4ª Região Militar; exatamente por exercer legitimamente meus direitos constitucionais da publicidade, requerendo informações públicas daquele Grande Comando; e da liberdade de expressão, conforme a publicação do referido artigo.

Daí, fácil a conclusão de existir algo ainda mais grave. O que alguém deveria fazer ao ser indiciado em IPM e acusado, injustamente, de ilícitos e transgressões completamente inexistentes?

O que essa pessoa faria se estivesse em meu lugar, sabendo que toda essa injustiça é perpetrada pela poderosa comunidade criminosa que governa os serviços secretos do país e que me persegue há mais de uma década?

No pleno exercício do meu direito constitucional da livre defesa e do contraditório, eu produzi um documento, para ser arrolado aos autos do IPM, em minha defesa; com nada mais nada menos que 327 páginas. No extenso documento, além de provar cabalmente a completa inexistência dos ilícitos a mim atribuídos, eu relato, minuciosamente, e provo, cabalmente, inclusive com provas documentais incontestáveis, o cometimento de vários ilícitos contra a minha pessoa e contra o estado de direito brasileiro, que não foram apurados no IPM e cuja genealogia está nas clandestinidades patrocinadas pela Direção-Geral da ABIN, onde relaciono inclusive documentos da ABIN que revelo somente agora neste livro. Ou seja, este documento produzido por mim é uma "bomba atômica". Transcrevo abaixo a 1ª e 4ª partes deste documento:

1ª PARTE
Aos governantes do país e à sociedade brasileira

Informo às autoridades constituídas do país e à sociedade que este cidadão brasileiro foi indiciado em Inquérito Policial Militar (IPM) Of Nr 001-IPM EB: 64316.015033/2012-25, de 10 de outubro de 2012, do Comandante da 4ª Região Militar (4ª RM), General de Divisão Ilídio Gaspar Filho; acusado do cometimento de diversos crimes e transgressões, absolutamente inexistentes.

Tal situação, da qual estou sendo vítima, decorre exclusivamente da minha inarredável luta pelo respeito e cumprimento dos meus direitos constitucionais que estão sendo vilipendiados, que venho empreendendo rigorosamente sob a égide da legalidade e da ética, e principalmente por eu ser Diretor-presidente de Inteligência Operacional, vítima de clandestinidades patrocinadas pela Direção-Geral da Agência Brasileira de Inteligência (ABIN) de ingente gravidade no contexto da atual conjuntura nacional e contra o estado brasileiro, que a sociedade e os governantes do país desconhecem completamente.

Por essa razão, sou alvo permanente de ações adversas e de "operações clandestinas" sistemáticas, abertas em serviços secretos nacionais, e vítima de ameaças de morte, as quais estão visceralmente associadas também à minha destacada atuação como Diretor-presidente de Inteligência Operacional, combatendo implacavelmente a criminalidade organizada que governa os serviços secretos no Brasil.

Por importante, faço registrar que minha manifestação respalda-se no pleno gozo e exercício do meu legítimo direito constitucional do contraditório e da ampla defesa, decorrente de meu indiciamento no referido IPM, conquanto tenha cabais condições de provar a veracidade de minhas afirmações e as clandestinidades patrocinadas pela Direção-Geral da Agência Brasileira de Inteligência (ABIN), em razão de ser um "arquivo vivo", as quais serão referenciadas nos autos desse IPM por meio do meu depoimento pessoal e por legítimos documentos oficiais e institucionais.

Outrossim, informo que a plenitude das provas existentes sobre as clandestinidades patrocinadas pela cúpula da ABIN contra o estado brasileiro e contra a minha pessoa somente serão apresentadas por mim em juízo e perante as mais altas esferas federais competentes, em função dos sérios e graves desdobramentos ao país decorrentes da sua revelação e que representam grave ameaça à minha segurança e de meus familiares.

Por derradeiro, informo que essas provas encontram-se sigilosamente protegidas por pessoas desconhecidas e de minha inteira confiança, as quais serão divulgadas publicamente à sociedade brasileira, em caso de qualquer atentado contra a incolumidade e a vida deste cidadão brasileiro e de meus familiares.

André Soares
Diretor-presidente de Inteligência Operacional

"CONHECEREIS A VERDADE E A VERDADE VOS LIBERTARÁ"

4ª PARTE
Aos: Governantes do país

Por intermédio do Comandante da 4ª Região Militar (4ª RM), General de Divisão Ilídio Gaspar Filho.

293. Por importante, informo oficialmente a este IPM, ao Ministério Público e à Justiça, para os devidos fins, que este oficial vive em permanente estado de ameaça de morte, dentre outras extensivas aos meus familiares, das quais sou vítima, em razão das ações e operações sigilosas que tomei conhecimento e participei nos principais serviços secretos do país, destacando-se a Agência Brasileira de Inteligência (ABIN), conforme enfatizei nos autos da sindicância (pag115).

294. Isso implica viver em permanente estado de alerta, em total compartimentação, razão pela qual principalmente meus familiares sequer possuem vida social, em função das imperiosas demandas de segurança e contrainteligência necessárias.

295. Por importante, informo que este oficial está revelando nos autos deste IPM fatos de extrema gravidade sobre o cometimento de clandestinidades perpetradas pela Direção-Geral e a mais alta cúpula da Agência Brasileira de Inteligência (ABIN) contra o estado brasileiro e contra a pessoa deste oficial, exclusivamente no contexto do pleno exercício dos meus direitos constitucionais do contraditório e da ampla defesa, pela crucial pertinência e relevância que essas clandestinidades possuem com os fatos em testilha deste IPM, no qual este oficial foi injustamente indiciado, vítima de acusações sobre o cometimento de crimes e transgressões

absolutamente inexistentes, como ficou sobejamente comprovado por mim nestes autos.

296. Nesse mister, no gozo e pleno exercício dos meus direitos constitucionais do contraditório e da ampla defesa, informo oficialmente a este IPM, ao Ministério Público, à Justiça, às instituições públicas nacionais e à sociedade brasileira, o cometimento de graves clandestinidades perpetradas pela Direção-Geral e a mais alta cúpula da Agência Brasileira de Inteligência (ABIN) contra o estado brasileiro e contra a pessoa deste oficial, ferindo de morte o Estado Democrático de Direito vigente, desvirtuando-se, prostituindo-se institucionalmente em atos de corrupção generalizada, e tornando-se hospedeiro de serviços secretos estrangeiros e organizações criminosas (ORCRIM), que encontram na ABIN terreno fértil para suas ações de espionagem, infiltração, cooptação, recrutamento e emprego de agentes duplos, dentre outras ilegalidades.

297. Nesse mister, ressalta-se que pelas clandestinidades perpetradas pela Direção-Geral e a mais alta cúpula da Agência Brasileira de Inteligência (ABIN), bem como pelo diletantismo e incompetência irresponsáveis de seus dirigentes, os mesmos seriam exemplarmente punidos nas principais potências mundiais, condenados à prisão perpétua ou à pena capital, caso integrassem seus respectivos serviços de inteligência.

298. Faço registrar que tenho plenas e cabais condições de provar todas as minhas afirmações, em razão de ser um "arquivo vivo" e também de possuir o devido material probatório sobre esses fatos, que são relativos ao cometimento de ilícitos da maior gravidade no contexto da atual conjuntura nacional.

299. Pelo exposto, informo que este oficial é alvo de "Operações Clandestinas Sistemáticas" abertas em serviços secretos nacionais, já tendo sofrido ações e contingências

adversas, as quais estão visceralmente associadas à minha destacada atuação como Diretor-presidente de Inteligência Operacional, notadamente no combate permanente contra a criminalidade que governa os serviços secretos nacionais, razão pela qual tenho sido sistematicamente ameaçado de morte por essa comunidade clandestina criminosa.

300. ...

301. Informo também que esses graves ilícitos estão diretamente associados aos crimes perpetrados pela ABIN na Operação *Satiagraha*, os quais foram condenados pelo Superior Tribunal de Justiça (STJ) e serão ainda julgados em última instância pelo Supremo Tribunal Federal (STF); bem como aos fatos deste IPM, dos quais este oficial está sendo vítima.

302. Por importante, informo que as referidas clandestinidades perpetradas contra o estado brasileiro e contra a pessoa deste oficial, patrocinadas pela mais alta cúpula da Agência Brasileira de Inteligência (ABIN) e que estão diretamente associados aos crimes perpetrados pela ABIN na Operação *Satiagraha* e aos fatos que ensejaram este IPM, foram denunciados oficialmente e por escrito por este oficial, na ABIN, pelos documentos discriminados a seguir:

a) Documento Sigiloso Controlado (DSC) – CONFIDENCIAL, de 13 de maio de 2002, Do: Major EB André Costa Soares; À: Direção-Geral da ABIN, Assunto: "Operações de Inteligência" (SIGILOSO).

b) Parte S/Nr, de 12 de maio de 2003, Do: Major EB André Costa Soares; À Direção-Geral da ABIN, Assunto: Dispensa deste oficial – Oficialização.

c) Parte S/Nr, de 13 de novembro de 2003, Do: Major EB André Costa Soares; À: Direção-Geral da ABIN, Assunto: Conclusão das apurações determinadas pela Direção-Geral da ABIN.

d) Ofício S/Nr, de 12 de julho de 2007, Do: Tenente-
-coronel André Costa Soares; Ao: Senhor Diretor-Geral da Agência Brasileira de Inteligência, Márcio Paulo
Buzanelli, Assunto: Ações realizadas pela Superintendência Estadual da Agência Brasileira de Inteligência
em Minas Gerais (este documento foi devidamente
autenticado, com "firma reconhecida", pelo Cartório
do 1º Ofício de Notas, sito rua Goiás 187, Centro,
Belo Horizonte/MG).

E o que aconteceu nesse IPM? Em minha inquirição, como indiciado
no referido IPM, em 07 de novembro de 2012, na sala do Chefe do Escalão
de Apoio Regional do Comando da 4ª Região Militar, o encarregado do
inquérito, Coronel Ary Jorge Basto Brasileiro, negou-se, veementemente, a
receber o documento que eu produzira e arrolá-lo aos autos em minha
defesa; mesmo depois de ser, enfaticamente, alertado por mim da existência de provas documentais cabais do cometimento de diversas ilicitudes,
bem como das clandestinidades patrocinadas pela Direção-Geral da ABIN.

Imediatamente após minha oitiva no IPM, dirigi-me ao Comando da
4ª Região Militar e protocolei o referido documento, diretamente ao
Comandante da 4ª Região Militar, General de Divisão Ilído Gaspar Filho, para
que aquela autoridade o arrolasse aos autos do inquérito, em minha defesa.

Pergunto novamente: e o que aconteceu? O IPM foi concluído por
seu encarregado, Coronel Ary Jorge Basto Brasileiro, e encaminhado ao
Ministério Público Militar e à Justiça Militar, pelo Comandante da 4ª Região Militar, General de Divisão Ilído Gaspar Filho, acusando-me do cometimento de diversos crimes; e sem arrolar aos autos o documento que eu
apresentara, oficialmente, em minha defesa.

Ou seja, o "documento-bomba" que eu havia produzido e apresentado oficialmente no IPM, em minha defesa, provando documentalmente
diversos ilícitos e as clandestinidades da Direção-Geral da ABIN, simplesmente desaparecera dos autos do IPM.

E como foi muito bem destacado pelo eminente ministro do Supremo Tribunal Federal (STF), Marco Aurélio de Mello, no histórico julgamento do mensalão, no mundo jurídico vale o brocardo latino: Quod non est in actis non est in mundo, que significa: "O que não está nos autos não está no mundo." Ou seja, o meu "documento-bomba" foi "desacontecido." Sugestivo, não?

A reviravolta

Ao tomar conhecimento que o meu "documento-bomba", havia sido "desacontecido" e não constava da minha defesa nos autos do IPM, eu oficializei o que estava ocorrendo, por meio dos expedientes abaixo, pessoalmente, a cada um dos governantes máximos do país:

Presidente(a) da República, Dilma Rousseff.
Presidente do Congresso Nacional, José Sarney.
Presidente do Supremo Tribunal Federal, Joaquim Barbosa.
Procurador-Geral da República do Ministério Público Federal, Roberto Monteiro Gurgel Santos.

From: falepr@palacio.planalto.gov.br
Sent: Monday, December 3, 2012 2:36 PM
To: presidente@inteligenciaoperacional.com
Subject: Fale com a Presidenta

Presidência da República
Presidência da República Federativa do Brasil

ANDRÉ COSTA SOARES,

Consta em nosso banco de dados uma mensagem enviada à Presidenta da República deste endereço eletrônico. Precisamos de sua confirmação ou cancelamento.

Para confirmar ou cancelar o envio da mensagem favor seguir as instruções logo a seguir.

Dados da mensagem:

Nome:	ANDRÉ COSTA SOARES
Cargo:	Diretor-presidente
Instituição:	Inteligência Operacional
Endereço:	
Bairro:	
Cidade:	BELO HORIZONTE
UF:	MG
CEP:	
País:	BRASIL
E-mail:	presidente@inteligenciaoperacional.com
Telefones:	
Sexo:	MASCULINO
Faixa etária:	ADULTO (21/60 ANOS)
Mensagem:	

1. Cumprimentando a Excelentíssima Senhora Dilma Rousseff, Presidenta do Brasil, encaminho-vos o presente expediente, sobre os seguintes assuntos: a) Violação do preceito constitucional da publicidade (Art 37º - Constituição da República Federativa do Brasil e Lei nº 12.527, de 18 de novembro de 2011 - Lei de Acesso à Informação) b) Clandestinidades patrocinadas pela Direção-Geral da Agência Brasileira de Inteligência (ABIN) 2. Informo-vos que sou André Costa Soares - Tenente Coronel R1 Exército Brasileiro - Diretor-presidente de Inteligência Operacional www.inteligenciaoperacional.com , tendo integrado os principais serviços de inteligência do país. 3. Informo-vos que estou sendo vítima de inaceitável violação dos meus direitos constitucionais, especialmente quanto ao princípio da publicidade, em flagrante desrespeito ao ordenamento jurídico vigente, notadamente da Lei nº 12.527, de 18 de novembro de 2011. 4. Nesse contexto, informo-vos que protocolizei expediente de 14 de junho de 2012, no Comando da 4ª Região Militar (4ª RM) do Exército Brasileiro, requerendo acesso à informação daquele órgão público, rigorosamente conforme preconiza a Lei de Acesso à Informação, o qual foi reiterado várias vezes, e até a presente data não me foi prestada a referida informação pública. 5. Nesse mesmo contexto, informo-vos que, em consequência, fui indiciado em Inquérito Policial Militar (IPM - EB: 64316.015033/2012-25), instaurado pelo Comandante da 4ª RM, General de Divisão Ilídio Gaspar Filho, acusando-me do cometimento de diversos crimes e transgressões disciplinares, absolutamente inexistentes. 6. Por importante, informo-vos que tais fatos que estão ocorrendo contra a minha pessoa decorrem não apenas da minha inarredável luta pelo respeito aos meus direitos constitucionais, mas principalmente por eu ser Diretor-presidente de Inteligência Operacional, combatendo implacavelmente a criminalidade que governa os serviços secretos no Brasil, razão pela qual estou ameaçado de morte há vários anos. 7. Nesse mister, informo-vos que no pleno gozo do meu legítimo direito constitucional do contraditório e da ampla defesa, impetrei nos autos do IPM, em 07 de novembro de 2012, expediente detalhado, com 327 (trezentos de vinte e sete) páginas, comprovando cabalmente minha total inocência e os ilícitos que denunciei, bem como apresentando clandestinidades perpetradas pela Direção-Geral da ABIN contra a minha pessoa e

(continua)

(continuação)

contra o estado brasileiro, com provas documentais irrefutáveis, que são a genealogia das ameaças que venho sofrendo e das clandestinidades protagonizados pela ABIN na Operação Satiagraha, a serem julgadas pelo STF. 8. Por se tratar de escabrosa violação dos ditames constitucionais e questões de ingente gravidade relativas ao desvirtuamento da ABIN, informo-vos que em obediência à legalidade e à ética encaminhei o meu referido expediente à Vossa Excelência e às autoridades federais a seguir, o que fiz oficialmente, em 07 de novembro de 2012, por intermédio do Comandante da 4ª RM: Presidente(a) da República, Presidente do Congresso Nacional, Presidente do Supremo Tribunal Federal, Procurador-Geral da República do Ministério Público Federal. 9. Permaneço à vossa disposição na defesa dos princípios constitucionais, como também para a rigorosa apuração dos fatos apresentados, em nome da verdade e da justiça. Atenciosamente. André Costa Soares. Diretor-presidente de Inteligência Operacional

Para confirmar ou cancelar o envio de sua mensagem à Presidenta da República, favor seguir as instruções abaixo.

Para confirmar o envio de sua mensagem à Presidenta da República, clique aqui.

Para cancelar o envio de sua mensagem à Presidenta da República, clique aqui.

Caso não seja possível você também poderá confirmar copiando e colando o seguinte endereço no seu navegador:

https://sistema.planalto.gov.br/falepr2/confirma_email.php?mensagem=127967

Caso não seja possível você também poderá cancelar copiando e colando o seguinte endereço no seu navegador:

https://sistema.planalto.gov.br/falepr2/cancela_email.php?mensagem=127967

Atenciosamente,

Fale com a Presidenta
Gabinete Pessoal da Presidenta da República
Presidência da República

NOTA
Por favor, não responda esta mensagem, sua resposta vai-se perder.
Se julgar necessário manifestar-se a respeito, entre no saíte www.presidencia.gov.br, entre na página da Presidenta e clique no linque "Fale com a Presidenta".

Fonte: Arquivo pessoal.

From: infoap@planalto.gov.br
Sent: Tuesday, December 18, 2012 1:27 PM
To: presidente@inteligenciaoperacional.com
Subject: Resposta da Presidência

Prezado Senhor,

A Presidenta Dilma Rousseff encarregou-nos de confirmar o recebimento de sua mensagem e de informar sobre o encaminhamento ao setor competente para análise e eventuais providências.

Cordialmente,

Claudio Soares Rocha

Diretoria de Documentação Histórica

Gabinete Pessoal da Presidenta da República

Atenção!

Não responda essa mensagem eletrônica. Esse endereço não é válido. Caso necessite outro contato, poderá fazê-lo na página http://www.planalto.gov.br, clicando na opção 'fale conosco'.

Fonte: Arquivo pessoal.

From: Diretor-presidente de Inteligência Operacional
Sent: Monday, December 3, 2012 4:05 PM
To: sarney@senador.gov.br ; Diretor-presidente de Inteligência Operacional
Cc: scop@senado.gov.br ; credn@camara.gov.br
Subject: Clandestinidades patrocinadas pela Direção-Geral da Agência Brasileira de Inteligência (ABIN)

Belo Horizonte, 03 de dezembro de 2012

De: André Costa Soares - Tenente Coronel R1 Exército Brasileiro - Diretor-presidente de Inteligência Operacional

Ao: Excelentíssimo Senhor Senador José Sarney, Presidente do Congresso Nacional.

Assuntos:

1) Violação do preceito constitucional da publicidade (Art 37º - Constituição da República Federativa do Brasil e **Lei nº 12.527, de 18 de novembro de 2011** - "Lei de Acesso à Informação")

2) **Clandestinidades patrocinadas pela Direção-Geral da Agência Brasileira de Inteligência (ABIN)**

1. Cumprimentando o Excelentíssimo Senhor Senador José Sarney, Presidente do Congresso Nacional eagradecendo a deferência de vossa atenção, encaminho-vos o presente expediente, sobre os "Assuntos", em epígrafe.
2. Informo-vos que sou André Costa Soares - Tenente Coronel R1 Exército Brasileiro - Diretor-presidente de Inteligência Operacionalwww.inteligenciaoperacional.com , autor de obras inéditas no Brasil sobre Inteligência de Estado e Inteligência Operacional, tendo integrado os principais serviços de inteligência do país.
3. Informo à Vossa Excelência que estou sendo vítima de inaceitável violação dos meus direitos constitucionais, especialmente quanto ao princípio da publicidade, em flagrante desrespeito ao ordenamento jurídico vigente, notadamente da **Lei nº 12.527, de 18 de novembro de 2011** ("Lei de Acesso à Informação"), primorosamente promulgada pelonobre empenho da Excelentíssima Senhora Presidenta do Brasil, Dilma Rousseff, representando significativo avanço para o estado

(continua)

(continuação)

democrático de direito do país.

4. Nesse contexto, informo à Vossa Excelência que protocolizei expediente de 14 de junho de 2012 (com treze páginas), no Comando da 4ª Região Militar (4ª RM) do Exército Brasileiro, requerendo por escrito acesso à informação daquele órgão público, rigorosamente conforme preconiza a "Lei de Acesso à Informação", o qual foi reiterado várias vezes, e até a presente data não me foi prestada a referida informação pública.

5. Ressalta-se, como agravante, que nesse caso em testilha ainda causa espécie e perplexidade que esteja sendo negado acesso a uma informação pública de natureza ostensiva e por demais elementar porquanto a informação pública por mim requerida e que me está sendo negada até a presente data refere-se simplesmente ao funcionamento do horário de expediente institucional daquele Grande Comando.

6. Nesse mesmo contexto, informo à Vossa Excelência que, em conseqüência, também fui indiciado em Inquérito Policial Militar (IPM - EB: 64316.015033/2012-25), instaurado pelo Comandante da 4ª Região Militar (4ª RM), General de Divisão Ilídio Gaspar Filho, acusando-me do cometimento de diversos crimes e transgressões disciplinares, absolutamente inexistentes.

7. Por importante, informo à Vossa Excelência que tais fatos não estão ocorrendo contra a minha pessoa por mero acaso ou coincidência, pois os mesmos decorrem não apenas da minha inarredável luta pelo respeito aos meus direitos constitucionais, mas principalmente por eu ser Diretor-presidente de Inteligência Operacional, combatendo implacavelmente a criminalidade organizada que governa os serviços secretos no Brasil, razão pela qual estou ameaçado de morte há vários anos.

8. Nesse mister, informo à Vossa Excelência que no pleno gozo e exercício do meu legítimo direito constitucional do contraditório e da ampla defesa, impetrei nos autos do IPM no qual sou indiciado, em 07 de novembro de 2012, expediente detalhado, com 327 (trezentos e vinte e sete) páginas, comprovando cabalmente minha total inocência e os ilícitos que denunciei, bem como apresentando ingentes clandestinidades perpetradas pela Direção-Geral daAgência Brasileira de Inteligência (ABIN) contra a minha pessoa e contra o estado brasileiro, com provas documentais e institucionais irrefutáveis, que constituem a genealogia das ameaças e retaliações que venho sofrendo e que também estão diretamente relacionadas às clandestinidades protagonizados pela ABIN na "Operação Satiagraha", a serem julgadas pelo eminente Supremo Tribunal Federal (STF).

9. Pelo exposto, por se tratar de escabrosa violação dos ditames constitucionais e sobre questões de relevância nacional de ingente gravidade da atual conjuntura, relativas ao desvirtuamento da atuação da ABIN, que são completamente desconhecidas pelos governantes e a sociedade brasileira, informo-vos que em obediência ao meu absoluto compromisso com a legalidade e a ética encaminhei também e tempestivamente o meu referido expediente a Vossa Excelência e às autoridades federais abaixo discriminadas, para o devido conhecimento, o que fiz oficialmente, em 07 de novembro de 2012, por intermédio do Comandante da 4ª Região Militar (4ª RM), General de Divisão Ilídio Gaspar Filho:

1) Presidente(a) da República

2) Presidente do Congresso Nacional

3) Presidente do Supremo Tribunal Federal

(continua)

(continuação)

4) Procurador-Geral da República do Ministério Público Federal

10. Renovando meus cumprimentos à Vossa Excelência, permaneço à vossa disposição na defesa dos princípios constitucionais e do estado democrático de direito vigente no país, como também para a rigorosa apuração dos fatos apresentados, em nome da verdade e da justiça.

Atenciosamente.

André Costa Soares.

Tenente Coronel R1 Exército Brasileiro

Diretor-presidente de Inteligência Operacional

presidente@inteligenciaoperacional.com

Confidencialidade: "A informação contida nesta mensagem de e-mail, incluindo quaisquer anexos, é confidencial e está reservada apenas à pessoa ou entidade para a qual foi endereçada. Se você não é o destinatário ou a pessoa responsável por encaminhar esta mensagem ao destinatário, você está, por meio desta, notificado que não deverá rever, retransmitir, imprimir, copiar, usar ou distribuir esta mensagem de e-mail ou quaisquer anexos. Caso você tenha recebido esta mensagem por engano, por favor, contate o remetente imediatamente e apague esta mensagem de seu computador ou de qualquer outro banco de dados. Muito obrigado."

Fonte: Arquivo pessoal.

From: Sen. Pedro Taques
Sent: Tuesday, December 4, 2012 4:34 PM
To: Diretor-presidente de Inteligência Operacional
Subject: Gabinete do Senador Pedro Taques

Tenente Coronel André Costa Soares,

Faço registro do recebimento de cópia de sua mensagem encaminhada ao Presidente do Congresso Nacional.

Atenciosamente,

Sérgio Macluf Zogbi

Chefe de Gabinete

De: Diretor-presidente de Inteligência Operacional [mailto:presidente@inteligenciaoperacional.com]
Enviada em: terça-feira, 4 de dezembro de 2012 12:09
Para: Sen. Pedro Taques; Diretor-presidente de Inteligência Operacional
Assunto: Clandestinidades patrocinadas pela Direção-Geral da Agência Brasileira de Inteligência (ABIN)
Prioridade: Alta

Fonte: Arquivo pessoal.

From: Diretor-presidente de Inteligência Operacional
Sent: Tuesday, December 4, 2012 8:27 AM
To: pfdc@pgr.mpf.gov.br ; Diretor-presidente de Inteligência Operacional
Subject: Clandestinidades patrocinadas pela Direção-Geral da Agência Brasileira de Inteligência (ABIN)

Belo Horizonte, 03 de dezembro de 2012

De: André Costa Soares - Tenente Coronel R1 Exército Brasileiro - Diretor-presidente de Inteligência Operacional

Ao: Excelentíssimo Senhor Procurador-Geral da República, Roberto Monteiro Gurgel Santos.

Assuntos:

1) Violação do preceito constitucional da publicidade (Art 37º - Constituição da República Federativa do Brasil e Lei nº 12.527, de 18 de novembro de 2011 - "Lei de Acesso à Informação")

2) Clandestinidades patrocinadas pela Direção-Geral da Agência Brasileira de Inteligência (ABIN)

1. Cumprimentando o Excelentíssimo Senhor Procurador-Geral da República, Roberto Monteiro Gurgel Santos e agradecendo a deferência de vossa atenção, encaminho-vos o presente expediente, sobre os "Assuntos", em epígrafe.

2. Informo-vos que sou André Costa Soares - Tenente Coronel R1 Exército Brasileiro - Diretor-presidente de Inteligência Operacionalwww.inteligenciaoperacional.com , autor de obras inéditas no Brasil sobre Inteligência de Estado e Inteligência Operacional, tendo integrado os principais serviços de inteligência do país.

3. Informo à Vossa Excelência que estou sendo vítima de inaceitável violação dos meus direitos constitucionais, especialmente quanto ao princípio da publicidade, em flagrante desrespeito ao ordenamento jurídico vigente, notadamente da Lei nº 12.527, de 18 de novembro de 2011 ("Lei de Acesso à Informação"), primorosamente promulgada pelonobre empenho da Excelentíssima Senhora Presidenta do Brasil, Dilma Rousseff, representando significativo avanço para o estado

(continua)

(continuação)

democrático de direito do país.

4. Nesse contexto, informo à Vossa Excelência que protocolizei expediente de 14 de junho de 2012 (com treze páginas), no Comando da 4ª Região Militar (4ª RM) do Exército Brasileiro, requerendo por escrito acesso à informação daquele órgão público, rigorosamente conforme preconiza a "Lei de Acesso à Informação", o qual foi reiterado várias vezes, e até a presente data não me foi prestada a referida informação pública.

5. Ressalta-se, como agravante, que nesse caso em testilha ainda causa espécie e perplexidade que esteja sendo negado acesso a uma informação pública de natureza ostensiva e por demais elementar porquanto a informação pública por mim requerida e que me está sendo negada até a presente data refere-se simplesmente ao funcionamento do horário de expediente institucional daquele Grande Comando.

6. Nesse mesmo contexto, informo à Vossa Excelência que, em conseqüência, também fui indiciado em Inquérito Policial Militar (IPM - EB: 64316.015033/2012-25), instaurado pelo Comandante da 4ª Região Militar (4ª RM), General de Divisão Ilídio Gaspar Filho, acusando-me do cometimento de diversos crimes e transgressões disciplinares, absolutamente inexistentes.

7. Por importante, informo à Vossa Excelência que tais fatos não estão ocorrendo contra a minha pessoa por mero acaso ou coincidência, pois os mesmos decorrem não apenas da minha inarredável luta pelo respeito aos meus direitos constitucionais, mas principalmente por eu ser Diretor-presidente de Inteligência Operacional, combatendo implacavelmente a criminalidade organizada que governa os serviços secretos no Brasil, razão pela qual estou ameaçado de morte há vários anos.

8. Nesse mister, informo à Vossa Excelência que no pleno gozo e exercício do meu legítimo direito constitucional do contraditório e da ampla defesa, impetrei nos autos do IPM no qual sou indiciado, em 07 de novembro de 2012, expediente detalhado, com 327 (trezentos de vinte e sete) páginas, comprovando cabalmente minha total inocência e os ilícitos que denunciei, bem como apresentando ingentes clandestinidades perpetradas pela Direção-Geral daAgência Brasileira de Inteligência (ABIN) contra a minha pessoa e contra o estado brasileiro, com provas documentais e institucionais irrefutáveis, que constituem a genealogia das ameaças e retaliações que venho sofrendo e que também estão diretamente relacionadas aos envolvidos e às clandestinidades protagonizados pela ABIN na "Operação Satiagraha", a serem julgadas pelo eminente Supremo Tribunal Federal (STF).

9. Pelo exposto, por se tratar de escabrosa violação dos ditames constitucionais e sobre questões de relevância nacional de ingente gravidade da atual conjuntura, relativas ao desvirtuamento da atuação da ABIN, que são completamente desconhecidas pelos governantes e a sociedade brasileira, informo-vos que em obediência ao meu absoluto compromisso com a legalidade e a ética encaminhei também e tempestivamente o meu referido expediente à Vossa Excelência e às autoridades federais abaixo discriminadas, para o devido conhecimento, o que fiz oficialmente, em 07 de novembro de 2012, por intermédio do Comandante da 4ª Região Militar (4ª RM), General de Divisão Ilídio Gaspar Filho:

1) Presidente(a) da República

2) Presidente do Congresso Nacional

3) Presidente do Supremo Tribunal Federal

(continua)

(continuação)

---

4) Procurador-Geral da República do Ministério Público Federal

10. Renovando meus cumprimentos à Vossa Excelência, permaneço à vossa disposição na defesa dos princípios constitucionais e do estado democrático de direito vigente no país, como também para a rigorosa apuração dos fatos apresentados, em nome da verdade e da justiça.

Atenciosamente.

André Costa Soares.

Tenente Coronel R1 Exército Brasileiro

Diretor-presidente de Inteligência Operacional

presidente@inteligenciaoperacional.com

Confidencialidade: "A informação contida nesta mensagem de e-mail, incluindo quaisquer anexos, é confidencial e está reservada apenas à pessoa ou entidade para a qual foi endereçada. Se você não é o destinatário ou a pessoa responsável por encaminhar esta mensagem ao destinatário, você está, por meio desta, notificado que não deverá rever, retransmitir, imprimir, copiar, usar ou distribuir esta mensagem de e-mail ou quaisquer anexos. Caso você tenha recebido esta mensagem por engano, por favor, contate o remetente imediatamente e apague esta mensagem de seu computador ou de qualquer outro banco de dados. Muito obrigado."

Fonte: Arquivo pessoal.

From: Diretor-presidente de Inteligência Operacional
Sent: Tuesday, December 4, 2012 8:53 AM
To: gabminjoaquim@stf.jus.br ; Diretor-presidente de Inteligência Operacional
Subject: Clandestinidades patrocinadas pela Direção-Geral da Agência Brasileira de Inteligência (ABIN)

Belo Horizonte, 03 de dezembro de 2012

De: André Costa Soares - Tenente Coronel R1 Exército Brasileiro - Diretor-presidente de Inteligência Operacional

Ao: Excelentíssimo Senhor Ministro Joaquim Barbosa, Presidente do Supremo Tribunal Federal

Assuntos:

1) Violação do preceito constitucional da publicidade (Art 37º - Constituição da República Federativa do Brasil e <u>Lei nº 12.527, de 18 de novembro de 2011</u> - "Lei de Acesso à Informação")

2) **Clandestinidades patrocinadas pela Direção-Geral da** Agência Brasileira de Inteligência (ABIN)

1. Cumprimentando o Excelentíssimo Senhor Ministro Joaquim Barbosa, Presidente do Supremo Tribunal Federal e agradecendo a deferência de vossa atenção, encaminho-vos o presente expediente, sobre os "Assuntos", em epígrafe.

2. Informo-vos que sou André Costa Soares - Tenente Coronel R1 Exército Brasileiro - Diretor-presidente de Inteligência Operacional<u>www.inteligenciaoperacional.com</u> , autor de obras inéditas no Brasil sobre Inteligência de Estado e Inteligência Operacional, tendo integrado os principais serviços de inteligência do país.

3. Informo à Vossa Excelência que estou sendo vítima de inaceitável violação dos meus direitos constitucionais, especialmente quanto ao princípio da publicidade, em flagrante desrespeito ao ordenamento jurídico vigente, notadamente da <u>Lei nº 12.527, de 18 de novembro de 2011</u> ("Lei de Acesso à Informação"), primorosamente promulgada pelonobre empenho da Excelentíssima Senhora Presidenta do Brasil, Dilma Rousseff, representando significativo avanço para o estado democrático de direito do país.

(continua)

(continuação)

4. Nesse contexto, informo à Vossa Excelência que protocolizei expediente de 14 de junho de 2012 (com treze páginas), no Comando da 4ª Região Militar (4ª RM) do Exército Brasileiro, requerendo por escrito acesso à informação daquele órgão público, rigorosamente conforme preconiza a "Lei de Acesso à Informação", o qual foi reiterado várias vezes, e até a presente data não me foi prestada a referida informação pública.

5. Ressalta-se, como agravante, que nesse caso em testilha ainda causa espécie e perplexidade que esteja sendo negado acesso a uma informação pública de natureza ostensiva e por demais elementar porquanto a informação pública por mim requerida e que me está sendo negada até a presente data refere-se simplesmente ao funcionamento do horário de expediente institucional daquele Grande Comando.

6. Nesse mesmo contexto, informo à Vossa Excelência que, em conseqüência, também fui indiciado em Inquérito Policial Militar (IPM - EB: 64316.015033/2012-25), instaurado pelo Comandante da 4ª Região Militar (4ª RM), General de Divisão Ilídio Gaspar Filho, acusando-me do cometimento de diversos crimes e transgressões disciplinares, absolutamente inexistentes.

7. Por importante, informo à Vossa Excelência que tais fatos não estão ocorrendo contra a minha pessoa por mero acaso ou coincidência, pois os mesmos decorrem não apenas da minha inarredável luta pelo respeito aos meus direitos constitucionais, mas principalmente por eu ser Diretor-presidente de Inteligência Operacional, combatendo implacavelmente a criminalidade organizada que governa os serviços secretos no Brasil, razão pela qual estou ameaçado de morte há vários anos.

8. Nesse mister, informo à Vossa Excelência que no pleno gozo e exercício do meu legítimo direito constitucional do contraditório e da ampla defesa, impetrei nos autos do IPM no qual sou indiciado, em 07 de novembro de 2012, expediente detalhado, com 327 (trezentos e vinte e sete) páginas, comprovando cabalmente minha total inocência e os ilícitos que denunciei, bem como apresentando ingentes clandestinidades perpetradas pela Direção-Geral daAgência Brasileira de Inteligência (ABIN) contra a minha pessoa e contra o estado brasileiro, com provas documentais e institucionais irrefutáveis, que constituem a genealogia das ameaças e retaliações que venho sofrendo e que também estão diretamente relacionadas aos envolvidos e às clandestinidades protagonizados pela ABIN na "Operação Satiagraha", a serem julgadas pelo eminente Supremo Tribunal Federal (STF).

9. Pelo exposto, por se tratar de escabrosa violação dos ditames constitucionais e sobre questões de relevância nacional de ingente gravidade da atual conjuntura, relativas ao desvirtuamento da atuação da ABIN, que são completamente desconhecidas pelos governantes e a sociedade brasileira, informo-vos que em obediência ao meu absoluto compromisso com a legalidade e a ética encaminhei também e tempestivamente o meu referido expediente à Vossa Excelência e às autoridades federais abaixo discriminadas, para o devido conhecimento, o que fiz oficialmente, em 07 de novembro de 2012, por intermédio do Comandante da 4ª Região Militar (4ª RM), General de Divisão Ilídio Gaspar Filho:

    1) Presidente(a) da República

    2) Presidente do Congresso Nacional

    3) Presidente do Supremo Tribunal Federal

(continua)

(*continuação*)

4) Procurador-Geral da República do Ministério Público Federal

10. Renovando meus cumprimentos à Vossa Excelência, permaneço à vossa disposição na defesa dos princípios constitucionais e do estado democrático de direito vigente no país, como também para a rigorosa apuração dos fatos apresentados, em nome da verdade e da justiça.

Atenciosamente.

André Costa Soares.

Tenente Coronel R1 Exército Brasileiro

Diretor-presidente de Inteligência Operacional

presidente@inteligenciaoperacional.com

Confidencialidade: "A informação contida nesta mensagem de e-mail, incluindo quaisquer anexos, é confidencial e está reservada apenas à pessoa ou entidade para a qual foi endereçada. Se você não é o destinatário ou a pessoa responsável por encaminhar esta mensagem ao destinatário, você está, por meio desta, notificado que não deverá rever, retransmitir, imprimir, copiar, usar ou distribuir esta mensagem de e-mail ou quaisquer anexos. Caso você tenha recebido esta mensagem por engano, por favor, contate o remetente imediatamente e apague esta mensagem de seu computador ou de qualquer outro banco de dados. Muito obrigado."

Fonte: Arquivo pessoal.

From: Atendimento
Sent: Tuesday, December 4, 2012 2:43 PM
To: Diretor-presidente de Inteligência Operacional
Cc: Gabinete Ministro Joaquim Barbosa
Subject: RES: Clandestinidades patrocinadas pela Direção-Geral da Agência Brasileira de Inteligência (ABIN)

Prezado Senhor,

Informamos a Vossa Senhoria que sua mensagem foi encaminhada para o Gabinete do Eminente Ministro Joaquim Barbosa.

Atenciosamente,

Supremo Tribunal Federal

Secretaria Judiciária

Seção de Atendimento Não Presencial

☎ *(55-61) 3217-4465*

De: Diretor-presidente de Inteligência Operacional [mailto:presidente@inteligenciaoperacional.com]
Enviada em: terça-feira, 4 de dezembro de 2012 08:57
Para: Atendimento; Diretor-presidente de Inteligência Operacional
Assunto: Clandestinidades patrocinadas pela Direção-Geral da Agência Brasileira de Inteligência (ABIN)
Prioridade: Alta

(continua)

(*continuação*)

Belo Horizonte, 03 de dezembro de 2012

De: André Costa Soares - Tenente Coronel R1 Exército Brasileiro - Diretor-presidente de Inteligência Operacional

Ao: Excelentíssimo Senhor Ministro Joaquim Barbosa, Presidente do Supremo Tribunal Federal

Assuntos:

1) Violação do preceito constitucional da publicidade (Art 37º - Constituição da República Federativa do Brasil e <u>Lei nº 12.527, de 18 de novembro de 2011</u> - "Lei de Acesso à Informação")

2) Clandestinidades patrocinadas pela Direção-Geral da Agência Brasileira de Inteligência (ABIN)

1. Cumprimentando o Excelentíssimo Senhor Ministro Joaquim Barbosa, Presidente do Supremo Tribunal Federal e agradecendo a deferência de vossa atenção, encaminho-vos o presente expediente, sobre os "Assuntos", em epígrafe.

2. Informo-vos que sou André Costa Soares - Tenente Coronel R1 Exército Brasileiro - Diretor-presidente de Inteligência Operacional <u>www.inteligenciaoperacional.com</u> , autor de obras inéditas no Brasil sobre Inteligência de Estado e Inteligência Operacional, tendo integrado os principais serviços de inteligência do país.

3. Informo à Vossa Excelência que estou sendo vítima de inaceitável violação dos meus direitos constitucionais, especialmente quanto ao princípio da publicidade, em flagrante desrespeito ao ordenamento jurídico vigente, notadamente da <u>Lei nº 12.527, de 18 de novembro de 2011</u> ("Lei de Acesso à Informação"), primorosamente promulgada pelo nobre empenho daExcelentíssima Senhora Presidenta do Brasil, Dilma Rousseff,representando significativo avanço para o estado democrático de direito do país.

4. Nesse contexto, informo à Vossa Excelência que protocolizei expediente de 14 de junho de 2012 (com treze páginas), noComando da 4ª Região Militar (4ª RM) do Exército Brasileiro, requerendo por escrito acesso à infor mação daquele órgão público, rigorosamente conforme preconiza a "Lei de Acesso à Informação", o qual foi reiterado várias vezes, e até a presente data não me foi prestada a referida informação pública.

5. Ressalta-se, como agravante, que nesse caso em testilha ainda causa espécie e perplexidade que esteja sendo negado acesso a uma informação pública de natureza ostensiva e por demais elementar porquanto a informação pública por mim requerida e que me está sendo negada até a presente data refere-se simplesmente ao funcionamento do horário de expediente institucional daquele Grande Comando.

6. Nesse mesmo contexto, informo a Vossa Excelência que, em consequência, também fui indiciado em Inquérito Policial Militar (IPM - EB: 64316.015033/2012-25), instaurado pelo Comandante da 4ª Região Militar (4ª RM), General de Divisão Ilídio Gaspar Filho, acusando-me do cometimento de diversos crimes e transgressões disciplinares, absolutamente inexistentes.

7. Por importante, informo à Vossa Excelência que tais fatos não estão ocorrendo contra a minha pessoa por mero acaso ou coincidência, pois os mesmos decorrem não apenas da minha inarredável luta pelo respeito aos meus direitos constitucionais, mas principalmente por eu ser Diretor-presidente de Inteligência Operacional, combatendo implacavelmente a criminalidade organizada que governa os serviços secretos no Brasil, razão pela qual estou ameaçado de morte há vários anos.

8. Nesse mister, informo à Vossa Excelência que no pleno gozo e exercício do meu legítimo direito constitucional do

(*continua*)

(continuação)

contraditório e da ampla defesa, impetrei nos autos do IPM no qual sou indiciado, em 07 de novembro de 2012, expediente detalhado, com 327 (trezentos de vinte e sete) páginas, comprovando cabalmente minha total inocência e os ilícitos que denunciei, bem como apresentando ingentes clandestinidades perpetradas pela Direção-Geral da Agência Brasileira de Inteligência (ABIN) contra a minha pessoa e contra o estado brasileiro, com provas documentais e institucionais irrefutáveis, que constituem a genealogia das ameaças e retaliações que venho sofrendo e que também estão diretamente relacionadas aos envolvidos e às clandestinidades protagonizados pela ABIN na "Operação Satiagraha", a serem julgadas pelo eminente Supremo Tribunal Federal (STF).

9. Pelo exposto, por se tratar de escabrosa violação dos ditames constitucionais e sobre questões de relevância nacional de ingente gravidade da atual conjuntura, relativas ao desvirtuamento da atuação da ABIN, que são completamente desconhecidas pelos governantes e a sociedade brasileira, informo-vos que em obediência ao meu absoluto compromisso com a legalidade e a ética encaminhei também e tempestivamente o meu referido expediente à Vossa Excelência e às autoridades federais abaixo discriminadas, para o devido conhecimento, o que fiz oficialmente, em 07 de novembro de 2012, por intermédio do Comandante da 4ª Região Militar (4ª RM), General de Divisão Ilídio Gaspar Filho:

1) Presidente(a) da República

2) Presidente do Congresso Nacional

3) Presidente do Supremo Tribunal Federal

4) Procurador-Geral da República do Ministério Público Federal

10. Renovando meus cumprimentos à Vossa Excelência, permaneço à vossa disposição na defesa dos princípios constitucionais e do estado democrático de direito vigente no país, como também para a rigorosa apuração dos fatos apresentados, em nome da verdade e da justiça.

Atenciosamente.

André Costa Soares.

Tenente Coronel R1 Exército Brasileiro

Diretor-presidente de Inteligência Operacional

presidente@inteligenciaoperacional.com

Confidencialidade: "A informação contida nesta mensagem de e-mail, incluindo quaisquer anexos, é

(continua)

(*continuação*)

confidencial e está reservada apenas à pessoa ou entidade para a qual foi endereçada. Se você não é o destinatário ou a pessoa responsável por encaminhar esta mensagem ao destinatário, você está, por meio desta, notificado que não deverá rever, retransmitir, imprimir, copiar, usar ou distribuir esta mensagem de e-mail ou quaisquer anexos. Caso você tenha recebido esta mensagem por engano, por favor, contate o remetente imediatamente e apague esta mensagem de seu computador ou de qualquer outro banco de dados. Muito obrigado."

Fonte: Arquivo pessoal.

From: nao_responda@stf.jus.br
Sent: Tuesday, December 4, 2012 6:55 PM
To: presidente@inteligenciaoperacional.com
Subject: Central do Cidadão - Resposta

Protocolo de nº **144057**

Ao Senhor

ANDRÉ COSTA SOARES

De ordem de Sua Excelência o Senhor Ministro Joaquim Barbosa, Presidente do Supremo Tribunal Federal, confirmamos o recebimento da sua mensagem.

Relativamente a sua mensagem, permitimo-nos esclarecer a Vossa Senhoria que o Supremo Tribunal Federal - STF somente pode atuar nos processos da sua compe tência, definida no art. 102 da Constituição da República, que estejam em tramitação neste Tribunal.

Em relação à denominada Operação Satiagraha, esclarecemos que as ações penais n. 0009002-75.2008.4.03.6181 e n. 0010136-40.2008.4.03.6181 tramitam na 6ª Vara Federal Criminal Especializada em Crimes Financeiros e Lavagem de Dinheiro da 1ª Subseção Judiciária da Seção Judiciária de São Paulo, que integra a 3ª Região da Justiça Federal.

Assim, qualquer informação que Vossa Senhoria julgue relevante para o deslinde da causa deve ser prestada àquele juízo.

Atenciosamente,

Supremo Tribunal Federal
Secretaria Geral da Presidência
Central do Cidadão
Edifício Anexo II - Térreo - Sala C-011 - Brasília (DF) - 70175-900

Nome: ANDRÉ COSTA SOARES

Recebido em: 3 de Dezembro de 2012

Cumprimentando o Excelentíssimo Senhor Ministro Joaquim Barbosa, Presidente do Supremo Tribunal Federal, agradeço-vos a tempestividade da resposta ao meu expediente encaminhado pelo Protocolo de nº 143967.

Nesse mister, esclareço que o principal propósito do meu referido encaminhamento (Protocolo de nº 143967) foi o de informar ao eminente STF sobre o expediente que arrolei aos autos do Inquérito Policial Militar (IPM - EB: 64316.015033/2012-25), em 07 de novembro de 2012, comprovando com provas documentais clandestinidades perpetradas pela Direção-Geral da ABIN

(continua)

(*continuação*)

contra o estado e que são a genealogia dos ilícitos protagonizados pela ABIN na "Operação Satiagraha", as quais estão diretamente relacionadas aos seus principais envolvidos.

Nesse contexto e considerando que a participação da ABIN na "Operação Satiagraha" está em tramitação no eminen te STF para ser julgada brevemente em última instância, info! rmo que meu principal objetivo foi o de informar tempestivamente a este insigne Tribunal sobre a existência dessas ingentes provas documentais que tenho conhecimento e estão sob minha custódia, as quais são essenciais para a melhor elucidação dos fatos ocorridos e à devida promoção da justiça.

Por conseguinte, solicito portanto a gentileza de informar como proceder para levar essas importantes provas ao conhecimento oficial desse o eminente Tribunal e da Justiça brasileira.

Atenciosamente.

André Costa Soares.

Diretor-presidente de Inteligência Operacional

Este é um e-mail automático. Por favor, não responda.
Para entrar em contato, utilize o Formulário Eletrônico do serviço "Central do Cidadão" situado no endereçohttp://www.stf.ius.br/portal/centralCidadao/mensagem.asp
Este é um serviço meramente informativo, não tendo, portanto, cunho oficial.

Fonte: Arquivo pessoal.

From: nao_responda@stf.ius.br
Sent: Monday, December 3, 2012 3:22 PM
To: presidente@inteligenciaoperacional.com
Subject: Central do Cidadão - Confirmação de Envio do Relato Nº 143967

Prezado (a) Senhor (a) ANDRÉ COSTA SOARES,

Sua Mensagem foi recebida pela Central do Cidadão e registrada sob o nº: 143967.

Mensagem: 1. Cumprimentando o Excelentíssimo Senhor Ministro Joaquim Barbosa, Presidente do Supremo Tribunal Federal, encaminho-vos o presente expediente, sobre os seguintes assuntos: a) Violação do preceito constitucional da publicidade (Art 37º - Constituição da República Federativa do Brasil e Lei nº 12.527, de 18 de novembro de 2011 - "Lei de Acesso à Informação") b) Clandestinidades patrocinadas pela Direção-Geral da Agência Brasileira de Inteligência (ABIN) 2. Informo-vos que sou André Costa Soares - Tenente Coronel R1 Exército Brasileiro - Diretor-presidente de Inteligência Operacional www.inteligenciaoperacional.com , tendo integrado os principais serviços de inteligência do país. 3. Informo-vos que estou sendo vítima de inaceitável violação dos meus direitos constitucionais, especialmente quanto ao princípio da publicidade, em flagrante desrespeito ao ordenamento jurídico vigente, notadamente da Lei nº 12.527, de 18 de novembro de 2011. 4. Nesse contexto, informo-vos que protocolizei expediente de 14 de junho de 2012, no Comando da 4ª Região Militar (4ª RM) do Exército Brasileiro, requerendo acesso à informação daquele órgão público, rigorosamente conforme preconiza a "Lei de Acesso à Informação", o qual foi reiterado várias vezes, e até a presente data não me foi prestada a referida informação pública. 5. Nesse mesmo contexto, informo-vos que, em conseqüência, fui indiciado em Inquérito Policial Militar (IPM - EB: 64316.015033/2012-25), instaurado pelo Comandante da 4ª RM, General de Divisão Ilídio Gaspar Filho, acusando-me do cometimento de diversos crimes e transgressões disciplinares, absolutamente inexistentes. 6. Por importante, informo-vos que tais fatos que estão ocorrendo contra a minha pessoa decorrem não apenas da minha inarredável luta pelo respeito aos meus direitos constitucionais, mas principalmente por eu ser Diretor-presidente de Inteligência Operacional, combatendo implacavelmente a criminalidade que governa os serviços secretos no Brasil, razão pela qual estou ameaçado de morte há vários anos. 7. Nesse mister, informo-vos que no pleno gozo do meu legítimo direito constitucional do contraditório e da ampla defesa, impetrei nos autos do IPM, em 07 de novembro de 2012, expediente detalhado, com 327 (trezentos de vinte e sete) páginas, comprovando cabalmente minha total inocência e os ilícitos que denunciei, bem como apresentando clandestinidades perpetradas pela Direção-Geral da ABIN contra a minha pessoa e contra o estado brasileiro, com provas documentais irrefutáveis, que são a genealogia das ameaças que venho sofrendo e das clandestinidades protagonizados pela ABIN na "Operação Satiagraha", a serem julgadas pelo eminente Supremo Tribunal Federal (STF). 8. Por se tratar de escabrosa violação dos ditames constitucionais e questões de ingente gravidade relativas ao desvirtuamento da ABIN, informo-vos que em obediência à legalidade e à ética encaminhei o meu referido expediente à Vossa Excelência e às autoridades federais a seguir, o que fiz oficialmente, em 07 de novembro de 2012, por intermédio do Comandante da 4ª RM: Presidente(a) da República, Presidente do Congresso Nacional, Presidente do Supremo Tribunal Federal, Procurador-Geral da República do Ministério Público Federal. 9. Permaneço à vossa disposição na defesa dos princípios constitucionais, como também para a rigorosa apuração dos fatos apresentados, em nome da verdade e da justiça. Atenciosamente. André Costa Soares. Diretor-presidente de Inteligência Operacional

Responderemos em breve.

Atenciosamente,
Supremo Tribunal Federal
Edifício Anexo II, Térreo, Sala C 011
Brasília (DF) - CEP: 70175-900

Fonte: Arquivo pessoal.

From: nao_responda@stf.jus.br
Sent: Monday, December 3, 2012 4:50 PM
To: presidente@inteligenciaoperacional.com
Subject: Central do Cidadão - Resposta

Protocolo de nº **143967**

Ao Senhor

ANDRÉ COSTA SOARES

Prezado(a) Senhor(a),

Relativamente à solicitação de Vossa Senhoria, permitimo-nos apresentar alguns esclarecimentos.

O artigo 5º, inciso XXXV, da Constituição da República, garante a todo cidadão o direito de buscar o Poder Judiciário, quando verificada lesão ou ameaça a direito. O ac esso à Justiça, entretanto, deve ser necessariamente intermediado por advogado legalmente constituído, exceto nos casos expressos em lei, a exemplo do pedido de habeas corpus e dos processos da competência dos Juizados Especiais (Leis nºs 9.099/05 e 10.259/01).

Assim, sugerimos a Vossa Senhoria que consulte um advogado ou entre em contato com a Defensoria Pública do seu Estado, ou, ainda, com os núcleos jurídicos das faculdades de Direito mais próximos, para que possam melhor avaliar as possibilidades jurídicas do seu pleito.

Salientamos que o Supremo Tribunal Federal somente pode atuar nos processos que sejam da sua competência, definida no art. 102 da Constituição da República, e estejam devidamente autuados e em tramitação neste Tribunal.

A Central do Cidadão agradece o seu contato, em nome de Sua Excelência o Senhor Ministro Joa quim Barbosa, Presidente do Supremo Tribunal Federal. Atenciosamente,

Supremo Tribunal Federal
Secretaria Geral da Presidência
Central do Cidadão
Edifício Anexo II - Térreo - Sala C-011 - Brasília (DF) - 70175-900

Nome: ANDRÉ COSTA SOARES

Recebido em: 3 de Dezembro de 2012

1. Cumprimentando o Excelentíssimo Senhor Ministro Joaquim Barbosa, Presidente do Supremo Tribunal Federal, encaminho-vos o presente expediente, sobre os seguintes assuntos:

a) Violação do preceito constitucional da publicidade (Art 37º - Constituição da República

(continua)

(continuação)

Federativa do Brasil e Lei nº 12.527, de 18 de novembro de 2011 - "Lei de Acesso à Informação")

b) Clandestinidades patrocinadas pela Direção-Geral da Agência Brasileira de Inteligência (ABIN) 2. Informo-vos que sou André Costa Soares - Tenente Cor! onel R1 Exército Brasileiro - Diretor-presidente de Inteligência Operacional www.inteligenciaoperacional.com , tendo integrado os principais serviços de inteligência do país.

3. Informo-vos que estou sendo vítima de inaceitável violação dos meus direitos constitucionais, especialmente quanto ao princípio da publicidade, em flagrante desrespeito ao ordenamento jurídico vigente, notadamente da Lei nº 12.527, de 18 de novembro de 2011.

4. Nesse contexto, informo-vos que protocolizei expediente de 14 de junho de 2012, no Comando da 4ª Região Militar (4ª RM) do Exército Brasileiro, requerendo acesso à informação daquele órgão público, rigorosamente conforme preconiza a "Lei de Acesso à Informação", o qual foi reiterado várias vezes, e até a presente data não me foi prestada a referida informação pública.

5. Nesse mesmo contexto, informo-vo s que, em consequência, fui indiciado em Inquérito Policial Militar (IPM - EB: 64316.015033/2012-25), instaurado pelo Comandante da 4ª RM, General de Divisão Ilídio Gaspar Filho, acusando-me do cometimento de diversos crimes e transgressões disciplinares, absolutamente inexistentes.

6. Por importante, informo-vos que tais fatos que estão ocorrendo contra a minha pessoa decorrem não apenas da minha inarredável luta pelo respeito aos meus direitos constitucionais, mas principalmente por eu ser Diretor-presidente de Inteligência Operacional, combatendo implacavelmente a criminalidade que governa os serviços secretos no Brasil, razão pela qual estou ameaçado de morte há vários anos.

7. Nesse mister, informo-vos que no pleno gozo do meu legítimo direito constitucional do contraditório e da ampla defesa, impetrei nos autos do IPM, em 07 de novembro de 2012, expediente detalhado, co m 327 (trezentos de vinte e sete) páginas, comprovando cabal! mente mi nha total inocência e os ilícitos que denunciei, bem como apresentando clandestinidades perpetradas pela Direção-Geral da ABIN contra a minha pessoa e contra o estado brasileiro, com provas documentais irrefutáveis, que são a genealogia das ameaças que venho sofrendo e das clandestinidades protagonizados pela ABIN na "Operação Satiagraha", a serem julgadas pelo eminente Supremo Tribunal Federal (STF).

8. Por se tratar de escabrosa violação dos ditames constitucionais e questões de ingente gravidade relativas ao desvirtuamento da ABIN, informo-vos que em obediência à legalidade e à ética encaminhei o meu referido expediente à Vossa Excelência e às autoridades federais a seguir, o que fiz oficialmente, em 07 de novembro de 2012, por intermédio do Comandante da 4ª RM: Presidente(a) da República, Presidente do Congresso Nacional, Presidente do Supremo Tribunal Federal, Procurador-Geral da República do Ministério Público Federal.

9. Permaneço à vossa disposição na defesa dos princípios constitucionais, como também para a rigorosa apuração dos fatos apresentados, em nome da verdade e da Justiça.

Atenciosamente.

André Costa Soares.

(continua)

(continuação)

Diretor-presidente de Inteligência Operacional

Este é um e-mail automático. Por favor, não responda.
Para entrar em contato, utilize o Formulário Eletrônico do serviço "Central do Cidadão" situado no endereço
http://www.stf.jus.br/portal/centralCidadao/mensagem.asp
Este é um serviço meramente informativo, não tendo, portanto, cunho oficial.

Fonte: Arquivo pessoal.

From: infoap@planalto.gov.br
Sent: Tuesday, December 18, 2012 1:27 PM
To: presidente@inteligenciaoperacional.com
Subject: Resposta da Presidência

Prezado Senhor,

A Presidenta Dilma Rousseff encarregou-nos de confirmar o recebimento de sua mensagem e de informar sobre o encaminhamento ao setor competente para análise e eventuais providências.

Cordialmente,

Claudio Soares Rocha

Diretoria de Documentação Histórica

Gabinete Pessoal da Presidenta da República

Atenção!

Não responda essa mensagem eletrônica. Esse endereço não é válido. Caso necessite outro contato, poderá fazê-lo na página http://www.planalto.gov.br, clicando na opção 'fale conosco'.

Fonte: Arquivo pessoal.

Por ser da maior importância, destaco em especial a resposta pessoal da Presidente da República, Dilma Rousseff, exarada por intermédio do seu Gabinete Pessoal e subscrita por Cláudio Soares Rocha, da Diretoria de Documentação Histórica, na qual está claro que ela tomou conhecimento dos fatos e se comprometeu a tomar as providências cabíveis.

A partir da expedição desses documentos aos governantes máximos do país, o IPM contra o Tenente-coronel André Soares foi arquivado definitivamente pela Justiça Militar, que em sua decisão final concluiu não haver cometimento de qualquer ilicitude de minha parte.

Considerações finais

1. Até onde eu sei, nem a Presidente da República, Dilma Rousseff, nem qualquer dos demais governantes máximos do país assinalados, tomou qualquer providência efetiva sobre os graves fatos que denunciei, novamente, em 2012, no "documento-bomba".

2. Sabem qual foi a informação pública que requeri, por escrito, no expediente de 14 de junho de 2012, ao Comando da 4ª Região Militar do Exército Brasileiro? Qual era o horário de funcionamento do expediente do posto de saúde daquele Grande Comando. Vejam o que, sobre isso, prescreve a "Lei de Acesso à Informação" (Lei nº 12.527, de 18 de novembro de 2011):

    Art. 8º É dever dos órgãos e entidades públicas promover, independentemente de requerimentos, a divulgação em local de fácil acesso, no âmbito de suas competências, de informações de interesse coletivo ou geral por eles produzidas ou custodiadas.

    § 1º Na divulgação das informações a que se refere o caput, deverão constar, no mínimo:

    I – registro das competências e estrutura organizacional, endereços e telefones das respectivas unidades e horários de atendimento ao público;

    ART. 11. § 1º Não sendo possível conceder o acesso imediato, na forma disposta no caput, o órgão ou entidade que receber o pedido deverá, em prazo não superior a 20 (vinte) dias:

I – comunicar a data, local e modo para se realizar a consulta, efetuar a reprodução ou obter a certidão;

§ 2º O prazo referido no § 1º poderá ser prorrogado por mais 10 (dez) dias, mediante justificativa expressa, da qual será cientificado o requerente.

Art. 32. Constituem condutas ilícitas que ensejam responsabilidade do agente público ou militar:

I – recusar-se a fornecer informação requerida nos termos desta Lei, retardar deliberadamente o seu fornecimento ou fornecê-la intencionalmente de forma incorreta, incompleta ou imprecisa;

III – agir com dolo ou má-fé na análise das solicitações de acesso à informação;

Até a publicação deste livro, decorridos quase três anos de meu expediente por escrito, requerendo acesso à informação sobre o horário de funcionamento do expediente do posto de saúde do Comando da 4ª Região Militar do Exército Brasileiro, ainda não recebi resposta oficial daquele Grande Comando.

Com a palavra a Presidente da República, Dilma Rousseff, Comandante-em-chefe das Forças Armadas, que se empenhou pessoalmente na promulgação da "Lei de Acesso à Informação" (Lei nº 12.527, de 18 de novembro de 2011).

Distorcendo a revista *Veja* para me incriminarem

Após a publicação pela revista *Veja*, em 09 de setembro de 2013, da matéria intitulada Liberdade sob ataque, sobre a Operação Mídia, houve dois desdobramentos jurídicos: inquérito na Polícia Federal, no qual estou indiciado, acusado de suposto vazamento de informação sigilosa; inquérito no Ministério Público Federal, no qual a ABIN é investigada por suposta violação à liberdade de imprensa, perpetrada pela agência por meio da Operação Mídia, que teria sido deflagrada para espionar jornalistas e donos de empresas jornalísticas.

Esse duelo decidirá o futuro da inteligência e do Estado Democrático de Direito no Brasil, por se tratar de uma oportunidade histórica para o país abrir a invencível caixa-preta dos serviços secretos nacionais, que vilipendiam há décadas a Constituição Federal e os princípios democráticos no Brasil.

A repercussão da matéria da *Veja* foi avassaladora, com o impacto de terremoto no âmbito da ABIN, porque "nunca antes na história desse país" havia sido divulgado um documento oficial da agência, relatando ilicitudes. A atual Direção-Geral da ABIN deveria ter feito o que a Direção-Geral da ABIN, em 2004, não fez, quando eu denunciei à direção da agência e à Presidência da República, as ilicitudes referentes à Operação Mídia. Ou seja, deveria ter instaurado inquérito policial para apurar as responsabilidades pelo cometimento das clandestinidades e demais providências cabíveis.

É primordial ressaltar a constituição da atual Direção-Geral da ABIN:

- Diretor-Geral, Wilson Roberto Trezza.
- Diretor-Geral Adjunto, Ronaldo Martins Belham – que, conforme relatei anteriormente:

    1. Era, há época dos fatos, o Diretor do Departamento de Contrainteligência e um dos principais envolvidos, juntamente com o Coordenador de Contraespionagem, coronel João Noronha Neto.
    2. É o dirigente todo-poderoso da ABIN, filho do General José Antônio Nogueira Belham, que era o chefe do Destacamento de Operações de Informações – Centro de Operações de Defesa Interna (DOI-Codi), no Rio de Janeiro, durante a ditadura militar, na época em que o ex-deputado federal Rubens Paiva foi assassinado, após ser preso e levado para o departamento.

É impossível que a atual Direção-Geral da ABIN apure as responsabilidades. Até porque desvelar a verdade que está por trás da Operação Mídia significaria implodir a ABIN, definitivamente.

A repercussão da matéria da *Veja* foi, nacionalmente, tão negativa para a ABIN que sua Direção-Geral, pressionada por todos os lados, (inclusive por seu próprio quadro interno), viu-se obrigada a tomar alguma providência e, assim, assegurar sua própria sobrevivência. Mas, em meio aquele desespero, a atual Direção-Geral da ABIN fez justamente o que uma instituição de estado jamais pode fazer: mentir ao estado brasileiro, e não foi primeira vez.

Revelarei agora o festival de mentiras da atual Direção-Geral da ABIN, no inquérito da polícia federal, visando a induzir a erro a Polícia Federal, o Ministério Público Federal e a Justiça Federal.

O Diretor-Geral da ABIN, Wilson Roberto Trezza, encaminhou o Ofício Nr 290/ABIN/GSIPR, de 17 de dezembro de 2013, ao Delegado de Polícia Federal – Superintendente Regional do Distrito Federal, Marcelo Mosele, acusando-me de repassar à revista *Veja* documentos sigilosos da agência, que foram publicados na matéria "Liberdade sob ataque".

Em consequência, em 20 de janeiro de 2014, o Delegado de Polícia Federal, Alceu Mertens, instaurou Inquérito Policial IPL Nr 0094/2014-4 – SR/DPF/DF, indiciando-me. O que mais impressiona e chama a atenção nesse inquérito é o festival de mentiras da Direção-Geral da ABIN que foram, dolosamente, arroladas.

Mentiras facilmente identificadas por qualquer simples mortal. Quando do meu depoimento à polícia federal, em 04 de setembro de 2014, fiz questão de assinalar ao delegado responsável, pontualmente, cada uma das inverdades perpetradas nos autos pela Direção-Geral da ABIN. Decorrido quase um ano de investigação, as mesmas ainda não haviam sido desveladas.

Vamos, então, começar pelo ilícito que a ABIN me acusa, de repassar à revista *Veja* documentos sigilosos da agência, que foram publicados na matéria "Liberdade sob ataque".

Então, eu pergunto: Que ilícito? Não existe absolutamente qualquer ilícito de minha parte. Porém, a Polícia Federal, o Ministério Público Federal e a Justiça Federal dirão em uníssono: a Direção-Geral da ABIN afirma, em seu expediente, arrolado aos autos do inquérito, que o documento publicado pela revista *Veja* na matéria "Liberdade sob ataque" é sigiloso.

Eu afirmo que isso é uma deslavada mentira: porque foi omitido dolosamente pela direção da agência o fato de que o documento, a que a revista *Veja* teve acesso por fonte(s) que desconheço, (e que foi referenciado na matéria "Liberdade sob ataque") não está sob classificação sigilosa. Isso pode ser comprovado facilmente, por qualquer pessoa, na própria matéria da *Veja*.

Como ninguém atentou para isso no inquérito? Mas as mentiras da Direção-Geral da ABIN nos autos do inquérito não param aí. Tem muito mais e estão, devidamente, assinaladas nos autos do inquérito da Polícia Federal, em oito páginas de meu expediente por escrito.

Destaco, agora, um detalhe crucial do inquérito da Polícia Federal que chama a atenção e representa uma reviravolta extraordinária nas apurações das clandestinidades cometidas pela Direção-Geral da ABIN, não apenas na Operação Mídia. Porque a história se repete: "tal pai, tal filho".

Estou me referindo ao General José Antônio Nogueira Belham, que foi chefe do DOI-Codi no Rio de Janeiro, que é o pai do Diretor-Geral Adjunto, Ronaldo Martins Belham, o todo-poderoso dirigente da ABIN.

A Comissão Nacional da Verdade (CNV) conseguiu, em seu relatório final, chegar ao envolvimento do general Belham na morte do ex-deputado paulista Rubens Paiva, que teria ocorrido em 1971, apenas por uma única e preciosa informação que, curiosamente, foi prestada à CNV pelo próprio general Belham. Este, ao entregar voluntariamente suas alterações militares, para comprovar o álibi de que estava de férias no período da morte de Rubens Paiva, comprovou também por meio deste mesmo documento que também foi requisitado excepcionalmente naquele mesmo período.

"Como o mundo dá voltas!" Qual foi o documento que a Direção--Geral da ABIN arrolou aos autos do inquérito da Polícia Federal, constante do "anexo E" do seu expediente, afirmando falsamente ser o documento da ABIN que foi referenciado na matéria "Liberdade sob ataque", publicada pela revista *Veja*?

Resposta: o documento que eu protocolei diretamente ao então Diretor do Departamento de Contrainteligência, Ronaldo Martins Belham, participando-lhe oficialmente as clandestinidades da Operação Mídia, em 2004, que eu lhe denunciei inclusive pessoalmente, como relatei anteriormente.

Vejam o referido documento a seguir.

AGÊNCIA BRASILEIRA DE INTELIGÊNCIA
DEPARTAMENTO DE CONTRA-INTELIGÊNCIA
COORDENAÇÃO-GERAL DE CONTRA-ESPIONAGEM E ANÁLISE DO TERRORISMO
COORDENAÇÃO DE CONTRA-ESPIONAGEM

Parte S/Nr, de 25 de junho de 2004

    Do: Tenente Coronel EB André Costa Soares
    Ao: Diretor do Departamento de Contra-Inteligência
    Assunto: 1) Determinação do Coordenador de Contra-Espionagem a este oficial
           2) Procedimentos da ABIN relativos ao estabelecimento de Contato Pessoal com
           informante
    Referência: 1) Lei Nr 9883, de 07 de dezembro de 1999
           2) Portaria Nr 19/ CH/GSIPR, de 1 de julho de 2003 - Regimento Interno da
           ABIN
           3) Decreto Nº 4.081, de 11 de Janeiro de 2002
    Anexo: Documento da Coordenação de Contra-Espionagem – "Operação Mídia"

    "A ABIN é o órgão da Presidência da República, que, na posição de órgão central do Sistema Brasileiro de Inteligência (SISBIN), tem a seu cargo planejar, executar, coordenar, supervisionar e controlar as atividades de inteligência do País, obedecidas à política e às diretrizes superiormente traçadas nos termos da Lei. Compete, ainda, a ABIN, entre outras, planejar e

Fonte: Arquivo pessoal.

Portanto, já está cabalmente provado nos autos do inquérito, inclusive com prova documental, produzida pela própria Direção-Geral da ABIN, que o atual Diretor-Geral Adjunto da ABIN, Ronaldo Martins Belham, foi oficializado por mim e tomou conhecimento em 2004 das clandestinidades da Operação Mídia que eu denunciara à presidência da república, Provado também está que ele, além de não tomar as devidas providências, fez tudo "desacontecer".

Por demais importante, como é do conhecimento da Polícia Federal, do Ministério Público e da Justiça, é imperioso ressaltar que o documento produzido por mim, datado de 25 de junho de 2004, com 06 (seis) páginas, dirigido ao Diretor-Geral da ABIN, refere-se precisamente ao previsto na Lei 12527, de 18 de novembro de 2011, "Lei de acesso à informação", e no Decreto 7724, de 17 de maio de 2012, que em seu artigo 41 enfatiza: "As informações ou documentos sobre condutas que impliquem violação dos direitos humanos praticada por agentes públicos ou a mando de autoridades públicas não poderão ser objeto de classificação em qualquer grau de sigilo nem ter seu acesso negado."

Ressalto ainda que, a Lei 12527, de 18 de novembro de 2011, "Lei de acesso à informação", em seu Art. 32 enfatiza que: "Constituem condutas ilícitas que ensejam responsabilidade do agente público ou militar: V – impor sigilo à informação para obter proveito pessoal ou de terceiro, ou para fins de ocultação de ato ilegal cometido por si ou por outrem".

Portanto, a verdade dos fatos é que o documento da ABIN referenciado na matéria "Liberdade sob ataque", da revista *Veja*, e que apresento na íntegra neste livro, não é sigiloso. Ressalta-se ainda que, por força da legislação vigente, o referido documento não poderia, sequer, ser objeto de classificação sigilosa, nem ter seu acesso negado, por versar sobre condutas que implicam violação dos direitos humanos praticada por dirigentes da ABIN contra a minha pessoa, visto que, conforme relatei no documento de 6 (seis) páginas protocolado, sofri retaliações e tive meu direito à vida e à liberdade ameaçados.

Mas estranhamente, o indiciado no inquérito sou eu.

Com a palavra a Polícia Federal, o Ministério Público Federal e a Justiça Federal

Agora chegamos à apoteose dessa investigação que é: "Onde está o documento da ABIN sobre a Operação Mídia que foi publicado pela *Veja?*" Porque, como eu já provei à Polícia Federal e também demonstro aqui, a Direção-Geral da ABIN arrolou falsamente outro documento, que eu encaminhei ao então Diretor do Departamento de Contrainteligência, Ronaldo Martins Belham, que não é documento verdadeiro que foi publicado pela *Veja*.

Por que a Direção-Geral da ABIN não arrolou aos autos do inquérito da Polícia Federal o documento verdadeiro sobre a Operação Mídia que foi publicado pela *Veja?*

Mais uma vez com a palavra a Polícia Federal, o Ministério Público Federal e a Justiça Federal

A seguir a íntegra do documento da ABIN sobre a Operação Mídia que foi publicado pela *Veja*.

AGÊNCIA BRASILEIRA DE INTELIGÊNCIA
DEPARTAMENTO DE CONTRA-INTELIGÊNCIA
COORDENAÇÃO-GERAL DE CONTRA-ESPIONAGEM E ANÁLISE DO TERRORISMO
COORDENAÇÃO DE CONTRA-ESPIONAGEM

Parte S/Nr, de 25 de junho de 2004

Do: Tenente Coronel EB André Costa Soares
À: Direção-Geral da Agência Brasileira de Inteligência
Assunto: Dispensa deste oficial - oficialização
Referência: 1) Lei Nr 9883, de 07 de dezembro de 1999
2) Portaria Nr 19/ CH/GSIPR, de 1 de julho de 2003 - Regimento Interno da ABIN
3) Decreto Nº 4.081, de 11 de Janeiro de 2002
Anexo: Documento da Coordenação de Contra-Espionagem – "Operação Mídia"

Em obediência aos princípios da Ética, da Moral, da Legalidade, da Justiça e da Lealdade, que norteiam o compromisso recíproco existente entre a ABIN/GSI/PR e seus servidores, dirijo-me a Vossa Excelência, com o intuito de apresentar-vos algumas considerações, relativas ao meu desempenho funcional na ABIN e à aplicação da Ordem Jurídica vigente, que rege a conduta de todos os seus integrantes.

"A ABIN é o órgão da Presidência da República, que, na posição de órgão central do Sistema Brasileiro de Inteligência (SISBIN), tem a seu cargo planejar, executar, coordenar, supervisionar e controlar as atividades de inteligência do País, obedecidas à política e às diretrizes superiormente traçadas nos termos da Lei. Compete, ainda, a ABIN, entre outras, planejar e executar a proteção de conhecimentos sensíveis, promover o desenvolvimento de recursos humanos, da doutrina de inteligência e o aprimoramento da atividade de inteligência (Lei Nr 9883, de 07 de dezembro de 1999); baixar atos normativos sobre a organização e o funcionamento da ABIN e aprovar manuais de normas, procedimentos e rotinas" (Portaria Nr 19/ CH/GSIPR, de 1 de julho de 2003 - Regimento Interno da ABIN).

A Inteligência é uma atividade especializada, cujo exercício na ABIN/GSI/PR exige profissionais competentes, com formação e experiência minuciosa, "exercendo-a com zelo, dedicação, observando as normas regulamentares e pautando-se pelos princípios da legalidade, impessoalidade, eficiência, moralidade e probidade" (Decreto Nº 4.081, de 11 de Janeiro de 2002 - Código de Conduta Ética dos Agentes Públicos em exercício na Presidência e Vice-Presidência da República).

Este oficial sente-se honrado pela distinção em ter sido designado para integrar os quadros da ABIN/GSI/PR, em especial para a trabalhar na atividade-fim, como analista de inteligência, responsável pela produção do conhecimento de Inteligência, função sensível da Instituição, na qual possuo experiência como instrutor e analista do Centro de Inteligência do Exército (EsIMEx/CIE/GabCmtEx).

Ao ser convidado e requisitado do CIE, este oficial comprometeu-se com o alto nível de profissionalismo desta instituição, com a excelência no desempenho funcional e com o zelo e cooperação na aplicação e aperfeiçoamento da doutrina de inteligência, a exemplo do que é realizado naquela Organização Militar do Exército Brasileiro.

A nomeação deste oficial para instrutor da Escola de Inteligência (ESINT) - responsável pela formação dos recursos humanos da ABIN e do SISBIN -, especialmente na Coordenação de Operações de Inteligência, representa o grato reconhecimento institucional para o desempenho da atividade de inteligência, particularmente na área de Operações de Inteligência, segmento mais sigiloso e comprometedor da atividade.

(continua)

(continuação)

Em obediência aos princípios acima referenciados, ciente da grande responsabilidade e do sentimento profissional dos servidores da ABIN, apresento-vos considerações importantes, que objetivam a cooperação e o aperfeiçoamento institucional, particularmente no contexto da atual conjuntura, em que a ABIN vem sofrendo exposição na mídia, sendo alvo de várias acusações desabonadoras, inclusive da ocorrência de ações atentatórias à moral, a ética e ao ordenamento jurídico vigente, patrocinadas por alguns de seus integrantes.

Em 04 de fevereiro de 2004, fui transferido pela Direção-Geral da ABIN, do Departamento de Inteligência (DI) para o Departamento de Contra-Inteligência (DCI), na Coordenação de Contra-Espionagem (CCE).

Em 18 de junho de 2004 (sexta-feira), por volta da 1730 horas, fui chamado pelo Coordenador de Contra-Espionagem (CCE), Cel João Noronha Neto a sua sala, o qual passou-me

O CCE disse haver agendado com a referida fonte um almoço num restaurante em Brasília, em 21 de junho de 2004 (segunda-feira) ao qual queria a presença deste oficial, juntamente com ele (Coordenador de Contra-Espionagem), por tratar-se de assuntos sobre terrorismo.

Ao término da conversa, este oficial voltou à questão apresentada e perguntou-lhe quem era a referida fonte. O CCE relutou em dizer. Após insistência deste oficial, o CCE disse, apenas, tratar-se de um jornalista, informante _____ que tinha acesso a setores do governo, recrutado e pago pela ABIN, que ele (CCE) havia trazido do CIE.

Em 21 de junho de 2004 (segunda-feira), por volta das 1030 horas, este oficial informou ao CCE que, por força de situação particular ocorrida no dia anterior, estava impedido de participar do referido almoço, pela imposição de um compromisso pessoal nesse horário. Após alguns minutos, o CCE chamou este oficial a sua sala e perguntou se poderia participar de almoço com a referida fonte no dia seguinte (22 de junho de 2004, terça-feira). Este oficial respondeu que, a princípio, não teria compromisso, mas que fazia ressalvas em participar desse almoço.

Perguntado quanto ao motivo, este oficial respondeu que pelo fato da fonte ser informante, recrutado e pago pela ABIN, tratava-se da aplicação da Técnica Operacional de Recrutamento, cujo trabalho deve ser realizado pelo segmento de Operações de Inteligência que, como o CCE sabia, no caso da ABIN, é responsabilidade do Departamento de Operações de Inteligência (DOINT).

Lembrei-lhe que este oficial estava designado na ABIN para o exercício da função de analista de inteligência, fora da área de Operações de Inteligência.

Como o CCE demonstrou contrariedade, recordei-lhe que a doutrina de inteligência preconiza, no Recrutamento Operacional, a função do Recrutador e do Controlador, os quais são aqueles que têm ligação com o recrutado, sendo o estabelecimento de contato pessoal realizado, especialmente, pelo Recrutador.

Em resposta, o CCE disse já haver levado várias pessoas para almoçar com o referido informante, inclusive oficiais do CIE.

Este oficial, então, sugeriu ao CCE contatar o referido informante dentro de instalações da ABIN; proposta que foi considerada absurda pelo CCE, por tratar-se justamente de um informante. Este oficial argumentou então que, se o próprio CCE reconhecia a vulnerabilidade do estabelecimento de contato pessoal com o informante, recrutado e pago pela ABIN, dentro da própria ABIN, situação muito mais grave seria o estabelecimento desse contato em restaurante, em Brasília (local público e ostensivo), com as pessoas do Coordenador de Contra-Espionagem e de um analista de Contra-Espionagem da ABIN.

Este oficial perguntou, então, por maiores informações sobre o informante como o seu nome, onde trabalha, etc. O CCE respondeu que não interessava saber. Este oficial lembrou o CCE que a conjuntura institucional que a ABIN estava vivendo era delicada e não recomendava a

(continua)

(continuação)

realização de qualquer ação cuja vulnerabilidade pudesse gerar comprometimento. Este oficial, também, lembrou o CCE da realização de sindicância no GSI, investigando situação idêntica a que ele estava determinando a mim, cujos indiciados eram o Diretor do DOINT e um Coordenador-Geral do mesmo departamento.

Como o CCE insistia em contar com a presença deste oficial no citado almoço, disse-lhe que, em se tratando de determinação institucional, seria conveniente a sua oficialização. O CCE respondeu que a oficialização de determinação institucional era a sua ordem verbal. Este oficial, então, solicitou-a por escrito. O CCE disse que na ABIN não se trabalha assim e, a partir desse momento, passou a fazer considerações pejorativas da pessoa deste oficial e do seu desempenho profissional na ABIN e no Exército. Afirmou, entre outras, que expulsaria este oficial da ABIN, não permitiria o seu retorno para o CIE, providenciaria para que fosse contra-indicado para o Sistema de Inteligência do Exército (SIEx) e prejudicaria minha carreira militar. Este oficial perguntou ao CCE se ele o estava ameaçando e o CCE respondeu que sim.

Este oficial perguntou ao CCE o porquê de toda aquela exacerbação, uma vez que ele (CCE) considerava tratar-se apenas de um simples almoço. O CCE respondeu que havia ficado nervoso, ao que este oficial lembrou-lhe da necessidade de controle emocional. Em seguida, o CCE passou a fazer menções à amizade que tinha por este oficial, desde os tempos do CIE.

Como o CCE não atendeu a solicitação deste oficial de oficializar por escrito a sua ordem verbal, reafirmei-lhe o meu compromisso em cumprir determinações institucionais da ABIN, por constituir-se dever de todos os servidores. Este oficial comunicou ao CCE que seguiria a cadeia hierárquica institucional e participaria os fatos ao Diretor do DCI, Ronaldo Martins Belham, (uma vez que o Coordenador-Geral de Contra-Espionagem e Análise do Terrorismo Internacional (CGCET), Carlos Marino Cabral Calvano, estava afastado da função, em viagem, por motivo particular).

Este oficial dirigiu-se imediatamente à sala do Diretor do DCI, encontrando-o no corredor. Na oportunidade, solicitei audiência para tratar de assunto importante e o Diretor do DCI disse que me receberia no início da tarde. Em 21 de junho de 2004, por volta das 1430 horas, fui recebido pelo Diretor do DCI, Ronaldo Martins Belham, a quem relatei os fatos acima. O Diretor do DCI não fez esclarecimento algum a este oficial. Quanto ao fato da determinação do CCE constituir determinação institucional da ABIN, o Diretor do DCI também nada esclareceu. O Diretor do DCI disse a este oficial que aguardasse e, caso desejasse, relatasse o caso por escrito.

Em 24 de junho de 2004 (quinta-feira), por volta das 1430 horas, o Diretor do DCI informou este oficial que o mesmo estava desligado da ABIN. Disse tratar-se de decisão da Direção-Geral da ABIN, juntamente com o GSI.

O Departamento de Contra-Inteligência (DCI) possui a Coordenação-Geral de Contra-Espionagem e Análise do Terrorismo Internacional (CGCET). Esta, por sua vez, possui duas coordenações: a Coordenação de Contra-Espionagem e a Coordenação de Análise do Terrorismo Internacional. Este oficial está designado no DCI na Coordenação de Contra-Espionagem (CCE). Não procede, portanto, a alegação do CCE da necessidade da presença deste oficial no contato pessoal com o referido informante por tratar-se de temas ligados ao terrorismo, uma vez que este assunto, além de não ser especialidade e competência deste oficial, é atribuição da Coordenação de Análise do Terrorismo Internacional, que não é a coordenação deste oficial (Coordenação de Contra-Espionagem).

Até 18 de junho de 2004, este oficial nada sabia sobre o informante em questão. As únicas informações prestadas pelo CCE foram feitas nesta data, dizendo tratar-se de um jornalista, informante, que tinha acesso a setores do governo, recrutado e pago pela Agência Brasileira de Inteligência (ABIN), que ele (CCE) havia trazido do Centro de Inteligência do Exército (CIE). Quando este oficial solicitou, em 21 de junho de 2004, maiores informações sobre o informante, o CCE disse que não interessava saber. Não foi informado, nem mesmo, a existência de relação com alguma operação oficial da ABIN.

(continua)

(continuação)

Cumpre destacar que a ABIN vem sofrendo exposição na mídia, sendo alvo de denúncias desabonadoras e situações constrangedoras, como as acusações de prostituir-se com serviços de inteligência estrangeiros, feita pelo ex-chefe do FBI no Brasil, Carlos Costa, (revista Carta Capital); como as circunstâncias da exoneração a pedido da Diretora-Geral; como as denúncias de espionagem no Palácio do Planalto, envolvendo o Diretor do Departamento de Operações de Inteligência (DOINT) e um Coordenador-Geral desse departamento (revista Veja) e pela sindicância sobre o caso, instaurada pelo Gabinete de Segurança Institucional (GSI).

Ressalta-se que a acusação escopo da sindicância do GSI, ainda não concluída, refere-se ao suposto envolvimento e ligação do Diretor do DOINT e de um Coordenador-Geral do DOINT com informante, jornalista, recrutado e pago pela ABIN, que estaria obtendo informações dentro do próprio Governo Federal, para fins políticos.

É evidente a semelhança da ação proposta pelo CCE a este oficial, com a que está sendo investigada pela sindicância em curso no GSI. Avaliando-se a essa questão, apenas sob o aspecto político-conjuntural, o contato pessoal com informante nas condições propostas a este oficial pelo CCE era, no mínimo, inoportuno. A sua consecução, sob a avaliação técnica de inteligência (como será descrita), caracteriza elevado grau de comprometimento da ABIN, cujo insucesso ou denúncia (a exemplo do caso em investigação) potencializaria graves conseqüências não apenas para a ABIN, mas também para o GSI e o Governo Federal.

Este oficial procurou minimizar o comprometimento da questão, propondo ao CCE que a realização desse contato pessoal ocorresse em instalações da ABIN. A exemplo dos principais serviços de inteligência, instalações para esse tipo de situação são previamente preparadas, tanto nas suas sedes, como no ambiente operacional, proporcionando, inclusive, economia de recursos. Apesar de não ser a situação concebida pelo CCE, ela proporciona elevado grau de segurança uma vez que possibilita total controle. Permite, também, a realização de entrevistas por longos períodos, realização de anotações, elucidação de dúvidas, trocas de material, pagamentos, etc.

Posteriormente, tomei conhecimento que o referido informante é da denominada "Operação Mídia". Esta operação, conforme documento do CCE (anexo), está em curso, em Brasília, com despesa para o DCI, não incluída no Plano Nacional de Contra-Espionagem (PNCE) e sob a responsabilidade do CCE, Cel João Noronha Neto, e Décio Carneiro dos Santos Neto.

A doutrina de inteligência, consagrada pelos principais serviços de inteligência, recomenda a segurança nos trabalhos com fontes humanas como princípio básico de CI. Sua aplicação está diretamente associada à necessidade de sigilo e compartimentação das ações.

Essas imposições de CI implicam na necessidade do emprego de Técnicas Operacionais de Inteligência no trabalho com fontes humanas, motivo pelo qual sua responsabilidade é dos segmentos de Operações de Inteligência dos serviços de inteligência. Na ABIN, este trabalho é realizado pela Coordenação-Geral de Fontes Humanas (CGFH) do DOINT, conforme prescrição do seu Regimento Interno - Art 37º (Portaria Nr 19/ CH/GSIPR, de 1 de julho de 2003): *"À Coordenação-Geral de Fontes Humanas (CGFH) compete gerenciar os processos de obtenção, treinamento e **controle** das fontes humanas para a Abin."*

Das várias técnicas operacionais empregadas nesse trabalho, destacam-se a Estória Cobertura (EC) e as Comunicações Sigilosas (COMSIG). A primeira objetiva, entre outras, a preservação da identidade do agente, o sigilo da operação e a salvaguarda da instituição e do País. A segunda objetiva proporcionar a troca de dados e materiais entre fontes e serviços de inteligência com segurança. Dos vários tipos de COMSIG, o Contato Pessoal é um dos mais eficientes, sendo, em contrapartida, o de maior vulnerabilidade, por expor a fonte e o agente, gerando elevado grau de comprometimento.

O controle de fontes humanas, realizado pelos segmentos operacionais, é exercido, entre outros, pelo trabalho do Controlador e do Recrutador. Este, normalmente sob Estória Cobertura, é quem estabelece, quando necessário, contato pessoal com suas fontes. Por imposições de CI,

(continua)

(continuação)

5/6

somente o Recrutador deve estabelecer contatos pessoais com suas fontes, não sendo usual, nem desejável, a presença de outras pessoas, salvo em situações excepcionais.

O estabelecimento de comunicação com o informante em questão, nesse caso, enseja o acionamento da CGFH/DOINT e o emprego de outras formas de COMSIG, em lugar do contato pessoal. A situação determinada pelo CCE ainda é agravada pelo fato de realizar-se em local público, ostensivo, em Brasília, sem Estória Cobertura, revelando a identidade pessoal e profissional do CCE e deste oficial, quebrando o sigilo da operação da ABIN. Destaca-se que o contato pessoal com o referido informante deva ser realizado exclusivamente pelo seu recrutador, evitando-se o envolvimento de outras pessoas.

Cumpre ressaltar que a realização desse contato pessoal da forma determinada pelo CCE (com a presença e participação deste oficial) significaria, além do comprometimento da ABIN e do GSI, o da minha pessoa e da instituição que represento - o Exército Brasileiro.

Quanto ao exposto, é importante destacar que:

1) Este oficial do GSI exerce na ABIN cargo de natureza militar. O desempenho dos militares do Exército Brasileiro, requisitados na ABIN é observado e avaliado, pessoal e profissionalmente, pelos respectivos chefes da cadeia hierárquica funcional da ABIN, a que estão submetidos. Acresça-se o fato de que tais avaliações têm grande repercussão na carreira militar dos militares do Exército.

2) Os fatos e situações ocorridos referem-se à ação institucional da ABIN na orientação e aplicação de suas Ações de Inteligência.

3) As ações e decisões da ABIN, relativas aos fatos e situações ocorridos, acarretam conseqüências que afetam, direta e indiretamente, pessoal e profissionalmente, este oficial.

4) Este oficial esgotou ações, no seu nível de competência, no sentido de obter a oficialização institucional e os esclarecimentos necessários.

5) A Portaria Nr 19/ CH/GSIPR, de 1 de julho de 2003 - determina a ABIN baixar atos normativos sobre sua organização e funcionamento e aprovar manuais de normas, procedimentos e rotinas.

6) Todo procedimento, determinação institucional, inclusive verbal, deve estar previsto, amparado e ter o devido respaldo nos atos normativos, manuais de normas, procedimentos e rotinas, determinados no item anterior.

7) Os fatos e situações apresentados, além das considerações feitas, constituem aspectos importantes da Contra-Inteligência e da salvaguarda institucional.

Tendo em vista o exposto e o compromisso com os princípios da Ética, da Moral, da Legalidade, da Justiça e da Lealdade; objetivando elucidar os fatos e situações apresentados, à luz da Ordem Jurídica vigente, solicito-vos providências no sentido de oficializar a este oficial, por escrito:

1) A determinação para este oficial estabelecer contato pessoal com o referido informante, caso constitua determinação institucional da ABIN.

2) Os atos normativos, procedimentos e rotinas, em vigor, sobre a organização e funcionamento da ABIN, especialmente quanto ao estabelecimento de Contato Pessoal com informante (fontes humanas).

3) As providências cabíveis referentes ao caso.

4) Informações sobre os procedimentos, resultados e implicações das apurações, a respeito dos fatos e situações ocorridos, bem como as conclusões quanto à conduta dos envolvidos.

5) Esclarecimento(s) sobre o(s) motivo(s) da dispensa e desligamento deste oficial dos quadros da ABIN/GSI, em 24 de junho de 2004;

(continua)

(continuação)

. Por derradeiro, impende observar que o caso em testilha, que ora Vos apresento, seguiu a estrita observância normativa e disciplinar, não havendo da parte deste Oficial contestação ou discussão das decisões tomadas no âmbito da Direção-Geral da ABIN.

Respeitosamente,

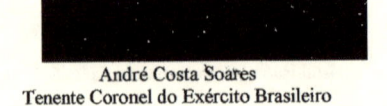

André Costa Soares
Tenente Coronel do Exército Brasileiro

Fonte: Arquivo pessoal.

Inquérito do Ministério Público Federal

A Procuradoria da República, no Distrito Federal, instaurou o Inquérito Civil Nr 1.16.000.001529/2014-39 para apurar providências sobre possível violação à liberdade de imprensa perpetrada pela ABIN por meio da Operação Mídia, que teria sido deflagrada para espionar jornalistas e donos de empresas jornalísticas.

O que eu disse no MPF? Inicialmente, o que eu disse nesse livro. Que o escândalo da investigação sobre a ABIN será pior que o do Petrolão ou Petropina. Porque a Petrobrás, pelo menos, é uma instituição eficiente. Coisa que a ABIN nunca foi.

E que, agora, pela primeira vez no país, o Estado Democrático de Direito vencerá o estado corrupto que governa os serviços secretos no Brasil.

Os novos desafios da Inteligência de Estado no Brasil

"Não imaginei que havia criado um monstro" foram as célebres palavras de arrependimento proferidas pelo General Golbery do Couto e Silva ante a degenerescência do Serviço Nacional de Informações (SNI), criado pela lei 4.341, de 13 de junho de 1964, que culminou com sua extinção no governo Fernando Collor de Melo e do qual foi um dos principais idealizadores.

Como o governo Fernando Henrique Cardoso não se afastou dos erros passados, ressuscitou no Brasil o fantasma do antigo SNI, criando no país a Agência Brasileira de Inteligência (ABIN), pela Lei 9883, de 07 de dezembro de 1999, como órgão central do Sistema Brasileiro de Inteligência (SISBIN); divorciando a inteligência brasileira das sábias palavras do coronel Walther Nicolai, chefe do serviço de inteligência do chanceler Bismarck, que profetizou: "A Inteligência é um apanágio dos nobres. Confiada a outros, desmorona".

Com pouco mais de uma década de existência, a história da ABIN se caracteriza por sua escandalosa e criminosa ineficiência, contaminando o SISBIN, e por uma sucessão de escândalos e crises institucionais de âmbitos nacional e internacional, cujas danosas consequências ao país implicaram a exoneração de todos os seus diretores-gerais.

O Brasil sofre a maior e pior crise institucional de inteligência sem precedentes na sua história, desvelada à sociedade no festival de clandestinidades da Operação *Satiagraha* – criminosamente patrocinadas pela direção-geral e toda a cúpula da ABIN em 2008, e que foram condenadas pelo Superior Tribunal de Justiça (STJ) em 2011, embora seus dirigentes sigam impunes.

No epicentro desse caos que vive a Inteligência de Estado no Brasil, a ABIN e o SISBIN. Ambos continuam uma "caixa-preta" invencível, absolutamente sem controle, em flagrante atentado contra o Estado Democrático de Direito.

Se por um lado é incontestável a importância da Inteligência do estado constituído, já alardeada à humanidade desde a antiguidade e nos ensinamentos de Sun Tzu, a grave realidade que aflige o país é que a principal estrutura do seu sistema imunológico se degenerou numa grave doença cancerígena.

Urge à sociedade se contrapor ante esse intolerável estado de coisas que assola a Inteligência de Estado no Brasil.

Há muito por fazer e os novos desafios da Inteligência de Estado no Brasil são muitos. A começar:

1. Promulgação de uma Política Nacional de Inteligência, pois até a presente data o Brasil não tem uma, e a sua inexistência fomenta o desvirtuamento dessa atividade no país.

2. Revisão e aperfeiçoamento dos nossos diplomas legais, começando pela embrionária e equivocada Lei 9883, que cria a ABIN e institui o SISBIN.

3. Estruturação de um verdadeiro sistema nacional de inteligência, pois o Brasil ainda não possui um, que prime pela ética e legalidade de suas ações, congregando os poderes da república, ministério público e entes federativos, já que o ineficiente Sistema Brasileiro de Inteligência (SISBIN) não tem essa legitimidade.

4. Quebra do monopólio dos militares das forças armadas sobre o Gabinete de Segurança Institucional (GSI) da Presidência da República, o qual deve ser chefiado por um estadista, e a eliminação da influência autoritária dos militares sobre a ABIN.

5. Controle efetivo e direto exercido pela Comissão de Controle das Atividades de Inteligência (CCAI) do Congresso Nacional, sobre todas as "Operações de Inteligência" abertas no país, não apenas

da ABIN/SISBIN, como também dos demais poderes da república e do Ministério Público, em todos os níveis.

6. Ruptura da "caixa-preta" dos serviços de inteligência nacionais, a começar pela ABIN, cuja prestação de contas deve submeter-se impiedosamente ao princípio constitucional da publicidade.

7. Renovação dos cargos de direção da ABIN, dominados pelos apaniguados da "comunidade de inteligência", que se perpetuam no poder subjugando os governantes do país por meio do vilipêndio ao ordenamento jurídico e de operações clandestinas.

8. A responsabilização direta, funcional e criminal de todos os dirigentes dos serviços de inteligência e seus operadores pelo seu desempenho, a começar pelos dirigentes máximos da ABIN e do SISBIN.

A corrupção que grassa no Brasil bestifica o povo e as elites. A coleção de zeros a perfazer o total de roubos do Petrolão desestrutura o país. Mas a criminosa ineficiência da ABIN é ainda mais grave que o escândalo do Petrolão ou Petropina. Afinal não se trata apenas da corrupção institucional para abastecer partidos políticos, por meio da roubalheira dos cofres públicos – como é o caso da Petrobrás. Trata-se também do desvirtuamento institucional do principal serviço secreto do país e do órgão central de todo o Sistema Brasileiro de Inteligência (SISBIN), que é a ABIN – de resto, a responsável direta pela promoção efetiva da defesa do Brasil contra os inimigos do estado e da sociedade.

Sabem o que isso significa? Que, diferentemente da Petrobrás, a disfunção da ABIN vem comprometendo seriamente a própria Segurança Nacional, contaminando toda a estrutura nacional de Inteligência de Estado do país.

O relatado nesta obra é um corte, no tempo e no espaço, de uma pequena parcela da realidade obscura e degeneratória da ABIN, que nossos governantes e a sociedade até então desconheciam completamente. Infelizmente, creiam, ainda há muito mais...

Que a decisão da presidenta Dilma Rousseff ao promulgar a Lei 12.527, de 18 de novembro de 2011 (regula o acesso a informações previsto na Constituição Federal), e a determinação presidencial de instaurar a

"Comissão da Verdade" sejam o ensejo para exterminar definitivamente a "monstruosidade" que governa os serviços de inteligência nacionais. Estes, a partir da ABIN, constituem há décadas uma caixa-preta inviolável e invencível, totalmente incólumes ao Estado Democrático de Direito, e a desafiar os princípios constitucionais.

Que as instituições responsáveis pelo controle da Inteligência de Estado no país (a começar pela Comissão de Controle das Atividades de Inteligência (CCAI) do Congresso Nacional, Ministério Público e Polícia Federal, dentre outros, bem como a sociedade brasileira), tenham a coragem de enfrentar, investigar e responsabilizar a comunidade criminosa que comanda os serviços de inteligência do país.

Nesse momento histórico do Brasil, em que o mundo assiste a gravitação dos milhões de brasileiros que foram às ruas protestar contra a corrupção no país, oxalá seja também a inauguração do alvorecer de uma nova e eficiente Inteligência de Estado no Brasil,

Ao fim e ao cabo destas linhas, e sob a gravitação dos dois milhões que foram às ruas contra a corrupção, busco na internet algo correlato à ABIN.

Abaixo segue duas reportagens, na íntegra de dois jornais:

Reportagem de O *Globo*,
datada de 14 de dezembro de 2014, sustenta:

Uma lista de 36 envolvidos no esquema de corrupção da Petrobras denunciados à Justiça foi lida na última quinta-feira pelo procurador da República Dalton Dellangnol em Curitiba. Eles foram responsabilizados pelo desvio de R$ 286,4 milhões de contratos da diretoria de Abastecimento da estatal com seis empreiteiras, mas o Ministério Público já pediu o ressarcimento de R$ 1,1 bilhão. É o que já se sabe que foi desviado da estatal pelo mesmo grupo também na diretoria de Serviços. O procurador frisou que a denúncia é apenas a primeira de uma investigação que ainda está em curso, mas o escândalo de corrupção descoberto pela Operação Lava-Jato na Petrobras já é um dos maiores das duas últimas décadas.

Somente os prejuízos apurados até agora já representam mais de seis vezes o que abasteceu o mensalão. A comparação se limita aos valores que foram apurados em casos que vieram à tona e também não leva em consideração o impacto político.

Em 2005, investigações da Polícia Federal, Tribunal de Contas da União (TCU) e do Ministério Público apontaram que R$ 101,6 milhões foram desviados dos cofres públicos, principalmente do Banco do Brasil, para pagamentos não declarados a parlamentares da base do governo. Considerando a inflação acumulada desde 2005, esse valor seria o equivalente hoje a pouco mais de R$ 170 milhões. Aplicando uma correção monetária estimada aos valores que aparecem nas denúncias resultantes da investigação de outros escândalos recentes para torná-los comparáveis ao da Petrobras, é fácil perceber que o caso da estatal tem tudo para superá-los. A cobrança de propinas de empreiteiras por executivos da Petrobras em troca de contratos superfaturados foi descoberta pela PF a partir da investigação de um esquema de lavagem de dinheiro operado por doleiros como Alberto Youssef, que está preso. Os investigadores estimam que R$ 10 bilhões podem ter passado pelo esquema.

Repito a busca, digitando "verba secreta da ABIN":
e brota reportagem de O *Estado de S. Paulo*,
de 2 de maio de 2013. Que em resumo diz:

Relatório secreto da Presidência da República acusa um alto funcionário da Agência Brasileira de Inteligência (ABIN) de usar, com autorização da cúpula do órgão, verba sigilosa para contratar a empresa de sua própria mulher. A auditoria diz que a empresa e as notas fiscais apresentadas para comprovar os serviços seriam "fictícias".

Segundo o documento, a que o Estado teve acesso, a empresa – apesar de ter sido usada para aluguel de carros, emissão de passagens e deslocamentos de agentes – é na verdade uma lojinha de souvenirs em Brasília.

Sabem o que isso significa? O comportamento adotado na ABIN não é diverso do adotado na Petrobras. São práticas substantivas do partido, ora no comando do Brasil, sujeitas a variações adjetivas. O *ethos* (prática) adotado na ABIN não é diferente do da Petrobras: são duas faces da mesma moeda política.

Sobre o autor

André Soares é diretor-presidente de Inteligência Operacional, especialista em Inteligência de Estado e realizou os principais cursos de Inteligência do Centro de Inteligência do Exército (CIE) e da Agência Brasileira de Inteligência (ABIN).

É Tenente-coronel do Exército Brasileiro, mestre em Operações Militares.

Funções exercidas:

- Oficial de Inteligência da Presidência da República no Gabinete de Segurança Institucional (GSI/PR).

- Oficial de Inteligência do Centro de Inteligência do Exército (CIE) do Gabinete do Comandante do Exército Brasileiro.

- Instrutor da Escola de Inteligência Militar do Exército (EsIMEx) do Centro de Inteligência do Exército (CIE).

- Instrutor da Escola de Inteligência (ESINT) da Agência Brasileira de Inteligência (ABIN).

- Analista do Departamento de Inteligência da Agência Brasileira de Inteligência (ABIN).

- Analista do Departamento de Contra-Inteligência da Agência Brasileira de Inteligência (ABIN).

É autor dos livros:

Operações de Inteligência – Aspectos do emprego das operações sigilosas no estado democrático de direito – obra inédita no Brasil sobre a temática das Operações de Inteligência, que é o setor mais sensível dos Serviços Secretos e específico dos Agentes Secretos.

A Tríade da Inteligência – obra inédita no Brasil sobre a doutrina de Inteligência de Estado, formulada sob a égide dos princípios fundamentais do Sigilo, Legalidade e Ética.

Entrevista Operacional – A entrevista da vida real – obra inédita no Brasil sobre a técnica de entrevista em Inteligência Operacional.

Liderança Operacional – A liderança dos Agentes Secretos – obra inédita no Brasil sobre o perfil de liderança dos Agentes Secretos.

Mulher operacional – O perfil da mulher agente secreto – obra inédita no Brasil sobre o perfil da mulher agente secreto.

É criador da revista *Inteligência Operacional*.

É criador do projeto Inteligência & Cidadania, de natureza cívico--social, em âmbito nacional e sem fins lucrativos, destinado a levar à sociedade brasileira conhecimentos fundamentais sobre a Inteligência de Estado no Brasil, necessários ao pleno exercício da cidadania.

Impresso em São Paulo, SP, em maio de 2015,
em papel off-white 80 g/m², nas oficinas da Arvato Bertelsmann.
Composto em Electra LH, corpo 11 pt.

Não encontrando esta obra nas livrarias,
solicite-a diretamente à editora.

Escrituras Editora e Distribuidora de Livros Ltda.
Rua Maestro Callia, 123
Vila Mariana – São Paulo, SP – 04012-100
Tel.: (11) 5904-4499 – Fax: (11) 5904-4495
escrituras@escrituras.com.br
vendas@escrituras.com.br
imprensa@escrituras.com.br
www.escrituras.com.br